本书系国家社科规划项目"德才兼备用人标准实现机制研究"（10CDJ007）的最终研究成果

德才兼备用人标准实现机制研究

于学强 / 著

中国社会科学出版社

图书在版编目（CIP）数据

德才兼备用人标准实现机制研究 / 于学强著. —北京：中国社会科学出版社，2015.5
ISBN 978 - 7 - 5161 - 5890 - 6

Ⅰ.①德… Ⅱ.①于… Ⅲ.①人才管理—研究—中国 Ⅳ.①C962

中国版本图书馆 CIP 数据核字（2015）第 069670 号

出 版 人	赵剑英
选题策划	郎丰君
责任编辑	郎丰君
责任校对	孙青青
责任印制	戴　宽

出　　版	中国社会科学出版社
社　　址	北京鼓楼西大街甲 158 号
邮　　编	100720
网　　址	http：//www.csspw.cn
发 行 部	010 - 84083685
门 市 部	010 - 84029450
经　　销	新华书店及其他书店

印　　刷	北京君升印刷有限公司
装　　订	廊坊市广阳区广增装订厂
版　　次	2015 年 5 月第 1 版
印　　次	2015 年 5 月第 1 次印刷

开　　本	710×1000　1/16
印　　张	23.25
插　　页	2
字　　数	381 千字
定　　价	75.00 元

凡购买中国社会科学出版社图书，如有质量问题请与本社联系调换
电话：010 - 84083683
版权所有　侵权必究

序

　　国家发展系于人才，人才培养系于良好的机制。依据我党德才兼备的用人标准，对这一标准实现机制作深入研究，是件非常有意义的事情。或许基于这样的考量，2010年度国家课题指南中设置了"坚持德才兼备、以德为先的用人标准研究"与"健全使优秀人才脱颖而出的选人用人机制研究"选题，于学强博士根据自己的研究旨趣申报获批了国家社科规划青年项目"德才兼备用人标准实现机制研究"（10CDJ007）。借此课题结项出版之际，我从观念与意识的视角谈一下自己对德才兼备用人标准实现机制的认识。

　　1. 破除封建的奴才观念，培养以德为先的人才内涵意识。人才是具有阶级性的，不同的阶级对人才的界定有所不同。在封建社会里，人才指的是能效忠皇帝、为巩固皇权作出贡献的人。这样的人才有如下特征：第一，人才标准上的唯己性。在封建社会里选才用才，讲的是任人唯亲，唯"顺"是举。作为选用人才的主体大都是皇权贵人，或得到他们信赖的人，他们用人不是站在皇帝的立场上，就是站在自己的立场上，任人唯亲，不讲真才实学。他们选用人才是为了维护家天下，维护家庭权势，根本不顾百姓的死活。第二，成才渠道上的单一性。在封建社会，成才就是要得到皇帝和达官贵人的赏识，从本质上不讲学识，不讲真理。而要进入达官贵族的行列，必须经过科举考试，并且要唯上是从，顺和谦恭，甘当奴才。

　　我国是封建历史比较长久的国家，封建思想毒害甚大。为了培养正确的人才观，首先要破除旧社会的奴才思想，培养以德为先的人才内涵。第一，人才的标准是对社会有利，对人民有利，而不是对某个人有利。《中共中央、国务院关于进一步加强人才工作的决议》指出：人才是以其创造性的劳动，为推进社会主义物质文明、政治文明、精神文明建设和在建设中国特色社会主义伟大事业中作出积极贡献的人。这一定义鲜明地表达了人才的为民性和为社会性的本质。我党是立党为公、执政为民的党。定位人才不仅是自己满意不满意的问题，更重要的是要看多数人是否拥护、是否赞成，看他是否有利于人民并得到人民的认可。因此，在人才的识别和使用中，不能光用那些老实、听话和顺从的人，只要有才，对那些锋芒毕露、雄心勃勃和有自己独创性思维的人更要重用。因为现代化建设需要创造性人才，只有培养"无功就是过，平庸就是错，求稳就是惰"的新观念，才有利于社会的全面发展。第二，人人可以成才，发掘人才，发挥人才的积极性、创造性必须广开人才渠道，提供人才脱颖而出的环境，破除千军万马走独道、升官发财一条线的局面。人才存在于人民之中，世界上不存在天生的人才，人才是通过自己的努力成就的。同时，人才离不开产生他的土壤，只有在社会上培养和造就尊重劳动、尊重知识、尊重人才、尊重创造的环境，才能开创人才辈出的局面。人才不一定是领导，领导也未必是人才，各行各业都存在人才，只要他们在建设社会主义事业中，能够在政策范围内以其合法的创造性劳动，为社会和人民作出贡献，促进生产的发展和人的进步，他们就应受到尊重、得到重用。当前，我国的官本位意识还相当浓，而民主观念相对淡薄，特别是大量的任命制和变相的任命制的存在，封建的效忠思想，奴才观念仍根深蒂固。为此，必须改变封建人才观，树立科学的人才内涵意识，培养人人可以成才的意识，不断开拓人才迸发的局面。

2. 破除陈腐的"四唯"观念，培养以能为主的人才品评意识。识别和使用人才，要坚持德才兼备原则，把品德、知识、能力和业绩作为衡量人才的主要标准，彻底改变选用人才上摆资历、讲学历、论年龄。学历、职称只是一种资格，证明一个人有某个方面的理论知识，但是能不能把理论转化为物质力量，为社会发展和人的进步作出贡献则是个实践问题。历史告诉我们，学历不等于水平，也不等于能力，单纯依据学历取人不仅会造成用错人，还会造成人才的流失。老一辈革命家有几个是高学历出身？现代社会中没有学历、职称的就一定没出息吗？至于唯资历和身份就更不可取了。古代农民起义者就提出"王侯将相，宁有种乎"的口号，寓言故事中也提出"其父善游，其子善游"的疑问，这些都为现代的人才观提出了有益的警示。根据《中共中央、国务院关于进一步加强人才工作的决议》中人才的新定义，我们可以逻辑地导出一个新观点，即人才必须具有创造性的能力。这就为我们选人用人，提供了一个新的思路和新的要求：提倡"四个不唯"，鼓励"四个尊重"。当然，不唯学历，不是不讲学历，不唯职称也不是不讲职称，而是说不能以此作为衡量人才的主要标准，更不能将其作为衡量人才的唯一标准。人才是人民之才，是对人民有益之才，它的特征不仅在于社会性，还在于实践性。纸上谈兵不行，关键要落实到实际行动上，并能对人民和社会有所贡献。如果得到学历和职称后就躺在上面睡大觉，无疑不会有益于人民，也就谈不上是人才。同样，不唯资历和身份，不是不考虑资历和身份，但是不能因资历和身份局限人才。资历和身份能表明一个人的历史，而人是从历史中走来的，人的发展不能脱离历史，有着历史的承继性。但是，历史终究是历史，在人才方面不能用历史来定位现实。从根本上讲，唯资历和唯身份本来就是违背了马克思主义实事求是的原则，脱离了实践的标准，这种方法就不科学，就更难说能产生科学的结果了。然而，在实践中常常出现提拔任用或享受级别论资排辈，"十年媳妇熬成婆"的现象。受这些观念的束缚，一大批有真才实学的人被拒之门外，这不仅是对个人的伤害，更是对社会的伤害。因此，必须培养唯才是举、唯能是用、举贤效能的科学的人才品评意识，要有针对不同领域、不同岗位、不同层级做到大才大用、小才小用、专才专用、通才活用、无才不用的意识。

3. 破除人才浪费的观念，培养以人为本的人才挖掘意识。人才具有社会性，虽然他们在自身发展中，在实现自己的社会价值中也提升了自身的自我价值，但从本质上讲，人才不是为己的，也不是为某个人的，而是为社会的。一个人在自我发展中要认识到自己的社会价值，积极地参与到社会竞争的行列，不断提高适应社会和改造社会的能力，从而使自己的才能充分地挖掘出来。对于人才的管理者而言，要从有利于人才自身发展的角度，有利于社会的角度去管理人才。如果自己不用，而又压制别人使用，就会妨碍人才自身的发展，也会给社会造成损失。培养以人为本，发掘人才潜力的意识，还要注意克服用才上的求全责备思想。"金无足赤，人无完人"。人才不是全才，更不是天才。看人才要看本质、看主流、看优势、看发展。首先，要看本质。"有德无才，行而不远，有才无德，唯助其谬"。光有好的道德，没有好的才能，只能说是个好人，不能说是个好的人才；而没有品德，本质不好，更不能称其为人才。因为败坏的道德可能使他们的才学被用于歧途，这样只会给社会造成危害，而不会为社会作出积极的贡献。所以，只有德才兼备，才能算得上是社会的"精品"。其次，要看主流。人难免有过错，难免有缺点，但是不能因此而否认人才的存在。毛泽东就说过人都会犯错误，只要纠正了就是好同志，并提出过将自己的过与功三七开的问题。古代人讲"赦小过，举贤才"，"论大功者不录小过，举大善者不疵细瑕"，同样强调识才要看主流的问题。实际上，人都不是完人，识人用人中只有容人，才会发现人才，否则社会上就无人才可言了。再次，要看优势。"舍长以就短，智者难为谋。生材贵适用，慎勿多苛求。"人才有自己的长处，也有自己的缺点，用好人才就是充分发挥他们身上的优势，让他们的闪光点亮起来，而不是抓住人家的小辫子不放。最后，要看发展。人才是分层次的，也是动态的。有的人会随自己的努力和社会的培养而由"潜人才"转化为"显人才"，由较低层次的人才，转化为较高层次的人才。为此，要不断地优化人才辈出的环境，注意用养结合。"马不伏枥，不可以趋道，士不素养，不可以重国。"用才不能既叫马儿跑，又叫马儿不吃草，而是靠满足他们自己利益的需求，来进一步激发其为社会作贡献的动力。只有看到这一点，才体现出对人才的人文关怀，才能把握人才的成长规律，充分发挥人的潜在能力。

总之，"国以才兴，政以才治"。对一个政党、一个国家乃至一个民族而言，人才是最宝贵的资源。建设中国特色社会主义的伟大事业，特别是要抓住21世纪头20年的重要战略机遇期，加快发展自己，关键在于培养和使用好人才。针对于此，我党作出了"人才资源是第一资源"的科学论断。我们有理由相信，在这一号召下，只要我们破除了腐朽的人才观念，培养好科学的人才意识，定会使社会呈现出人才辈出的局面。

中共中央党校教授、博士生导师：李民
2014年8月30日

前 言
项目最终成果简介

政治路线确定以后，干部就是决定因素。用什么样的干部，如何用这样的干部是组织人事领域必须面对和审慎解决的重大问题。我党历来强调任人唯贤的干部路线和德才兼备的用人标准，这也是我们社会主义事业取得伟大成就的主要经验之一。在新的历史时期，只有不断探索和完善德才兼备用人标准实现机制，才能确保我们伟大的事业在新的历史起点上继续前进。

1. 研究意义

社会主义的伟大事业与党的建设伟大工程是紧密相连的，推进社会主义事业关键在党。党要承担起推进社会主义建设的历史使命，必须按照德才兼备的标准选用一批批高素养的领导干部。按照德才兼备用人标准选用干部是我党一贯的政策要求，但在干部人事工作实践中这一政策时常陷入困境。本书秉承问题意识和学术良知，致力于揭示德才兼备用人困境造成的影响、出现的原因及解决的现实思路。

本书的研究价值体现在理论与实践两大方面：其一，本项目能够结合党建科学化推进用人标准研究科学化，通过对用人标准系统性、拓展性的研究来深化人们对干部路线、干部标准和干部政策的理论认识，提升用人理论、用人政策与用人制度的研究水平。党建科学化体现在各个方面，在组织路线方面就是如何做好选用人才的问题。在理论层面深化用人标准科学化研究，无疑对推进党建科学化和用人政策理性化、合理化有重要意义。其二，本项目能够纠正用人实践中存在的问题，优化用人环境，在实践中提高科学用人水平，规避用人腐败。科学的用人机制能规避实践中存在的"带病上岗"等腐败问题，提高干部任用公信力；能引导干部培育的方向，培育政绩突出且群众认可的优秀干部；能提供干部考核的依据，为干部考核工作提供可以量化的科学手段；能有效推进平等竞争，造就公平、公开的用人环境，提高我党长期执政的合法性。

2. 主要内容

本书将沿着"是什么—为什么—怎么办"这一基本的研究思路，在科学界定德才兼备用人标准内涵的基础上，揭示坚持这一用人标准的具体原因，通过中国共产党用人标准的历史回顾总结我党在用人标准方面的经验教训，指出完善用人标准的影响因素，在充分借鉴历史与国际经验的基础上，架构起适应新时期的不同门类与层级的德才兼备用人标准体系，并从思想、政策、制度、机制等方面对如何落实德才兼备标准进行深入分析。

本着这样的研究思路，本书的框架设计如下：第一章德才兼备用人标准实现机制的理论分析，第二章德才兼备用人标准实现机制的经典论述，第三章中国古代德才兼备的用人标准及其启示，第四章苏共德才兼备用人标准实现机制述要，第五章西方国家德才兼备用人标准实现机制概览，第六章新中国成立前中国共产党德才兼备用人标准实现机制的探索，第七章新中国成立后中国共产党德才兼备用人标准实现机制的探索，第八章德才兼备用人标准实现机制的现实困境与归因，第九章创新德才兼备用人标准实现机制的策略，第十章临沂市德才兼备用人标准的主要做法。此十章内容从整体上论述了古今中外用人标准探索中的经验教训，总结了探索中存在的普遍问题，从用人规律的视角提炼了影响德才兼备标准贯彻落实的因素，有针对性地提出构建德才兼备用人标准体系和推进用人机制的创新问题，并提供了研究个案。其表达的主要观点如下。

其一，在德才兼备内涵中，"德"主要指人品之德、职业之德、权力之德、党性之德。人品之德为基础，党性之德为最高要求。"才"主要指理论修养、学历水平、阅历经验、气魄能力。理论修养为基础，气魄能力为最高要求。德才兼备不是求全责备，是在承认人无完人基础上的择优，在德才关系方面强调以德为先。德才兼备用人标准具有导向、教化、激励、评价、辐射等功能。

其二，马克思主义者对于用人标准实现机制问题进行过深入的探讨，作出过相当精辟的论述，大致可以从用人标准的原则性、用人方法的灵活性与用人制度的配套性体现出来。今天，回顾和梳理这些经典论述，对于发展用人标准、创新用人方法、完善用人制度和推进德才兼备用人标准实现机制具有重要意义。

其三，如果摒除德才兼备的时代性和阶级性色彩，单纯从德才兼备标准的制定与实现机制的视角来看，古代用人标准对当前选用人才的有益启示有四方面：必须坚持德才兼备，贯彻以德为先；必须细化德才指标，构建德才体系；必须立足科学识人，选才不拘一格；必须贯彻正确用人，做到量才而用。

其四，从总结教训的视角看，苏共用人标准实现机制方面存在的关键问题在于不能有效地平衡干部选用权力的集中与分散、干部任期制与终身制的关系，不能构建正常的干部退出机制等方面。

其五，从借鉴人类政治文明的视角看，西方国家公务员选用标准及其实现机制至少给我们提供了以下几点启示：关注性恶假定，强化道德监控；关注能力发展，加强才能培训；关注准入公平，侧重选用程序；关注权力制约，强调权责对应。

其六，新中国成立前中国共产党德才兼备用人标准实现机制的探索大致可分为五个大的阶段，即中国共产党诞生时期、国民革命时期、土地革命时期、抗日战争时期和解放战争时期。

其七，根据历史发展进程，新中国成立后用人标准的实现机制可以分为新中国成立初期、全面建设社会主义时期、"文化大革命"时期和改革开放新时期四个阶段。

其八，结合历史与现实、中国与外国等多方面视角来看，德才兼备用人标准实现机制的困境主要有：落实德才兼备用人标准的理论认识不深；落实德才兼备用人标准的制度配套不高；落实德才兼备用人标准的现实保障不足。

其九，创新德才兼备用人标准实现机制既要针对当前在德才兼备用人标准方面的认识误区，也要针对我们事业发展对于德才兼备的现实要求。一要完善官德评判体系，防止官德评判剑走偏锋；二要健全德才标准体系，规避统而化之的适用指标；三要注重制度体系连接，盘活实现机制的内在功效。

3. 对策建议

总体来看，实践中德才兼备用人标准难以贯彻落实的原因可概括为三点：其一是理论认识不足，其二是理论转化能力不强，其三是制度执行力不够。针对于此，在构建德才兼备用人标准体系和推进用人机制的实现过程中既要解放思想，也要创新思路，更要完善制度。推进德才兼备用人标准实现机制不仅应针对干部的门类与层级，从系统论的视角来勾勒德才兼备标准体系，而且应从政策制度层面完善其实现机制。

首先，要正确认识官德内涵，不断推进官德评判体系。落实德才兼备用人标准，重点和难点是对官德的认识和评判。为此，要正视官德评判中重私德而轻公德的剑走偏锋现象，正确认识官德评判剑走偏锋的生成原因，客观分析官德评判剑走偏锋的实质，系统推进官德评判机制。官德评判剑走偏锋有认识原因也有时代因素的影响，实际上就是置评判客体的角色于不顾，结果使官德评判缺乏针对性，犯了以偏概全、舍本逐末的错误。避免官德评判剑走偏锋就是要着眼于官德的政治性，不能纠缠于官员个体生活碎事和家庭琐事；着眼于官德的廉洁性，将是否运用公共权力，作为官德评判进程中必须考量的重要因素；着眼于官德的务实性，将是否有效运用公共权力，是否做出成效作为官德评判的重要视点。同时，推进官德评判应建立政治品质与道德品行并重，以政治品质优先的导向机制。为此，必须完善官德评判体系，优化官德评判队伍结构和创新评判手段。健全的官德评判体系应具有评判内容的涵盖性、评判标准的针对性与评判体系的科学性三方面的特点。优化官德评判主体不仅要提升他们的个体素养，还要优化其结构，主要把握好以下三个方面：评判个体的客观公正性、评判集体的广泛代表性、评判机构的相对独立性。创新官德评判手段，需要从思想、技术、制度三个层面渐次推进：解放思想、开拓思路是推进官德评判的思维前提；创建评判体系、充实评判内容是推进官德评判的依赖条件；完善评判制度，创新评判手段是推进官德评判的技术支撑。

其次，健全德才标准体系，规避统而化之的适用指标。健全德才兼备用人标准体系，应着眼于人事相适，保障事业的发展与人才自身素养的实现。为此，要坚持以下三条基本原则：针对性原则，在制定用人标准时一定要针对行业及其层级；科学性原则，在制定用人标准时注意贯彻能级适应精神和拟定标准的普适性、平等性和稳定性；操作性原则，在设定德才指标时就要考虑其可量化性、区别性与可评判性。健全德才标准体系的难点在于如何针对干部门类细化德才指标。根据以往经验、党的干部人事制度和全国人才会议精神，我们划分干部类型应兼顾党政机关和企事业单位，抽象出其中的干部的工作性质，分为决策类干部、执行类干部、监督类干部，然后根据不同类型的干部确定其德才指标，不断提高对德才的认识水平和丰富发展其保障条件。

  正确认识德才指标体系，最为关键的是坚持系统论的视角，特别注意构建体系进程中三种关系的处理：第一，"德"指标内部关系的处理。构建德才兼备用人标准体系的难点是对德的考量，由于用人讲究以德为先，即便很难考量也要尽可能地结合干部的具体门类、层级对其品德作出量化、细化与硬化规定，以将其本身所具有的弹性负面影响降到最小。"德"本身是一个系统，包括人品之德、权力之德、职业之德与党性之德等诸多方面，细化对"德"的考量，应围绕执政为民构建"德"的指标体系，树立正确的权力观、地位观与利益观，同时规避追求党性之德而忽视人品之德，规避出现"一屋不扫就能扫天下"的干部。第二，处理好"才"的内部关系。构建德才兼备用人标准体系的重点是关注干部的才识，以及由才识外化的干部能力问题。党的十六届四中全会以后，我党特别强调加强党的执政能力建设，强调通过政绩看德才问题，使人事工作领域对能力问题更加关注。当然，党的执政能力也包括体制机制方面的要求，但如果没有干部自身素养提升作为前提，再好的体制机制也无益于党执政能力的提升。处理好"才"内部的关系，必须围绕能力构建"才"的指标体系，正确处理学历、资历、能力的关系，有效规范"学者官员化"与"官员学者化"现象。第三，处理好"德"、"才"之间的关系。构建德才兼备用人标准体系的关键是处理好德与才的关系，既摒弃唯德是举，又摒弃唯才是举，在用人过程中将德与才完美地结合起来。处理好德与才的关系，最为根本的是完善德才考评机制，正确地为德才关系定好位，防止以才代德、用才掩德、重才轻德的行为，有效避免干部任用中"经济能力"叫板"道德权威"的现象。同时，还要防止因重德弃才而出现的庸人政治，出现所谓"有位"者"无为"、"有为"者"无位"的情况。选用人才的测评手段主要是以考而定、以评而定两大类，从立足科学性的视角来提升技术手段主要是围绕这两大类。同时，选用人才还要从着眼全面性的视角来夯实保障条件，一方面要全面提升经济政治文化方面的基础保障，另一方面则要全面创新评判的技术手段。

最后，注重制度体系连接，盘活实现机制的内在功效。推进德才兼备用人标准体系只是贯彻德才兼备标准的第一步，推进这一标准的落实必须解放思想，特别要通过扩大民主和完善制度来不断推进其实现机制建设。第一，必须解放思想。首先要认识到德才兼备标准只是一种指导性原则，没有固定的操作方式、明确的规范和制度创新，德才兼备标准的落实就变成一句空话其次要在思想上将"德"放在用人工作中更为突出的位置，合理分解"德"的指标，在履行岗位职责、对待个人名利态度等各个环节加强"德"的考核，把对"德"的监督作为对干部监督的重要内容。最后要关注以德为先，将立德、育德、察德、律德、考德结合起来，将德才考核、政绩考核、民众认可结合起来。第二，必须扩大民主。在推进用人标准实现机制中扩大民主，能避免寻求标准弹性所导致的腐败。为此，首先要发挥民众在德才兼备标准体系的形成过程与内容设置中的作用，推进德才标准体系建构的民主化与科学化；其次要扩大民众在德才兼备标准贯彻落实中的民主参与，加强民众对用人过程各个环节的监督力度，将用人传统由"伯乐相马"式转化为"赛场选马"式，由个体"伯乐"过渡到制度"伯乐"，规避"一把手"的负面作用，构建人民公认的实现路径。第三，必须加强制度建设。首先要增强制度的刚性推进力，在完善德才兼备用人标准体系的基础上，细化用人制度安排，强化用人制度监督，加大制度执行力；其次要加大实施德才兼备用人标准的外在压力，通过强化上级检查巡视制度加大从上到下的压力，通过扩大民主制度加大民众外围压力，通过实施用人问责制度加大自身工作内在压力；最后要激发实施德才兼备用人标准的内在动力，通过运用教育制度提升用人者的素养，通过奖罚制度规范用人者的行为。

4. 突出特色

本书的十大章节可进一步整合为五方面内容：其一是基本理论研究，主要着眼于对德才兼备用人标准的理论剖析，从德、才及其相关性上解读其内涵、功能与意义，阐明经典作家对于德才兼备用人标准实现机制的相关论述与启示；其二是比较借鉴研究，主要研究了中国古代用人实践、苏共用人实践、西方国家用人实践；其三是历史求索研究，主要分析了新中国成立前与新中国成立后两大历史时期，中国共产党在贯彻德才兼备用人标准实现机制方面的做法；其四是问题对策研究，一方面针对事实分析指导影响德才兼备用人标准的影响因素，另一方面针对影响因素与现实要求构建推进德才兼备用人标准的策略；其五是个案透视研究，主要围绕临沂市选人用人的做法展开。

在干部内容创新的突出特色和主要建树上是从一般和特殊两种意义上寻找影响德才兼备用人标准的因素，既找出了影响用人标准的一般因素，也找出了特殊因素，使得构建的方略除了符合中国共产党的实际，具有鲜明的针对性之外，还有一定的普适性。具体体现在如下几方面：在研究内容方面，本项目的创新之处在于：其一，比较全面地分析了德才兼备用人标准的内涵，从文本内涵、恒定内涵、异动内涵和时代内涵四个方面比较全面地解读了德、才及二者的关联性，明确了贯彻落实德才兼备用人标准，既要坚持其稳定因素，又要不断创新。其二，比较全面地分析了古今中外德才兼备用人标准的探索历程，将中国古代、苏共、西方国家与中国共产党四大实施主体结合起来分析，提炼了每一主体在贯彻用人标准中的经验教训，并进而提炼了影响用人标准落实的一般因素。其三，比较客观地总结了中国共产党用人标准中存在的问题，并结合中国共产党自身状况与影响德才兼备用人标准的一般因素，指出了构建德才兼备用人标准体系的原则，明确了推进德才兼备用人标准实现机制的意义和具体做法。其四，比较全面地总结和提炼了推进德才兼备用人标准实现机制的策略，特别关注了官德建设，提出防止官德剑走偏锋的措施；特别关注了干部分类问题，提出了针对干部分类构建德才指标体系；特别关注了机制建设，从教育培训、选用罢免、监督控制等视角提供了推进机制建设的策略。

在研究方法方面的突出特色和主要建树是将历史研究与比较研究、规范研究与实证研究有机结合起来，将全面、客观、发展的观点和辩证唯物主义与历史唯物主义的基本方法充分地运用在分析问题和提出解决问题的进程之中。具体体现在如下两方面：其一，将历史研究与比较研究结合起来，在历史研究中又注重横向研究与纵向研究的结合，既梳理了中国古代和当代干部选用标准的沿革与经验，又广泛借鉴了西方国家与苏联在这方面的进展及经验教训，注重了东西结合、纵横结合与古今结合。其二，将规范研究与实证研究结合起来，既从价值诉求方面和一般规律层面揭示推进德才兼备用人标准的必然性、可行性与操作性问题，又将规范研究成果用于研究个案，通过实证研究揭示现实中存在的具体问题。

5. 社会影响

本书所承载的课题项目获批后，课题组成员紧紧围绕项目积极开展理论研究和实践调研工作，取得了较为丰硕的研究成果。其中，课题负责人围绕项目相关内容出版学术专著1部，发表学术论文近30篇，其中在核心期刊发表10余篇。这些阶段性成果，有些在学术领域产生了较大影响，如《德才兼备用人标准的误区及其实现机制的创新》（《理论与改革》2010年第3期）一文，为人大复印资料《中国共产党》全文转载，为《新华文摘》、《青海日报》、《清远日报》、《人民之声报》、《求知》杂志、《中国监狱学刊》杂志等论点摘编，求是理论网、光明网、中国选举与治理网、中国党建网、中国用人网等多家理论性、政策性和宣传性较强的网站转载，为有些硕士论文直引或转引；课题参与人发表学术论文10余篇。依据本课题，负责人还申请了中国博士后科学基金项目"中国共产党德才兼备用人标准实现机制研究"（20110491068）与国家民委委托项目"少数民族干部选用标准科学化问题研究"（2011-GM-099），指导硕士生完成了"新时期中国共产党德才兼备用人标准实现机制研究"毕业学位论文一篇，课题参与人申请了临沂市重点社科项目"德才兼备用人标准实现机制研究"（2010LX017）。部分项目已经顺利结项。

6. 努力方向

三年来，本书课题组成员围绕既定内容作了较为系统的研究，取得了一些研究成果。但是，基于形势的变化和研究能力所限，在某些研究领域还存在一些不尽如人意之处。如就中国历史而言，民国时期也是一个重要时段，这一时期的用人标准及实现机制没有作为报告的内容；对于西方国家和苏联用人标准的研究，限于篇幅和本部分研究内容定位的辅助性，不能也没有展开。再如就研究方法而言，若要构建德才兼备用人标准的指标体系需要借助于多学科知识，特别是数学、运筹学、网络等方面的知识，但囿于课题组没有这方面的学缘优势和课题组成员能力之限，未能将数据分析、模块构建作为基本的研究方法加以运用。

　　德才兼备用人标准实现机制是个宏大的课题，为使此类课题操作性更强应结合干部门类和干部层级将其进一步细化，如研究基层干部用人标准实现机制问题，高校干部用人标准实现机制问题等。鉴于此，在本项目研究的基础上，希望学界能结合干部的具体门类和层级再作更为细致性的深入研究。

目 录

第一篇 基本理论

第一章 德才兼备用人标准实现机制的理论分析 ………………… 3
  一、德才兼备用人标准实现机制的概念解析／3
  二、德才兼备用人标准实现机制的功能分析／13
  三、德才兼备用人标准实现机制的重大意义／24

第二章 德才兼备用人标准实现机制的经典论述 ………………… 32
  一、强调用人标准的原则性／32
  二、注重用人方法的灵活性／39
  三、关注用人制度的配套性／48
  四、经典论述的重要启示／58

第二篇 比较借鉴

第三章 中国古代德才兼备的用人标准及其启示 ………………… 67
  一、中国古代德才兼备用人标准的类型／67
  二、中国古代德才兼备用人标准的考察方法／72
  三、中国古代德才兼备用人标准的保障制度／81
  四、中国古代德才兼备的用人标准的启示／88

第四章 苏共德才兼备用人标准实现机制述要 ………………… 97
  一、苏共关于德才兼备用人标准实现机制的理论认识／97
  二、苏共关于德才兼备用人标准实现机制的实践探索／107

三、德才兼备用人标准实现机制探索中的主要教训／121

第五章　西方国家德才兼备用人标准实现机制概览 …………… 134
　　一、西方国家对于公务员的德才要求／134
　　二、西方国家选人用人的配套制度／144
　　三、西方国家用人标准实现机制的启示／158

第三篇　历史探索

第六章　新中国成立前中国共产党德才兼备用人标准实现机制的探索 ………………………………………………………… 171
　　一、中国共产党的诞生时期（1920—1924）／171
　　二、国民革命时期（1924—1927）／174
　　三、土地革命时期（1927—1937）／178
　　四、抗日战争时期（1937—1945）／183
　　五、解放战争时期（1945—1949）／193

第七章　新中国成立后中国共产党德才兼备用人标准实现机制的探索 ………………………………………………………… 199
　　一、向社会主义过渡时期（1949—1957）／199
　　二、全面建设社会主义时期（1957—1966）／209
　　三、"文化大革命"时期（1966—1976）／220
　　四、改革开放后的新时期（1978—）／229

第四篇　问题对策

第八章　德才兼备用人标准实现机制的现实困境与归因 ………… 243
　　一、落实德才兼备用人标准的理论认识不深／243
　　二、落实德才兼备用人标准的制度配套不高／255
　　三、落实德才兼备用人标准的现实保障不足／262

第九章　创新德才兼备用人标准实现机制的策略 …………………… 276
一、完善官德评判体系，防止官德评判的剑走偏锋 / 276
二、健全德才标准体系，规避统而化之的适用指标 / 291
三、注重制度体系连接，盘活实现机制的内在功效 / 305

第五篇　个案透视

第十章　临沂市德才兼备用人标准的主要做法 …………………… 325
一、优化选人用人环境 / 325
二、把握正确的用人方向 / 326
三、创新干部选拔机制 / 328
四、科学配置人才 / 330
五、创新干部考核评价机制 / 331
六、完善人才的发展机制 / 333
七、加强对干部的教育培训 / 334
八、加强干部的监督 / 336
九、临沂市下一步推进干部人事制度改革的打算 / 336

主要参考文献 / 339

附录 / 347

后记 / 350

第一篇

基本理论

第一章
德才兼备用人标准实现机制的理论分析

全面认识德才兼备的概念，分析德才兼备用人标准的功能和了解德才兼备用人标准实现机制的重要性及意义，是开展本课题研究的逻辑起点，是深入分析德才兼备用人标准实施中存在问题及改革方向的理论基础，也是探索推进德才兼备用人标准实现机制的前提。本章试图运用马克思主义的全面观点、辩证观点和发展观点，综合运用政治学、历史学、管理学、心理学、行为学、统计学等多学科知识，针对德才兼备相关的基础理论问题展开分析。

一、德才兼备用人标准实现机制的概念解析

德才兼备作为一种用人标准无论是在古代还是现代、中国还是外国，名义上还是实际上都为不同的统治集团推崇和使用。推进德才兼备用人标准的实现机制也是当代中国面临的重要课题之一，而推进这一课题研究与实践工程的重要前提是正确认识德才兼备的内涵。为此，我们着眼于四个视角：德才兼备的文本内涵、德才兼备的恒定内涵、德才兼备的异动内涵与德才兼备的时代内涵。

（一）德才兼备的文本内涵

德才兼备的文本内涵主要是从文字、文献、词源与理性推理的视角来解析这个概念。从文字方面主要着眼于文字的结构解析，从文献方面主要着眼于经典文献对此概念的解析，从理性推理方面则是根据自己查阅情况及相关学者的理论论述，按照人的思维逻辑推演出来的带有规律性、普适性的结论。无论从哪个视角看，把握德才兼备必然要理解此词中的两个核

心概念：德与才。

"德"是个会意字。在甲骨文中，"德"字的左边"彳"形符号表示人的大腿、小腿与脚，引申为道路、人的行动。其右边是一只眼睛，眼睛之上是一条垂直线，这是表示目光直射之意。所以这个字的意思是：行动要正，而且"目不斜视"。在金文中，"德"的会意功能表达得更为全面，因为它在"目"下面又加了"心"，这就是说：目正、心正才算"德"。在小篆中，"德"仍然是会意字：其右边的上方变成了"直"，"直心"为"德"。随着文字的进化与发展，现在"德"右边的构成又有了变化，为"十目一心"。从中国传统文化解读出发，解读这"十目一心"，首先应理解"一"字。《说文解字》指出"惟初太极，道立于一，造分天地，化成万物"，这里的"一"不仅仅是个数字问题，而是万物之祖，是一切东西的始祖和本源。从"一"中派生出阴阳、派生出天地。所以这一横实际就把天地分开了，上面是天下面是地，而"十"就是"十方世界，四面八方"。"德"在"一"的上面的"十目"就是说满天是眼。"一"下面的心，当然就是人心，所以老天的眼睛在看着人的心。也就是我们常讲的：人在做，天在看。"德"就是不管有没有人看着你，有没有法律追究，你的行为都得对得起天地良心。需要说明的是，即使时至今日，学者们对"德"字的由来与解释并不统一，在此仅取了笔者倾向的几个有代表性的观点。

与"德"不同，在甲骨文中"才"是个象形字，上面一横表示土地，下面像草木的茎（嫩芽）刚刚出土，其树叶尚未出土的样子，本义是草木初生。段玉裁在《说文解字注》中指出"才"由本义派生出的引申义："草木之初而枝叶毕寓焉，生人之初而万善毕具焉；故人之能曰才，言人之所蕴也。"其中"人之能曰才"一语，所揭示的就是"才"的引申义——学识才能。作为与"德"并列的"才"的含义，并不是指它的本义"草木之初"，而是指它的引申义学识才能。"材谓可用也"，"凡可用之具皆曰材"，可见，"材"具有可用性。作为学识才能含义的"才"，与"材"是通用的，因而可用性是"才"的特性之一。

从构词上看，为了便于分析可将德才兼备视为兼备德才。如我们经常说某某德才兼备，实际上是指某某兼备德才。某某自然是这句话中的主语，兼备是谓语，德才则是宾语。很明显，从词组类型方面看兼备德才是动宾词组，而其中德与才是两个宾词。理解这样一个词组必然又涉及德与才这两个宾词的关联性问题，放在词组中看，德才是联合性质的，处于同样的地位。一方面，从这个意义上讲兼备德才与兼备才德一样，德才兼备与才德兼备一样，之所以称为德才兼备主要原因是习惯而不是德与才孰轻孰重的问题。但是，另一个方面则是，德才兼备标准中对于德与才两方面很可能并非同步发展。从德和才两方面出发，司马光把人分为四种：德才兼备为圣人，德才兼无为愚人，德胜才为君子，才胜德为小人。具体到一个人所具有的德才素养来看，根据德才兼备中德与才的关系，确实可以分为这四种情况：一是德才都好，二是德好才差，三是德坏才优，四是德才皆差。如果将一个人的德才素养放在一个坐标系中，以德为横轴，才为纵轴，就会将人的德才素养分别列入四个象限，德才都好的在第一象限，德好才劣的在第四象限，德劣才优的在第二象限，德才皆差的在第三象限。从四类人对社会的影响情况看，第一、第四象限的人至少不会危害社会，第二、第三象限的人则不然，尤其是第二象限中德很差才却突出的，对社会的危害最大。①

从人类历史上考证德才兼备的最早提出之人非常困难，但从马克思主义经典作家的视角看，他们很早就关注德才兼备的用人标准问题。恩格斯在晚年提出过，"要在党内担任负责的职务，仅仅有写作才能和理论知识，即使二者确实具备，都是不够的，要担任负责的职务还需要熟悉党的斗争条件，习惯这种斗争的方式，具备久经考验的耿耿忠心和坚强性格"。②列宁认为担任领导职务应当是具有清醒头脑和实际本领的人才，他们既能忠实于社会主义事业，又能埋头苦干同心协力地工作。实际上，他们的论述中都涉及德才兼备的思想。毛泽东是中国共产党人中最早提出德才兼备思想的人，他在1938年党的六届六中全会上明确提出才德兼备的概念："中国共产党是在一个几万万人的大民族中领导伟大革命斗争的党，没有多数才德兼备的领导干部，是不能完成其历史任务的。"③这里明确地提出了"才德兼备"的科学概念。而后，党的领导人周恩来、陈云、邓小平等人不断将"德才兼备"的干部原则具体化、辩证化。如1940年陈云在《关

---

① 参见奇秀《论德才兼备标准的社会价值根据》，《中央社会主义学院学报》2003年第1期。
② 《马克思恩格斯选集》第4卷，人民出版社1995年版，第399页。
③ 《毛泽东选集》第2卷，人民出版社1991年版，第526页。

于干部工作的若干问题》一文中，就对德才兼备的辩证关系作了深刻的阐述。他说："德才并重，以德为主。反对只顾才不顾德，也反对只顾德不顾才。才和德应该是统一的。才，不是空才；德，也不是空德。考察一个干部的才和德，主要应看其在完成任务中的表现。"① 邓小平曾结合改革开放后的形势细化过德才兼备标准，他指出"所谓德，最主要的，就是坚持社会主义道路和党的领导。在这个前提下，干部队伍要年轻化、知识化、专业化，并且要把对于这种干部的提拔使用制度化"。② 1982年，党的十二大党章首次载明"党按照德才兼备的原则选拔干部"。③ 江泽民同志1989年7月在一次谈话中曾明确指出：专并不等于红，但红必须专。2008年在全国组织工作会议上胡锦涛总书记指出，选人用人要坚持德才兼备、以德为先的标准。

（二）德才兼备的恒定内涵

德才兼备的恒定内涵是指历经历史与时代的变化，德、才素养与德才关系中稳定不变的内涵。提出德才兼备的恒定内涵主要基于这样的考虑：在人类社会发展进程中，无论是什么样的社会性质，作为统治者或治理者在选拔人才的时候所考虑的首先是这个被选拔者是否德才兼备。原因很简单，因为德才兼备的人才有利于维护阶级统治或家族统治。同时，这种选择也说明，德才兼备作为用人标准之所以"放之四海而皆准"，除了其本身的内涵在与时俱进以外，还在于其中包含了一些不因时代变化而变化的恒定内容。今天，我们推进德才兼备用人标准，之所以可以借鉴中国古代和其他国家，从某种意义上讲正是因为德才兼备中的恒定内涵。

德才兼备的恒定内涵在德与才两个方面都有体现。就德方面而言，无论任何时代都十分重视用有"德"之人，重视人的政治品德、伦理道德、个性品德。早在春秋战国时期，开明的政治家就强调，"古者圣贤之为政，列德而赏贤"，④ "王者之论，无德不贵"。⑤ 而后的思想界人士也提出，

---

① 《陈云文选》第1卷，人民出版社1995年版，第214页。
② 《邓小平文选》第2卷，人民出版社1994年版，第326页。
③ 《中国共产党历次党章汇编》（1921—2002），中国方正出版社2006年版，第309页。
④ 《墨子·尚贤上》。
⑤ 《荀子·王制》。

"德不称其任，其祸必酷"，① "今所任用，必须以德行学识为本"。② 纵观历史，不同时期对德的内涵的强调在以下几个方面是一致的：第一，公道正义。墨子提出"举公义，辟私怨"，③《吕氏春秋》指出，"士之为人"要"遗生行义，视死如归"，④ "大道之行也，天下为公，选贤与能，讲信修睦"。⑤ 儒家之所以强调修身，是为了追求"身正"后的内圣，从而达到外王。古代这些思想直至今天仍然适用，今天我们贯彻德才兼备原则中同样强调公道正义的素养要求。第二，仁爱惠民。孟子继承了孔子仁者爱人的思想，结合历史发展明确指出，"尧舜之道，不以仁政，不能平治天下"；"不仁而在高位，是播其恶于众也"；"三代之得天下也以为仁，其失天下也以不仁"，⑥ 这种"仁者莫大于爱"、⑦ "圣人居高处上，则以仁义为巢"⑧ 的思想同样也是今天对德的基本要求之一。第三，正直厚道。古代非常重视任用正直厚道之人，他们认为"若有材艺而以正直为本者，必以其材而为治也；若有材艺而以奸伪为本者，将由其官而为乱也，何治之可得乎"。⑨ 唐太宗的开明的重要体现就在于识人与用人，吴兢曾提到"太宗尝称世南有五绝：一曰德行，二曰忠直，三曰博学，四曰词藻，五曰书翰"。⑩ 这其中的前两条就是强调正直厚道问题。当前，做人不正直厚道，无论在什么岗位上都很难持续地推进工作进展。第四，忠于职守。忠于职守是职业道德的基本原则，其精神实质就是把自己的职业当成事业，兢兢业业地为之奋斗，终身不懈。忠于职守首先必须热爱本职工作，明代大儒王守仁说："古者四民异业同道，其尽心焉，一也。"⑪ 在古代恭顺是臣子最重要的品德，今天美国宪法依然规定"最高法院与低级法院之法官忠于职守，得终身任职"，摒除阶级属性这一点与我们干事创业必须要忠于社

---

① 王符：《潜夫论·忠贵》。
② 吴兢：《贞观政要》卷7《崇儒学》。
③ 《墨子·赏贤上》。
④ 《吕氏春秋·士节》。
⑤ 《礼记·礼运》。
⑥ 《孟子·离娄上》。
⑦ 《大戴札记·主言》。
⑧ 陆贾：《新语·辅政》。
⑨ 《周书》卷23《苏绰传》。
⑩ 吴兢：《贞现政委》卷2《任贤》。
⑪ 《王文成公全书》卷25。

会主义事业、忠于人民是一致的。

　　才的内涵中同样具有恒定性的特征。古人对"才"的论述不如对"德"的论述那样集中，《周礼》讲的"六艺"：礼、乐、射、御、书、数，多数是才的要求。《六韬》讲将有"五材"：勇、智、仁、信、忠，孙武讲将有智、信、仁、勇、严五项素质，两者都提出将有五项标准，大体相同，其中的"智"或称"谋"都属于才能方面的素质。《管子·七法》篇提出治国者需掌握七项本领，即则、象、法、化、决塞、心数、计数，可视为关于治理之才的较为完整的概念。从现代意义上看，无论是人才的构成五要素"德、才、学、识、体"还是三要素"才、学、识"都包括了才学与能力，包括了经验、学历与资历等方面的内容。实际上，自古以来，无论东方还是西方都强调了才的涵盖性，在才的内涵方面有以下相通之处：第一，知识素养。清代张经解释"才"的含义说："夫才者，诸法之蕴隆发现处也。无才即心思不出。"① 也就是说，"才"实际就是人所积蓄蕴含的深厚的知识学问的潜在力度，没有它的作用，人的智慧才能和思想方法就不能生发。这种思想与今天我们经常讲的"知识就是力量"完全一致。第二，学历高低。从古代"学而优而仕"到现代公务员考试、司法考试、公开选拔等对学历的基本要求，都体现了不同时期对学历方面的关注。第三，能力水平。才是内在的，能是外显的。一个人有没有才是通过能体现出来的，古代用人中除了强调科举取士之外，也强调有政绩，而政绩就是通过能力转化的。目前，我们考察任用干部也讲通过政绩看德才的问题。

　　德才兼备的恒定性不仅体现在德与才各自素养内涵古今有一致性的方面，还体现在德才的判定方面也有相似性。虽然从人类社会发展进程来看，对于德才关系的处理可以大致分为重德、重才与德才并重三种情况，但需要明确指出的是重德类也不完全排斥才，重才类也不完全排斥德。从这个意义上讲，德才兼备是任何时代都关注的，只是更关注德才兼备中的德还是才有所不同而已。

---

① 《原诗·内篇下》。

（三）德才兼备的异动内涵

异是不同，动是变化。所谓德才的异动内涵是指随着时代的变迁，德才的素养要求在不断变化，德才关系在不断变化，尤其是德才的阶级属性在不断变化。按照马克思主义的基本认识，人类历史发展经历原始社会之后便步入阶级社会，在阶级社会中一切政治事务和现象都打上了阶级的烙印。德才兼备的用人标准在阶级社会或存在阶级的社会中仍然有着鲜明的阶级色彩，尤其是反映政治素养的德更是如此。德才兼备的异动内涵包括三个方面：一是德的异动性，二是才的异动性，三是德才关系的异动性。

首先，德的异动性。德的异动性根源于社会的变化，特别是社会性质的根本变化。其具体体现在政治品德、伦理道德、个性品德三个方面的异动。其一是政治品德。政治品德带有鲜明的阶级性，专制社会中对于人才政治品德的基本要求是维护专制秩序，忠于阶级统治；民主社会中对于人才政治品德的基本要求是维护共和政体，体恤民众疾苦；我们社会主义社会中人才的政治品德主要体现在有坚定的共产主义信仰、正确的政治方向感与敏锐性、全心全意为人民服务的精神等方面。其二是伦理道德。伦理道德的要求有些共通性，比如仁爱、孝悌，等等，但其中包含的内容与精神还是有很多变化的。比如，古今都推崇孝道，但古代的孝与当代的孝不同，儒家代表孟子所言"不孝有三，无后为大"[①]就带有鲜明的封建意识和腐朽的传宗接代观念，而所谓"父母在，不远游"[②]的狭隘同样与现在的孝道不相容。比如"女子无才便是德"，让女子缠足，使其"大门不出，二门不迈"，三从四德，从一而终；嫡长子继承等都与当前伦理要求的人人平等理念根本不同。其三是个性品德。个性品德，是指个体的世界观、人生观、价值观、个性品质、道德品质、文化修养、兴趣爱好等方面的综合性的系统。人的个性品德是在个体的生理素质的基础上，在一定社会关系、社会环境和物质条件的影响下，通过社会生活实践经验的积累、道德教育和实践以及个人自觉锻炼和道德修养等而逐步形成、发展和变化的。在专制社会形态下，个人品德容易表现出拜金主义、享乐主义、极端个人

---

① 《孟子·离娄上》。
② 《论语·里仁》。

主义倾向；在民主社会中讲究诚信，提倡有序竞争等方面的个性品德较为突出。

其次，才的异动性。严复曾指出过："夫今日中国所处之时势，既大异于古初矣，则今日之才，方之于已往者，虽忠孝廉贞之德，不能不同。而其所具之才，所以斡济时艰，策外交而辅内理者，必其详考古今之不同，而周知四国之故者也。夫如是，故其所治之学与其所建白者，亦将有异于古初。"① 这说明不同时期对于才的要求是不同的，古今之才差异巨大。比如古代科举取士无论是文举还是武举，对自然科学知识关注不够。即使是文举也非常片面，甚至发展到八股取士；当前任用人才考察的不仅包括社会科学知识，还关注其自然科学知识、专业技能知识等方面。这种差异不仅在不同制度中有体现，即使同一制度的不同体制之下也有体现：在计划经济体制下，统购包销计划调配，人按部就班就可以；而在市场经济体制下，人必须有竞争意识和竞争能力，人必须为追求其正当利益最大化而存在，人必须自觉按照理性法则而存在。因为市场经济在一定意义上说是"能力经济"、"法制经济"，市场经济体制对人才的导向，由追逐权位转向追求自身的发展，此种场景下人才所具有的能力素养与法律修养将远远高于计划经济体制时期。

最后，德才关系的异动性。在不同的历史时期，德才的相关性表现有所不同，从人类社会发展史上看，德才关系的异动体现为三种情况：其一重德类。先秦一般都强调选人重德，把儒家的忠、孝、节、义、廉、谨等道德规范作为选拔的主要标准。周公用人提倡"惟成德之彦"、"其惟吉士"、"其惟克用常人"。②《周易》强调领导者要治理好国家，必须"进德修业"，③ 孔子主张为政者的关键是要"正"，"为政以德，譬如北辰，居其所而众星拱之"。④ 其二重才类。三国时期的曹操一改先秦以来选人重德行的传统，提出了"唯才是举"的方针。他主张不以德行论优劣，曾指出：不管是"被褐怀玉者"，还是"盗嫂受金"者，凡能"佐我明扬仄

---

① 《严复文选·拟上皇帝书》。
② 《尚书·立政》。
③ 《文言·干卦》。
④ 《论语·为政》。

陋"之人皆"唯才是举，吾得而用之"。① 其三德才并重类。由单纯强调德或才，向既重德又重才方面转化，认为"在任无德，其祸必酷；在位无能，其殃必大"，"有德有才者，为治也；有德无才者，难治也；有才无德者，为乱也"。② 诸葛亮在《将苑·谨候》篇中提出合格将领的十五条标准，既有对才的要求，也有对德的要求，但对德的要求更大些，反映了他以德为主，德才并重的思想。今天，我们实施的用人标准，是立足于社会主义全心全意为人民服务的宗旨，立足于选好用好准干部以推进社会主义事业，所以特别强调德才兼备，以德为先。

（四）德才兼备的时代内涵

德才兼备的时代内涵是基于德才兼备中德与才素养的基本内涵、相关性、恒定性与异变性特征，结合当前人才素养的具体要求提出的，主要是从应然视角分析新世纪、新阶段中国特色社会主义国家中用人标准的时代要求。

当前，"德"主要指人品之德、职业之德、权力之德、党性之德。人品之德主要指具有豁达的胸怀和气度。人品之德主要体现在处理人事关系中严于律己、勤于反思、善于慎独；孝敬父母、关爱家人、尊老爱幼；宽以待人、以人为师、乐于助人；特别是能够科学分析谗言与溢美之词，对于批评意见本着"有则改之，无则加勉"的原则认真对照检查，不动辄打击报复别人。职业之德主要指正确的工作态度。体现为干一行、爱一行、精一行，对工作积极努力认真负责，能出色地完成任务；热爱党和人民的事业，严格本行业的职业操守与行规行纪、廉洁奉公、不谋私利；有主动精神、创造精神和敢于为自己忠爱事业奉献的精神，能够做到不怕艰险、勇挑重担，不惜牺牲个人利益，甚至能够为党和人民的事业献身。权力之德主要指有良好的政治品格。体现为坚持民主集中制，坚持在少数服从多数的原则下充分尊重反对意见和少数意见；正确对待手中的权力，真正贯彻落实权为民所用、情为民所系、利为民所谋的原则要求，正确处理权力观、群众观、地位观、利益观的关系，并且将这些认识融入权力运行的各

---

① 《魏帝·开帝纪》。
② 《周书》卷23《苏绰传》。

个环节，使自己在用权之时谨小慎微、如履薄冰。党性之德是指有较高的政治修养。体现为有坚定的马克思主义理想信念，对社会主义事业充满信心；坚定对党与政府的信任，坚持全心全意为人民服务的宗旨，以最广大人民群众利益作为衡量各项事业功过是非的基本标准，坚持以"人民拥护不拥护，人民赞成不赞成，人民高兴不高兴，人民答应不答应"作为自己行动的出发点和归宿；敢于与违反党和人民利益的行为做斗争。在当前对德的要求中，人品之德为基础，正是人品之德才使人之为人，才为职业之德、权力之德、党性之德奠定基础；党性之德是最高要求，正是党性之德使我们事业价值的高尚性、利益的为民性、目标的长远性得以充分地体现。

"才"主要指理论修养、学历水平、阅历经验、气魄能力。理论修养包括马克思主义理论修养、科学文化知识修养与专业技能修养三个方面。马克思主义理论修养是世界观与方法论问题，是学好其他知识的前提与基础。科学文化知识包括历史知识、法律知识、经济知识、管理知识，等等，是对通识人才的起码要求。专业技能则要求各行各业的人才都应当具备与社会主义市场经济相适应的专业知识，成为不同行业的内行与专家。学历水平反映的是一个人在教育机构中接受科学、文化知识训练的经历情况。需要指出的是，对于人才的学历要求不能局限于狭义上的观念，即仅看其在教育机构中接受教育的学习经历或者曾在哪些学校肄业或毕业，或仅看其最后或最高层次的一段学习经历，而应当考虑一切与学习相关的培训经历，杜绝唯学历的误区。随着教育的大众化、培训工作的推进与干部的知识化进展，选拔德才兼备的人才必须要考虑其学历问题。阅历是指一个人对社会、对事件、对生活中所发生的事的经历及理解方式。如果说学历仅是求学经历的话，阅历则包含了社会生活的各个方面。一般而言，一个理性的人经历越丰富，对不同事物的思考越多，对事物的认识越深刻，阅历和经验就越丰富。新时期对于人才的阅历经验有明确要求，如干部任用中需要一定层级的工作经历等。同时，应当指出的是，一个经验阅历丰富的人，心理素质也会相对成熟，能够从容应对事务性工作和突发事件。气魄能力是面对新挑战的勇气与应对新挑战的技能，反映一个人顺利完成某种活动、直接影响活动效率的个性心理特征。当代对于人才气魄能力的要求主要有：雷厉风行的作风，办事负责，不拖拉疲沓，讲求效率；处复杂问题的能力，头脑清醒、思路宽阔、遇事冷静沉着，有准确的判断力；从事现代工作所需的观察能力、辨别能力、判断能力、思考能力、应变能力等。在当前对才的要求中，理论修养的提升有助于理性认识和总结以往经验，为一个人全面素养的提升奠定基础；气魄能力则关系到是否能办事、办成事，是对一个人才能素养的最高要求。

需要指出的是，德才兼备不是求全责备，是在承认人无完人基础上的择优，在德才关系方面强调以德为先。一方面，专业分工的发展造就了隔行如隔山的现实。虽然这从某种意义上有悖于人的全面发展，虽然现在也强调人的通识教育以改变这种状况，但仍需要时间。面对人无完人的现实，在贯彻德才兼备时，尤其是强调才要结合工作实际有所偏重。另一方面，强调以德为先是新形势下的必然要求。近年来，我国改革开放和社会主义市场经济的不断深化，随着经济全球化的深入发展和互联网的迅猛推进，推动了各种社会思潮的传播，对干部坚定正确的理想信念、增强政治鉴别力提出了严峻考验。尤其是我国正处于改革和发展的关键时期，如何应对市场经济中消极腐朽的东西，如何解决对马克思主义科学真理疑惑，对社会主义经过长期发展必然会代替资本主义的动摇，如何抵制形形色色的诱惑等方面都需要坚持以德为先的理念。

正确认识德才兼备的内涵，对于实践中贯彻落实德才兼备标准有重要意义。这种意义体现在三个方面：从纵向层面看，这种认识有利于我们正确对待历史上德才兼备的标准，科学吸纳其中恒定的内容；从横向层面看，这种认识有利于我们正确对待其他国家或地区的德才兼备用人标准，有效借鉴人类共同的政治文明成果；从现实层面看，这种认识有利于我们正确分析当前德才兼备标准贯彻落实方面的具体问题，完善德才兼备用人标准体系和推进其实现机制。当然，分析德才兼备用人标准实现机制的概念，还涉及机制本身的解读。从一般意义上看，机制是操作和运行问题，是将理论与经验加以物化的系统手段。德才兼备用人标准本不是个问题，之所以出现用人标准的异变关键是实现机制方面出现了问题。

二、德才兼备用人标准实现机制的功能分析

为了方便说明德才兼备用人标准的功能，我们先界定此处所用功能的

含义。我们认为，功能是潜存于事物之中，一旦与外部环境交互作用就能推进事物本身健康发展，并有利于推进自身与环境良好互动的特性与能力。这种界定至少澄清三方面问题：一是功能为潜伏事物之中还没有彰显出来的特性与能力，二是功能只有与外部环境交互作用才有意义，三是功能仅指事物与外部环境交互作用产生的正面影响。德才兼备用人标准的功能是指潜存于这一用人标准之中，对于干部人事制度乃至整个政治体制都有正面促进意义的特性与能力。概言之，这种功能主要体现在五个方面：评价—导向功能、激励—约束功能、调节—教化功能、凝聚—融合功能、辐射—带动功能。

（一）评价—导向功能

评价通常是指通过详细、仔细的研究和评估，确定对象的意义、价值或者状态，做出形如好与坏、善与恶、美与丑的判断。简单地说，评价功能就是从质与量两个方面说明事物状态。德才兼备用人标准的评价功能，是对用人标准的评判，而用人标准决定于用人路线，用人路线最终取决于推行者的性质。从实质意义上看，只有代表最广大人民根本利益的工人阶级政党，才可能推行任人唯贤的路线和落实德才兼备的用人标准。毛泽东曾指出："我们民族历史中从来就有两个对立的路线：一个是'任人唯贤'的路线，一个是'任人唯亲'的路线。前者是正派的路线，后者是不正派的路线。"[①] 虽然，放在历史进程中看，任何统治者都要从维护自身统治地位出发，推行任人唯贤的路线，但是基于推行者自身的性质，专制社会中的"贤"被深深地打上阶级的烙印，已经很难称为"贤"了。所以，贯彻任人唯贤，关键要正确看待何谓"贤"，正确评判"贤"。中国共产党人不是历史虚无主义者，他们批判地继承了任人唯贤这一优秀历史文化遗产，高举任人唯贤的旗帜，反对任人唯亲。共产党是代表最广大人民根本利益的政党，虽然从性质上看具备推行任人唯贤的条件，但是如果不采取正确的用人方针政策，也可能使这一路线名存实亡。为此，中国共产党人曾多次谈及和细化衡量"任人唯贤"路线的标准问题。毛泽东曾指出："共产党的干部政策，应是以能否坚决地执行党的路线，服从党的纪律，和群众

[①] 《毛泽东选集》第2卷，人民出版社1991年版，第527页。

有密切的联系，有独立的工作能力，积极肯干，不谋私利为标准，这就是'任人唯贤'的路线。""在干部政策问题上坚持正派的公道的作风，反对不正派的不公道的作风，借以巩固党的统一团结，这是中央和各级领导者的重要的责任。"①"中国共产党是在一个几万万人的大民族中领导伟大革命斗争的党，没有多数才德兼备的领导干部，是不能完成其历史任务的②。"可以看出，他已经站在人民的立场上，从德才兼备两个方面来衡量任人唯贤中的"贤"了。在新的历史条件下坚持任人唯贤，反对用人上的不正之风，同样需要站在民众的立场上对"贤"的自身结构加以细化，将"贤"具体化为德才两个大的方面。在干部人事工作中，是否坚持德才兼备的用人标准，是评判是否贯彻落实任人唯贤路线的重要标尺，也是评价干部路线好坏的重要凭证，还是衡量执政党是否真正执政为民的重要标志。

　　导向是导引方向，使事情向某个方面发展。标准原意为目的，也就是标靶，后来引申为衡量事物的准则。正如我们射箭都要瞄准标靶，使箭沿着既定路线射出一样，任何标准都有鲜明的导向功能。德才兼备用人标准同样如此。在实践中坚持德才兼备的用人标准，关键要抓住"兼备"二字。只有贯彻和落实好"兼备"，才能规避用人实践中抓其一点，不顾其余的做法。比如，有些地方在用人过程中单纯强调道德标准，认为有德就可以用。由于在实践工作中不对才进行考察，很可能会使有德无才之人走上领导岗位，结果造就一些碌碌无为、不求有功但求无过的庸人。再如，有些地方在用人过程中单纯强调才的标准，在实际工作中唯才是举，甚至使一些"盗嫂偷金"、欺世盗名之人成为干部，结果也使得民众怨声载道，直接影响到执政的合法性。所以，正如一句俗话所言，德才兼备的是"精品"，有德无才的是"次品"，无德无才的是"废品"，有才无德的是"毒品"。我们党的事业是千万民众的事业，靠的是大量德才兼备的"精品"推进。只有坚持德才兼备的用人标准，才能引导各级干部重视德才全面素养的提升，才可能不断充实党的干部人才的后备库。当然，从这句俗语中同样能看出"德"的重要性。所以，品德是衡量一个人价值的前提，坚持

---

① 《毛泽东选集》第 2 卷，人民出版社 1991 年版，第 527 页。
② 《毛泽东选集》第 2 卷，人民出版社 1991 年版，第 526 页。

德才兼备还必须特别强调以德为先。正如邓小平所言"我们选干部，要注意德才兼备。所谓德，最主要的，就是坚持社会主义道路和党的领导。在这个前提下，干部队伍要年轻化、知识化、专业化①"。在2008年2月17日至19日的全国组织工作会议上，习近平同志强调了正确用人应树立六大导向，其中第一条就特别强调"德"，他指出"要树立注重品行的导向，注重选拔政治坚定、原则性强、清正廉洁、道德高尚、情趣健康的干部"。② 由此，德与才是一个完整的统一体，德才兼备应强调二者间的不可分割性；同时，在这个统一体中也有重点——德，坚持德才兼备标准必须坚守以德为先的原则。强调在德与才的关系上，我们应该坚持两点论和重点论的统一，既重德又重才，不片面强调；又坚持以德为先，而非等量齐观。

（二）激励—约束功能

"激励是管理的核心"，③ 有激发和鼓励的意思。有效的激励可以成为组织发展的动力保障，推进组织目标的实现。研究表明，正常人在未受到任何激励的情况下，能力仅能发挥出20%—30%，而在激励之下能发挥出60%—80%，这还未包括潜力的激励。激发了人的热情和动能，自然有利于推进组织目标的实现。实际上，激励是有前提的，是在既定目标之下的激励。没有目标就没有激励。目标是激励的指向。在选用人才方面，选用的标准就是选用的目标指向，它对于选用过程也有着激励功能。以德才兼备用人标准为目标，就会激励选用对象向着德才兼备的目标努力，尽最大能力达到德才兼备的要求。当然，在这个进程中不可能是一帆风顺的，有些人在向着德才兼备目标努力的进程中，可能也会遇到挫折和困难，但只要保持目标的稳定性，他们向着目标行进的步伐就会更加坚定。因为在正常情况下，人都有一种向上的心理，作为公务人员同样也在追求自己政治价值的最大化。美国心理学家弗鲁姆1964年首次提出了期望理论，并以一个简明的公式表达了他的观点：激发力量＝效价×期望概率。所谓效价是

---

① 《邓小平文选》第2卷，人民出版社1994年版，第326页。
② 人民论坛杂志社编：《决策内参（第2辑）官场生态》，华文出版社2009年版，第43页。
③ Leon C. Megginson, Donald C. Mosley, Paul H. Pietri, Jr. Management. Concepts and Applications. third edition, Harper&Row Publishers Inc., 1989, p. 309.

个人对于某一特定后果如何感觉的一种量度，期望概率指一个人对两种结果的愿望强度之间的关系。为了使这个模型变得完整，弗鲁姆提出期望值与效价的乘积决定激励的强度。这一公式说明，目标对自己的效用越大，实现目标的可能性越大，目标所引发出来的激励力量就越大，反之就越小。如下表所示。①

激励因素的作用			
期望值	效价		
	高	中	低
高	高	较高	低
中	较高	中	低
低	低	低	很低

对于德才兼备的目标而言，由于它本身呈现出层次性，一个人可以根据自己的情况选择定位好层次。如果实现这一层次目标的可能性比较大，他所获得的激励力量也就比较大。再者，因为德才兼备用人标准有恒定性，这就决定了德才兼备标准针对不同层级人才要求也具有一定的恒定性，目标的稳定不变对于推进目标的实现有良好的定向作用，同样会加强激励作用，推进人们为这一目标的实现而奋斗。由此，德才兼备用人标准所体现的激励功能在于，它能引导公务人员将自己政治价值的实现之基建立在对自身素养要求的基础之上，而这种素养要求包括德与才两个主要方面。这就能够让他们认识到，只有不断加强自身德才素质的全方位修养，才可能实现自身政治价值的最大化。

就其原意而言，"约"是将丝缠绕成一束的动作，缠绕好的丝则称为"束"；约束连用引申为制约、控制的意思。用在选用人才领域，约束是与激励相对应的，是既对立又统一的两个方面，二者相互包含、互相印证和说明。这是因为无论是激励还是约束，都不是纯粹的、绝对的，也不是单向度的。正如我们社会生活中各个领域制定的规章制度那样，既有鼓励又

---

① 此表参见彭四平，童恒庆《激励心理学人类前进的推进器》，湖北人民出版社 2006 年版，第 39 页。

有制约，既有奖励又有惩罚，既有允许又有禁止。如果说激励是沿着正方向促进的话，约束则是为了避免或改变不正确的方向；如果说激励是指导做正确的事情的话，约束则要求不做错误的事情。从这个意义上讲，约束也是一种激励。结合用人标准问题，约束就是为了规避不正当的用人标准。实际上，标准既是一种目标，也是一种规范。作为目标，它有引导与激励的作用。目标有性质的不同，有好的目标，也有不好的目标。正如前面所言，古往今来的用人路线可以概括为任人唯贤与任人唯亲两种，德才兼备用人标准是为了贯彻落实任人唯贤，规避任人唯亲。作为规范，它同样具有引导与约束的作用。正是有了规范，才有了自由。虽然这种自由是相对的，但更有实际意义。因为人在现实上是一切社会关系的总和，人都要在一定的社会中生存，"试想一个人自有生以来，即离开社会的环境，完全自度一种孤立而岑寂的生活，那个人断没有一点自由可以选择，只有孤立是他唯一的生活途径"。[①] 社会生活一切领域的活动都证明：没有绝对的自由，没有纪律，将丧失自由。这就是说，只有社会自由，才有个人自由；离开社会自由，就无个人自由。所有好的规范，立意都在于保障社会自由。德才兼备用人标准从规范意义上讲，也是如此。

（三）调节—教化功能

调节是指在数量、程度、规模等方面进行调整，使事物符合其标准的过程。发挥调节功能的前提是有标准的存在。反过来讲，只要存在标准，在标准的引导下就有调节功能的发挥问题。具体到选用人才方面，德才兼备用人标准的实施，客观上调节着用人活动，让其根据不同用人门类和层次的具体要求，按照德与才的具体指标进行选拔任用。如果将德才兼备用人标准、用人实践活动看作两个相互关联的变量，则二者的关系可适用统计学、管理学方面常用的变量分析。从历史上看，我党一直坚持德才兼备的用人标准，但随着时代的变化德才兼备的内涵与时俱进，而标准的变化自然也就影响到用人实践活动。德才兼备用人标准可被看作自变量，而用人活动则是因变量，二者之间的函数关系即调节变量，也即系统地改变自

---

① 李大钊：《自由与秩序》，转引自王邦佐，潘世伟《二十世纪中国社会科学》（政治学卷），上海人民出版社 2005 年版，第 324 页。

变量与因变量间关系的变量。调节变量有两种类型：第一种类型是调节变量影响自变量和因变量间关系的形态；第二种类型是调节变量影响自变量和因变量间关系的强度。具体到用人标准的历史发展进程中看，在专制条件下所谓的德才兼备受制于专制制度的影响，实质是任人唯亲，虽然不否认特定时段或情形下有任人唯贤的情况。但总体上看，在阶级社会中用人标准就是任人唯亲。相反，在社会主义社会中，执政党是执政为民的，与广大民众没有根本不同的利益，其选用人才的标准是真正奉行任人唯贤，由于不同时期的物质条件和文化条件不同，任人唯贤在落实方面还会受到影响。由此，由专制社会向民主社会演变的进程中，调节变量影响到了自变量与因变量间关系的形态。而在民主社会中，同样是任人唯贤，由于物质文化条件的不同，调节变量仍然影响自变量与因变量关系的强度。基于同一社会制度内用人标准在质上是既定的，不会发生根本性变化，用人标准与用人实践之间的调节只是强度大小的问题。所以，德才兼备用人标准的调节功能体现为按照民众要求、社会主义要求和执政党要求标准即任人唯贤路线下的标准指导或影响用人实践，而不是改变任人唯贤路线本身，滑向任人唯亲。从这个意义上讲，所有借口用标准与实践变量关系来改变任人唯贤路线的做法，都是错误的。

教化是使对象能从事、习于或适应某种生活的过程；从事、习于或适应某种生活，实际上就是某种规范要求或标准的生活。一般而言，提及教化多联想到从事教育工作或宗教工作的人员，实际上在政治领域教化的运用也相当普遍。思想政治工作的作用之一就是教化。在人事工作领域，同样如此。毛泽东提出了"任人唯贤"的干部路线、德才兼备的干部标准，对于党的干部建设和人才工作有重要的指导作用。这种指导作用，也可以称为教化作用。如果将德才标准分开看，特别是从德的标准看，教化作用似乎更容易说明。重德是作为礼仪之邦的中国的优秀传统文化，而道德具有教化功能，也具有强大的政治作用。今天，我们对于公务人员的素养要求仍然坚守一些古训，如"其身正，不令而行；其身不正，虽令不从"、"为政者正"等。加强公务人员的修养，克服任人唯亲、重资历轻学历、重才轻德的不良现象，一方面可以说是发扬光大了尚贤重德的优秀文化，另一方面也可以说是传统重德思想的积极影响或教化作用。正如古代的重德思想一样，今天德才兼备的用人标准也有强烈的教化功能。特别是在社会主义市场经济条件下和全面对外开放的社会环境中，这种教化作用非常必要。因为，随着全面对外开放和社会主义市场经济的深入发展，市场经济的外部性和不同性质国家在政治思想方面的影响和渗透，都会影响到我们的干部路线和用人政策。在这种情况下，坚持德才兼备的用人标准，可以起到引导、规劝和纠正人事实践工作的教化功能：对于即将开展的人才选用工作起到引导作用，使其沿着德才兼备的标准实施；对于已经处于人才选用进程之中且出现偏差苗头的工作起到规劝作用，使其改变既定航道，重归正途；对于在人才选用中出现错误的工作起到纠正的作用，使其抛弃错误路线，改变错误做法。

（四）凝聚—融合功能

凝聚是积聚、聚合，融合是指将两种或多种不同的事物合成一体。基于心理学方面的认知、态度、情感的关系，来理解德才兼备用人标准的凝聚功能和融合功能，显得更为容易。认知是指人们认识活动的过程，即个体对感觉信号接收、检测、转换、简约、合成、编码、储存、提取、重建、概念形成、判断和问题解决的信息加工处理过程。简言之，认知是主体根据自己的知识和技能认识和把握对象的过程。无疑，在这个过程中，主体的知识积累和素养水平会影响到认知的结果。同时，认知对象本身也会影响到认识情况是否产生及其实效。比如，当德才兼备用人标准作为认知对象时，无论主体是否拥有丰富的知识和高超的技能，都会对其作出正面评判。相反，当以重用身边人为标准时，主体可能先考虑到的不是任贤不避亲，而是任人唯亲，直接给予否定评判。认知领域遵循三个定律：其一是对某个事物的认知，有且只有一个最合理的；其二是正误的认知都会产生加速度；其三是客观事实可以统一人类认知。基于这三个定律，当用人标准获得肯定认知时，它就拥有积聚和融合功能；而这种肯定认知越普遍，其积聚和融合功能越大。

态度是人们在自身道德观和价值观基础上对事物的评价和行为倾向。态度来源于人们基本的欲望、需求与信念，至少具有如下三个特征：其一是对象性，态度总是针对某种事物的；其二是评价性，态度意味着是否赞同该事物；其三是稳定性，态度是一种对事物比较持久的而不是偶然的倾向。态度具有对象性，也就意味着任何认识对象都会引发人们不同的态度，并且，任何认识对象都试图博得认识主体持久、肯定的评价。从态度形成的过程来看，形成主体对对象认识的持久、稳定评价并不容易。凯尔曼提出了态度形成的三阶段理论，即依从、认同、内化。在个体早期生活中，态度的形成很大程度上依赖于依从；在社会生活中，当个体自愿地让自己的态度和行为与心目中榜样的观念和态度相一致时，就进入认同阶段；长期的习惯性认同就会自觉地内化为个体的行为准则。在人才选用领域，一旦人们对于德才兼备用人标准持有稳定持久的认同态度，这一态度便会渐渐内化成自己的评判和行为的准则。作为社会生活中的个体，自己的评判和行为准则受制于他人的评判与行为准则，也同样会影响他人的评判与行为准则，这自然有助于推进这一标准的凝聚与融合功能。同样，这种态度越持久、越肯定，其所产生的凝聚与融合功能越强大。

情感是态度这一整体中的一部分，是态度在生理上一种较复杂而又稳定的生理评价和体验。《心理学大辞典》中认为："情感是人对客观事物是否满足自己的需要而产生的态度体验。"客观事物对自己的满足情况不同，所产生的情感也不同，这种不同体现的是客体对于主体是否具有价值。情感是人对价值的主观反映，它以价值为基础，并围绕价值上下波动。根据价值的正负变化方向的不同，情感可分为正向情感与负向情感；根据价值的强度和持续时间的不同，情感可分为心境、热情与激情。在推进用人标准过程中，推进者总希望民众对这种用人标准怀有强烈的正面情感。能否有正面情感、正面情感的强度如何，受制于用人标准本身的价值。因为情感发生过程实际上是人脑对于事物价值特性的刺激与感受的生理过程，具体地讲就是事物的"价值率高差"，即事物的价值率与主体的平均价值率之差。情感强度与事物的价值率高差的对数成正比，即：$\mu = K_m \log(1 + \Delta P)$。其中，$K_m$ 为强度系数，ΔP 为价值率高差，μ 为情感强度。从历史与现实上分析，德才兼备用人标准的价值率高差应为最高的正值，由此而产生的情感强度最大。当民众对这一用人标准产生强大、普遍、持久的情感时，这一标准的凝聚和融合功能也最大。

从心理学的角度看，个体的认知、态度、情感是密切相关、相互作用、有机统一的。一般而言，正面的认知会产生肯定的态度和情感，负面的认知会产生否定的态度和情感；对事物的正面认识越透彻，产生的肯定态度和情感越强烈。不仅如此，个体的认知、情感和态度还会影响到他们的行为意向，最终左右他们是否采取行动、采取什么样的行动。由此，个体对于德才兼备用人标准正面认知越清晰，肯定的态度和情感越强烈，这一标准所产生的凝聚和融合功能越大。

（五）辐射—带动功能

辐射是从中心向各个方向沿着直线伸展出去。在社会生活中任何事物都会或多或少地影响到周围其他事物及其生存环境，在政治生活中亦然如此。在社会政治生活中任何事物对于周围的影响，从质上说无外乎两种情况，即积极正面的影响或消极负面的影响；从强度上讲也有大小之分。从广泛的意义讲，事物对其周围其他事物的影响都可称为它的辐射功能。德才兼备用人标准作为一特定的政治事物，它本身存在于特定的政治环境之中。并对其生存的政治环境和其中的其他事物有辐射功能。从性质上看，德才兼备的用人标准对政治环境及生存于特定政治环境中的事物的辐射功能是正面的、积极的；从强度上看，取决于德才兼备用人标准的认知、贯彻落实情况，正确地认知和全面地落实有利于增强其辐射功能，否则就会减弱。德才兼备用人标准作为组织人事工作的重要组成部分，它对其他相关人事工作的辐射作用最为明显。比如，坚持德才兼备用人标准，不仅使干部的选拔任用有了明确的指标，而且还会影响干部的培训、教育、监督、评判等各个方面，使干部工作更加规范有序。同样，德才兼备用人标准还是政治生活领域中的重大事件，它本身存在于特定的政治环境之中，它对于政治环境的辐射功能体现为纯洁和净化作用。推行德才兼备用人标准自然会有利于规避任人唯亲的现象，使能干事、干成事、干好事的干部走上重要岗位。既能使杰出人才有用武之地，也能使靠吹捧奉承、不学无术者无立锥之地。毛泽东说过，政治领域中的两件大事是"出主意"和"用干部"，德才兼备用人标准不仅辐射到用好人，而且辐射到出好主意。因为主意是靠人来出的，德才兼备用人标准有利于有执政能力的人脱颖而出，这些人在政治舞台上充分发挥作用自然有利于正确决策。另外，德才兼备用人标准的辐射功能本身也呈现出马太效应，即越是正面或负面强度大的辐射，越容易得到强化和推进。正是由此，也不难理解为何在专制社会中德才兼备得不到根本的贯彻，任人唯亲却以不可阻止的力量发展了。当前，推进德才兼备用人标准成为众望所归，其正面强度较历史上任何时期都大，自然对政治环境的辐射作用也无以伦比。

带动是指通过动力使有关部分相应地动起来，推动事物向着预定的方向发展。在社会生活领域，带动是特指优秀社会团队或个人对其他社会团队或个人的引导作用，也即我们经常所言的榜样的作用。带动功能，即通过榜样的力量彰显出来的对其他团队或个体的引导与督促作用。德才兼备用人标准的带动功能，实际上是指这一标准为社会进步人士接受和贯彻落实后，使他们又成为整个社会的榜样，进而带动社会其他个人或团队向其看齐的过程。但是，榜样的作用是一个复杂的过程，它的发挥与民众对于榜样的认识密切联系。民众对于世人的认识可分为两种：一种是肯定的认识，另一种是否定的认识，对于榜样的认识属于前者。根据对于榜样肯定认识的情况，这种认识又可分为认同、模仿和内化三个阶段。认同阶段属于对外评价的层面，只是对榜样的作为持肯定认可的态度。弗洛伊德把认同看作"一个心理过程，是个人向另一个人或团体的价值、规范与面貌去模仿、内化并形成自己的行为模式的过程，认同是个体与他人有情感联系的原初形式"。[①] 模仿阶段不仅认同了榜样的所作所为，而且有意地去按榜样作为行事。"模仿成功者或优秀者的行为方式，这也是普遍使用的一种社会学习策略。"[②] 对榜样的模仿通常有直接模仿和间接模仿两种表现。直接模仿是对榜样外在行为表现的机械化学习，间接模仿重在对榜样精神的学习、对榜样行为意义的体悟，继而做出同类具有道德价值的行为。内化阶段则是指基于习惯的力量，使榜样的行为准则成为自己自觉遵循的行为准则。主体对榜样的认知和情感，经过实践体验，继而转化为内心较稳定的对榜样的价值、意义和作用的真理性的坚信不移，它是系统化的认知经验和相对稳定的情感体验的结晶，是社会意识内化为个体的行为意识的最终目标和表现。由此，德才兼备用人标准的带动作用本身带有间接性，是这一标准被认可落实后为更多的人认同、模仿，并逐步内化为内心遵从。社会中对这一标准认同度越高、这一标准下造就的正面典型越多，其带动功能越强。

德才兼备用人标准的功能是内在的，只有将这种内在的功能外化为作

[①] 李素华：《对认同概念的理论述评》，《兰州学刊》2005 年第 4 期。
[②] 姚海林：《学习心理学》，北京师范大学出版社 2006 年版，第 247 页。

用才具有实践意义。实施德才兼备用人标准，彰显德才兼备用人标准的功能，必须不断推进德才兼备用人标准实现机制。功能只有通过良好的机制才能获得保障。比如要彰显德才兼备用人标准的导向功能，必须实施贯彻落实德才兼备用人标准的保护机制及违背德才兼备用人标准的打击机制；要彰显德才兼备用人标准的调节功能，必须拓展运用德才兼备用人标准的吸纳机制、抑制违背德才兼备用人标准的析离机制等。所以，推进德才兼备用人标准的实现机制，就是实现德才兼备用人标准诸多功能的外化。只有这样，才真正具有实践意义和现实意义。

三、德才兼备用人标准实现机制的重大意义

推进德才兼备用人标准实现机制，对于确保党员的先进性和党的制度先进性有积极意义。中国共产党作为中国唯一的执政党，其自身状况不仅关系到她的发展，也关系到社会主义事业和人民的幸福安康。从这个意义上讲，推进德才兼备用人标准实现机制不仅对中国共产党有现实意义，对社会主义事业和中国人民也有现实意义。为了分析的方便，本课题只是从中国共产党自身建设的视角来分析推进德才兼备用人标准实现机制的意义。中国共产党的先进性是其执政合法性的根本来源，也是其成为中国特色社会主义建设事业领导核心的根本前提。我党之所以能够成为执政党，源于她的先进性；我党若要在诸多挑战中巩固自己的执政地位，保持长期执政、执好政，也必须不断推进自身的先进性建设。党员是推进党的思想建设、组织建设、作风建设和反腐倡廉建设的载体；党的制度是实现党执政为民的根本保障。党的先进性主要体现为党员的先进性和党的制度先进性两个方面。

（一）推进德才兼备用人标准实现机制有利于保持党员的先进性

党员作为阶级的先进分子，应当是具备德才兼备素养的人。确保党员具备较高的德才素养，应着眼于两大角度三个方面。两大角度是指党员个体和党员整体。三个方面分别是：严格入党标准与条件，抓好入口关；加强党员教育培训，抓好管理关；清理不合格党员，抓好淘汰关。党员个体与整体的先进性，都可以通过其入口关、管理关和淘汰关来实现。推进德

才兼备用人标准实现机制，有利于抓好党员的入口关、管理关和淘汰关。

首先，推进德才兼备用人标准实现机制，有利于抓好党员入口关。入口关是党员队伍建设的第一关，为了保持党组织的先进性和纯洁性，提高党的战斗力，必须按照《中国共产党党章》的规定，严格按照组织发展要求和有关程序，认真审查，严格把关，在确保入党积极分子质量的前提下，逐步提高入党积极分子的数量。但是，长期以来，我们在发展党员过程中，往往会出现两种误区：一是强调发展党员的数量，而忽视党员的质量问题；二是在强调党员质量时，片面强调其业绩或德性。建党之初，为了确保党的先进性，我们主要从入党者的社会身份角度加以限定，如一大党章规定，如若加入中国共产党，"必须与那些与我党纲领背道而驰的党派和集团断绝一切联系"。① 社会身份影响人的政治思想，但并不决定其政治思想，以出身判定人的政治觉悟根本靠不住，判定其才能更是不可能。后来，我党渐渐意识到这些问题，在党员入口方面不断发展。新党章规定："年满 18 周岁的中国工人、农民、知识分子和其他社会阶层的先进分子，承认党的纲领和章程，愿意参加党的一个组织并在其中积极工作、执行党的决议和按期交纳党费的，可以申请加入中国共产党。"② 这一规定从根本上克服了发展党员过程中对于德才的片面强调。但是，由于目前社会主义建设的任务繁重，在党的建设进程中，往往以党员数量的发展情况作为党建的重要成果，致使有些地方党员数量攀升而党员质量堪忧。根据中国共产党新闻网 2011 年 6 月 24 日报道，中国共产党党员总数为 8026.9 万名；党的基层组织总数为 389.2 万个，其中基层党委 18.7 万个，总支部 24.2 万个，支部 346.3 万个。我们认为面对这样一个庞大的组织，其关注点应由党员数量转移到党员质量上来。同时，在考察入党者情况时，由于偏重工作实绩等所谓"才"突出者，而对于思想政治素质等"德"优秀者有所忽视。特别是，有些地方在发展党员时没有充分考察入党对象的入党动机问题，致使有些入党动机不正者进入了党组织，出现了所谓"入党前革命化，入党后一般化"的现象。解决党员入口问题，确保党员质量问题，必须按德才兼备的的要求完善入党条件，突出党员标准，严格入党程

---

① 冯文彬等：《中国共产党建设全书》第 9 卷，山西人民出版社 1991 年版，第 304 页。
② 《学习贯彻党章知识问答》，中国方正出版社 2006 年版，第 9 页。

序。只有在入党时突出德才兼备的要求,才有可能确保入党之后党员的先进性;如果入党时所接纳的人员本身不符合德才兼备要求,入党后这些人会影响到他人甚至党整体的先进性。所以,以德才兼备为标准,推进这一标准的实现机制对于选择优秀人员入党,确保党员的先进性和党的整体先进性都有重要意义。

其次,推进德才兼备用人标准实现机制,有利于抓好党员管理关。党员管理是党的组织建设的基础工作。认真做好这项工作,对于提高党员素质,提高党的战斗力,保持党的工人阶级先锋队的性质,保证党的路线、方针、政策的贯彻执行,充分发挥党在建设有中国特色社会主义事业中的领导作用,都有着十分重要的意义。从程序上看,入党之后党员管理对于政党和党员是否具有先进性有重要作用。因为政党和党员的先进性具有动态性。正如中国共产党十七届四中全会指出的:"党的先进性和党的执政地位都不是一劳永逸、一成不变的,过去先进不等于现在先进,现在先进不等于永远先进;过去拥有不等于现在拥有,现在拥有不等于永远拥有。"[1] 先进性建设只有自觉地付诸行动才能取得成效。同样,一个党员在入党之前,可能会为了达到入党条件和标准,积极进取、努力工作,入党之后也可能出现工作懈怠的情况。所以,无论是从党的整体还是党员个体来看,加强党员的管理有利于推进党的先进性建设。党员管理的目的是保持党的先进性,而加强教育培训工作是推进这一目标的重要举措。我党历来重视教育培训,早在1943年,毛泽东就应彭真之约为党校培训题词即"实事求是"。[2] 这一题词充分体现了当时毛泽东对于党的先进性的理解——关注理论与实践。在理论方面,"看一个政党是否具有先进性,主要是看它的理论、纲领、路线是不是马克思主义的,是不是代表了社会发展的正确方向,是不是代表了最广大人民的根本利益"。[3] 在实践方面,"党的先进性是具体的历史的,必须放到推动当代中国先进生产力和先进文化的发展中去考察,放到维护和实现最广大人民的根本利益的奋斗中去

---

[1] 《中共中央关于加强和改进新形势下党的建设若干重大问题的决定》,人民出版社2009年版,第5页。

[2] 中共中央党校彭真传记编写组:《毛泽东应彭真约请为中共中央党校写"实事求是"题词》,《中共党史研究》2002年第4期。

[3] 《论党的建设》,中央文献出版社2001年版,第512页。

考察，归根到底要看党在推动历史前进中的实际作用"。① 一个政党理论上的先进性也是通过实践活动体现出来的，只有紧紧围绕提升党员德才素养这个中心，在教育培训中推进德才兼备的实现机制，才能提高他们认识和分析问题的能力，才能培育他们实事求是的精神。

最后，推进德才兼备用人标准实现机制，有利于抓好党员"出口"关。列宁认为："世界上只有我们这样的执政党……才不追求党员数量，而注意提高党员质量和清洗'混进党里来的人'。"② 保持党的先进性，还必须做好"清党"工作——及时将不合格的党员清除出党。但是，从历史上看，无论是中国、苏联还是其他工人阶级政党在"清党"、"整风"方面都存在一些问题。比如"苏联共产党在拥有20多万名党员的时候，领导二月革命推翻了沙皇专制统治；在拥有35万多名党员的时候，取得了十月社会主义革命的胜利并执掌了全国政权；在拥有554万多名党员的时候，领导人民打败了不可一世的德国法西斯，为结束二次世界大战立下了不朽功勋。而在拥有近2000万名党员的时候，却丧失了执政地位，亡党亡国"。③ 而之前东欧国家罗马尼亚，其执政党共产党丧权的时候，党员人数达到了6∶1，即每六个罗马尼亚人里就有一个共产党员，拥有如此高比例党员数量的罗马尼亚共产党竟然顷刻倒台，更值得深思。我们认为，之所以出现这样的悲剧，关键在于重视发展党员数量的同时忽视了党员的质量工程，没有真正解决好如何清退不合格的党员这一问题。当前，我党仍然面临"出口"渠道不畅、"出党难"的问题。党员"进口"增长的速度大大高于"出口"的增长速度，所以我党的数量急剧增长，这不仅带来"进出口"不平衡问题，也往往产生党员质量难以保障的问题。解决党员质量问题，在很大程度上就是进一步疏通党员"出口"，健全党员"出口"机制的问题。在不合格党员处置方面，首先要提高认识，杜绝"保护主义"的思想，在认真调研的基础上，根据党章规定，对照德才兼备的标准，科学界定不合格党员的具体条件，保证不起党员作用者、违法乱纪者、腐化堕落者、群众满意率低者、丧失革命意志者都能得到相应的处置；其次要

---

① 《江泽民论有中国特色社会主义》（专题摘编），中央文献出版社2002年版，第512页。
② 《列宁选集》第4卷，人民出版社1995年版，第76页。
③ 李慎明：《居安思危——苏共亡党的历史教训——8集DVD教育参考片解说词》，《中华魂》2007年第6期。

完善机制，严格规范不合格党员的处置程序，保证民主评议党员的德才素养及其表现，对于不符合德才兼备要求且被确定为不合格的党员，应采取有效举措及时处理。

（二）推进德才兼备用人标准实现机制有利于保持党的制度先进性

邓小平早就指出过，"制度问题更带有根本性、全局性、稳定性和长期性"。[1] 保持党员队伍先进性的关键，在于建立健全、不断完善制度和机制。党的制度建设是个系统工程。是否坚持德才兼备的原则，是否采取有效措施贯彻落实德才兼备用人标准实现机制，既是党的人事制度和各方面制度建设是否完备有效的重要指标，也是制度先进性的重要体现。推进德才兼备用人标准实现机制，有利于规避干部选拔制度的误区、引导干部培训制度的方向、提供干部考核制度的标准和造就干部成长的制度环境。

首先，推进德才兼备用人标准实现机制，有利于规避干部选拔制度的误区。干部选拔是与干部选举相对应的，从根本上讲就是自上而下的。但是，目前干部选拔的方式不同于以往，已经日渐选举化。根据各地的探索，公开选拔、竞争上岗、二推一选、三推一选等多种方式，适应了干部工作民主化的潮流，也利于选拔出高素养的干部。干部选拔选举化在扩大民主、提高干部选拔的合法性方面起着重要作用。但是，在这个进程中仍然存在一些选拔误区，特别是在人才选拔标准方面，过于注重学历、资历等"硬杠杆"，而忽略了思想文化等"软条件"：比如在一些地方的公开选拔中，或者片面强调考试成绩，甚至以考试成绩代表工作成绩，或者特别重视选票所体现的人民公认，进而走向了简单地以票取人；再比如，有些地方将干部选拔年轻化等同于低龄化，排斥一些年龄稍长但德才素养高的人员，将备选干部的高学历等同于高能力；再比如，有些地方选人用人画地为牢，以身份、性别、党派、地域、部门为限搞"山头主义"，或者认为"外来的和尚好念经"，动辄就以"海归"排挤"土鳖"，如此等等。新时期出现在选拔制度方面的误区，从根本上讲就是违背了德才兼备原则，而之所以违背这一原则就是由于各地方尚未建立或完善德才兼备用人标准的实现机制。如果各地能够切实结合干部的类别、层级和从事的工作

---

[1] 《邓小平文选》第2卷，人民出版社1994年版，第333页。

明确干部的德才标准，减少德才标准规定的弹性空间，完善德才标准体系并推进其实现机制，就能够避免"有位无为"、"有为无位"的情况，避免"带病上岗"、"带病提拔"等吏治腐败的发生，避免以个人标准代替民众标准、避免将标准弹性化、务虚化和异化，就能够提高选人用人的公信力与我们党执政的合法性。

其次，推进德才兼备用人标准实现机制，有利于引导干部培训制度的方向。虽然在干部培养方面我们一直坚守德才兼备的原则，但干部培训仍然存在三方面问题：其一是在干部培训内容方面对于德才的关注不平衡。传统的干部培训有些重德而轻才，主要侧重于宣传党的基本理论、方针政策、理想信念、法规法纪方面，而对于干部的思维能力、业务知识、专业技术显得比较弱化。这种干部培训的思路和要求即使完全达到，最多也只能培养出"好人"，能否培养出"能人"则另当别论。在干部选用过程中，虽然我们一再强调以德为先，但在贯彻实施以德为先时必须又是以德才兼备为前提的。在干部培训中重德轻才，实际上也是对培训目标的片面理解。其二是干部培训未达到理想的效果。有些培训部门将培训仅仅当成形式，没有对受训对象究竟需要什么做好调查，使培训内容与培训对象的现实要求脱节，缺乏培训针对性；培训形式单一，授课方式老套呆板，单纯"灌输式"的方式使受训者感到索然无味。有些受训人员也没有正确认识受训的目的和任务，或者将培训当作"镀镀金"，弥补自身资历、学历方面的不足；或者借培训搞关注，所谓"串串门、认认人、养养神"，拉拉关系。其三是缺乏对于培训机关和受训人员考核的统一标准。培训机构带有一定的"垄断性"，培训任务带有"事务性"，培训内容带有"常规性"，没有特定的机构与其竞争，也缺少督导与检查。受训人员的考核一般由培训主体承担，他们一般不会否认受训者的成绩。因为从某种意义上讲，只有让受训人员达到受训目标，他们才更有培训的资格。规避培训方面的问题，引导干部培训的正确方面，必须推进德才兼备用人标准实现机制，真正树立起培养德才兼备的干部标准。

再次，推进德才兼备用人标准实现机制，有利于提供干部考核制度的标准。为政之要重在用人，选准用好干部的前提是正确地考核和评价干部。进入新世纪新阶段以来，我党面临新的形势、新的任务和新的考验，一方面在世界范围内以经济实力为核心、科技实力为先导的国际竞争日趋激烈，财大才能气粗，有经济实力才能有政治话语权；另一方面在地方官员考核选用过程中，关注经济成效的倾向比较突出，酿造了"数字出官、官出数字"的现象。这种情况主要由于两个方面原因：一是干部主观的政绩观异位，将创造政绩作为自己升迁的阶梯，急功近利，搞出了"泡沫政绩"；二是干部考核出了问题，将考核的视点与焦点放在政绩上，从而对干部工作方向造成误导。政绩是需要的，但要政绩不可唯政绩，考核政绩必须要通过政绩考核干部的德与才。根据德才用干部，而不是根据政绩用干部。实际上，干部的政绩确实不能等同于其德才。有能力的人未必有条件创造政绩，有条件创造政绩的人未必是有能力的人。因为，一方面政绩的创造需要多方面条件，德才仅是其一；另一方面拥有德才的人在创造政绩的过程中又会受到多方面制约。但是，基于传统考核干部的政绩惯性，一些地方干部仍然热衷上项目、铺摊子，搞"形象工程"、"政绩工程"，片面强调经济数据和经济指标。规避这种情况，必须建立科学的干部考核制度，一方面以人民群众作为检验政绩的主体，另一方面要对干部的政绩进行全面分析，将政绩大小、创造的起点、动机、思路与过程结合起来，切实达到通过政绩考核干部德才的目的。推进德才兼备用人标准实现机制，有利于建立和完善干部的德才标准体系，明确德才的衡量指标与方法，对于推进干部考核制度的完善有积极作用。

最后，推进德才兼备用人标准实现机制，有利于造就干部成长的制度环境。毛泽东指出，"政治路线确定之后，干部就是决定的因素"。[1] 因为政治路线要通过组织路线来实现，干部的好与差对于政治路线是否得以贯彻、能否得以实现至为重要。从这个意义上讲"干部决定一切"。[2] 干部的重要性决定了造就干部的成长环境的重要性。干部的成长环境好，干部就能得到健康发展，党和人民的事业就能得以迅速推进；反之，党和人民的事业就会受到影响，甚至有亡党亡国的危险。良好的干部成长环境需要制度来打造和推进，其最佳状态就是能者上、平者让、庸者下。过去，我们在用人问题上也曾反复强调这一点，但是由于对何谓"能者"、"平者"、"庸者"缺乏具体明确的制度衡量标准，使其在执行和落实起来非常困难。

---

[1] 《毛泽东选集》第 2 卷，人民出版社 1991 年版，第 526 页。
[2] 《斯大林选集》下卷，人民出版社 1979 年版，第 373 页。

由于缺乏制度规定，在有的领导那里，"能"与"庸"似乎成了可长可短、可圆可方、可粗可细的"橡皮泥"，任由扭捏，取舍自如。在一些单位和部门，干部好坏只以领导的眼光甚至嗜好为尺度，领导喜欢、想用的，便是"能者"；领导不喜欢、不想用的，便是"庸者"。更有甚者，将官场当成市场，一方面为了收贿受贿索贿而"卖"，另一方面则为了"买"而不惜重金。当官员升降因于买卖时，所谓能者就成为谁送得多、送得重、送得"准"的人；否则，就是"庸者"。规避评判随意性的前提就是建立健全德才兼备用人标准体系及其实现机制，为评判干部德才确定一把精确的丈量尺子。推进德才兼备用人标准实现机制，结合不同岗位、职位和层级明确德才的内涵与指标体系，规定德才的评判主体、方法、程序等，有利于造就公平、公正的，有利于干部健康成长的良好制度环境。

总之，中国共产党是执政党，党员干部是推进党自身建设和社会主义建设的主体力量，党员干部的素养状况不仅影响到其自身工作的质量，也关乎其所带领的民众是否能沿着正确的方向前进，能否在社会主义建设事业中创造丰功伟绩。高素养的党员干部不仅仅是选拔出来的，更是培养造就出来的。推进德才兼备用人标准实现机制，有利于培养和造就高素养的干部，推进我党和社会主义事业的不断前进。

第二章
德才兼备用人标准实现机制的经典论述

马克思主义理论家和革命家对于用人标准实现机制问题进行过深入的探讨，作出过相当精辟的论述。提炼这些经典论述的要义，大致可以从三个方面予以说明，即用人标准的原则性、用人方法的灵活性与用人制度的配套性。今天，回顾整理这些经典论述，对于发展用人标准、创新用人方法、完善用人制度和推进德才兼备用人标准实现机制具有重要意义。

一、强调用人标准的原则性

"政治路线确定之后，干部就是决定的因素。"[①] 但选用德才兼备的干部，必须以坚持正确的干部路线为前提。我党的干部路线是为了实现自己的政治路线必须遵循的行为准则，是组织路线的组成部分，也是实现政治路线的保证，它最初形成于党的六届六中全会，简单概述为任人唯贤的选人原则与德才兼备的用人标准。从经典论述中，我们也可以看出前辈们对于这两方面的关注。

（一）坚持任人唯贤的干部路线

任何社会的统治者或治理者都希望国家长治久安，都需要选用贤人当政、理政。但是，社会的有序与发展不仅在于是否贯彻落实任人唯贤，更在于如何认识贤，而对于贤的认识取决于什么样的人才观或历史观。在专制社会中，选用者多坚守英雄史观，大都站在统治者的立场上选用官员，是围绕专制制度服务的。由于选用者站在"治者"的角度选用，而专制社

---

① 《毛泽东选集》第2卷，人民出版社1991年版，第536页。

会中"治者"与"被治者"是根本对立的关系，他们选用出来的"贤"当然不是民众所认可的"贤"。不仅如此，专制的统治和这种统治下的"公权私用"思想也会影响选用的"公正性"，选用个体也会利用选用之便选用对自己有利的人。所以，专制社会中经常出现"公门有公，卿门有卿，贱有常辱，贵有常荣"的世袭世禄与任人唯亲的现象。当然，也不否认在专制度社会条件下存在任人唯贤的局部实践。纵观华夏数千年的历史，虽然封建专制制度以"忠君"和"孝悌"作为"贤"的实际内容，为选人用人打下了鲜明的阶级和时代烙印。但是，在封建社会中仍不乏任人唯贤的经典论述与典范事例。比如《书·咸有一德》上说："任官唯贤才"；东汉名臣杨震提出"政以得贤为本"；唐太宗李世民则说"能安天下者，唯在用得贤才"；如此；等等。

与专制制度不同，社会主义制度是人民当家作主的制度，选用者应坚持人民史观，将各级各类干部视为人民的公仆。马克思主义认为，"历史不过是追求着自己目的的人的活动而已"，① 但是，"历史是这样创造的：最终的结果总是从许多单个的意志的相互冲突中产生出来的，而其中每一个意志，又是由于许多特殊的生活条件，才成为它所成为的那样。这样就有无数互相交错的力量，有无数个力的平行四边形，由此就产生一个合力，即历史结果，而这个结果又可以看作一个作为整体的、不自觉地和不自主地起着作用的力量的产物"。② 列宁认为，"历史是由千百万人独立创造的"。③ 放在无产阶级斗争历程中，人民造就历史的伟大作用首先体现在革命时期，"人民群众在任何时候都不能够象在革命时期这样以新社会秩序的积极创造者的身份出现"。④ 他特别强调革命时期人民群众的创造性，指出"没有千百万觉悟群众的革命行动，没有群众汹涌澎湃的英雄气概，没有马克思在谈到巴黎工人在公社时期的表现时所说的'翻天覆地'的决心和本领，是不可能消灭专制制度的"。⑤ 其次在建设时期，人民群众造就历史的作用同样突出，社会主义制度是人民群众自己建立的，也是人民群

---

① 《马克思、恩格斯、列宁、斯大林论历史人物评价问题》，人民出版社1981年版，第5页。
② 《马克思恩格斯选集》第4卷，人民出版社1995年版，第697页。
③ 《列宁选集》第3卷，人民出版社1995年版，第491页。
④ 《列宁选集》第1卷，人民出版社1995年版，第601页。
⑤ 《列宁全集》第2卷，人民出版社1986年版，第157页。

众自己进行建设发展和完善起来的。人民群众是全部国家生活的基础，是新生的社会主义国家的根本和基础。诚如列宁指出的："生气勃勃的创造性的社会主义是由人民群众自己创立的。"①

人民创造了历史，也应在创造历史的过程中得到自己应得的东西。马克思主义有一个基本的观点：即利益是引导人们前进的基本依据。人们之所以会创造物质财富、精神财富，之所以去推动历史的变革，一个最根本的原因在于自己的利益需求，在于他们的利益需求没有得到满足。如果人们经历了一个奋斗的过程，创造了丰厚的物质财富和精神财富，完成了一次大的社会变革却没有得到利益，没有满足需求，他们便会准备再一次的斗争。在马克思主义政党产生以前，其他政党或封建君主没有自觉地认识到这一点。比如封建君主，虽然也利用人民群众在历史发展中的动力作用，使其成为改朝换代的主力军，甚至开明君主也提出"水则载舟，水则覆舟"的执政忠告。但是，从根本上讲，他们仅仅是把人民作为承载王权之舟的手段，没有把人民放在至高的位置，在治国理政过程中没有想到如何从人民群众中选用人才，而是致力于如何防民。资产阶级的政党虽然提出过执政合法性，认识到扩大群众基础对于巩固阶级统治的重要性，但是他们依旧将人民群众当成驾驭的对象。只是到了马克思主义执政党产生以后，他们才真正将人民群众放在历史主体的位置上。比如中国共产党从诞生之日起，就确立了"劳工神圣、劳工至上"的历史观和价值观，尊重群众的价值和创造性，"应该使每个同志明了，共产党人的一切言论和行动，必须从合乎最广大人民群众的最大利益，为最广大人民群众所拥护为最高标准"。② 尊重群众的根本要求是依靠群众，发挥人民群众的历史作用实现的过程。

中国共产党人不是历史虚无主义者，在干部选用标准方面我们一直坚持任人唯贤原则。毛泽东指出："我们民族历史中从来就有两个对立的路线：一个是'任人唯贤'的路线，一个是'任人唯亲'的路线。前者是正派的路线，后者是不正派的路线。"③ 邓小平要求做干部工作的同志一定要

---

① 《列宁全集》第33卷，人民出版社1985年版，第53页。
② 《毛泽东选集》第3卷，人民出版社1991年版，第1096页。
③ 《毛泽东选集》第2卷，人民出版社1991年版，第527页。

"很公道,很正派,不信邪,不怕得罪人"。① 党的十五大报告要求选拔干部要坚持任人唯贤,反对任人唯亲,防止和纠正用人上的不正之风;党的十五届六中全会通过的《中共中央关于加强和改进党的作风建设的决定》,把坚持任人唯贤、反对用人上的不正之风作为党的作风建设的主要任务之一,既汲取了历史上进步的思想和做法,也有很强的现实针对性。党的十八大报告再次强调要着力造就高素质干部队伍和反腐倡廉工作,着眼点之一也是坚持任人唯贤的原则,提高干部队伍素质和执政能力。从实践上看,新中国确立了人民当家作主的社会主义制度。这种制度维护的不是少数人的利益,而是以工农联盟为基础的最广大人民的根本利益。维护最广大人民的根本利益,在干部选用环节的体现就是选用主体有广大民众参与,并且选用客体最终由广大民众来确定。社会主义制度的性质决定了在这一制度框架下选用主体的广泛性、人民性。但是,由于客观条件限制,民众参与选用不必然就是民众直接左右选用,选用主体不必然就是一般民众,只是代表民众的利益而已。也就是说,时至今日我国政治社会中的选用者与一般民众之间虽然利益与共,在选用的基本要求上是根本一致的,但并不完全等同。虽然只有在我们这种性质的社会中才能真正实现任人唯贤,但社会条件还是限制了民众直接选用决定贤者的进程。

由此,任人唯贤的用人路线一直是我党坚持和强调的,这也是党的事业兴旺发达、后继有人的保证。正是由于我党坚持任人唯贤的干部路线,才培养选用了一批又一批治党治国治军的优秀人才,保证了我党的优良作风得以一代又一代地弘扬光大。同时,我们也应看到实践领域基于"贤"自身的抽象性、概括性,对何谓"贤"的时代认知不同,对"贤"的自身结构缺乏细致的分解与分析使得我党在选"贤"任能方面也犯过一些过错,比如"唯成分论"等。所以,在新的历史条件下,我党要坚持任人唯贤,反对用人上的不正之风,必须对"贤"的自身结构加以细化。

(二)强调德才兼备的用人标准

任人唯贤作为概括性的原则和要求,如果不结合时代和任务具体细化德才指标的话,对于实践中的选用没有任何意义。因为人人都可以说在选

---

① 《邓小平文选》第 2 卷,人民出版社 1994 年版,第 22 页。

用中贯彻了任人唯贤，因为人人心中有自己对贤的认识和解读。比如古代之德才有鲜明的阶级性，是统治阶级意志与利益的体现；今天我们讲的德才，是站在民众的立场上，为了体现最广大人民的根本利益。古代强调德才并重也好、重德轻才也好、重才轻德也好，都是站在统治者自身家天下的立场上；今天我们对德才的关系强调德才兼备，以德为先，是站在人民的立场上。可见，强调将"贤"分解为德才，并不意味着在选贤中将德才视为同等重要的因素。在专制社会中，统治者已经提出了德才兼备问题，但是在不同时代，根据各个时期的具体任务对德、才还是各有侧重的。有重德类，如先秦把儒家的忠、孝、节、义、廉、谨等道德规范作为选拔的主要标准，周公反复告诫要"惟成德之彦"、"其惟吉士"、"其惟克用常人"，孔子主张"为政以德，譬如北辰，居其所而众星共之"；有重才类，如三国时期的曹操一改先秦以来选人重德行的传统，提出了"唯才是举"的方针；有德才并重类如诸葛亮强调德才兼备，以德为主，唐太宗在选人上继承了他的这种以德为首，德才兼备的思想。这些思想既是传统政治文化的精华，也为今天的干部选用提供了理论依据和思想渊源。

马克思主义者特别强调德才兼备用人标准中德的重要性，他们认为无产阶级政党是人民的工具，党员干部是人民的公仆，其所具备的德实际上是全心全意为人民服务的品质。毛泽东强调要有为人民服务之心，他认为干部"这些人不要自私自利，不要个人英雄主义和风头主义，不要懒惰和消极性，不要自高自大的宗派主义，他们是大公无私的民族的阶级的英雄，这就是共产党员、党的干部、党的领袖应该有的性格和作风"。[1] 在七届二中全会上，毛泽东语重心长地告诫全体党员干部特别是高级干部一定要严于律己，继续保持清醒的政治头脑和艰苦奋斗的作风，为建设新中国而努力工作。强调"共产党就是要奋斗，就是要全心全意为人民服务，不要半心半意或者三分之二的心三分之二的意为人民服务"。[2] 指出"我们的同志应当注意，不要靠官，不要靠职位高，不要靠老资格吃饭。……尽管你过去做过多少好事，职位有多么高，你今天的事情办得不好，解决得不对，对人民有损害，这一点人民就不能原谅"。[3] 邓小平同样强调德的重要

---

[1] 《毛泽东选集》第1卷，人民出版社1991年版，第277页。
[2] 《毛泽东选集》第5卷，人民出版社1977年版，第419—420页。
[3] 《毛泽东选集》第5卷，人民出版社1977年版，第422页。

性，他指出："我们选干部，要注意德才兼备，所谓德，最主要的，就是坚持社会主义道路和党的领导。在这个前提下，干部队伍要年轻化、知识化、专业化，并且要把对于这种干部的提拔使用制度化。"①"提出年轻化、知识化、专业化这三个条件，当然首先是要革命化，所以说要以坚持社会主义道路为前提。"② 江泽民进一步强调"我们选人用人育人都要以革命化为前提"，③"党的全部任务和责任，就是为人民谋利益，团结和带领人民群众为实现自己的根本利益而奋斗。在任何时候任何情况下，党的一切工作和方针政策，都要以是否符合最广大人民群众的利益为最高衡量标准。这是我们观察和处理问题的一个根本原则"。④ 胡锦涛也提出"人民利益无小事"，不止一次地告诫各级干部要做到"权为民用、情为民系、利为民谋"，并在实践中履行亲民政策。这些都旗帜鲜明地指出了干部应具备的基本素质，反映了干部同人民之间的权利与义务关系。需要指出的是清正廉洁是为人民之心的体现，也是对干部的一个基本要求。无产阶级专政最早的实践形式——巴黎公社，在设计公务人员的职责和要求时，就要求他们清正廉洁，拿工人一样的工资，防止腐败。这一点在列宁和毛泽东等人那里也得到强调，新中国成立后之所以杀掉张青山、刘子善，重要的一点就是为使官场一尘不染，为了保持干部的清正廉洁。

在重德的同时，马克思主义者十分强调人的知识与能力。知识可概括为马克思主义理论知识、科学文化知识和专业技术知识。毛泽东指出："一般地说，一切有相当能力的共产党员，都要研究马克思、恩格斯、列宁、斯大林的理论，都要研究我们民族的历史，都要研究当前运动的情况和趋势；并经过他们去教育那些文化水准较低的党员。特殊地说，干部应当着重地研究这些，中央委员和高级干部尤其应当加紧研究。指导一个伟大的革命运动的政党，如果没有革命理论，没有历史知识，没有对于实际运动的深刻的了解，要取得胜利是不可能的。"⑤ 邓小平针对"四化"建设

---

① 《邓小平文选》第 2 卷，人民出版社 1994 年版，第 326 页。
② 《邓小平文选》第 2 卷，人民出版社 1994 年版，第 361 页。
③ 《江泽民论中国特色社会主义》（专题摘编），中央文献出版社 2002 年版，第 655 页。
④ 《江泽民论加强和改进执政党建设》（专题摘编），中央文献出版社、研究出版社 2004 年版，第 49 页。
⑤ 《毛泽东选集》第 2 卷，人民出版社 1991 年版，第 532—533 页。

的实际提出"科学技术是第一生产力",① 干部选拔要适应这个实际,注重专业知识,强调"今后的干部选择,特别要重视专业知识",②认为"做四个现代化的闯将,没有专业知识是不行的,没有干劲是不行的,没有精力是不行的"。③"无论在什么岗位上,都要有一定的专业知识和专业能力,没有的要学,有的要继续学,实在不能学、不愿学的要调整"。④ 同样,马克思主义者强调干部应是具有相当能力的人。早在1936年10月,毛泽东在中央政治局会议上谈到干部标准时就强调过,干部要有独立工作的能力。1956年9月13日,毛泽东向党的七届七中全会建议,八大党中央增设四个副主席和一个总书记时说:"恩来同志,陈云同志跟邓小平同志,他们是少壮派。"他特地介绍新增加的年龄比较轻的两位:一是陈云(51岁)"他比较公道、能干,比较稳当,他看问题有眼光";另一是邓小平(52岁)"他比较有才干,比较能办事"。⑤可见,毛泽东在当时尽管强调年龄和精力问题,但侧重点还在于能力,在于"能干"、"才干"、"能办事"。邓小平也强调能力问题,他指出过:"选贤任能这个话就有德才资的问题。贤就是德,能无非是专业化、知识化,有实际经验,身体能够顶得住。"⑥新时期,选拔干部不能求稳怕乱,固守老传统,而应强调有开拓进取的创新精神。只有具备创新能力,才能更好地具备为人民服务的本领。只有按照胡锦涛同志增强"三个素质",⑦ 把优化知识结构作为提高能力素养的基础,把学习当作一种觉悟、一种境界、一种责任,在加强理论武装的同时,注重提高科学文化素养,努力成为理论功底扎实、文化知识广博、能力素质优秀的人,才能适应时代的要求,符合民众的要求。

总之,马克思主义者总是辩证地论述德与才的关系,将德与才视为一个完整的统一体,强调二者之间互相联系、不可偏废。他们认为,坚持德才兼备原则,必须正确处理二者的关系,将德才兼备与时代和政治任务结

---

① 《邓小平文选》第3卷,人民出版社1993年版,第274页。
② 《邓小平文选》第2卷,人民出版社1994年版,第264页。
③ 《邓小平文选》第2卷,人民出版社1994年版,第222页。
④ 《邓小平文选》第2卷,人民出版社1994年版,第262页。
⑤ 《毛泽东文集》第7卷,人民出版社1999年版,第111—112页。
⑥ 《邓小平文选》第2卷,人民出版社1994年版,第400页。
⑦ "三个素质"是胡锦涛同志对部队干部提出的要求,即政治素质、战略素质和科学文化素质,这一要求也适合于其他领域的党政干部。

合起来，既要选用有德之人，又要选用有才之人；既要关注德才标准，还要结合年轻化等其他方面的标准；既要坚持德才的阶级性，又要关注德才的时代性。只有坚持德才兼备的原则，才能贯彻好任人唯贤的干部路线，抵制用人上的不正之风。相反，任何割裂德才的辩证统一关系，在实践中"唯德"或"唯才"的做法，都不能选出真正符合时代要求和人民利益的干部。

二、注重用人方法的灵活性

相对于确定德才兼备用人标准而言，如何发现和启用德才兼备的人才更为困难。人才是存在于人民群众之中的，在承认这一点的基础上如何发现需要识才的慧眼；在发现人才之后如何将其派用到适合自身的岗位上需要气魄；在使用人才过程中如何正确处理其优点与缺点需要宽容。老一辈理论家和革命家在用人方法方面积累的经验，对于今天如何落实德才兼备用人标准仍有重要启示。

（一）善于发现，注重发掘

马克思主义者认为，人民不仅是社会物质财富和精神财富的创造者，还是社会变革的根本决定力量，是历史的主人。英雄人物植根于人民，来自人民。从列宁到毛泽东再到邓小平，在干部的选用实践中都继承了马克思与恩格斯的这一光辉思想。列宁结合俄国的国情，阐明了在当时俄国人才的宝库是广大群众。列宁用历史唯物主义的观点把"工人和劳动农民"比喻成人才最丰富的后备库，"因为它能在建设社会主义事业中间向我们提供最忠诚、受苦难生活锻炼最多、最接近工农的工农领袖"。[①] 他指出"有才能的人在人民中间是无穷无尽的"。[②] 列宁坚定地认为，"'老百姓'中即工人和不剥削别人劳动的农民中，有大量的有组织才能的人"。[③] 与此同时，他还严厉批评那些诋毁俄国没有人才的人，指出"我真想建议把那

[①] 《列宁全集》第37卷，人民出版社1986年版，第232页。
[②] 《列宁全集》第33卷，人民出版社1985年版，第200页。
[③] 《列宁全集》第34卷，人民出版社1985年版，第173页。

些竟敢说没有人才的人当场枪决"。① 他们的错误在于没有正确地认识和分析现实，而"闭眼不看现实是可笑的"。② 毛泽东同样坚信唯物史观，他曾不止一次地指出"人民、只有人民，才是创造世界历史的动力"，③ 并曾在天安门城楼豪迈地喊出"人民万岁"的口号。

各类干部人才存在于人民群众之中，作为用人之人必须有识才的慧眼和艺术。干部人才有自身呈现的一面，但是作为无产阶级革命家和为社会主义事业工作的领导者，更需要的是善于发现人才、发掘人才。列宁在十月革命成功后，就严正地指出，革命者的天职就是要深入群众去发现人才，鼓舞他们，扶持他们，提拔他们。在1922年3月俄共第十一次代表大会列宁针对形势和任务指出："……全部工作的关键在于挑选人才和检查执行情况。只要我们在这方面确实学到东西，收到实际成效，那我们就能重新克服一切困难。"④ 同年，列宁在写给瞿鲁巴的信中还说："要研究人，要发现有才干的工作人员。现在关键就在这里，不然的话，一切命令和决定不过是些肮脏的废纸而已。"⑤ 为了在人民群众中选用人才，列宁提出劳动竞赛的方法，把政绩作为挑选人才的标准。当然，他所指的政绩是实实在在的，是与劳动人民的生活密切相关的，是否从根本上解决了人民的困难，他曾指出"看哪一个公社，在大城市的哪一个街区，哪一个工厂，在哪一个村子，没有挨饿的人，没有失业的人，没有有钱的懒汉"，"看哪里为了提高劳动生产率做的事情最多；看哪里为了给穷人修建新的好的住宅"。⑥ 在新中国成立前，毛泽东就提出是去"进京赶考"，要求考个好成绩。新中国成立以后，他同样强调要以政绩来取得人民的信任，要多为人民群众办些实在事情。在这种思想的基础上，毛泽东注重选拔"能办事"的人，所谓"能办事"就是能做出成绩，能很好地完成党和政府交给的任务。邓小平曾多次强调要选务实且有政绩的人，1989年邓小平同两位中央负责同志谈话时明确指出，新班子应该"真正干出几个实绩，来取信于

---

① 《列宁全集》第9卷，人民出版社1987年版，第228页。
② 《列宁全集》第13卷，人民出版社1988年版，第340页。
③ 《毛泽东选集》第3卷，人民出版社1991年版，第1031页。
④ 《列宁全集》第43卷，人民出版社1987年版，第108页。
⑤ 《列宁全集》第42卷，人民出版社1987年版，第392页。
⑥ 《列宁全集》第33卷，人民出版社1985年版，第211页。

民"。① "要拿事实给人民看，这样人民的心里才会平静下来"。②

（二）爱护人才，放手使用

爱护干部是使用干部的前提。毛泽东认为要善于使用干部，就"必须善于爱护干部"。毛泽东是爱护干部的典范：如周恩来在重庆作统战工作期间，曾因劳累过度而病倒，毛泽东得知后，发专电要他"多休息，注意节劳"。再如抗战初期徐海东因病在延安治疗，毛泽东亲自派人给徐海东送钱，当徐海东重返前线又旧病复发时，毛泽东又在电报中嘱咐他"静心养病，天塌不管"。又如1935年，在"左"倾错误的压力下，陕北把刘志丹及其许多战友也作为"反革命"抓了起来，有的还被杀害。毛泽东一到陕北，就立即指示："刀下留人，停止捕人。"再如1943年，针对康生在审干工作中的极"左"做法，毛泽东则提出了"一个不杀，大部不抓"的方针，避免了审干活动中大批处决干部情况的发生。列宁也十分强调爱护人才，他曾指出："必须像爱护眼珠一样地爱护人才，不仅在直接意义上要保护他们免受警察的迫害，而且为了这个刻不容缓的事业必须爱护他们，不要使他们热衷于其他一般说来是有益的、但不适时的任务。"③ 当他发现瞿鲁巴带病工作时，警告并命令他回家修养。列宁得知商业人民委员部叶尔马柯夫有重病时，曾告诉克拉辛予以关心和照顾，要求一定要治好他的病。列宁同样关心高尔基的身体，建议他注意休息，看到他病情恶化，又写信给他指出"我肯定地对您说，治病（除了小毛病外）只能找第一流的名医"。④ 在1918年，列宁就批准成立了以米·尼·波克罗夫斯基为主席的所谓"科学院口粮"委员会，对专家供应特殊的口粮。在当时如此困难的情况下，为了做到这点，有时不得不削减工人和红军的供应。由于列宁的关怀，当时全国一万多名优秀的科学家、文学家、演员和艺术家都得到了特殊的"科学院口粮"，提高了工资，改善了工作条件。

人才都有优点和缺点，都有与自己长处相应的工作位置。妥善地安排人才重要的是找到与人才自身优势相对应的工作，做到扬长避短。列宁在

---

① 《邓小平文选》第3卷，人民出版社1993年版，第298页。
② 《邓小平文选》第3卷，人民出版社1993年版，第298页。
③ 《列宁全集》第44卷，人民出版社1987年版，第248页。
④ 《列宁全集》第46卷，人民出版社1987年版，第359页。

用人时非常重视这一点。如奥新斯基是农业人民委员部的副人民委员，他才智过人，但与列宁有政治上的分歧，主张改行内阁制。列宁并没有因政治上的分歧而打击他，而是教育和引导他，发挥他的长处。列宁指出"要使奥新斯基这样的天才得到正确使用"。① 再如十月革命后，邦契·布鲁也维奇担任人民委员会办公厅主任，他想把青年诗人杰米扬·别德内依调到办公厅工作，因为他十分欣赏别德内依处理行政事务的才能。但列宁认为，别德内依是个诗人，应从事写作，用笔来为苏维埃工作，结果别德内依果真创作了大量优秀的作品，真正发挥了自己的长处。毛泽东在用人方面也注重扬长避短，如他认识到安子文善于爱护干部，又严于律己，便让其担任中央组织部副部长、部长长达21年之久。邓小平讲究用人策略的灵活性，要求全面历史地看待干部，既要正确看待干部的长处和优点，也要正视干部的弱点、缺点和错误，他指出"对于那些在长期革命斗争中表现很好，只是在一段时间做了一些错事、讲了一些错话的同志，应该通过适当的批评和自我批评，帮助他们改正错误"，② 他说："人都是有缺点的，进了班子后还可以继续改进。""你们觉得是人才的，即使有某些弱点缺点，也要放手用。"③ 江泽民同样强调社会中用人不是用完人，主张"在发现人才上要强调'不拘一格'，在使用人才上要强调'用其所长'"。④

（三）支持帮助，用养结合

灵活使用人才体现在对其生活方面的爱护与关心，更体现在对其工作与学习方面的支持和帮助，并且能够将使用人才与养育人才结合起来。列宁认为积极支持人才的工作，是掌握政权的无产阶级的首要任务之一。比如当人们怀疑库尔斯克的勘探是徒劳时，列宁却支持科学家将工作进行到底，最终找到了大铁矿。在无线电领域，列宁以同样的方式支持无线电专家邦契·布鲁也维奇的工作，对无线电事业作了高度的肯定和天才的预见。苏俄科技一度领先的事实，相当程度上得益于新俄国建立后以列宁为首的领导人对这项工作的支持。他曾高度评价邦契·布鲁也维奇的工作，

---

① 《列宁全集》第43卷，人民出版社1987年版，第120—121页。
② 《邓小平文选》第2卷，人民出版社1994年版，第74页。
③ 《邓小平文选》第2卷，人民出版社1994年版，第369页。
④ 《江泽民文选》第3卷，人民出版社2006年版，第27页。

指出"您所创造的不要纸张、'没有距离'的报纸，将是一件大事。对您的这一工作以及这一类的工作，我一定全力协助"。① 毛泽东同样认为，善于使用干部，还在于尊重下级，支持帮助下级开展工作而不是过度干预他们。比如在淮海战役中，毛泽东曾电示刘伯承等："（一）完全同意打黄维；（二）望粟陈张遵刘陈邓部署，派必要兵力参加打黄维；（三）情况紧急时一切由刘陈邓临机处理，不要请示。"② 对干部人才予以支持和帮助，还体现在当他们遇到挫折时给予理解与鼓励，如1937年6月，西路军总指挥徐向前历经千辛万苦回到延安。当时，一些人埋怨徐向前把几万人马都搞光了，毛泽东则不然，他亲自接见了徐向前，亲切地说："向前，你受累了，辛苦，辛苦。祝贺你顺利归来！"还安慰他说："不要难过，留得青山在，不怕没柴烧。你能回来就好，有鸡就有蛋。"并且肯定了西路军的斗争精神，指出"西路军的广大干部和战士是英勇的，顽强的，经常没有饭吃，没有水喝，伤员没有医药。他们没有子弹，靠大刀、矛子就和敌人拼命，这种革命精神永远也不要丢掉"。③

干部人才的使用必须要与养育结合起来，从某种意义上讲干部人才不是选出来的而是育出来的，教育是培育人才的根本，列宁深刻认识到这一点。为了提高教师的生活水平，在国家财政十分困难的情况下，1918年7月起，全国的教师工资增加了一半，相当于5亿美元。1919年的俄共第八次大会，列宁又在起草的党纲中明确规定"对未满16岁的男女儿童实行免费的普通义务综合技术教育（在理论和实践上熟悉一切主要生产部门）"，"由国家提供全体学生膳食、服装和文具"。④ 为人才学习提供了良好的环境和条件。他还要求"图书馆与图书馆之间互寄书籍，应当由法律规定予以免费"，图书馆"每天从早8点开放到晚11点，节日和星期天也不例外"。⑤ 毛泽东从吐故纳新的哲学观点出发，强调培育人才的重要性，早在1938年，他就指出："有计划地培养大批的新干部，就是我们的战斗任务。"⑥ 1943年他曾指出：一个伟大的斗争过程，其开始阶段、中间阶段

---

① 《列宁全集》第49卷，人民出版社1988年版，第244页。
② 卜行觉，叶晖南：《邓小平在历史转折关头》，中国社会出版社2004年版，第168页。
③ 《当代中国人物传记》丛书编辑部：《徐向前传》，当代中国出版社1993年版，第300页。
④ 《列宁全集》第29卷，人民出版社1985年版，第488页。
⑤ 《列宁全集》第33卷，人民出版社1985年版，第129页。
⑥ 《毛泽东选集》第2卷，人民出版社1991年版，第526页。

和最后阶段的领导骨干，不应该是也不可能是完全同一的；必须不断地提拔在斗争中产生的积极分子，来替换原有的骨干中相形见绌的分子，或腐化了的分子。新中国成立后，他更是把培养革命接班人的问题提高到是关系我党和国家命运的生死存亡的极其重大问题，这是无产阶级的百年大计、千年大计、万年大计的高度。邓小平继承了用人需要培养人的思想，特别强调教育在人才成长过程中的作用，1982年提出"四有"公民的教育目标，1983年提出了教育"三个面向"的要求。在1985年全国教育工作会议上指出："我们要千方百计，在别的方面忍耐一些，甚至于牺牲一点速度，把教育问题解决好。"①

（四）讲究台阶，不唯台阶

干部的选用一定要结合政治路线，结合政治任务和形势，这是马克思主义选拔观的一个基本要求。用人策略上的灵活性突出地体现在针对形势任务要求，讲台阶但不唯台阶，尤其不唯资历、年龄、学历、身份甚至国籍等方面。讲台阶是要求干部经历一定的历练，"台阶论还是对的，越级提拔的，只能是少数。按台阶上台的人，基础巩固扎实，本领全面"。② 所以，讲台阶不能唯台阶，选用干部应不拘一格。列宁针对革命形势，曾强调选用具有较强组织能力和鼓动能力的人，因为"同宣传工作密切相联系的，就是在工人中间进行鼓动工作，这个鼓动工作在俄国目前的政治条件和工人群众的发展水平下，自然成为首要的工作"。③ 在革命斗争激烈的时候，他更加重视革命家队伍建设，因为"无产阶级在夺取政权的斗争中，除了组织，没有别的武器"。④ 毛泽东主张在选用人才方面不拘一格，历来不重资历，反对论资排辈；不重文凭，崇尚真才实学；不纠缠历史过失，主张用发展观点看人；不拘门第出身，重视本人德才素质；不提倡消极服从，喜欢毛遂自荐。正因为如此，所以无产阶级革命队伍中的人才来源十分广泛，各类人才齐备。尤其是年轻才俊如雨后春笋般破土而出，在革命和建设事业的风雨中显示了才华。如年龄只有20多岁的吴亮平曾担任过中

---

① 《邓小平文选》第3卷，人民出版社1993年版，第35页。
② 《陈云文选》第1卷，人民出版社1995年版，第301页。
③ 《列宁全集》第2卷，人民出版社1984年版，第430页。
④ 《列宁全集》第8卷，人民出版社1984年版，第415页。

央宣传部副部长，同样20多岁的艾思奇担任了中央文委秘书长，自学成才的田家英成了毛泽东最得力的秘书，等等。

邓小平主张在人才问题上，必须打破常规去发现、选拔和培育。为了加速社会主义现代化事业的发展，他教育干部要敢于突破成规，善于解放思想，"各级党委和组织部门在这个问题上来个大转变，坚决解放思想，克服重重障碍，打破老框框，勇于改革不合时宜的组织制度、人事制度、大力培育、发现和破格使用优秀人才，坚决同一切压制和摧残人才的现象作斗争"。① 他提出，"我们要破格提拔人才，不要按老规矩办事，要想到这是百年大计"。② 他针对我国在人才选用上与资本主义国家的反差，强烈地批评指出："论资排辈是一种习惯势力，是一种落后的习惯势力。"③ 这种习惯势力严重阻碍了年轻人才脱颖而出，也阻碍了现代化的顺利进行。"现在真正干实际工作的还是那些年轻人。既然这样，为什么不可以把他们提到领导岗位上来？有人说他们压不住台，帮他们压嘛。"④ 一个"提"字、一个"帮"字足以说明邓小平在用人上的灵活性。他还注重借鸡生蛋，吸引和利用外来人才。他早在1983年就曾讲过："要利用外国智力，请一些外国人来参加我们的重点建设以及各方面的建设，对这个问题，我们认识不足，决心不大。搞现代化建设，我们既缺少经验，又缺少知识。不要怕请外国人多花了几个钱，他们长期来也好，短期来也好，专门为一个题目来也好。请来之后，应该很好地发挥他们的作用。"⑤ 他建议中央总结一下用人的问题，尊重人才，广开进贤之路。他反复强调，要在"干"中识人，在"用"中选人，不要老守着关于台阶的旧观念，特别优秀的，要给他们搭个比较轻便的梯子，使他们越级上来。

江泽民同样强调，"选拔中青年领导干部，要解放思想，坚决破除论资排辈、求全责备、迁就照顾等陈旧落后的观念，不拘一格选人才"。⑥ 他认为，选拔干部当然要讲台阶、论资历。必要的台阶和资历是干部积累领导经验所需要的。但千万不能搞形式主义，千篇一律，如果台阶过细过

---

① 《邓小平文选》第2卷，人民出版社1994年版，第326页。
② 《邓小平文选》第2卷，人民出版社1994年版，第225页。
③ 《邓小平文选》第2卷，人民出版社1994年版，第225页。
④ 《邓小平文选》第2卷，人民出版社1994年版，第226页。
⑤ 《邓小平文选》第2卷，人民出版社1994年版，第51页。
⑥ 《江泽民文选》第3卷，人民出版社2006年版，第51页。

繁，太看重资历，优秀人才就不会脱颖而出。"看人要看大节、看主流、看发展，不能求全责备。"① 培养和任用年轻人才，需要组织培养和个人努力相结合。组织培养是外在的条件，主要是各级党政领导人和人事部门重视年轻人才，从思想上和行动上为人才辈出创造良好的环境，特别是在人才的选拔和培养中树立新观念和新思路。"要把大批优秀年轻干部及时发现和选拔上来，必须克服思想障碍"② 尤其是冲破论资排辈的思想、重出身、重学历、重经历等传统的思想束缚。"做好选拔和培养优秀年轻干部的工作，关键是要进一步解放思想。"③ 年轻人在成才的道路上要注意扬长避短，充分发挥文化程度比较高，精力充沛，敢想敢干，创新意识强，接受新事物快的长处，也要充分认识到自己缺乏复杂艰苦环境条件的锻炼和考验的短处与不足，结合自身情况不断前进。

（五）五湖四海，公道正派

要搞五湖四海、不搞山头、宗派，是毛泽东最基本的用人观。早在1937年5月，毛泽东在《为争取千百万群众进入抗日民族统一战线而斗争》一文中讲到干部问题时指出："指导伟大的革命，要有伟大的党，要有许多最好的干部，在一个四亿五千万人的中国里面，进行历史上空前的大革命，如果领导者是一个狭隘的小团体是不行的……我党的组织要向全国发展，要自觉地造就成万数的干部，要有几百个最好的群众领袖。"④ 1938年10月他又指出："党外存在着很多的人材，共产党不能把他们置之度外。"⑤ 1944年9月毛泽东在《为人民服务》一文中，明确提出："我们都是来自五湖四海，为了一个共同的革命目标，走到一起来了。我们还要和全国大多数人民走这一条路。"⑥ 这一思想是指，我党要不分地域地吸纳来自各方面的人才，只要是"为了一个共同的革命目标"都要欢迎他们加

---

① 《江泽民文选》第3卷，人民出版社2006年版，第27页。
② 董立仁、王体正、邹爱华：《江泽民人才思想研究》，华中科技大学出版社2005年版，第219页。
③ 《江泽民论加强和改进执政党建设》（专题摘编），中央文献出版社、研究出版社2004年版，第304页。
④ 《毛泽东选集》第1卷，人民出版社1991年版，第277页。
⑤ 《毛泽东选集》第2卷，人民出版社1991年版，第526页。
⑥ 《毛泽东选集》第3卷，人民出版社1991年版，第1005页。

入我们的革命队伍,这就是"五湖四海"聚集人才。陈云当中组部部长时也提出"提拔干部要注意五湖四海,就地取材,不熟悉的干部也要用。加上德才兼备,这是提拔干部的大方针"。① 毛泽东在强调搞"五湖四海"的同时,也多次反对宗派主义和山头主义,告诫大家不要搞宗派主义和山头主义。1949 年中华人民共和国中央人民政府的人选充分体现出毛泽东团结一切可以团结的力量,调动爱国的各党派的积极性,发挥他们的才智和能力,协力建设新国家的高度战略眼光,从而体现了毛泽东的坦荡胸怀和搞"五湖四海"的精神。中央人民政府的 6 位副主席中,党外人士占 3 位,56 名委员中,党外人士占 27 名,政务院 4 位副总理,党外人士占 2 人,15 名政务委员,党外人士占 9 人。同样,邓小平在用人方面十分大度,如"八九"政治风波之后,他曾建议新一代领导集体在用人方面要开放,反对自己的人也要用,充分体现了其用人不唯派而唯实的作风。

  正确的用人观念决定选用正确的人,坚持公道正派用人是选准用好的一个重要前提。纵观先贤用人都是从事业兴衰和国家兴亡的高度,从事业发展和人的全面进步的高度认识用人的重要性,将选准用好人视为一项重要的政治责任。为了贯彻公道正派用人,马克思主义者十分强调政绩和人民公认。列宁把政绩作为挑选干部的标准,他认为是否提高了人民的生活,是衡量是否有政绩的根本标准。他认为政绩是实实在在的,"按时地供给穷人每个小孩一瓶牛奶等做的事情做的最多",那里就有天才,"正是应当通过这种工作有组织才能的人在实践中脱颖而出"。② 毛泽东选用有绩之人的例子颇多,七届七中全会提拔邓小平就是一个杰作。邓小平强调在实际工作中不能片面追求产值,要"扎扎实实讲求效益"。为此,邓小平强烈反对形式主义。他建议各级领导班子和领导干部,抓一下形式主义问题,提倡腾出时间来多办实事,多做少说。因为"四个现代化靠空谈是化不出来的"。③ 有无政绩有客观依据,也有客观评价,这种客观评价来自民众。所以,马克思主义者在用人过程中特别强调选用那些人民公认的干部。邓小平曾明确指出:"现在就是要选人民公认是坚持改革开放路线并

---

  ① 《陈云文选》第 3 卷,人民出版社 1995 年版,第 359 页。
  ② 《列宁全集》第 33 卷,人民出版社 1985 年版,第 210—211 页。
  ③ 《邓小平文选》第 2 卷,人民出版社 1994 年版,第 181 页。

有政绩的人",① 他把"人民拥护不拥护、赞成不赞成、高兴不高兴、答应不答应"作为制定各项方针政策的出发点和归宿,要求我们在识别和选拔干部时,要走群众路线,注意社会公论。另外,公道正派用人需要环境支持,而这种环境需要通过改革才能达到,因为中国是专制时间最长的国家之一,专制制度消失后专制思想还遗留并影响着世人。所以,"要创造一种环境,使拔尖人才能够脱颖而出。改革就是要创造这种环境"。②

总之,在用人方法上,圣人先贤们主张立足实际看人,讲究德才兼备但不主张求全责备;立足全面看人,强调用其所长但又要容其所短;立足本质看人,注重真才实学不为假象所惑;立足发展看人,要求解放思想反对墨守成规;立足政绩看人,提倡言行一致反对形式主义;坚持党性原则反对勾心斗角,等等。

三、关注用人制度的配套性

马克思主义者一直注重制度建设,邓小平将制度的概念、作用表述得尤为充分。邓小平对制度内涵的概括,既涉及结构方面的内容,也包括程序方面的规定,还涵盖一系列规范体系。他在总结历史经验教训时曾指出过制度的作用:"领导制度、组织制度问题更带有根本性、全局性、稳定性和长期性。这种制度问题,关系到党和国家是否改变颜色,必须引起全党的高度重视。"③ 正是基于对制度的认同,马克思主义者不仅强调制度在用人方面的作用,而且注重用人制度的配套建设,在德才兼备用人标准落实中强调教育培养制度、选拔任用制度和监督监察制度。

(一)教育培养制度

选用干部人才的前提是有干部人才可选,干部人才存在于人民群众之中,但是还需要教育培养。马克思主义者非常重视干部人才的教育培养,在教育培养制度的重要意义、基本内容和主要方法方面有过丰富的论述。

首先,在干部人才教育培养的重要意义方面。马克思、恩格斯在无产

---

① 《邓小平文选》第3卷,人民出版社1993年版,第380页。
② 《邓小平文选》第3卷,人民出版社1993年版,第109页。
③ 《邓小平文选》第2卷,人民出版社1994年版,第333页。

阶级革命实践中认识到了对党员干部以及人民群众进行无产阶级理论教育的极端重要性，列宁在俄国具体的历史条件下坚持和发展了马克思关于对无产阶级进行革命理论教育的思想，在党员干部中广泛开展了马克思主义理论的普及和宣传教育。以毛泽东为首的中国共产党人指出干部问题要从教育着手。1938年在扩大的六届六中全会上，毛泽东指出："中国共产党是在一个几万万人的大民族中领导伟大革命斗争的党，没有多数才德兼备的领导干部，是不能完成其历史任务的。"① 德才兼备的领导干部是培养出来的，1942年在《中共中央关于在职干部教育决定》中指出："在目前条件下，干部教育工作在全部教育工作中的比重，应该是第一位的。而在职干部教育工作，在全部干部教育工作中的比重，又应该是第一位的。"② 毛泽东强调提高干部须"给以学习的机会，教育他们，使他们在理论上在工作能力上提高一步"。③ 这一时期，我国的干部教育逐渐成为制度化，其标志是1940年至1942年，中央军委和总政治部先后发出《关于加强干部教育的命令》、《关于提拔优秀战士培养知识干部的指示》、《关于培养高上级干部调训部的训令》、《关于军队干部教育的指示》等文件。邓小平不仅注意到干部人才教育的重要性，而且还从制度的方面强调过这一点。他在1940年指出："我们建立了干部每天两小时学习的制度，并且坚持下来了，这很好，使大家学到了不少东西。"④ 新中国成立初期，他将培养干部作为"最基本的建设"。⑤ 党的十一届三中全会以后，他指出国家经济后劲的大小归根到底要靠教育，"各级领导要像抓好经济工作那样抓好教育工作"。⑥ 在2001年5月16日的全国干部教育培训工作会议上，江泽民提出加强干部的学习比以往任何时候都更为重要和迫切，而干部教育培训工作是推动干部学习的一条重要途径，要求各级党委和政府充分认识加强干部教育培训工作的重要意义，切实把干部教育培训工作抓紧抓好。

其次，在干部人才教育培养的基本内容方面。马克思主义者主要关注两方面教育培养的内容，其一是马克思主义理论学习，其二是科学技术和

---

① 《毛泽东选集》第2卷，人民出版社1991年版，第526页。
② 《中共中央关于在职干部教育的决定》，《解放日报》1942年3月2日。
③ 《毛泽东选集》第2卷，人民出版社1991年版，第527页。
④ 于俊道、邹洋：《邓小平交往录》，四川人民出版社1996年版，第261页。
⑤ 《邓小平文选》第1卷，人民出版社1994年版，第209页。
⑥ 《邓小平文选》第3卷，人民出版社1994年版，第121页。

专业知识学习。列宁非常重视无产阶级理论教育问题，把坚持不懈地进行马克思主义理论教育与宣传视为无产阶级政党存在的理由，认为党的理论修养和理论水平关系到党的事业的成败。同时他强调，对党员干部进行马克思主义理论的教育必须服务于社会主义建设的口号，另外还要培养能够实现共产主义的一代新人的目标。毛泽东说："马克思列宁主义是一切革命者都应该学习的科学。"① 又说："普遍地深入地研究马克思列宁主义理论的任务，对于我们，是一个亟待解决并须着重地致力才能解决的大问题。"② 因此，"一般地说，一切有相当研究能力的共产党员，都要研究马克思恩格斯、列宁、斯大林的理论"，③ 针对部分干部忽视理论学习的情况，邓小平又向全党指出："现在我还想提出一个新的要求，这不仅是专对新干部，对老干部也同样适用，就是要学习马克思主义的理论。"④ 革命不是请客吃饭，是靠真才实学和干实事，学好专业技术知识十分重要。对于专业知识的学习，马克思主义者强调学习的钻研精神与专业知识的精深度。毛泽东规定教育的主要任务就是造就革命的先锋队，这些人应该是脚踏实地的富于实际精神的人们，"他们应该有知识、有能力、不务空名、会干实事"。⑤ 邓小平强调："艰苦奋斗是我们的传统，艰苦朴素的教育今后要抓紧，一直要抓六十年至七十年。我们的国家越发展、越要抓艰苦创业。"⑥ 1978年12月，邓小平指出："当前大多数干部还要着重抓紧三个方面的学习：一个是学经济学，一个是学科学技术，一个是学管理。学习好，才可能领导好高速度、高水平的社会主义现代化建设。"⑦ "没有专业知识，又不认真学习，尽管你抱了很大的热心建设社会主义，结果做不出应有的贡献，起不到应有的作用，甚至还起相反的作用。"⑧ "我们要逐渐做到，包括各级党委在内，各级业务机构，都要由有专业知识的人来担任

---

① 《毛泽东选集》第3卷，人民出版社1991年版，第852页。
② 《毛泽东选集》第2卷，人民出版社1991年版，第533页。
③ 《毛泽东选集》第2卷，人民出版社1991年版，第532—533页。
④ 《邓小平文选》第3卷，人民出版社1993年版，第146页。
⑤ 《毛泽东选集》第2卷，人民出版社1991年版，第728页。
⑥ 《邓小平文选》第3卷，人民出版社1994年版，第306页。
⑦ 《邓小平文选》第2卷，人民出版社1994年版，第153页。
⑧ 《邓小平文选》第2卷，人民出版社1994年版，第264页。

领导。"① 江泽民认为各级领导干部不仅要懂得现代科技的基本理论和一般知识，而且要懂得它们在中国具体国情下的特殊应用和自身特点，"要学会用科学精神、科学方法、科学态度观察分析问题，指导和开展工作"。② 以胡锦涛为总书记的党中央，在号召全党干部提高执政能力和执政水平，践行科学发展观，倡导八荣八耻和推进先进性与纯洁性建设进程中，要求大力加强干训工作，并逐步形成了中央政治局集体学习制度。与其相适应的是，此时期领导干部脱产进修制度、党委（党组）中心组学习制度、领导干部在职自学制度、领导干部理论学习考核制度也相继完善起来。

最后，在干部人才教育培养的主要方法方面。在干部人才的教育培养实践中，列宁创造了以"理论联系实际"、"具体分类指导"、"系统性"、"层次性"为基本原则的"灌输论"，而"灌输论"的根本性的原则就是"理论联系实际"。根据形势需要，列宁还组建了理论教育的专门机构，强调培训学校和组织机构在马克思主义理论教育中不可替代的作用。毛泽东十分重视干部人才教育培养的方法问题，他指出要提高干部的理论素养就要"借助于望远镜和显微镜。马克思主义的方法就是政治上军事上的望远镜和显微镜"。③ 在教育培养方法方面，马克思主义者主要关注如下几点：其一是干部人才教育培养机构的重要性，要求"每个根据地都要尽可能地开办大规模的干部学校"。④ 邓小平在1977年中共中央军委座谈会上的讲话中提出，军队一方面要提倡本身的苦学苦练，"另一方面是通过办学校来解决干部问题"，"要把原有的学校，除个别的外，基本上恢复起来，把更多的干部放到学校中去训练"。⑤ 其二是理论联系实际的学习方法的重要性，毛泽东在《中国共产党在民族战争中的地位》一文中指出："马克思列宁主义的伟大力量，就在于它是和各个国家具体的革命实践相联系的。对于中国共产党来说，就是要学会把马克思列宁主义的理论应用于中国革命的具体环境，成为伟大中华民族的一部分而和这个民族血肉相联的共产党员，离开中国特点来谈马克思主义，只是抽象的空洞的马克思主义。"⑥

---

① 《邓小平文选》第2卷，人民出版社1994年版，第265页。
② 《十五大以来重要文献选编》（上），人民出版社2000年版，第964页。
③ 《毛泽东选集》第1卷，人民出版社1991年版，第212页。
④ 《毛泽东选集》第3卷，人民出版社1991年版，第769页。
⑤ 《邓小平文选》第2卷，人民出版社1994年版，第61页。
⑥ 《毛泽东选集》第2卷，人民出版社1991年版，第534页。

其三是学习制度实效化、常态化的重要性，毛泽东在《改造我们的学习》中指出"对于在职干部的教育和干部学校的教育，应确立以研究中国革命实际问题为中心"。① 1939年5月召开的延安在职干部教育动员大会上提出：党在干部教育中开展学习运动是一种普遍性、永久性的活动，要常抓不懈。继毛泽东之后的中国领导人同样重视学习方法建设问题，邓小平强调要"从实践中学，从书本上学，从自己和人家的经验教训中学。要克服保守主义和本本主义"。② 第三代领导集体强调强化教育机构建设和教育培养，指出为适应改革开放和现代化建设的需要，必须大规模培训干部，建设一支善于治国理政的高素质干部队伍，加强党的执政能力建设，决定创办中国浦东、井冈山、延安干部学院等三所国家级干部学院，进一步完善干部教育培训机构体系。

（二）考评选用制度

用人制度的入口与楼梯口都需要考评，根据考评结果决定是否能用，是否大用；同时，选用的方法也决定着干部人才是否能够脱颖而出。马克思主义者十分重视干部人才的考评与选用方法问题，尤其关注考评工作在干部选用过程中民主的功能与作用。

马克思主义者十分重视干部人才的考评工作，认为干部人才作用关键在于导向，而干部考评制度反映了干部人才的任用导向。干部考评制度是能够通过考评，对干部的德才、工作实绩有一个比较客观准确的评价，较为准确地区分干部的优劣及其程度，从而为干部的选用提供依据。毛泽东是德才兼备原则的倡导者，在革命时期提出"任人唯贤"的干部路线和德才兼备的干部建设方针；新中国成立后，毛泽东又形象化地提出"又红又专"的干部标准。周恩来、邓小平、陈云等都强调选用干部要德才并重，以德为主，强化对德的要求与考评，要求在历史发展中全面、辩证、客观地评价德才。周恩来认为德才是挑选干部的主要标准，而政治上可以信任是先决问题。邓小平指出，"我们选干部，要注意德才兼备。所谓德，最主要的，就是坚持社会主义道路和党的领导。在这个前提下，干部队伍要

---

① 《毛泽东选集》第3卷，人民出版社1991年版，第802页。
② 《邓小平文选》第2卷，人民出版社1994年版，第153页。

年轻化、知识化、专业化,并且要把对于这种干部的提拔使用制度化"。①陈云认为"有才缺德的人,一个也不能提拔"。②所谓德,"最主要的,就是坚持社会主义道路和党的领导"。③ 面向新世纪,江泽民同志提出了"以德治国"的重要思想,指出领导干部一定要树立和保持共产党人的高尚情操和革命气节,不仅讲学习、讲政治、讲正气,而且讲修养、讲道德、讲廉耻。在新的历史条件下,胡锦涛同志强调选人用人要坚持德才兼备、以德为先,真正把那些政治上靠得住、工作上有本事、作风上过得硬、人民群众信得过的干部选拔到各级领导岗位上来,这更加鲜明地突出了德在干部标准中的优先地位和主导作用,是对党的三代中央领导集体制定和形成的干部路线和干部政策的继承和发展。习近平指出,"干部德的标准应当包括干部的政治品德标准、职业道德标准、家庭美德标准和社会公德标准,把理想信念是否坚定,是否坚持执政为民,是否求真务实,是否坚持民主集中制,是否清正廉洁等列为评价要点"。④

应当看到,干部的德才素养是通过实绩体现出来的。从某种意义上讲,对干部考评是对其德才的考评,而考评其德才是通过政绩实现的。所以,马克思主义者强调通过政绩看德才,"毛泽东告诫全党,应该使每个同志明了,共产党人的一切言论行动,必须以合乎最广大人民群众的最大利益,为最广大人民群众所拥护为最高标准。这也是判断政绩的根本出发点"。⑤ 邓小平在用人问题上明确提出:"为人民造福,为发展生产力、为社会主义事业作出积极贡献,这就是主要的政治标准。"⑥ 在十一届三中全会前夕召开的中央工作会议上,他指出:"今后,政治路线已经解决了,看一个经济部门的党委善不善于领导,领导得好不好,应该主要看这个经济部门实行了先进的方法没有,技术革新进行得怎么样,劳动生产率提高了多少,利润增长了多少,劳动者的个人收入和集体福利增加了多少。各条战线的各级党委的领导,也都要用类似这样的标准来衡量。"⑦ 他一再强

---

① 《邓小平文选》第 2 卷,人民出版社 1994 年版,第 326 页。
② 《陈云文集》第 3 卷,中央文献出版社 2005 年版,第 198 页。
③ 《中国共产党组织工作教程》,党建读物出版社 2006 年版,第 154 页。
④ 《习近平谈干部选拔标准》,《党政论坛》2009 年第 2 期。
⑤ 武永江:《论毛泽东的政绩观》,《学术论坛》2011 年第 7 期。
⑥ 《邓小平文选》第 2 卷,人民出版社 1994 年版,第 151 页。
⑦ 《邓小平文选》第 2 卷,人民出版社 1994 年版,第 150 页。

调第三代领导"要取信于民,要干出实绩"。① 他在 1989 年和 1991 年先后两次讲:"我们现在就是要选人民公认是坚持改革开放路线并有政绩的人,大胆地将他们放在新的领导机构里,要使人民感到我们真心诚意搞改革开放。"②

从根本意义上讲,在如何通过政绩看德才方面有两种倾向:一个是领导说了算,另一个是群众说了算。马克思主义者坚持群众公认的原则,在干部考核评价实际工作中贯彻民主公开的要求,重视在推动科学发展的实践中考核评价干部,充分体现群众对干部考核工作的知情权、参与权、表达权和监督权,让领导干部的工作实绩经得起实践、群众和历史的检验。毛泽东认为识别干部需要通过政绩来考察,"不但要看干部的一时一事,而且要看干部的全部历史和全部工作",③ 这是识别干部的主要方式,他认为"应该由人民来判断政党和领导干部的政绩,人民群众是考核的主体"。④"人民,只有人民,才是我们工作价值的最高裁决者"。⑤ 要用群众的观点看待政绩,把实践、群众和历史作为衡量政绩的根本尺度和准绳,关键还在于按照科学发展的理念,着眼于长远、着眼于大体,只有这样才能避免创造政绩上的主观性和片面性,才能创造出党和人民满意的政绩。胡锦涛指出,"考核干部政绩,要注重考察落实科学发展观的实际成效,坚持用是否服务于人民、造福于人民,是否遵循客观规律和科学规律,是否推动经济社会协调发展,是否对子孙后代负责、对长远发展负责,作为考核干部政绩的根本标准。要通过健全的制度,形成促使广大干部肯干事、会干事、干好事的导向,促进科学发展观的贯彻落实"。⑥ 他还从科学发展观的视角论及对干部政绩的考核问题,"如果我们不从根本上转变经济增长方式,能源资源将难以为继,生态环境将不堪重负。那样,我们不仅无法向人民交代,也无法向历史、向子孙后代交代"。⑦ "我们在抓发展的过程中,一定要高度重视人文自然环境的保护和优化,努力使我们今天做的一切,

---

① 《邓小平文选》第 3 卷,人民出版社 1993 年版,第 299 页。
② 《邓小平文选》第 3 卷,人民出版社 1993 年版,第 300 页。
③ 《毛泽东选集》第 2 卷,人民出版社 1991 年版,第 527 页。
④ 武永江:《论毛泽东的政绩观》,《学术论坛》2011 年第 7 期。
⑤ 《江泽民论有中国特色社会主义》(专题摘编),中央文献出版社 2002 年版,第 638 页。
⑥ 《十六大以来重要文献选编》(中),中央文献出版社 2006 年版,第 72 页。
⑦ 《十六大以来重要文献选编》(中),中央文献出版社 2006 年版,第 312—313 页。

能给后人留下赞叹,而不给后人造成遗憾。"①

干部考评中注重群众公认,也有利于推进干部选用进程中的民主化。干部选用同干部考评一样,同样有集权和民主的不同倾向,马克思主义者十分强调民主选用的方法,并且十分注重将干部选用与退出结合起来加以制度化。就中国而言,在改革开放之后对干部选用工作中的民主问题尤为关注,而邓小平是提出和实践民主任用干部的重要领导人物。邓小平曾对我国传统的干部人事制度的弊端进行分析后指出:"干部缺少正常的录用、奖惩、退休、退职、淘汰办法,反正工作好坏都是铁饭碗,能进不能出,能上不能下。这些情况,必然造成机构臃肿,层次多,副职多,闲职多。"② 消除上述弊端其一要建立党的领导集体交接班制度以扩大干部任用中的民主。1980 年 2 月党的十一届五中全会决定重建中央书记处以接集体的班,邓小平在这次中央全会上说:"我们强调集体领导,这次讲接班也是集体接班,这很好,很重要。"③ 其二要建立干部离退休制度以废除干部领导职务终身制。针对我国干部实事上存在的干部领导职务终身制现象,邓小平在 1979 年 11 月指出:"要真正解决问题不能只靠顾问制度,重要的是建立退休制度。"④

(三) 监督使用制度

马克思主义者以发展的眼光来看待干部人才,认为干部人才自身是不断变化的,这种变化表现在有些人开始不具备德才素养,经过学习成为德才兼备的干部人才;有些人开始具备德才兼备的素养,由于不注重持续学习提升又丧失干部人才的素质。所以,干部人才遴选出来以后,还必须加强监督,尤其是在使用中的监督,一方面对其不断学习提升素质施以压力,另一方面对部分不适应发展要求的干部人才予以淘汰。

马克思主义者认识到监督在干部使用中的重要性,马克思在总结巴黎公社的经验时多次赞扬巴黎公社采取的加强对权力监督的措施,认为这样做使一切社会公职"总是处于切实的监督之下","社会公职不会再是中央

---

① 《十六大以来重要文献选编》(中),中央文献出版社 2006 年版,第 71 页。
② 《邓小平文选》第 2 卷,人民出版社 1994 年版,第 328 页。
③ 《邓小平文选》第 2 卷,人民出版社 1994 年版,第 282 页。
④ 《邓小平文选》第 2 卷,人民出版社 1994 年版,第 226 页。

政府赏赐给它的爪牙的私有财产",①而成为人民的勤务员。因为监督使"警察不再是中央政府的工具,他们立刻被免除了政治职能,而变为公社的负责任的、随时可以罢免的工作人员。所有其他各行政部门的官员也是一样"。②马克思认为普选制度包括选举与罢免,是监督的有效形式。他十分赞赏巴黎公社实行的普选制原则,指出"公社是由巴黎各区通过普选选出的市政委员组成的。这些委员是负责任的,随时可以罢免。其中大多数自然都是工人或公认的工人阶级代表"。③这种普选制,"彻底清除了国家等级制,以随时可以罢免的勤务员来代替骑在人民头上作威作福的老爷们,以真正的责任制来代替虚伪的责任制,因为这些勤务员总是在公众监督之下进行工作的"。④恩格斯在论及正义者同盟时表达了同样的思想,他指出同盟的"组织本身是完全民主的,它的各委员会由选举产生并随时可以罢免,仅这一点就已堵塞了任何要求独裁的密谋狂的道路"。⑤列宁十分重视人民群众对干部人才的监督问题,主张实行工人监督权和人民群众的罢免权,指出"国家的最高权力应当全部属于人民代表,人民代表由人民选举产生并且可以由人民随时撤换","一切公职人员不仅由选举产生,而且可以按照大多数选民的要求随时撤换"。⑥列宁强调对各单位"一把手"的监督是关键环节,因为他们"位高权大,而班子其他成员、下级和党员群众拥有的权力和权威不足以制约'一把手'的权力"。⑦在列宁看来,对干部人才的监督需要多方面着手,其中主要的途径是人民群众的监督、党组织的监督、专门机构的监督、法律监督、舆论监督。⑧

中国共产党第一代领导集体十分重视干部的自我批评与对干部人才的监督,强调要确保干部人才不变质。毛泽东认为,干部人才要有自我监督的觉悟,在任何时候任何情况下,都要经常反省自身,要不断批评和自我

---

① 《马克思恩格斯选集》第3卷,人民出版社1995年版,第121页。
② 《马克思恩格斯选集》第3卷,人民出版社1995年版,第55—56页。
③ 《马克思恩格斯选集》第3卷,人民出版社1995年版,第55页。
④ 《马克思恩格斯选集》第3卷,人民出版社1995年版,第96页。
⑤ 《马克思恩格斯选集》第4卷,人民出版社1995年版,第200页。
⑥ 《列宁全集》第29卷,人民出版社1985年版,第476页。
⑦ 涂国生:《对"一把手"用人权监督的思考》,《广州大学学报》(社会科学版)2010年第6期。
⑧ 董世明:《列宁关于干部监督问题的理论贡献》,《求索》2011年第10期。

批评，不断加强党性修养。他指出，"批评和自我批评是一个整体，缺一不可，但作为领导者，对自己的批评是主要的"。"我们是为人民服务的，所以，我们如果有缺点，就不怕别人批评指出。不管是什么人，谁向我们指出都行。"① 为推进批评与自我批评工作，毛泽东强调上级和下级还是要打成一片，干部跟士兵还是要打成一片，还是要准许下级批评上级，士兵批评干部。也当然，毛泽东认为推进干部监督工作最重要的还是与人民群众打成一片，要人民群众监督干部人才，要干部人才接受人民群众的监督。他指出："一切国家机关和工作人员必须依靠人民的支持，经常保持同人民的密切联系，倾听人民的意见和建议，接受人民的监督，努力为人民服务。""我们的责任，是向人民负责。每句话，每个行动，每项政策，都要适合人民的利益，如果有了错误，定要改正，这就叫向人民负责。"②

中国共产党第二代领导集体不仅强调干部人才要接受监督，而且开始注重通过多方面着手推进干部人才监督工作，尤其强调制度的作用。新中国成立之初邓小平就指出，"我们党是执政党……如果我们不受监督，不注意扩大党和国家的民主生活，就一定要脱离群众，犯大错误"。③ 十一届三中全会后，邓小平多次重申要让群众和党员监督干部，特别是领导干部，认为党的地位和环境发生根本性变化后，干部人才的思想也发生了很大变化，指出掌握权力的人可能出现两种态度，"一种是做官，一种是当人民的勤务员"。④ 如果不加强监督，广大干部就会由"公仆"变成"主人"，就会使党脱离群众。"要有群众监督制度，让群众和党员监督干部，特别是领导干部。凡是搞特权、特殊化，经过批评教育而又不改的，人民就有权依法进行检举、控告、弹劾、撤换、罢免，要求他们在经济上退赔，并使他们受到法律、纪律处分。对各级干部的职权范围的政治、生活待遇，要制定各种条例，最重要的是要有专门的机构进行铁面无私的监督检查。"⑤ 邓小平强调制度监督的重要性，指出"民主集中制的贯彻执行，这也是一种监督。还有党员和群众的监督，党的监察制度的监督，组织部

---

① 《毛泽东选集》第 3 卷，人民出版社 1991 年版，第 1004—1005 页。
② 《毛泽东选集》第 4 卷，人民出版社 1991 年版，第 1128 页。
③ 《邓小平文选》第 1 卷，人民出版社 1993 年版，第 270 页。
④ 《邓小平文选》第 1 卷，人民出版社 1993 年版，第 304 页。
⑤ 《邓小平文选》第 2 卷，人民出版社 1994 年版，第 332 页。

门对干部实行鉴定制度的监督"。① 邓小平认为，制度监督要发挥作用，还要将党内监督与党外监督制度结合起来，发挥舆论监督的作用，"党和政府听不到的，报纸能听到，它能摸到社会的脉搏"。②

中国共产党第三代领导集体强调干部人才的监督，认为监督制度是与干部选用制度配备的重要制度，并在实践中推进了监督体系建设。江泽民指出："要重点抓好对领导干部的监督。"③ "把干部特别是高中级干部管住管好，至关重要……干部权力越大，责任就越大，对他们运用权力的行为就越应当严格监督。"④ 同时，"权力一大，直接监督他的人少了，利用他、为他抬轿子的人多了。如果自己不警惕，组织上又不及时教育和监督，就很容易出问题，甚至出大问题"。⑤ 江泽民继承邓小平制度监督的思想，强调把坚持民主集中制同党内监督制度联系起来。他指出，"今后，务必切实健全、严格执行党内监督制度。不管是什么人，只要违反民主集中制，就应受到批评；破坏民主集中制，就应给予必要的制裁"。⑥ 他同样强调人民群众监督的作用，要求"各级党组织和领导干部，一定要相信和依靠人民群众，真诚和主动地接受监督，广开言路，听民声，察民意，知民情，不断改进我们的工作"。⑦ 他强调从自省与制度两方面构建干部人才监督体系，认为"要加强干部监督机制。解决干部中存在的消极腐败现象，既要加强教育，又要加强监督，两个方面都很重要，缺一不可"。⑧

四、经典论述的重要启示

关于德才兼备用人标准方面的经典论述汗牛充栋，以上只是择取部分以窥豹一斑。经典论述之所谓经典在于它并不过时，而且至今仍有重要启示性。以上陈述对于我们贯彻落实德才兼备用人标准至少有如下两点启示。

---

① 《邓小平文选》第 1 卷，人民出版社 1993 年版，第 330—331 页。
② 《邓小平文选》第 1 卷，人民出版社 1993 年版，第 150 页。
③ 《江泽民论党风廉政建设和反腐斗争》，中国方正出版社 2003 年版，第 82 页。
④ 《江泽民论党风廉政建设和反腐斗争》，中国方正出版社 2003 年版，第 83 页。
⑤ 《江泽民文选》第 1 卷，人民出版社 2006 年版，第 457 页。
⑥ 《江泽民文选》第 1 卷，人民出版社 2006 年版，第 98 页。
⑦ 《十四大以来重要文献选编》（中），人民出版社 1996 年版，第 1694 页。
⑧ 江泽民：《在十五届二中全会上的讲话》，《人民日报》1998 年 2 月 26 日。

（一）破除陈腐的人才观念，培养正确的人才意识

首先，要破除封建的奴才观念，培养科学的人才观念。人才是具有阶级性的，不同的阶级对人才的界定有所不同。在封建社会里，人才指的是能效忠皇帝，为巩固皇权作出贡献的人。这样的人才有如下特征：第一，人才标准上的唯己性。在封建社会里选才用才，讲的是任人唯亲，唯"顺"是举。作为选用人才的主体大都是皇权贵人，或得到他们信赖的人，他们用人不是站在皇帝的立场上，就是站在自己的立场上，任人唯亲，不讲真才实学。他们选用人才是为了维护家天下，维护家庭权势，根本不顾百姓的死活。第二，成才渠道上的单一性。在封建社会，成才就是要得到皇帝和达官贵人的赏识，从本质上不讲学识，不讲真理。而要进入达官贵族的行列，必须经过科举考试，并且要唯上是从，顺和谦恭，甘当奴才。我国是封建历史比较长久的国家，封建思想毒害甚大。为了培养正确的人才观，先要破除旧社会的奴才思想。第一，人才的标准是对社会有利，对人民有利，而不是对某个人有利。我们现代社会中的人才，是指以其创造性的劳动为社会作出突出贡献的人，选人用人都必须以为民性作为首要标准。我党是立党为公，执政为民的党，定位人才不仅是自己满意不满意的问题，更重要的是要看多数人是否拥护，是否赞成。因此，在人才的识别和使用中，不能光用那些老实、听话和顺从的人，只要有才，对那些锋芒毕露、雄心勃勃和有自己独创性思维的更要重用。因为现代社会更需要创造性人才，只有培养"无功就是过，平庸就是错，求稳就是惰"的新观念，才有利于社会的进步。第二，人人可以成才，发掘人才，发挥人才的积极性、创造性必须广开人才渠道，提供人才脱颖而出的环境，破除千军万马走独道，升官发财才一条线的局面。人才不一定是领导，领导也未必是人才。只有在建设社会主义事业中，能够在政策范围内以其合法的创造性劳动，为社会和人民作出贡献，促进生产的发展和人的进步的人才是人才，他们才应受到尊重、重用。当前，我国的官本位还相当浓，而由于民主意识的淡薄，特别是存在大量的任命制和变相的任命制，封建的效忠思想，奴才观念也时有存在。为此，必须改变封建人才观，树立科学人才观，培养人人可以成才的意识，不断开拓人才迸发的局面。

其次，要破除唯学历、唯职称、唯资历、唯身份的状况，培养任人唯

贤、唯才是举、举贤效能的意识。识别和使用人才，要坚持德才兼备原则，把品德、知识、能力和业绩作为衡量人才的主要标准，彻底改变选用人才上摆资历、讲学历、论年龄。历史告诉我们，学历不等于水平，也不等于能力，单纯依据学历取人不仅会造成用错人，还会造成失去人才。至于唯身份就更不可取了。古代农民起义者就提出"王侯将相，宁有种乎"的口号，寓言故事中也提出"其父善游，其子善游"的疑问，这些都为现代的人才观提出了有益的警示。然而，在实践中常常出现提拔任用或享受级别论资排辈，"十年媳妇磨成婆"的现象。受这些观念的束缚，一大批有真才实学的人被拒之门外。因此，必须培养唯才是举、唯能是用、举贤效能的意识，要有针对不同领域、不同岗位、不同层级做到大才大用、小才小用、专才专用、通才活用、无才不用的意识。当然，不唯学历，不是不讲学历，不唯职称也不是不讲职称，而是说不能以此作为衡量人才主要标准，更不能将其作为衡量人才的唯一标准。人才是人民之才，是对人民有益之才，它的特征不仅在于社会性，还在于实践性，纸上谈兵不行，关键是落实到实际行动上能对人民和社会有所贡献。如果得到学历和职称后就躺在上面睡大觉，无疑不会有益于人民，也就谈不上是人才。至于资历和身份，只能说明历史，用历史来定位现实，本来就是违背了马克思主义实事求是的原则，脱离了实践的标准，这种方法就不科学，很难说会产生科学的结果。

最后，要破除人才浪费的观念，培养以人为本，充分发掘人才潜力的意识。人才具有社会性，虽然他们在自身发展中，在实现自己的社会价值中也提升了自身的自我价值，但从本质上讲，人才不是为己的，也不是为某个人的，而是社会的。一个人在自我发展中要认识到自己的社会价值，积极的参与到社会竞争的行列，不断提高适应社会和改造社会的能力，从而使自己的才能充分地挖掘出来。对于人才的管理者而言，要从有利于人才自身发展的角度，有利于社会的角度去管理人才。如果自己不用，而又压制别人使用，就会给社会造成损失，也会妨碍人才自身的发展。培养以人为本，发掘人才潜力的意识，还要注意克服用才上的求全责备思想。"金无足赤，人无完人"，人才不是全才，更不是天才。看人才要看本质、看主流、看优势、看发展。首先，要看本质。有德无才，行而不远，有才无德，唯助其谬。光有好的道德，没有好的才能，只能说是个好人，不能说是个好的人才；而没有品德，本质不好，更不能称为人才，因为败坏的道德使他们的才学走上了歧途，他们只会给社会造成危害，而不会为社会作出贡献。所以，只有德才兼备，才能算得上社会的"精品"。其次，要看主流。人难免有过错，难免有缺点，但是不能因此而否认人才的存在。毛泽东就说过人都会犯错误，只要纠正了就是好同志，并提出过将自己三七开的问题。古代人讲"赦小过，举贤才"，"论大功者不录小过，举大善者不疵细瑕"，同样强调识才要看主流的问题。实际上，人都不是完人，识人用人中只有容人，才会发现人才，否则社会上就无人才可言了。再次，要看优势。"舍长以就短，智者难为谋。生材贵适用，慎勿多苛求。"人才有自己的长处，也有自己的缺点，用好人才就是充分发挥他们身上的优势，让他们的闪光点亮起来，而不是而是抓住人家的小辫子不放。最后，要看发展。人才是分层次的，也是动态的。有的人会随自己的努力和社会的培养而由潜人才转化为显人才，由较低层次的人才，转化为较高层次的人才。为此，要不断地优化人才辈出的环境，注意用养结合。只有看到这点，才体现出对人才的人文关怀，才能把握人才的成长规律，充分发挥人的潜在能力。

（二）改变僵化的管理途径，开拓科学的管理方法

首先，在选人上要做到选贤举能。选拔人才是应用人才的前提，也是是否用能人，用好人的基点。由于革命传统和国情的影响，我们在人才的识别、考察和选用上还存在一些弊病，还事实上存在"四唯"现象，特别是以领导的眼光来决定用人与否的现象。为此，人才管理工作先要打破事实上存在的"四唯"标准，树立科学的人才标准观。识别人才的标准主要涉及德与才，特别强调的是他们是否有政绩，是否以自己的创造性劳动为社会作出突出贡献。这个环节离不开对人才的考察。而习惯上，我们考察人才是有局限性的，体现在考察范围小，考察方式单一。为此，考察上要走群众路线，通过发扬民主，听取各种意见，全面了解人才状况，把他们的德才学识体各个方面搞清楚。考察方式要多样化，要透明，凡是应当公开的标准和事项都要公开，要从过去的暗箱操作转化为阳光作业。选用人才是在考察的基础上进行的，但选用本身也有个方式和程序问题。人才本身是一个动态的概念，也是一个具体的概念，选用人才不可教条化，不可以僵化的标准来扣活生生的现实。各行各业选用人才各有特殊性，只可借鉴，不可套用。例如，在干部的选拔上，我们强调的是政治上靠得住，思想品德好，甘当人民的公仆。对于一般的技术人才，同样也要考虑他们的品性问题，但是更要突出他们的技术和特长，否则就不能称为技术人员了。在选拔程序上同样如此。干部的选拔有干部选拔所要遵循的程序，要严格按照《党政干部选拔任用工作条例》的要求，通过公示、竞聘、试用等环节。而一般的技术人才，只要技术上硬性的规定能达标，有爱国、为民的思想就可以了，他们的选拔程序要简单得多。所以，在人才的选拔上不宜搞一刀切，而应当事实求是，根据各行各业和实际情况，规范好各自的程序和纪律要求。但这并不是说在人才选拔上没有共性，各行各业虽领域不同，但在人才的选拔上都要注重实绩，注重群众公认，这一点是一致的。人才不是空想家，也不是虚无主义者，而是讲究实干，做出成绩的人；人才也不是自我标榜，自我鼓吹的人，而是群众公认、赞赏和拥护的人。

其次，在用人上要做到任人唯贤。选贤举能不等于任人唯贤，任人唯贤理应是选贤举能的一个结果。但是由于现实的复杂性，事实上任人唯贤还没有普及。经过选贤举能产生的人才，还没有真正放到应有的位置上，也没有真正地发挥作用。产生用人实践上的障碍的原因很多，其中之一是求全责备。不能全面地、发展地看待人才，仅仅抓住人的某一方面的缺点与不足不放。实际上人都有缺点与不足，"善断木者不能攻石，善断轮者不能熔金"，世上本没有完人。只有用人如器，各取所长，才利于事业的发展和进步。所以，用人上不要看他们的一时一事，而要看他们的全部历史和全部工作；要善于容人，既要正确看待人才的长处和优点，也要正视人才弱点、缺点和错误。人才不是通才，更不是全才，只要他们在某一方面有突出的优势，即使有某些弱点缺点，也要放手大胆使用，用人不疑。在用人问题上要坚决防止从个人成见、感情出发，不以个人好恶、亲疏、恩怨作为用人标准。用人不要因为他们不是自己人，不是党员，没有学历，没有资历，就把人家埋没了。产生用人实践上的障碍之二是墨守成规。实践中我们之所以没有落实好任人唯贤，就在于不敢突破传统，不敢放手用人。长期以来，我们在人才使用上的一个突出弊端就是论资排辈。

这是一种习惯势力，是一种落后的习惯势力，它严重阻碍了年轻人才脱颖而出，也阻碍了现代化的顺利进行。而我们的事业是一种崭新的事业，没有年轻人的参与，就没有前途，这是肯定的。而如果在用人上墨守成规，没有创新意识，没有大胆的气魄，是难以在用人上有突破和长进的，也难以做到用人唯贤。在这一点上，邓小平的做法是值得借鉴的，他主张用年轻人，教育干部要敢于突破成规，善于解放思想，克服重重障碍，打破老框框，勇于改革不合时宜的组织制度、人事制度、大力培育、发现和破格使用优秀人才，坚决同一切压制和摧残人才的现象作斗争。同时，他还注重借鸡生蛋，吸引和利用外来人才。重视人才，关键是重视对人才的使用，只有在"干"中识人，在"用"中选人，突破传统用人上讲台阶的旧观念，才能使一批有活力的、有创造性的人才脱颖而出。

最后，在育人上要做到强化教育。教育是人才的摇篮，只有办好教育，才能源源不断地为社会主义建设输送各种各样的人才。但是，由于我们生产力相对落后，教育投资相对不足，再加上复杂的国际环境，我们教育和人才事业受到的冲击，我们的教育没有取得特别理想的成就。所以，邓小平深有感触地说，十年最大的失误在教育。针对于此，新世纪我们必须正确认识教育和科技的重要作用，正确认识人才在未来发展中的决定性作用。实际上，我党现在越来越关注教育和人才问题。胡锦涛首次在全国人才会议会议上强调，要进一步完善普通教育、职业教育、成人教育和高等教育相衔接的教育体系，完善继续教育和培养制度，建立健全人才培养机制，造就成千上万的、各种各样的人才。从普遍意义上讲，育养结合是人才政策所必须遵循的一条规律，在强调选拔任用人才的同时，强调对人才的培养是各国家、企业面临的一个共同问题。从我们国家的发生和面临的形势而言，这个问题只不过更为突出罢了。因为从我们的事业性质上讲，它不可能经历一代人就能完成，而是需要几代人、十几代人甚至几十代人的共同努力；而我们的事业又处于发展的战略机遇期，能否迎头赶上世界新技术革命，全面建设小康社会和实现民族的伟大复兴，在一定程度上取决于我们的教育和人才政策。加强人才的培养和教育工作，就是为了及时地培养后备军，防止事业后继无人。针对我们国家和民族面临的实际，我们一方面要留住人才，出台有利于人才干事创业的政策，创造有利于人才发挥作用的环境;另一方面要育出人才,特别是培养出适应时代要求的知识性含量高的人才。当然,在社会实践中,要做到这两点离不开实践锻炼,要通过引导人才到基层锻炼和压担子,不断地增强他们的实战能力。

第二篇

比较借鉴

第三章
中国古代德才兼备的用人标准及其启示

中华文明源远流长,经历了五千年的悠久历史,孕育了博大精深的用人思想。从孔子的"举贤才"可以看到古代人选贤任能的美好期盼,从司马光的"德才全尽"可以看到古人的贤才标准。不仅如此,古人还注意到德才兼备只有付诸实践才能实现。由于人无完人,在落实德才兼备标准时不得"求备于一人"。为此,他们积极探索德才兼备用人标准的实现机制问题。从姜尚的"八征"、诸葛亮的"七观"可以看到古人实现用人标准的方式和途径。因此,德才兼备是先人贤者任用人才的理想标准,其实现机制也有很多值得今天借鉴的成分。

一、中国古代德才兼备用人标准的类型

从总体上看,我国古代不同时期都曾提倡过德才兼备的用人思想。在阶级社会发展进程中,不同朝代、不同时代的不同时段对于德和才的偏重有所不同。据此,古代用人思想可分为两大类,即德才兼备之重德类和德才兼备之重才类。

(一) 德才兼备之重德类

先秦一般都强调选人重德,把儒家的忠、孝、节、义、廉、谨等道德规范作为选拔的主要标准。周公用人强调有德,这是当时"敬德"思想在用人上的反映。他反复告诫要"惟成德之彦"、"其惟吉士"、"其惟克用常人"。[①]《周易》强调领导者要治理好国家,必须"进德修业"。[②]《尚书》

---

① 《尚书·立政》。
② 《文言·干卦》。

指出"臣为上为德，为下为民"，① 同样强调人才应当奉上布德、顺下济民。

春秋时期百家争鸣，发展为后来百家之首的儒家在阐发其人才思想时，明确地表达了他们对于德的重视。孔子主张德治，认为为政者的关键是要"正"，"政者，正也。子帅以正，孰敢不正。"② "其身正不令而行；其身不正，虽令不从。"③ 为政者身正，就能得到民众的拥护。"为政以德，譬如北辰，居其所而众星共之"。④ 在德与才的关系上，以孔子为代表的儒家明显地体现出重德思想。孔子说："如有周公之才之美，使骄且吝，其余不足观也"。⑤ 即使有周公那样的才华，如果既骄傲又吝啬，那也是不足观的。季氏已经很富裕了，冉求还帮他聚敛财富，孔子气忿地说："非吾徒也，小子鸣鼓而攻之，可也！"⑥ 冉求是孔子的学生，很有能力，由于帮助有财者聚敛财富，孔子就不承认他是自己的徒弟，还要求大家攻击他。根据德行，孔子将人分为君子和小人，荀子则进一步细分为通士（德才兼备的人）、公士（公正的人）、直士（正直的人）、悫士（诚信的人）、小人五种。⑦ 无论哪一种分类方法，都可以看出儒家德才兼备以德为重的思想。春秋末期的《左传》阐述的"立德"、"立功"、"立言"为"三不朽"理论："太上有立德，其次有立功，其次有立言，虽久不废，此之谓不朽"，⑧ 同样说明了这一时期对于德的关注。

汉把德治与礼治置于治国的首位，其标准从"四科取士"到"光禄四

---

① 《尚书·商书》。
② 《论语·颜渊》。
③ 《论语·子路》。
④ 《论语·为政》。
⑤ 《论语·泰伯》。
⑥ 《论语·先进》。
⑦ 《荀子》劝学篇第一指出，"上则能尊君，下则能爱民，物至而应，事起而辨：若是则可谓通士矣。不下比以暗上，不上同以疾下，分争于中，不以私害之：若是则可谓公士矣。身之所长，上虽不知，不以悖君；身之所短，上虽不知，不以取赏：长短不饰，以情自竭：若是则可谓直士矣。庸言必信之，庸行必慎之，畏法流俗，而不敢以其所独甚：若是则可谓悫士矣。言无常信，行无常贞，唯利所在，无所不倾：若是则可谓小人矣"。
⑧ 《左传·襄公二十四年》。

行"，① 均是按德与才的顺序进行素质考察的。汉代的董仲舒继承了儒家重德的思想，在德才关系上强调"必仁且智"，因为"仁而不智，则爱而不别也；智而不仁，则知而不为也"。② 意思是说，有德无才的人，不知道到底应该去爱什么人，也不知道怎么去爱他们；有才无德的人，虽然知道应爱什么人，也知道怎么去爱他们，但不去做，因为他们心中没有他们。这种思想直接铸就了当时统治者重德的人才政策，推动了士人追求节义的做法，形成了"士务修身，忠孝成俗"、③ "尊崇节义，敦厉明实"④ 的社会风尚，也造就了一大批以德行著称的名士。如朱晖"性矜严，进止必以礼，诸儒称其高"。⑤ 班固"性宽和容众，不以才能高人，诸儒以此慕之"。⑥ 汉代重视德的思想，在人才举荐方面的奏本中也可见一斑。如侍中贾逵因上书推荐刘恺时，就强调了其德行好，此处引文以鉴："孔子称'能以礼让为国，于从政乎何有'。窃见居巢侯刘般嗣子恺，素行孝友，谦逊絜清，让封弟宪，潜身远迹。有司不原乐善之心，而绳以循常之法，惧非长克让之风，成含弘之化。前世扶阳侯韦玄成，近有陵阳侯丁鸿、鄜侯邓彪，并以高行絜身辞爵，未闻贬削，而皆登三事。今恺景仰前修，有伯夷之节，宜蒙矜宥，全其先功，以增圣朝尚德之美。"⑦

三国时期的诸葛亮，也强调德才兼备，以德为主。他在《将苑·谨候》篇中提出合格将领的十五条标准，既有对才的要求，又有对德的要求，但对德的要求更大些，反映了他以德为主、德才并重的思想。尽管他不忽视对才的要求，但决不用无德之人。

隋唐以后，封建统治者更加重视德礼在治国中的作用，强调官员的道德素质。唐太宗在选人上继承了他的这种以德为首、德才兼备的思想。唐代吏部择人优先考察的是道德素质，其次才是能力，如"四事"即身、

---

① 所谓"四科取士"是指任官必须具备四个标准，即第一要具有较高的道德品行；第二要博学多识，具有扎实的知识基础；第三要知法懂法；第四要意志刚毅、足智多谋。而"光禄四行"也是要求为官者要具有良好的品行，即"质朴、敦厚、逊让、节俭"。
② 《春秋繁露·必仁且智》。
③ 《南史·孝义传》
④ 《日知录》卷13，两汉风俗条。
⑤ 《后汉书·朱晖传》。
⑥ 《后汉书·班固传》。
⑦ 《后汉书·刘恺传》。

言、书、判中,如果"四事皆可取,则先德行,德均以才,才均以劳"。① 后来的北宋司马光按德才的有无将人才分为四类:"才德兼备,谓之圣人;才德具无,谓之愚人;德胜于才,谓之君子;才胜于德,谓之小人。"用人的最优选择当然是圣人,但圣人是不多见的,次优选择只能是德胜于才的人。因为才胜于德的人,虽然有才,可能会用才办坏事。康熙对于人才的标准却要求得非常严格,但始终坚持"国家用人,当以德器为本,才艺为末"。② 在康熙看来,"从来才德难以兼全",只能"以立品为主,学问次之",甚至还说:"论才则必以德为本,故德胜才谓之君子,才胜德谓之小人。"③

(二)德才兼备之重才类

儒家是重德的,但也关注了才能方面。如孔子就曾针对仲由、端木赐、冉求能否管理国家谈到过他对于三者才能的肯定,说明了治国理政时才能的重要性。当季康子问孔子:"仲由可使从政也与?"子曰:"由也果,于从政乎何有?"曰:"赐也可使从政也与?"曰:"赐也达,于从政乎何有?"曰:"求也可使从政也与?"曰:"求也艺,于从政乎何有?"④ 意思是季康子问孔子吗?孔子的回答是:仲由做事果断、端木赐通达事理、冉求有才能,能够胜任治理国家的任务。孔子这些主张对后人关注才能产生了很大的影响,也使得大量有真才实学之人走上政治舞台成为治国理政的首领。

东汉中后期的宦官掌权和党锢之祸,使得儒家学者中的优秀分子被消灭殆尽,儒家思想渐行渐衰。虽然,当时的统治者依然提倡儒家思想,但让其恢复鼎盛时之独尊位置已经很难。此后,儒家所规定的道德规范的约束作用越来越小,统治者的用人标准也随之发生变化,逐渐由重德转向重才。如果说在汉灵帝之时,统治者用人以才还有所顾忌的话,到了建安时期用人以才的思想则变得习以为常了。因为当时的军阀为了争夺政权,确实需要能够出谋划策、领兵带队的人,而不是满口仁义道德、皓首穷经

---

① 《通典》卷15,《选举三》。
② 《圣祖御制文集·二集卷三八·张华以才学天识各重一时》。
③ 《圣祖御制文集·一集卷二六·讲筵绪论》。
④ 《论语·雍也》。

的人。

三国时期的曹操一改先秦以来选人重德行的传统,明确地提出了"唯才是举"的方针。他主张不以德行论优劣,他曾颁布三道"求贤令",特别强调才能,至于品德,则在其次。比如,他的第一道"求贤令"指出:"今天下得无有被褐怀玉而钓于渭滨者乎?又得无盗嫂受金而未遇无知者乎?二三子其佐我明扬仄陋,唯才是举,吾得而用之。"① 在当时,有德有才的人,无德有才的人,甚至不仁不孝而有治国用兵之术的人都受到曹操的重用。后来司马光说他"知人善察,难眩以伪,识拔奇才,不拘微贱,随能任使,皆获其用"。② 在这里,司马光也肯定了曹操知人善任、大胆任用无德有才的各类人才的行为。如何评判曹操的用人思想,世人是仁者见仁,智者见智。鲁迅讲到曹操时指出过:"曹操征求人才,不忠不孝不要紧,只要有才就可以。"柏杨则这样评定其用人标准:"曹操是一个力行实践的政治家,他的用人行政,只要求才能,而不过问私生活。"③ 实际上,从短期来看,这一思想确实为曹操赢得能人、能办事的人;但从长期来看,这也是曹氏天下轻易为司马家掠走的原因。正如张拭给宋孝宗所言,"陛下当求晓事之臣,不当求办事之臣。若但求办事之臣,则他日败陛下事者,未必非此人也"。④

当时曹操唯才是举的思想,不仅作为政策主张提出来了,也在理论层面上得到了发展和彰显。刘劭的《人物志》便是这一思想的系统体现和阐发。刘劭在《人物志》中对根据阴阳五行生成说,类推出五德:即木骨(弘毅)、金筋(勇敢)、火气(文理)、土肌(贞固)、水血(通微),并在此基础上把人的性格分为十二种,并从智勇关系出发对人才本身的层级进行了深入的思考,将人分为英才型、雄才型和英雄兼备型。《人物志》写道:"是故聪明秀出谓之英,胆力过人谓之雄。此其大体之别名也。""必聪能谋始,明能见机,胆能决之,然后可以为英,张良是也。气力过人,勇能行之,智足断事,乃可以为雄,韩信是也。""徒英而不雄,则雄材不服也;徒雄而不英,则智者不归往也。故雄能得雄,不能得英;英能

---

① 《魏帝·开帝纪》。
② 《资治通鉴》卷69。
③ 丁千城:《"德"、"才"之辩与人才难得》,《销售与市场》(战略版)2008年第3期。
④ 《四库全书》《宋史》(下)。

得英，不能得雄。故一人之身兼有英雄，乃能役英与雄。能役英与雄，故能成大业也。"在这里，刘劭构成英雄的条件不是儒家提倡的道德，而是"聪明秀出"和"胆力过人"。可见，他的这一著作鲜明地体现了曹操唯才是举的思想。

当然，全面看待曹操"唯才是举"的用人标准观，除了关注他个人素质影响之外，还必须结合其客观形势的当务之急。他广揽人才，是为了在当时混乱局势中扫平群雄，开辟太平天下。正是由于他的这种思想，建安时期的士人如朱熹所言，"只知有曹氏，不知有汉室"，纷纷投到曹操门下。虽然，他的"唯才是举"与德才兼备的标准相比有一定的偏颇，但他也没有彻底否定德，他只不过是不重视个人某些操守失检之类的"小德"，绝不是忽视忠于其本人和统治阶级统一天下事业的"大德"。用今天的标准来衡量的话，前者属于社会公德、家庭美德、个人品德，后者则属于政治品德。不仅如此，古人唯才是举一般多在"争天下"时使用，特别是在危难时刻，运用强制手段，领导者可以有效地抑制德的不利因素，充分发挥才的有利因素，强迫才优德劣者为他们服务；而"坐天下"时期则往往有所改变，对德的要求会更加注重。对于此，魏征说得很透彻："天下未定，则专取其才，不考其行；丧乱既平，则非才行兼备而不可用也。"[①] 从重才这一标准的硬性指标对传统封建门阀的冲击作用上看，也有时代的进步意义。

二、中国古代德才兼备用人标准的考察方法

中国古代不仅有德才标准的提炼和争议，还有如何考察和衡量德才的思想。墨子将政绩作为衡量贤能的主要标准，提出"虽有贤君，不爱无功之臣；虽有慈父，不爱无益之子"，[②] 认为必须"以德就列，以官服事，以劳殿赏，量功而分禄"。[③] 如果追溯的话，这或许是今天通过实绩看德才、根据德才用干部这一思想的源头。总结古代德才兼备用人标准的考察方法和技术，可以概括为以下几条。

---

① 《资治通鉴》卷194。
② 《墨子·亲士》。
③ 《墨子·尚贤上》。

（一）分门别类法

分门别类法是根据人才所属于的领域、行业，按照德才兼备的标准将人分成不同的层次，进行科学鉴定的方法。在不同的时代，人才选用者或参与人才选用的参谋人员、理论工作者都注意到了人才种类繁多，且分属不同领域这一特征，力图结合时代给予人才以恰当的划分，以便帮助治理者选拔人才、用好人才。关于根据人才分类人员，古代曾对不同领域的人才作过论述。姜尚曾将将领分为八种：即妻子之将、十人之将、百人之将、千人之将、万人之将、十万人之将、百万人之将、天下之主。伊尹也根据人才的职位对其所应具备的素养做过论述，如下表。

职位	关键特征	具体特征
三公	道	智通于大道，应变而不穷，辨于万物之情，其言足以调阴阳，正四时，节风雨
九卿	德	不失四时，通于地理，能通不通，能利不利
大夫	仁	通于人事，行犹举绳，通于关策，实于府库
列士	义	忠正强谏，而无有奸诈，去私之公，而言有法度

赵蕤根据伊尹的论述，结合自己的认识在《长短经·量才》篇中根据职能匹配和各个职位的工作性质、内容不同，详细描述了各职位应该具备的基本特征，在《长短经·品目》中按言谈举止、行为风格，把人分为5种类型，"有庸人、有士人、有君子、有圣、有贤"，[①] 并详细列举了区分的标准，以便于在实际工作中加以辨别。刘劭在《人物志·流业篇》中，将人才划分为12种，有清节家、法家、术家、国体、器能、臧否、伎俩、智意、文章、儒学、口辩、雄杰，并列举出我国历史上的一些人物加以说明。在分类的基础上，对各个类别又进行细分。如道家十分重视"慈"、"俭"、"不争"三种品德，老子视其为"三宝"。不仅如此，老子还根据人的品德高下分为"玄德"、"上德"、"广德"、"建德"、"下德"、"德畜"几种。他指出："上德李德，是以有德；下德不失德，是以无德。上

[①] 赵蕤：《长短经》，商务印书馆1936年版，第4页。

德无为而无以为，下德为之而有以为。"① "生之畜之生而不有，为而不恃，长而不宰，是为玄德。"② 庄子认为品德的整体结构有四个层次，即道、德、形、神。他说："执道者德全，德全者形全，形全者神全。"③ 儒家也曾对人的品德进行过类型的划分，孟子曾将品德分为六类，即"善"、"信"、"美"、"大"、"圣"、"神"。他在与齐人浩生谈论乐正子时指出，"可欲之谓善，有诸己之谓信；充实之谓美；充实而有光辉之谓大；大而化之谓圣；圣而不可知之谓神。"④ 荀子在《荀子·不苟篇第三》中根据人格特征的不同，把士划分为："通士（尊君爱民、通达事理）、公士（公正无私）、直士（忠厚老实、耿直坦诚）、悫士（诚实可信、谦虚谨慎）、小人（惟利是图、言行无常）。"刘向在《说苑·臣术》篇中则根据人臣的处世之道，划分了"六正"和"六邪"。"六正"指"圣臣、良臣、忠臣、志臣、贞臣、直臣"，"六邪"指"具臣、谀臣、奸臣、谗臣、贼臣、亡臣"，并分别列举了他们的行为表现，以便于区别。诸葛亮的区分更为细致，在《将苑》中他把将领按不同的能力特征，分为"仁将、义将、礼将、智将、信将、步将、骑将、猛将、大将"。这种分门别类进行比较方法的好处是能够相对清晰地呈现某一领域中人才的高低，以采取有效措施激励人才向更高的层级前进，并且还可以根据人才的高低进行有效赏罚，以便激励先进、鞭策后进，提升整个人才队伍的战斗力。

（二）社会实践法

实践是检验真理的唯一标准，检验德才兼备的人才同样离不开丰富的社会实践。通过人才在不同社会实践领域的实际表现，能够识别人才、剖析人才。根据《吕氏春秋》记载，尧对于舜的考察过程，就非常重视社会实践的考察，通过把两个女儿嫁给他，来考察舜的品格；让舜制定常法，考察他能否服众；让舜总理百官，考察他的管理能力；让舜接待宾客，考察他的交往能力；派舜巡查山林，考察他的实际工作表现。可见，古人非常强调把人的言、行结合起来进行考察，尤其是考察一个人的实际表现，

---

① 《道德经》38 章。
② 《道德经》28 章。
③ 《庄子·天地》。
④ 《孟子·尽心下》。

"亦言其人有德，乃言曰，载采采"。① 孔子早就告诫世人，看一个人不仅要"听其言"而且要"观其行"。② 对一个人的评价，既要看他说了什么，更要观察他的实际表现。相比而言，一个人所作所为比他的所讲所谈要重要得多。所以"视其所以，观其所由，察其所安"，③ 便可知道其品德好坏。管仲认为："审其所好恶，则其长短可知也；观其交游，则其贤不肖可察也。"④ 某个人有美好的德行，既要考察其言论，也要举出许多事例来验证，不能无事实根据地判断一个人的才能，用人要"考其德行，察其道艺"。⑤ 汉代王符认为必须通过实践考察识别人才，"剑不试则利钝暗，弓不试则劲挠诬，鹰不试则巧拙惑，马不试则良驽疑"。⑥ 曹操主张用人要注重实绩，"明君不官无功之臣，不赏不战之士；治平尚德行，有事赏功能"。⑦ 王充主张："以九德检其行，以事效考其言。"⑧ 王安石认为对人的评价，不能"私听于一人之口"的道听途说，而应当"审知其德，审知其才"，同时要"试之以事"，看他的具体表现。明代张养浩指出："宰相之职，莫重用贤。然则何以知其贤？询诸人则知之，察其行则知之，观其所举则知之。"⑨ 在考察考核官吏的实践做法上，先秦的荀子提出"四观之法"，《吕氏春秋》提出"八观六验"之法，三国时刘邵提出"八观之法"，诸葛亮提出"七观之法"，唐代魏征提出"六观之法"，明神宗时期提出以考察"六事"即操守、才干、心地、政绩、年龄、相貌来评定官吏，清末湘军将领左宗棠提出选将实行"九验九术"，这些通过社会实践检验德才的做法，已经相对系统。曾国藩认为择人要优选有节操而没有官气的人，办事情要做到身到、心到、眼到、手到、口到，明确表达了社会实践对于人才考察的重要性。

---

① 孙星衍：《尚书今古注疏》，中华书局2004年版，第35页。
② 《论语·公冶长》。
③ 《论语·为政》。
④ 《管子·权修》。
⑤ 《周礼·地官·司徒》。
⑥ 《潜夫论·考绩》。
⑦ 《三国志·魏志·武帝纪》。
⑧ 《论衡·答佞篇》。
⑨ 《庙堂忠告·用贤第二》。

（三）主观体察法

主观体察法指通过感性直观地识别人才的方法，强调人才选用主体要深入、全面地观察被观察者的言语、行为、表情等内容。观察法可以分为直接观察法和间接观察法两种。所谓直接观察法，是通过与考察对象面对面地接触，听其言而观其行。这种方法具有直观性的特点，可以更快捷、有效地识别人才。古人非常重视直接观察的方法，具体而言这一方法可以通过以下几种方式实现：第一，听其言。姜子牙说："问之以言，以观其详"；"穷之以辞，以观其变"，[①] 孔子认为"不知言，无以知人"。[②] 孟子认为："诐辞知其所蔽，淫词知其所陷，邪词知其所离，遁词知其所穷。"[③] 庄子说："卒然问焉而观其知。"[④] 诸葛亮说："穷之以辞辩而观其变。"[⑤] 都说明了听人所言可以了解他的学识、品行和能力。第二，观其眸。因为眼睛是心灵的反映，心中的正邪都会从中反映出来，所以古人谈及通过人的眼睛识人才能的方法。孟子指出，"存乎人者，莫良于眸子。眸子不能掩其恶。胸中正，则眸子瞭焉。胸中不正，则眸子眊焉。听其言也，观其眸子，人焉廋哉？"[⑥] 刘邵提出观察用人的方法是："凡人之质，中和最贵矣。中和之质，必平淡无味，故能调成五材，变化应节。是故观人察质，必先察其平淡，而后求其聪明。"[⑦] 第三，察其行。孔子认为考察一个人的行为动机、做事的方式，进而洞察他的内心，这样才能全面地了解一个人。他指出："视其所以，观其所由，察其所安，人焉廋哉？人焉廋哉？"[⑧] 由于基于言貌标准对宰予和子羽认知方面的失误，孔子特别强调"观其行"的方法识人，他提出："始吾于人也，听其言而信其行。今吾于人也，听其言而观其行，于予与改是。"[⑨] 魏征提出了选人考其行的"六观"法："贵则观

---

① 《龙韬·选将》。
② 《论语·尧曰》。
③ 《孟子·公孙丑》。
④ 《庄子·列御寇》。
⑤ 《诸葛亮集》卷4《将苑》，知人性。
⑥ 《孟子·离娄上》。
⑦ 《人物志·九征》。
⑧ 《论语·为政》。
⑨ 《论语·公冶长》。

其所举，富则观其所与，居则观其所好，习则观其所言，穷则观其所不受，贱则观其所不为。"① 所谓间接观察法，就是不与观察对象直接接触，而通过间接方式对考察对象进行考察的一种识人方法，如考察他过去的行为、档案、听取群众反映等。尽管这种方法带有间接性，但可以排除主观因素的干扰，更具有说服力。这一方法可以通过如下方式实现：第一，测其过。此处之过有两种含义，其一是过去即历史，可以通过查阅材料得到证明；其二是过错，"人之过也，各于其党。观过，斯知仁矣"。② 意思是人有各种各样，所犯的错误也各式各样。仔细地审查一个人所犯的错误，就可以知道他是一个什么样的人。第二，看其亲。此处之亲也有两种含义，其一是亲近的人，其二是周边的人，如《吕氏春秋》中提出的"六戚四隐"的方法，主张通过观察一个人如何对待他的兄弟姐妹、亲戚朋友以及邻里门生，来考察一个人的个性品德。物以类聚，人以群分。一个人的品质往往可能通过与之密切联系的亲近之人得出。应当明确的是，无论是直接观察还是间接观察，都需要以时间考验，并且要从多方面着眼。例如，孔子强调孝道，在如何察"孝"问题方面提出："父在观其志，父没，观其行；三年无改于父之道，可谓孝矣。"③ 在这里，孔子以三年为时间量度来测量一个人是否具有孝的品格。再如，孔子认识到察人过程中可能会基于人与人的关系出现偏差，所以不能听信于别人甚至众人，他指出："众恶之，必察焉，众好之，必察焉。"④ 后来的孟子同样认为察人用人不能尽信人言，他指出："……左右皆曰贤，未可也；诸大夫皆曰贤，未可也；国人皆曰贤，然后察之见贤焉，然后用之。左右皆曰不可，勿听；国人皆曰不可，然后察之见不可焉，然后去之。"⑤

（四）访谈调研法

在长期的人才评价中，古人提出了应当将群众的观点和意见作为人才评价的一个方面，但同时又提出了不唯舆论识人的主张，认为群众的舆论

---

① 《贞观政要·论择官》。
② 《论语·里仁》。
③ 《论语·学而》。
④ 《论语·卫灵公》。
⑤ 《孟子·梁惠王下》。

在一定程度上存在偏差，要区分对待。早在战国时期，管仲就提出了"访乡社问"，即访问乡里的考核程序，看周围人对他的评价，考察平日的所作所为，究竟做成功了哪些事情，然后把本人请来，考问其对国家大事的见解和主张，将对个人的评价与群众的评价结合起来考察。在重视调研、尊重民意方面，孔子提出，判定一个人是否贤才，不能只凭"乡人皆好之"或"乡人皆恶之"，必须查明"善人称之，恶人毁之，毁誉参半，乃可有贤"。① 主张只能把民意作为考察和评价人的参考，既要相信群众，又不能一味地迎合群众，认为世俗之毁誉不足以为根据。在《论语·子路第十三》中，子贡问曰："乡人皆好之，何如？"子曰："未可也"，"乡人皆恶之，何如？"子曰："未可也，不如乡人之善者好之，其不善者恶之。"② 孔子的主张可以说是非常中肯的，有效地避免了民意调查法的不足。孟子也有相同的看法，主张国君进贤必须十分慎重，"左右皆曰贤，未可也；国人皆曰贤，然后察之；见贤焉，然后用之"。③ 判别一个人是不是人才，不能只听少数几个人的意见，要在大多数观点的基础上进行取舍。韩非子认为在用人过程中应"观容服，听辞言，仲尼不能以必士；试之官职，课其功伐，则庸人不疑于愚智"。④ 朱元璋认为："众人恶之，一人悦之，未必正也；众人悦之，一人恶之，未必邪也。盖出于众人为公论，出于一人为私意。"⑤ 有鉴于此，选人用人一定要听取百姓意见，"故士民誉之，则明上察之，见归而举之；故士民苦之，则明上察之，见非而去之"。⑥

（五）能绩测评法

能绩考评在古代又称考绩、考课、考成，是通过对考察对象的工作政绩或业绩做全面考核，来了解一个人品德优劣和能力大小的一种识人方法。准确识人的途径有多种，但最有效的办法莫过于能绩考察，这是检验人才优劣的试金石。荀子在《荀子·君道篇第十二》中提倡："其取人有道，其用人有法，取人之道，参之以礼，用人之法，禁之以等，行义动

---

① 《论衡·定贤篇》。
② 《论语·子路》。
③ 《孟子·梁惠王下》。
④ 《显学》。
⑤ 《明实录·太祖实录》卷135。
⑥ 明·米国桢：《大政下篇》。

静，度之以礼，知虑取舍，稽之以成，日月积久，校之以功。"应把实际成就和功劳，作为人才评定的最终标准，从而达到"罢无能，废无用，捐不急之官"① 的目的。王符"有号者必称于典，名理者必效于实"，② 认为"毁誉必参于效验"，要求根据官吏从政的实际表现奖赏升降，健全官吏的考绩制度。"凡南面之大务，莫急于知贤，知贤之近途，莫急于考功。"③ 认为考绩是考察一个人最直接最有效的方法。提出西汉时期，董仲舒主张对人的考察应当把业绩作为主要标准，在《天人三策·第二策》中他对绩效考核有详细的论述，认为有功劳靠的是"任官称职"，而不是"积日累久"。考绩要首先对各级官吏进行考试，"诸侯月试其国，州伯时试其部，四试而一考。天子岁试天下，三试而一考"。④ 其次，根据官吏的爵、禄、秩、功、罪，决定其高下等级和进退。要评出相应的等级，按业绩将官吏分成九个等级，根据等级进行奖惩。五级以上有奖，五级以下要罚，并根据奖惩进行任、免、升、降。董仲舒提出的依据实际绩效定期考核的程序和方法，极大地激发了官吏为政、勤政和优政的积极性。曹操提出"明君不官无功之臣，不赏不战之士"。⑤ 苏辙认为："因材任人，国之大柄；考绩进秩，史之常法。"⑥ 王安石在1071年议订太学新制时，根据自己多年的执政经验对人才品德测评提出过两点强化建议："一是把人才平时的品德测评结果直接与某一阶段总评结合起来，与任用官职相联系；二是把人才品德测评的结果与人才开发者成绩的评定及其赏罚直接挂钩"，⑦ 表明了他对于业绩方面的关注。林则徐则把考核官吏看作为政的首要问题，提出"立政之道，察吏为先"。⑧

（六）试探试用法

试探试用法类似于我们今天的情景模拟和试用期制度，通过设置一定

---

① 司马迁：《史记》，新疆人民出版社2004年版，第322页。
② 朱永新：《管理心智》，经济管理出版社2005年版，第216页。
③ 朱永新：《管理心智》，经济管理出版社2005年版，第216页。
④ 朱永新：《管理心智》，经济管理出版社2005年版，第187页。
⑤ 《三国志·魏书·武帝纪》。
⑥ 《梁焘转朝奉大夫》。
⑦ 肖鸣政：《人才品德测评的理论与方法》，中国劳动社会保障出版社2008年版，第108页。
⑧ 《林则徐集·奏稿》。

的情景或通过一定时期的试用，观察受测者的反应，进而做出评价。这种方法见于《庄子·列御寇第三十二》中的描述："故君子远使之而观其忠，近使之而观其敬，烦使之而观其能，卒然问焉而观其知，急与之期而观其信，委之以财而观其仁，告之以危而观其节，醉之以酒而观其侧，杂之以处而观其色。九征至，不肖人得矣。"① 庄子认为通过把人放在不同的环境中，就可以测试到人的不同性格和能力表现。对实验法描述最为典型的是诸葛亮，他见解独到，论述精辟。首先，他认为对人的评价并非易事，要把握人的内心就更困难。其次，他认为通过试探可以准确把握，并提出了"七观"法，内容包括：志（志向）、变（反应能力）、识（学识水平）、勇（意志力）、性（品性）、谦（廉洁性）、信（公正性）。"间之以是非而观其志，穷之以辞辩而观其变，咨之以计谋而观其识，告之以祸难而观其勇，醉之以酒而观其性，临之以利而观其廉，期之以事而观其信。"②《吕氏春秋》中记载的"六验"法，也可以被看作实验试探法的一种。"喜之，以验其守；乐之，以验其僻；怒之，以验其节；惧之，以验其持；哀之，以验其人；苦之，以验其志。"③ 通过把人放在不同情景中观察其反应，可以达到试探其真实状况的目的。当然，试探试用人才必须有一定时段作为基础，没有一定时段的考察人的才能就无以彰显，试探试用的成效就会受到质疑。所以，历史地、全面地看待人才必须做到"试玉要烧三日满，辨才须待七年期"。④"不可以一时之誉，断其为君子；不可以一时之谤，断其为小人"。⑤

不仅如此，我国古代考察人才德才素养时，还使用了口试、面试、笔试和作业测试等技术手段。比如，唐代科举考试方法主要有四种：帖经、问义（墨义、口义）、策问、诗赋。为了保证考试的公正性，宋代更是开"糊名密封"制的先河，采用了密封审卷的方法因而从某种意义上确保了德才兼备者脱颖而出。

---

① 《庄子集释》，中华书局1959年版，第213页。
② 《诸葛亮集》，中华书局1975年版，第107—108页。
③ 《吕氏春秋》，中华书局1959年版，第30—31页。
④ 白居易：《放言五首》。
⑤ 冯梦龙：《警世通言·拗相公饮恨半山堂》。

三、中国古代德才兼备用人标准的保障制度

德才兼备用人标准的实现，不仅依赖于科学的选用方式，还必须以严格的制度作保障。按照人才进入统治者视野和在社会实践中运用的过程，古代德才兼备用人标准的保障制度大致可分为选用制度、考核制度、培养制度三个大的方面。

（一）选用制度

古代人才的选用制度大体可分为三种类型：世袭制度、荐举制度和科举制，每一种类型中又不乏众多的子类。比如世袭中有传兄与传子之分，荐举中有察举、征辟之别等。从保障德才兼备用人标准得以实现的视角看，世袭制度显然是不适用的，而荐举制度和科举制则在一定时期内起到了这样的功效。

荐举制度主要包括察举制度、征辟制度和九品中正制度。实际上，早在西周时期，选士制度中就有个举荐过程，先秦时代的乡举里选有些带有察举的性质，可以说是秦汉以后察举制和九品中正制的雏形。春秋时期的上书拜官制度也带有自荐性质，同一时代齐国"三选制"也可视为荐举制度。汉武帝于元朔元年（前128年），把察举制正式确立起来。征辟制度是一种自上而下的选拔制度，由皇帝聘请并授职的称为"征"，由高级官员聘请并授职的称为"辟"。征召源于周，据《吕氏春秋》记载："周天子，勉诸侯，聘名士，礼贤者"，实际上就是征召。辟除与征召的区别在于实行的主体不同，实行辟除的主体是中央或地方官员，不是皇帝本人。根据主体不同，又可分为三公府辟除和州郡辟除。受辟除者，经过一段时间的试用后，以有能者被荐举或察举，也可升任为中央或地方长吏。九品中正制始于黄初元年（220年），到隋开皇七年（587年）被废除。据《资治通鉴》记载，其基本内容为："州郡皆置中正以定其选，择州郡之贤有识鉴者为之，区别人物，第其高下。"也就是由中央政府选择"贤有识鉴"的现任中央机构官员出任州、郡的中正，州设大中正，郡设小中正，这些大小中正的职责是根据家世、才、德，将辖区内的人才经过品评分为上上、上中、上下、中上、中中、中下、下上、下中、下下九等上报中央，

由中央政府按中正品评的等级安排到各级政府中去任官。起初，九品中正在选拔方面相当规范，包括三个过程：设置大小中正，以九品评定人物，以品授官。九品中正选拔的具体过程大体经历四个步骤：郡评、州议、司徒审、尚书决，由中正官向朝廷提供本籍士人的家世、品德、才能及根据家世德才所评定的品第资料。当然这里的品第还不是官品，而是乡品，但可以此作为授予官员的凭借。在通常情况下，官位的尊卑与品第高低必须相符，但中正评出的九品与职官品位的九品不同，前者是人品，后者是官品。中正官在对品第士人评定之后，将其有关材料造册送交司徒府，以供吏部选才参考。这种将用人过程程序化、四个环节分开的做法，从理论上讲有利于选用德才兼备的人才，保障用人的公正性。

科举制是经过分科考试选人任官的制度，它产生于隋，确立于唐，盛行于宋，明清日渐衰落，清末取消。隋文帝时，科举考试制度只是初步试用，科举取士处于开创阶段，很不完善。唐朝时，考试的科目、程序、制度等方面的规定日益完善，到宋时达到完备的境地。作为一种考试选择人才的制度，科举制程序复杂、制度精细、规定严格，其选拔对象从根本上突破了以前察举或九品中正选拔对象的局限性，对更大的范围开放，确实有利于不同阶层的民众进入统治者的视野以选用德才兼备的人才。值得一提的是，科举的程序和制度规定相当烦琐，从而在一定程度上避免了考试舞弊的发生，从制度方面对优秀人才的脱颖而出起到保障作用。比如在考试中，为了禁止考生与主考官有座主、门生、恩师之类的关系，实施别试制度，并不断扩大了别试的对象，规定凡发解官、主试官以及地方长官的子弟、亲属及至门客，都应另设主考官和场所进行考试。在考试期间，严格限制分散知贡举官的权力，将权知贡举定为一种临时职务，一旦任命，就与外界隔离，即使家人也不能见面，从而避免他们在主试前与考试者及相关人员接触产生不公正。宋代对试卷的封存和批阅也有了相关规定，实行了糊名、誊录、对读（即现在所说的校对）制度。糊名就是用纸把考生的姓名、籍贯及初考官所定的登记等贴上，判完成绩后才揭开。誊录制就是派专人将考卷全部抄写，以防考官认出熟人笔迹。同时，弥封官不能参加评卷，评卷官也不能参加弥封。最后通过者，一般还要经过复试才能授官，如唐代考取进士后，必须经过吏部的复试，合格后才正式授官。科举制度对于完善今天的公开选拔制度有重要启示意义，比如如何处理试卷、如何处理考与任的关系、如何处理初试与复试的关系等。

（二）考核制度

德才兼备是我国古代考核奖惩官吏的基本原则，历代统治者十分重视对官吏道德品质的考评。对业务不熟练、能力不及的官吏要黜陟，对于道德品质不好的官吏更是毫不留情地进行惩处。我国古代对官吏提出的"德"与"才"这两方面的具体要求虽与今天不同，但其考核制度仍有值得借鉴的地方。

考核制度在我国有悠久的历史。根据《尚书》记载，舜的时候，五年到各部落巡视一次，各部落首领都去朝拜他，向他汇报工作，舜也考察各酋领的功绩，根据功绩决定赏罚。当时还规定，每三年考核一次各部首领的政绩，考核三次决定升降，即所谓"三载考绩，三考黜陟"的制度。春秋战国时期的考核分为巡狩和述职两种方式，具体的考核标准叫作"八法六计"。① 据《礼记》载，西周以"六计课群吏"："一曰廉善，考其是否德行有闻，品性端正；二曰廉能，考其是否才干出众，力能胜任；三曰廉敬，考其是否恭敬小心，勤恳谨慎；四曰廉正，考其是否刚正忠直，清廉不染；五曰廉法，考其是否依法治事，守法不失；六曰廉辩，考其是否临事不疑，明察善断。"以上六计可以说是对德才的细化，比单纯考核德才更具可操作性。

秦朝建立以后，逐步形成了中央到地方的县上计于郡、郡上计于中央的系统。在内容上一是从自身思想进行考核，主要以"五善五失"② 作为考核标准，二是从政绩要求进行考核，主要采用上计制度，使考核指标具体化了。汉承秦制，两汉时的官吏考核制度，主要是课计制即考课和上

---

① "八法"是对各官吏统辖的机构的考核标准，用现代的语言说就是对部门、单位、组织的考核标准：（1）官属（组织结构）；（2）官职（成员职守）；（3）官联（分工合作）；（4）官常（原则性）；（5）官成（工作程序）；（6）官法（处事原则）；（7）官刑（奖惩条例）；（8）官计（考绩办法）。"六计"是考核主管官吏个人的标准：（1）廉善（品德性格）；（2）廉能（办事能力）；（3）廉敬（工作态度）；（4）廉正（行为作风）；（5）廉洁（洁身清廉）；（6）廉辨（识辨能力）。

② "五善"："一曰忠信敬上，二曰清廉毋谤，三曰举事审当，四曰喜为善行，五曰恭敬多让"；"五失"："一曰不察所亲，不察所亲则怨数至；二曰不知所使，不知所使则以权衡求利；三曰兴事不当，兴事不当则民异指；四曰善言惰行，则士毋可比；五曰非上，身及于死。"

计。西汉时期对官吏的考课,主要有"上计制度"、"监察制度"和"选举考课合二而一"的仕进制度。西汉时期的上计制度已经有一整套主管机构和官员和有律令专条规定,使考核的制度规范更加严格。随着汉武帝设置刺史,监察制度得以建立和完善,考核主体与考核机构的独立化倾向明显。魏晋南北朝时期对官吏考核,体现了从不同角度寻求对官吏考核制度的探索。如魏明帝时,令散骑常侍刘劭作都官考课之法七十二条,考核百官;西晋秦始年间,令尹杜元凯制定了黜陟考课法。唐制规定官吏不论职位高低、出身门第都要经过考核,每年一小考仅评定被考核者的等级,三年至五年一大考综合考评这几年的德才与政绩以决定升降与奖惩,使考核更加制度化。不仅如此,唐代还专门设置了考核机构,制定考核主体的分派方法,决定官吏年终集中考核时,选派京官考和外官考,根据品德和才能两方面以"四善二十七最"[①]为标准评定官员等第。宋初设审官院、考课院,分别负责京朝官和地方官的考课事宜。对于考核的时间不仅继续保留每年一小考、三年一大考的做法,并且对不同类别的官吏采用了不同的考核指标体系,而且还规定文官三年一任、武官五年一任,以公勤廉恪为

---

① "四善":"一曰德义有闻,二曰清慎明著,三曰公平可称,四曰恪勤匪懈",这是各级官吏的道德规范。"二十七最"是把当时所有官位划分为二十七种不同职务,对每种职务的才能和绩效分别提出的最优标准,它们是(1)能献计献策修正错误意见,用被忽略的事理来弥补朝廷缺陷的人称为近卫侍臣之最;(2)在权衡评价人才时能举尽贤德的人称为选司之最;(3)能表扬清白、批评浑浊、褒贬得当的人称为考核之最;(4)能制定合乎经典礼仪形式的人称为礼官之最;(5)能使音乐完美和谐、不失节奏的人称为乐官之最;(6)判断决定不犹豫、裁夺合理的人称为判事之最;(7)率兵统帅有方、警戒守卫无过失的人称为宿卫之最;(8)能使军队受到良好训练、武器装备充足的人称为督领之最;(9)善于推理审查而获得案件真情、判处公允的人称为法官之最;(10)善于校对文字、精通考证、明于修正的人称为利正之最;(11)善于领会圣旨和听取奏章的人称为宣纳之最;(12)善于训练教导、使学生胜任职业的人称为学官之最;(13)赏罚严明、率兵进攻作战总是克敌制胜的人称为将军之最;(14)能使礼仪形成风气、肃清所属部下违背礼仪现象的人称为政教之最;(15)能详细抄录经典中合理的内容,文理并茂的人称为文史之最;(16)能通过明察暗访、精于审理、弹劾与保举很得当的人称为纠正之最;(17)能明确地勘正履历、查寻失实而不隐瞒的人称为句检之最;(18)能掌握事实、修明法理、处理供词有益于量刑的人称为监掌之最;(19)既能完成国家下达的任务,又能使被征诏的百姓工匠无所怨恨的人称为役吏之最;(20)耕种适时、能完成收获任务的人称为屯官之最;(21)能兢兢业业地收藏、使出入账目清清楚楚的人称为仓库之最;(22)能推算出月亮圆缺、推理严密的人称为历官之最;(23)能占卜天气变化或诊疾医病、经检验大部分效果显著的人称为方术之最;(24)检查有方、能在行旅必经之路设卡的人称为关津之最;(25)能稳定市场行情、不使奸商当道的人称为市司之最;(26)使牲畜牧养肥壮、种类繁殖多的人称为牧官之最;(27)能使边境秩序井然、城池维修完善的人称为领防之最。

主而又职事修举斯为上等，公勤廉恪各有一长为中等，既无廉声又多缪政者为下等。明代官吏考核制度更趋完善，对官吏的考绩通过"考满"与"考察"两种形式实现，考满九年为一周期，考察分为上中下三等，曰称职、平常、不称职，这一方法在清朝得以延续。除了"考满"和"考察"这些正规考核以外，清代前期的几个皇帝外出巡视时，也注意随时随地考察官员。顺治四年对大计和京察作了"四格八法"的规定。"四格"是标准，分"才、守，政、年"四项，每项里面有三等，守有"廉、平、贪"之分，才有"长、平、短"之分，政有"勤、乎、怠"之分，年有"青、中、老"之分。守即官守，就是"德"；才指的就是"能"；政相当于现在所说的"勤"与"绩"。可见，到清代的时候，考核标准基本上照顾到了德、能、勤、绩四个方面，就形式而言，已比较全面。

中国古代统治者对官员的考核制度十分重视，历代王朝都十分注重将德与绩两者结合起来综合考核，考核内容既注意全面性，又突出重点；既考核显性的经济和社会指标，也注重对官吏道德才能的评判，并且设置了专门的考核机构。同时，中国古代官员考核还注重根据官吏不同的职务职事采用不同的考核体系，这体现了分类管理的思想。[①] 古代官员的考核制度对于选用德才兼备的人才确实有保障作用，其中重要的一条原因是这些考核制度往往与奖罚制度联系在一起。从政治意义上讲，最大的奖罚就是升降调迁问题，升降调迁能确保有德才者得以重用，无德才者受到贬职或弃用。例如明洪武十八年，吏部奏称天下布、按、府、州、县朝觐官四千一百一十七人，其中称职者十分之一，平常者十分之七，不称职者十分之一，贪污鞫弱者十分之一。其中称职者升官，平常者复职，不称职者降调，贪污者治罪。所以官员考核的重要功能就是"较之优劣，而定其留放，所以正权衡，明与夺，抑贪冒，进贤能"。[②] 但是，应当看到的是，封建君主对国家和人民实行"家天下"统治，用人的根本目的只是为自己"打天下、保天下、治天下"服务。官吏考核的目的就是这个根本目的的直接体现："德"以忠君为最高标准，"才"以儒学为基本内容。不仅如此，古代官员考核深受儒家伦理思想的影响，对于官员道德品德的考核更

---

① 王雪松：《中国古代考官机制的嬗变及其当代价值》，《学习时报》，2011年5月2日。
② 《旧唐书·职官志二》。

为突出。他们认为，官员有德一方面可以增加百姓认同，所谓"政者，正也，子率以正孰敢不正"。① "吏不畏我严而畏我廉，民不服我能而服我公，公生明，廉生威"。② 另一方面，官员的道德也关系到他们对于政权的忠诚，没有忠诚才能的正面作用就无以发挥，所谓"国之乱臣，家之败子，才有余而德不足"。③

（三）培养制度

选用德才兼备的人才或贯彻落实德才兼备用人标准的前提不仅是善于发现，还必须善于培养。古代统治者为了维系专制统治，同样需要培养和造就大量符合自身利益各门各类各层级的人才。为此，他们非常重视培训制度，试图通过培训造就德才兼备的人才，充实本统治阶级的人才库以备后用。荀子指出，"一年之际，莫如树谷；十年之计，莫如树木；终身之计，莫如树人"。④ 管子也曾提出"教训成俗"，指出"得人之道，莫如利之；利人之道，莫如教之以政"。⑤ 这些论述都体现中国古代管理思想家的深谋远虑，体现了古人对于人才培养的充分关注。

古代官吏的培养，大体可分两类：一是在任官之前，官僚地主及皇帝子弟的特殊培养；二是在任官之后，部分下级官吏的深造。培养的形式主要是官学、私学和自学。夏王为了使王族及支系、旁系的大小贵族子弟能学习文化、读书识字，曾设"学"、"校"以教之。由于专制条件下官位是世袭的，教育特权为贵族阶级所独占。当时学校的任务就在于培养贵族子弟，提升他们的德才素养，尤其是"明人伦"。与夏贵族学校的教学内容有所不同，在商的贵族学校里，贵族子弟们不仅要接受"人伦"训诫，还要学习宗教祭祀知识和领兵作战的经验。西周官学仍以道德教育为主，以"六艺"为主要教学内容。春秋战国时期，各国地主阶级政治家努力探索培养新兴封建国家所需人才的更新方式，养士制度兴起，"学在官府"的局面被打破。这种"养士"之法为后来的"客卿制度"准备了人才基础，

---

① 《论语·颜渊》。
② 《清稗·官箴》。
③ 《资治通鉴·周记一》。
④ 《荀子·权修》。
⑤ 《管子·五辅》。

从中为各国培养出不少将相等不同层次的人才。汉代从中央到地方官学体制已形成,除京师办太学外,还在各郡办地方学校,一方面对官学培训可以择其成绩优异者任为官吏,另一方面官学还可以有组织、有计划地培训中央和地方的在职和后备官吏,以不断提高官吏队伍的思想文化素质。唐朝的统治者非常重视对人才的培养,把培养人才作为整个人才制度的基础。为了培养封建统治所需要的人才,建立了具有特色的教育体系。一是加强京师学,唐朝在长安设国子监,下置国子学、太学、四门学、律学、书学、算学,合称"六学"。二是在地方普遍设学,里有里学,乡有乡学,州县设有州县学,使教育较为普及,扩大了人才的培养范围。三是开设一些专科性质的学校,如律学、书学、算学、太医署、司天台等也附设专科学校。宋代官立学府为数不少,私人学院亦多兴起。虽然各地书院在学术上也有争鸣,但基本上还是以讲授儒学为主,培养符合统治阶级需要的官吏。明清依据历代的官学体制,由国家兴办各级学校,集中、正规地培养、训练封建国家不断需要的后备官吏。明清是考任制的极盛时期,此时考任制的一个重要特点就是学校与考官吏的紧密结合,进学校成了考任官吏的必由之路。由于考试专以四书五经命题,作文只能据朱熹的《四书集注》议论,形式必须用死板的八股文,严重束缚了人们的思想,最终也导致考任制走向了绝路。唐至清还实行了翰林院制度。这是全国最高学术机关和教育机关,专门培养高级人才。

  古代培训制度对选用德才兼备的官员有着重大作用,因为当时学校教育的性能与其说是传授知识,还不如说是培训官僚。从汉代开始,就有"遗子黄金满籯,不如一经"的民谚。[①] 到隋唐开科举,则学校和仕途全然结成一体。越到后代,学校和仕途的关系越密切。清顺治九年在直省学宫所立的卧碑,就直言不讳地指出,学校之目的是"要养成贤才,以供朝廷之用"。[②] 同时,在古代官学虽然占据统治地位,但是私学也一直没有绝迹。不过,私学在封建社会里从来没有发展到能与官学相抗衡的地位,反而被官学所同化,最终无例外地演变为"准官学"。这也说明,古代学校教育或培训的目的就是让子弟们能"学而优而仕"。当然古代教育培训的

---

 ① 《汉书·韦贤传》。
 ② 《钦定科场条例》(道光朝修)卷1。

内容狭隘，方法单一，不可能真正培养出德才兼备的人才。但是，如果站在当时统治者的立场上看，这种教育培训的内容是完全符合其统治者意图的，他们所培养的正是听从自己号令的奴才及能为他们的统治奔前跑后的下层官吏。

除此之外，我国古代也关注了回避制度和任期制度建设。如东汉制定的"三互法"规定官员不得在原籍做官，有姻亲关系者不得互相监临，兄弟子侄和姻亲关系者不得在同一部门或地区任职。宋代有避亲法、避嫌法、避籍法，并对回避的范围和内容作了比较细致而严格的规定。如北宋时确立的"别试"制度，就是在科举考试方面亲属回避的典型制度。明代不仅郡县守令要回避乡邦，而且有时还限制同一籍贯者不许在同一机关中任职，甚至有某些官不由某些籍的人担任的特殊规定。清代规定官员不得在原籍五百里以内任官，有血缘关系和亲缘关系者，不得在同一部门或者有直接隶属关系的部门、互为监察的部门任职等。在汉代以前的官员基本是"常任制"，而魏晋南北朝实行九品中正制选官带来了官员任期制的产生，因为官员三年评一次等级，随着等级的变更，官职也随之发生改变。官员回避制度和任期制度的设定，从一定程度上保证了他们为公尽责，确保了其德才素养的提升。

四、中国古代德才兼备的用人标准的启示

历览古代德才兼备用人标准及其推进措施不难看出，古代德才兼备用人标准本身存在一些时代无以回避的弊病，但也确实有一些值得今天借鉴的有益做法。有学者指出，学习古代用人思想对于当前我们干部队伍建设有重要意义，其基本启示有五：第一要以强烈的政治责任感来选人用人，第二要以开阔的眼界和胸襟来选人用人，第三要以敢于负责的胆识来选人用人，第四要以坚强的党性来选人用人，第五要以改革的精神来选人用人。[①] 我们认为，如果摒除德才兼备的时代性和阶级色彩，单纯从德才兼备标准的制定与实现机制的视角来看，古代用人标准对当前选用人才的有益启示有四点。

---

① 王益灵：《中国古代的用人之道及启示》，《组织人事学研究》2001年第6期。

（一）必须坚持德才兼备，贯彻以德为先

选贤使能是任何时代的统治者为了更好地治国安邦必然选择的用人策略。中华文明源远流长，其丰富的用人思想宝库中对于德才的关注十分突出。无论是荀子提出的"谏、争、辅、拂"，还是孙武所讲的"智、信、仁、勇、严"，都可以归纳为德才两方面的基本素质。从某种意义上讲正是德才兼备的用人政策使得中华文明得以延续，使得不同时代国泰民安。司马光曾高度概括了德才标准，提出了"道德足以尊主，智能足以庇民"。不仅如此，在《资治通鉴》中，司马光还界定了德才及二者的关系，"夫才与德异，而世俗莫之能辨，通谓之贤，此所以失人也。夫聪察强毅谓之才，正直中和谓之德。才者，德之资也；德者，才之帅也。才德全尽谓之圣人，才德兼亡谓之愚人；德胜才谓之君子，才胜德谓之小人"。①他主张"取士之道，当以德行为先，其次经术，其次政事，其次艺能"。②这一思想与先人所讲的"大德不至仁，不可以授国柄"完全一致，③都明确表达了坚持德才兼备的选人标准，并不是将德与才等量齐观，而应当将德放在首位。从社会实践上看，明初在选举官吏方面，把德行作为选任官员的首要条件。洪武六年朱元璋下诏求天下贤才，强调司察举贤才必须"以德行为本，文艺次之"；康熙在《治国圣训》中深刻阐述了德的重要性，他指出："国家用人凡才优者固足任事，然秉资诚厚者亦于佐理有裨。""朕听政有年，见人或自恃有才辄专资行事者，思之可畏。朕意必才德兼优为佳，若止才优于德，终无补于治理耳"。古人选用人才以德为先的做法，也在一定程度上推进了政治清廉，遏制了政治腐败。

百行德为首，德为官之魂。坚持德才兼备、以德为先也是我们党的干部政策的一贯原则。早在20世纪30年代，毛泽东同志指出："中国共产党是在一个几万万人的大民族中领导伟大革命斗争的党，没有多数德才兼备的领导干部，是不能完成其历史任务的。"④1940年陈云同志起草的《关于干部工作的若干问题》则进一步将这种用人观明确化："用干部的标准，

---

① 《资治通鉴·周记一》。
② 《司马文正公家传集·论选举状》。
③ 《管子·立政》。
④ 《毛泽东选集》第2卷，人民出版社1991年版，第526页。

概括起来有二：政治，能力。""德才并重，以德为主。反对只顾才不顾德，也反对只顾德不顾才。才和德应该是统一的。才，不是空才；德，也不是空德。考察一个干部的才和德，主要应看其在完成任务中的表现。"①才易学，德难修。重才轻德是危险的，重德轻才是偏颇的。德才兼备，以德为先的这个标准不能忘、更不能丢。德才兼备、以德为先的用人标准，不仅有着重要的历史意义，也有着很强的现实意义。当前，干部队伍的知识文化素质总体上是好的，但有一些干部在德方面存在突出问题。强调以德为先，可针对性地解决干部队伍中存在的突出问题，增强选人用人的公信度，密切党群关系。各级党员干部只有将加强道德修养放在首位，常修为政之德，常思贪欲之害，常怀律己之心，自觉做到慎言、慎独、慎权、慎友，坚持为民、务实、清廉，才能真正赢得民心。为此，当前我们仍要把德才兼备、以德为先作为选人、育人、用人的第一标准，把群众对干部满意不满意、答应不答应、拥护不拥护作为选人、育人、用人的第一条件，真正把那些政治上靠得住、工作上有本事、作风上过得硬、人民群众信得过的干部选拔到各级领导岗位上来。

（二）必须细化德才指标，构建德才体系

德才兼备的用人标准早亦有之。在原始部落时期民主推荐部落首领的标准就是"德高力强者"，进入奴隶社会后虽然以世袭世禄为主要选用人才的方式，但如若平民入仕也需讲究德才兼备"考其德行道艺"。为了结合朝代选用人才，在不同的时期古人细化了德才指标，甚至试图构建德才体系。在战国时期，基于战事的考虑，选用人才更多的是才能，尤其是军事才能。秦汉以后，开始系统考虑治国安邦，此时选用人才的标准细化为四科："一曰德行高妙，志节清白；二曰学通所修，经中博士；三曰明达法令，足以决疑，能按章覆问，文中御史；四曰刚毅多略，遭事不惑，明足以决，才任三辅令，皆有孝悌廉公之行。"唐、宋、元、明、清各代，在人才选用方面沿袭了德才兼备的原则，对德与才的指标体系进一步细化。如明代通过考察而观德，将考察分为八个项目：贪、酷、浮躁、不及（能力不及）、老、病、罢（不勤劳）、不谨。清代用"四格"、"八法"评

---

① 《陈云文选》第1卷，人民出版社1995年版，第214页。

判官人,"四格"为"守、政、才、年"。"八法"为贪、酷、不谨、罢软无为、浮躁、才力不及、年老、有疾。其中对贪、酷行重法。

人才标准也是引导人们朝什么方向开发以及如何开发的驱动力。"文革"期间,人才以政治条件为标准,大家都争当贫下中农,把阶级成分当作人才资本。1982年国家规定"学历在中专以上,职称在初级以上的就是人才",实际上这一定义有着唯学历的成分,并不科学。人才以学历为标准,导致盲目追求学历文凭。1990年前后,有的单位以资历为人才标准,有些人就又熬年头,不求有功但求无过。现在,有些单位看重年龄,同种学历同种资历的情况下,谁越年轻谁就被认为越有发展前途。于是,有些人大动脑筋,把自己的年龄变小。还有些行业,看重资格证书、职称,因此,许多人又趋之若鹜。首次全国人才工作会议提出了新的人才标准:坚持德才兼备原则,把品德、知识、能力和业绩作为衡量人才的主要标准,不唯学历、不唯职称、不唯资历、不唯身份、不拘一格地选人才。应该说新的人才界定标准相当好了。在这里,人才指那些具备能够进行创造性劳动知识与技能、并且为社会作出了一定贡献的人。衡量人才的主要标准,就人才的能力与业绩这种观点而言,体现了毛泽东同志的人民群众是真正的英雄的思想,体现了邓小平同志不拘一格降人才的思想,也体现了江泽民同志人力资源能力建设的思想。比较符合中国当前的市场经济改革主流思想。但在实际中如何坚持德才兼备原则,一个必然的选择就是针对不同的门类和层级构建起德才指标体系。如何保证学历与实力、文凭与能力、证书与业绩的统一,保证自学成才、崇尚钻研与学校教育的同质同酬,如何保证个人、家庭、组织、学校与社会开发的齐头并进与相互促进,特别需要我们党和国家适时地提出一种能够兼容并包的人才新标准,从而引导矛盾的解决与社会的进步。

(三)必须立足科学识人,选才不拘一格

古代选用人才方面不拘一格、不拘常例,荀子主张:"贤能不待次而举",[①] 意为德才兼备者,不必循通常官阶次序而应破格提用。不仅如此,为了贯彻任人唯贤,他还特别提出了反对任人唯亲——以世举贤:"先祖

---

① 《荀子·王制》。

当贤，后子孙必显；行虽如桀、封，列从必尊，此以世举贤也。……以世举贤，虽欲无乱，得乎哉？"① 因为祖先是贤者，子孙就必然高贵、显赫。即使他们的行为像桀、封那样坏，也让他们位列尊贵的高官，这就叫做根据家世选拔贤才。用这种办法选才，虽然希望国家不混乱，也是无法做到的。曹操则指出："郡国所选，勿拘老幼。"② 朱元璋用人要求"勿拘资格"，"庶官之有才能而居下位者，当不次用之"。③ 古人识人选人比较好的做法大致可分为如下几种情况：一是不以表面现象取人，选才一定要通过现象看本质。周王就指出选拔人才不能靠"谋面"，即以貌取人，而应考察其内心，核之以实事。姜尚注重研究人所不易显露的一面，要求对人的阴阳、内外、亲疏进行全面考察。二是不以近亲取人。孔子主张举贤才，指出："举直而错诸枉，则民服；举枉而错诸直，则民不服。"④ 荀子提倡用人为贤，唯才是举"不恤亲疏，不恤贵贱，惟诚能之求"。⑤ "内不可以阿子弟，外不可以隐远人"，宁"私人以金石珠玉，无私人以官职事业"。⑥ 管仲认为，"以法择人，不自举也"。⑦ 墨子的尚贤思想比较彻底，他提出要"选天下之贤可者立以为天子"。⑧ 三是不以众人之言或一己之见取人。姜尚认为，选贤要"令实当其名，名当其实"，⑨ 不能以众人评说为准。孔子也认为取人有必要对众人的评价进行分析，"众恶之，必察焉；众好之，必察焉"。⑩ 同时，孔子认为取人一定要克服主观偏见。"爱之欲其生，恶之欲其死。既欲其生，又欲其死，是惑也"。⑪ 四是不以一法取人。姜尚在《文韬·六守》提出了"六观"，在《龙韬·选将》提出"八征"。汉武帝取人也不拘一格，"卜式拔于刍牧，（桑）弘羊擢于贾竖，卫青奋于奴仆，（金）日䃅出于降虏"。三国时的诸葛亮提出过"知人之性"的七条办法。

---

① 《荀子·君子》。
② 《三国志·魏书》卷2《文帝纪》。
③ 《明史·选举志·洪武十一年》。
④ 《论语·为政》。
⑤ 《孟子·王霸》。
⑥ 《荀子·君道》。
⑦ 《管子·明法》。
⑧ 《墨子·尚同上》。
⑨ 《文韬·举贤》。
⑩ 《论语·卫灵公》。
⑪ 《论语·颜渊》。

刘劭在《人物志》中对如何察人提出了自己的见解，提供了"九征"、"八观"、"五视"等一套方法。五是不以求全责备之心取人。比如齐桓公之用宁戚，认为其不拘小节遭到人们的非议，但不能影响其使用。而卫文侯用吴起、孟尝君用"鸡鸣"、"狗盗"之徒、曹操用郭嘉、刘备用法正、王蒙用邓羌等都是选人不求全责备的例证。六是不以年龄长幼为限取人。周文王在渭水河边请来八十岁的姜子牙；秦穆公用五张羊皮换来七十岁的百里奚；郑文公以重礼请来七十多岁的烛武，秦王没有因为甘罗年纪小就弃之不用。元世祖忽必烈重用安童，使其十三岁的时候被忽必烈任命为四怯薛长，位在百僚之上，十八岁的时候又被忽必烈任命为中书省的右丞相。

如何科学地识才是个永恒的话题，时至今日仍然没有过时。当然，今天我们所讲的人才与专制社会不同，在人才理念方面的最大区别应当是，专制社会中人才标准上的唯己性，他们选出的人才只能是以"取"为主，靠剥削过日子。今天要破除封建的人才观念，树立以"予"为主的人才标准意识，以对社会有利，对人民有利为识别的根本标准。结合我党用人的历史，不仅在识才标准方面要克服专制制度留下的负面影响，还要克服现代化进程中经验不足造成的失误，特别是要破除陈腐的"四唯"观念，培养以"能"为主的人才品评意识。识别和使用人才，要坚持德才兼备原则，把品德、知识、能力和业绩作为衡量人才的主要标准，彻底改变选用人才上摆资历、讲学历、论年龄。学历、职称只是一种资格，证明一个人有某个方面的理论知识，但是能不能把理论化为物质力量，为社会发展和人的进步作出贡献则是个实践问题。当然，不唯学历，不是不讲学历，不唯职称也不是不讲职称，而是说不能以此作为衡量人才主要标准，更不能将其作为衡量人才的唯一标准。人才的突出特征是实践性，是以实际行动对人民和社会有所贡献。如果得到学历和职称后就躺在上面睡大觉，无疑不会有益于人民，也就谈不上是人才。同样，不唯资历和身份，不是不考虑资历和身份，只是因资历和身份来局限了人才。资历和身份能表明一个人的历史，而人是从历史中走来的，人的发展不能脱离历史，有着历史的承继性。但是，历史终究是历史，在人才方面不能用历史来定位现实。从根本上讲，唯资历和唯身份本来就是违背了马克思主义实事求是的原则，脱离了实践的标准，这种方法就不科学，就更难说能产生科学的结果了。人才通俗的讲就是德才兼备的人，但"金无足赤，人无完人"，人才不是全才，更不是天才。看人才要看本质、看主流、看优势、看发展。首先，要看本质。光有好的道德，没有好的才能，只能说是个好人，不能说是个好的人才；而没有品德，本质不好，连好人都称不上，更不能称为好的人才了。其次，要看主流。人难免有过错，难免有缺点，但是不能因此而否认他的优点和长处。战国初哲学家杨朱认为："将治乱者不治小，成大功者不小苛。"《后汉书·陈宠传》有谓："有大略者不问其短，有厚德者不非小疵。"看人才一定不要揪住人家的一点小事不放，特别不能局限于查档案、找历史。再次，要看优势。"舍长以就短，智者难为谋。"用好人才关键是充分发挥他们身上的优势，让他们的闪光点亮起来，一定要把他放到适合的位置上。最后，要看发展。人才是动态的，可以由潜人才转化为显人才，由较低层次的人才，转化为较高层次的人才。为此，要不断地优化人才辈出的环境，注意用养结合，体现出对人才的人文关怀，以便充分发挥他们的潜在能力。另外，科学识人还需要科学的方法，有学者指出识人应坚持视听察考思结合，从多方位全面地识人；行为与行为背景结合，从背景—环境条件中识人；各种行为现象结合，从行为系统识人；静态察考与动态察考结合，从"赛马"过程识人。[1]

（四）必须贯彻正确用人，做到量材而用

识人是用人的前提，识人的目的在于用人。古代不仅在识人环节有许多值得借鉴的做法，在用人方面的"量才授官"同样具有重要的现实意义。用人量才授官，用其所长，避其所短，是我国古代用人的一重要原则，也一直为历代政治家和思想家所重视。唐太宗指出："君子用人如器，各取所长"，[2] 主张像器具一样因才而用，什么样的器具派什么样的用场，应充分发挥其长处。刘劭说："夫能出于材。材不同量。材能既殊，任政亦异。……故量能授官，不可不审也。"[3] 诸葛亮认为："将之器，其用大小不同。"[4] 傅玄也强调不同的事情要具有不同才能的人来做，"径尺之帛，方寸之木，薄物也，非良工不能裁之，况帝王之佐，经国之任，可不审择

---

[1] 赵蔚琴：《中国古代识人方法及其启示》，《中共福建省委党校学报》2002年第6期。
[2] 《资治通鉴》卷192。
[3] 《人物志·材能第五》。
[4] 《将苑·将器》。

其人乎"。① 北齐人刘昼也说："围有宽隘，量有巨细，材有大小。……是以君子量才而授任，量任而受爵，则君无虚授，臣无虚任。故无负山之累，折足之忧也。"② 颜之推认为，"国之用材，大较不过六事……人性有长短，岂责具美于六途哉？但当皆晓指趣，能守一职，便无愧耳。"③ 这就是说，治理国家需要各方面人才，但绝不可能人人都具备这个方面的才干，因此根据人的某一方面的特长，去从事某一方面的工作，量材授职是用人的正确的方法。唐代赵蕤提出的"量才授官，至理之术"，认为人的"才能参差大小不同，犹升不可以盛斛，满则弃矣。非其人而用之，安得不殆乎"？④ 因此，一些人适合做一方面的工作，另一些人适合做另一方面的工作，所以必须认识每一个人才能的不同，从而委之以不同的任务，授之以不同的职务。古人还把人才分为才、识、学三大类，由于人各有其才，因而在使用人才时，或用其"才"，或用其"识"，或用其"学"。不仅如此，古人还根据人的自然发展进程，提出人生发展的不同时段如何举而用之。比如元代金世宗就提出"用人之道，当自其壮年心力精强时用之"⑤，强调人才发挥作用的最佳时机而及时任用。

管理学有句名言："放错位置的人才等于垃圾"，"垃圾是放错位置的人才"。这说明，在贯彻德才兼备用人标准的时候，必须注意到人才各有所宜，不然就无以做到量才而用，人尽其才。实际上，从现实的角度分析，人的能力的确是不一样的。除了先天智力方面存在差异之外，后天环境也影响到了人自身的成长过程。人的能力存在差异，说明人在社会中的角色定位也应有所不同，这样才使其现实的角色定位与其自身的能力相适合。有的人具有厂长的素养，就应当在现实中给予厂长角色的选择，而不是只将其放在一般项目经理的位置上，更不能放在普通员工的位置上，否则他就无以体验到自身的价值，也无以激发其工作的热情与积极性，无以释放其应有的能量。在人才的使用方面，被誉为管理奇才的美国通用电气公司董事长兼首席执行官约翰·韦尔奇说，如果一个等级 C 的人，被你选

---

① 《傅子·授职》。
② 《刘子·均任》。
③ 《颜氏家训·涉务》。
④ 《长短经·量才》。
⑤ 《金史·世宗纪》。

拔到等级 B（更高一级）的岗位上来，那不是一个正确的决定。即使你经过培养使他能够胜任等级 B 的工作，也不过是错上加错。他应该留在他干得很好的岗位上，提拔他浪费他的时间，也浪费你的时间。你需要做的是，选择一个其自身能力处于等级 B 的人，让他直接到位开展工作。量才适用是善于识人之后的又一关键环节，根据古代用人思想的精髓，真正做到量材而用，材尽其用，必须正确认识和全面分析人的德才素养，一方面要承认"尺有所短，寸有所长"，每个人都应当有自己合适的角色，都有自己能充分发挥潜质的舞台；另一方面要充分创造条件发挥人才的优势，将其才能淋漓尽致地挖掘出来，充分调动人才的积极性，创造其展示自己的空间，有满足成就的需要。当然，为了实现量材而用，才尽其用，必须具有能正确掌握和公正评价个人德才素养，结合不同门类与层级建立起符合实际的德才素养评估体系。

当然，古代在德才兼备用人标准的落实方面也存在着明显的缺陷与不足。其中，最为突出的有三个大的方面，一是德才兼备用人标准没有始终一致坚持下来，往往是在王朝之初得到较好的贯彻，而随着皇朝发展时常变异；二是德才兼备用人标准的落实主要是靠近人而不是制度和机制，导致人亡政息；三是制度化程度不够，没有形成良好的用人机制，王朝时代变化对用人政策的影响大，使用人政策的延续性受到影响。

第四章
苏共德才兼备用人标准实现机制述要

苏联共产党[①]曾是工人阶级政党的样板,也曾经是个拥有 70 多年执政经验的大党。这样一个大党之所以能领导苏联人民战胜帝国主义侵略,成为唯一可以与美国相抗衡的社会主义强国有多方面原因,德才兼备用人标准实现机制便是其一。同样,这样一个大党之所以在取得政权后的和平建设时期未能经受住执政的考验,顷刻间在自己领导的改革中丧失了执政地位同样也有多方面因素,而组织人事制度方面的失误也难辞其咎。从组织建设的视角看,苏共丧失政权的教训表明了德才兼备用人标准实现机制关乎党的长期执政和生死存亡。建设一支高素质的干部队伍,造就一大批真正忠诚于马克思主义、忠诚于党的事业、政治上坚定的优秀年轻干部,是一个事关党长期执政和生死存亡的重大问题。

一、苏共关于德才兼备用人标准实现机制的理论认识

德才兼备用人标准实现机制是建立在对人才重要性的认识、德才标准的分析以及实现机制构建正确剖析的基础之上的。自列宁之后,苏共的领导人一方面继承了前人对于人才的正确分析,另一方面也结合社会发展的实际不断推进对于干部人才理论的深化与发展。应当讲,苏共不少领导人在德才兼备用人标准方面的认识不能说不深刻,但可惜的是他们大都没有用这种深刻的理论认识来指导和推进干部实践,只是将自身打造成了空头的理论家。

[①] 苏共在历史不同时期有不同称谓,其前身为 1898 年 3 月成立的俄国社会民主工党,1912 年起称俄国社会民主工党(布尔什维克),1918 年改名俄国共产党(布尔什维克),1925 年称苏联共产党(布尔什维克),1952 年改为苏共。

(一) 选用德才兼备之人的重大意义

列宁关注人才问题是基于他的唯物史观，基于人才存在于人民群众之中，人民群众是历史的创造者的基本认识。他曾指出："在人民群众中，我们毕竟是沧海一粟，只有我们正确地表达人民的想法，我们才能管理。"①"列宁总是鄙弃那些瞧不起群众，想照书本去教导群众的人，因此，列宁总是不倦地教诲我们：要向群众学习，要理解群众运动，要细心研究群众斗争的实际经验。"② 十月革命胜利后，特别是苏联卫国战争胜利后，如何大力发展生产力，进行社会主义经济建设成为俄国人民的主要任务。在发展社会经济的过程中，由于缺乏各种人才，特别是由于缺乏经济管理和经营的人才，俄国社会主义经济建设曾一度陷入停滞。为了扭转这种局面，列宁把大力培养和选拔各类人才作为苏维埃的重要事情来抓。在列宁看来，提高劳动生产率，发展社会生产力，是社会主义革命和建设的主要任务，是社会主义革命和建设这一链条上的主要环节，而在这一主要环节里，做好人才的培养、选拔和使用工作是主要环节之中的主要环节，是重中之重。他指出"没有各种学术、技术和实际工作领域的专家的指导，向社会主义过渡是不可能的"。③ 但是，选用人才并不是一般的工作，必须花大力气来抓，不是哪一个部门的中心环节，而是全党都要抓的中心环节。在俄共（布）十一次代表大会政治报告中，列宁特别强调："目前的关键，也是我想把它作为这次报告的结论的关键……在于人才，在于挑选人才。"④

斯大林结合社会主义建设的实际，表明了他对人才重要性的认识。他认为，干部问题是社会主义建设中具有决定意义的重大问题，无产阶级没有足够的干部就不能夺取政权，也不能保持政权和巩固政权。社会主义的发展需要的是创造更大的生产力，生产力的发展需要科学技术和知识的支撑。斯大林指出："在我们面前有一座堡垒。这座堡垒就叫作科学，它包

---

① 《列宁选集》第4卷，人民出版社1995年版，第695页。
② 《斯大林全集》第6卷，人民出版社1956年版，第56页。
③ 《列宁选集》第3卷，人民出版社1995年版，第482页。
④ 《列宁全集》第43卷，人民出版社1985年版，第107—108页。

括许多部门的知识。我们无论如何都必须占领这座堡垒。"① 干部是党的指挥人员，是制定和实践政策过程中的决定力量，在社会主义建设过程中要占领科学堡垒必须依赖干部，只有依赖干部占领了科学堡垒才能使社会主义保持一个较高的发展速度，才能避免社会主义国家在国际社会中被动挨打的情况的发生。斯大林认为"打落后者，打弱者，这已经成了剥削者的规律"，社会主义建设"决不能减低速度！恰恰相反，必须意图和尽可能加快速度"，这就迫切在各个领域需要选用德才兼备的人才。他指出，"人才，干部是世界上所有宝贵的最有决定的资本"，"干部决定一切"。② 为此，他认为应当重视选拔培养大量的德才兼备用的人才，并曾不无期盼地指出过，"……我从来没有听见过有人用同样的热情来报告说，我们在某个时期内培养了多少人才，我们怎样帮助这些人才在工作中成长起来和受到锻炼"。③

在赫鲁晓夫执政时期，干部问题被摆在十分重要的地位。在苏共第二十次代表大会、第二十一次代表大会、第二十二次代表大会上以及一些中央全会上，他曾经反复提到改进干部工作的意义。因为"任何一种国民经济措施的成败都取决于人，取决于干部"。④ 赫鲁晓夫认为，在无产阶级夺取政权之后，党的力量应当集中在经济建设上。为此，他反复强调干部要有专业知识。在向苏共二十大作的总结报告中，他要求党员干部必须能够具体地领导经济工作，并提出一个领导人如果没有能力领导发展经济的斗争，就应该及时撤换；在1962年11月的苏共中央全会上他再次指出：建立共产主义物质技术基础的任务要求那些专门教育和具有实际工作经验的工作人员担任党、苏维埃和经济机构的领导。⑤

勃列日涅夫上台后，苏共领导集团为了推行其路线、方针、政策，十分重视干部的更新、选拔和培训工作。苏共的每次代表大会都反复强调这项工作的重要意义，并指出："提高对社会生活以及在群众中的组织工作和政治工作的各方面的领导水平，是同改进对干部的选拔和培养工作密切

---

① 《斯大林选集》（下），人民出版社1979年版，第41页。
② 《斯大林选集》（下），人民出版社1979年版，第273页。
③ 《斯大林选集》（下），人民出版社1979年版，第272页。
④ 《赫鲁晓夫时期苏共中央全会文件汇编》，商务印书馆1976年版，第66页。
⑤ 李靖宇：《社会主义政治体制大辞典》，沈阳出版社1989年版，第320页。

联系在一起的。"苏共认为,党和国家所面临的巨大而复杂的任务是,迫切要求领导干部精通现代化的管理方法,富有对新鲜事物的敏感性,能看到发展的远景,善于寻找解决当前出现的问题的最有效的途径,善于运用别人的知识及经验。① 勃列日涅夫在苏共二十三大总结报告中就强调指出,经济建设和文化建设的规模前所未有地扩大了,对外政策的任务也空前地复杂了。按照这些条件正确地提拔和培养党和国家的领导干部具有决定性意义。勃列日涅夫在苏共二十六大的报告中说:建立可靠的干部后备军,过去是、现在仍然是一项重要任务。认为不断从工人阶级队伍中补充领导干部是苏共干部政策的基础,它能够清楚地体现工人阶级在苏联社会生活中的实际领导作用。

戈尔巴乔夫十分重视干部工作,特别强调针对干部中存在的问题进行变革,这样才能迅速地推进苏联经济社会的发展。戈尔巴乔夫上台后,苏共干部确实存在一些问题,贪赃枉法、渎职犯罪的干部,年老体衰、不思进取的干部,无德无才、无所作为的干部都为数不少,从而严重影响了经济社会的发展。所以,整顿干部队伍成为他的当务之急,因为不解决这个任务,他的施政方针就得不到组织上的保障,进行体制改革和加快经济发展速度也就无从谈起。正因为如此,戈尔巴乔夫认为推进经济发展的捷径就是调整干部。为此,他在1985年4月苏共中央全会上明白无误地谈道了这一点:"单是依靠集体及其领导人在某种程度上振作起来,开始好好地工作,就能在一个短时期内把劳动生产率提高到与整个五年计划的计划任务相适应的程度。"② 戈尔巴乔夫重视调整干部是为了推进他的改革,在当时国内外不少人曾质疑过他的这一行为,吴恩远曾著文指出戈尔巴乔夫的干部调整是苏共历史上不多见的。针对国内某些人对调整干部所存在的异议和国外进行的种种猜测,戈尔巴乔夫在1985年6月会见美国《时代》周刊记者时明确地解释说:"国家正经历着一个要求我们所有的人进行大力改进的深刻过程。这自然要涉及人、一些干部,涉及所有人的工作方法。至于正在替换某些干部这件事,这并不意味着我们这里出现了某种非

---

① 顾幸工:《苏共干部的更新、选拔和培训情况》,《苏联问题参考资料》1982年第3期。
② 《Правда》,23 апреля 1985 г.

常情况。这是一个自然而然的过程。只有这个过程停滞不前时，才是不好的。"① 可见，戈尔巴乔夫重视干部的理论最充分地体现在干部的调整与选配方面。

（二）德才兼备用人标准的具体要求

列宁特别强调德才兼备标准问题，认为干部人才质量比数量要重要的多。他指出："我们应该遵守一条准则，宁可数量少些，但要质量高些。""我们应该把真正合乎标准的质量这一点看得比一切计算更重要。"② 列宁还从德才两个方面即思想品质和才能两个方面阐述过干部标准问题。在1918年《苏维埃政权的当前任务》中，列宁指出："我们走自己的路，力求尽量慎重而耐心地去考验和识别真正的组织家，即具有清醒头脑和实际才干的人，他们既忠实于社会主义，又善于不声不响地（而且能排除各种纷扰和喧嚷）使很多人在苏维埃组织范围内坚定地、同心协力地工作。只有这样的人，经过多次考验，让他们从担负最简单的任务进而担负最困难的任务，然后才应提拔到领导国民劳动和领导管理工作的负责岗位上来。"③ 列宁始终把干部的政治品质放在首位，反复强调选拔到苏维埃国家机关中的工作人员，必须是一心为社会主义而奋斗的、密切联系群众的、受过教育、训练和经得起考验的优秀分子。早在1900年他便指出过："我们应该培养一些不仅能把晚上的空闲时间贡献给革命，而且能把整个一生贡献给革命的人。"④ 国家干部是为人民而工作的，因而他们必须对人民负责、对自己所担负的工作负责，列宁十分痛恨不对人民负责的官僚主义。为了杜绝官僚主义和提高干部的政治责任心，列宁提出了从制度方面来加强干部队伍的政治建设的具体措施。"有犯有官僚主义、拖拉作风、不尽职、疏忽大意等过错的，给以行政处分，情节严重者必须撤职，并送交法院审办，由司法人民委员部进行公审。"⑤ 列宁对于干部的才能也十分关注，他强调做好工作必须拥有相关的文化知识，曾特别指出过共产党在掌

---

① 田永祥：《戈尔巴乔夫整顿苏联干部队伍的理论与实践》，《今日苏联东欧》1986年第2期。
② 《列宁全集》第4卷，人民出版社1984年版，第786—787页。
③ 《列宁全集》第34卷，人民出版社1985年版，第174页。
④ 《列宁全集》第4卷，人民出版社1984年版，第337页。
⑤ 《列宁全集》第33卷，人民出版社1985年版，第303页。

握政权之后最为缺少的就是知识，严厉地指出过："做管理工作的那些共产党员缺少文化"。① 他多次指出，只有懂业务、有专长、有丰富经验和精明强干的人才称得上人才，因为"精明强干的人，把我们的指令由肮脏的废纸变为生动的实践"。② 斯大林特别强调社会主义人才应具备高超的政治水平，能深刻掌握和熟练运用马列主义的基本原理，"密切关心本国命运，懂得社会发展规律，善于运用这些规律，并力求积极参加对国家的政治领导"。③

赫鲁晓夫认识到专业知识对于干部而言的重要意义，在人才选用过程中强调才能。他指出："只有阶级斗争规律知识和马克思主义理论的知识是不够的，我们的干部应当具有工农业方面的高深而专门的知识。"一个不善于组织人，不善于解决增进人民福利的实际任务的人，即使他精通马克思列宁主义理论，也是个"无用之人"。④ 1959年6月中央全会决议指出，"党组织应尽力使那些受过训练的，精通技术和经济的、具有高度组织能力、能够保证国民经济技术进步的工作人员来领导经济建设的各个部门"。⑤ 勃列日涅夫在人才选用方面注重政治、业务和道德三个方面。他在苏共二十二大报告中提出，要按照业务和政治质量来挑选干部，在苏共二十三大就强调要"改善领导干部的质量"，在苏共二十四大报告中结合社会发展实际指出："生活对于干部的要求不断提高。我们需要的是把高度的政治觉悟同良好的职业训练结合起来，善于内行地解决发展经济和发展文化问题，并且掌握了现代化管理方法的人。"在苏共二十四大决议也曾指出，"要让政治成熟的，通晓业务和有才干的组织者"担任各部门领导工作；"迫切要求领导干部精通现代化的管理方法，具有对新鲜事物的敏感，能看到发展的前景，善于找出解决当前出现的问题的最有效的途径，善于运用别人的知识和经验。"⑥ 当时任苏共中央政治局委员，苏共中央书记、主管党务和意识形态的契尔年科也著书指出："在科技进步的时代，不断提高领导干部的业务熟练程度已经成为全党迫切的、必须完成的

---

① 《列宁全集》第33卷，人民出版社1985年版，第93页。
② 《马克思恩格斯列宁斯大林论党的组织工作》，中共中央党校出版社1988年版，第668页。
③ 《斯大林选集》（下），人民出版社1979年版，第462页。
④ 《赫鲁晓夫言论集》第4集，世界知识出版社1965年版，第107页。
⑤ 《赫鲁晓夫时期苏共中央全会文件汇编》，商务印书馆1976年版，第426页。
⑥ 《苏共二十三大主要文件汇编》，三联出版社1978年版，第133、274页。

一项任务。""……只靠一股子热情来取得成功的时代早已过去。现在要把热情提高到精通业务,全面掌握技术和作为一个爱国领导者一往无前的精神。"他指出,衡量党员干部的标准是明确的政治目标、务实精神和最后的工作效果。苏共二十五大决议指出现代的领导人应当把党性和深刻的专门知识、纪律和主动精神、对待事业的创造性有机地统一于一身,要求在受过实际工作锻炼的地方干部和基层干部中选拔干部担任领导工作,强调要提拔有工作经验的、政治上成熟的、积极的国民经济专家担任党的工作。但是,由于"干部特别是高级领导干部的选拔往往是根据友好关系或熟人原则,根据对个人的忠诚情况进行的",[①]并且勃列日涅夫首先带了这个头,致使干部标准与任人唯亲紧密结合起来。1981年2月苏共中央政治局13名成员中就有8名是勃列日涅夫的门生。

针对勃列日涅夫时期实际上的干部领导职务终身制,严重堵塞了干部队伍新陈代谢的渠道的情况,戈尔巴乔夫明确指出,要改变领导机构长期一潭死水的局面,执行使经验丰富的干部与年轻干部在领导工作中配合起来的路线,保证领导的继承性和不断补充新鲜力量的问题。在苏共二十七大通过的苏联共产党纲领新修订本指出,"领导人的这样一些品质是有原则意义的,对新事物敏感,待人亲切愿意承担责任,希望学习、更好地工作,善于考虑经济工作的政治涵义,对自己和对别人都能严格要求"。而后将干部对待改革的态度是"决定性的标准"。在戈尔巴乔夫的干部政策中,通常的政治素质、业务素质、道德品质三方面的干部标准,都必须符合"改革者"要求。[②]为此,他认为干部标准应具备如下四点:第一,看对待改革的态度以及进行改革的实际表现,这是评价干部、评价他们的政治立场的决定性标准,是干部政策的一种"定音器"。它要求干部全力支持改革,具有首创精神、大胆、善于思考、精力充沛,对缺点错误、因循守旧、漠不关心等消极现象的不妥协精神。第二,要有高度的文化水平,有现代化的科学技术知识,也就是在生产、科技、管理、经济、组织、劳动刺激和心理学等方面有高度的知识。第三,要有组织性、纪律性和责任感,并强调这一条"应该成为每个人的法则"。强调在选拔干部工作中,

---

[①] 〔俄〕瓦·博尔金:《戈尔巴乔夫沉浮录》,李永全译,中央编译出版社1996年版,第399页。

[②] 余振波:《苏共干部政策新动向》,《人才研究》1988年第2期。

"绝对不许背离选拔、配备和教育干部的列宁主义原则",要"同违反党和国家纪律、伦理和道德的事实加强斗争",绝不容忍任人唯亲和根据人情及同乡关系提拔干部的做法。第四,要有政治修养、理论修养,要有高尚的道德和廉洁奉公的品质。戈尔巴乔夫特别批评了过去的"技术统治主义",忽视思想道德品质,特别提出"如果提拔领导人时忽视思想、理论视野、政治上的成熟性、道德基础、说服和引导人们的才能是不能允许的"。①

(三) 贯彻德才兼备用人标准要求变革

列宁强调选用德才兼备的人才,要求抛弃旧的观念进行思想和行动方面的变革。他批判过"罗兰夫人错觉",指出俄国不是缺乏人才,而是缺乏对人才的发掘与重视。他甚至指出"我真想建议把那些竟敢说没有人才的人当场枪决"。"人才多得很,只是需要抛弃那些尾巴主义的思想和训诫,只是需要让主动性和首创精神得到充分发挥,让'计划'和'所干的'的能够充分实现。"② 所以,问题的关键不在于没有人才,而在于没有发现和使用人才。列宁认为,要结合实际创新方法,尤其应改变非常时期实施并在现实条件下显露出弊病的干部委任制度。他坚决主张苏维埃"从下到上的一切机关都实行普遍选举制、报告制和监督制"。③ 俄共十大还特别指出,上级党组织对下级党组织书记人选的批准权,无论如何不容许变成实际上的委任权。为了推进选用方面的民主化,列宁主张首先应在人民群众中选拔人才,因为人民群众是最丰富的人才后备库;其次应在实践中选用人才,可以通过劳动竞赛来识别和选拔;最后应关注在青年人中选拔人才,不断解决革命接班人的问题。列宁认为,选用人才关键是合理安排和正确使用,人才队伍结构对于人才作用的发挥有重要意义,所以应将正确的人用在正确的地方。为此要注意加强对人的研究,"一个共产党员若不能证明自己的善于把专家们的工作统一起来并虚心地给以指导,了解事

---

① 黄石:《戈尔巴乔夫的干部政策》,《今日苏联东欧》1988 年第 Z1 期。
② 《列宁全集》第 9 卷,人民出版社 1987 年版,第 288 页。
③ 《苏联共产党代表大会、代表会议和中央全会决议汇编》第 2 册,人民出版社 1964 年版,第 54 页。

情的本质，详细地加以研究，那么这样的共产党员往往是有害的"。①

当然，列宁也认识到人才需要培养和教育，认为发展国民教育有利于提高人才的政治素养和科学文化水平，造就德才兼备的人才。所以，他提倡改革和发展国民教育，认为"资产阶级竭力抹杀无产阶级专政的一个更为重要的作用，即教育任务，这个任务对于无产阶级在人口中占少数的俄国尤其重要。这个任务在俄国应当提到首位，因为我们要为社会主义建设训练群众"。②"只要在我国还存在文盲现象，那就很难谈得上政治教育……不识字就不可能有政治，不识字只能有流言蜚语、谎话偏见，而没有政治"。③"为了革新我们的国家机关，我们一定要给自己提出这样的任务：第一是学习，第二是学习，第三还是学习，然后是检查，使我们学到的东西真正深入血肉，真正地完全地成为生活的组成部分……"④ 为此，他要求增加教育经费，大力发展学校教育和社会教育，不断提高教师的待遇以发挥教师的作用。同时，为了使专家人才更好地为社会主义服务，列宁提出"应尽可能地使他们有较好的生活条件"。⑤ 斯大林也主张加强教育培训，特别是加强马克思主义教育，认为有系统地重复所谓"众所周知的真理"，耐心地揭示这些真理，是进行马克思主义教育的最好办法。"如果以为不值得花费时间来重复我们所知道的某些真理，那就不对了。问题在于，每年在成千的年轻的新干部靠近我们领导核心……但是他们没有受到足够的马克思主义教育，不知道我们所熟悉的许多真理，而不得不在黑暗中摸索。"⑥

赫鲁晓夫认识到干部选用方面的缺点和不足，提出了落实德才兼备用人标准必须进行制度改革。为此，他一方面在批判个人崇拜过程中强调加强集体领导，主张党政最高职务分开，苏共中央主席团（政治局）实行集体领导，定期举行会议，重大问题由集体讨论决定，定期召开党的代表大会和党中央全会，讨论和决定党和国家的重大问题以及主席团内部分歧。另一方面，他也主张调整干部队伍结构，建立干部更新制度。他指出：

---

① 《列宁选集》第4卷，人民出版社1995年版，第442页。
② 《列宁选集》第4卷，人民出版社1995年版，第302页。
③ 《列宁全集》第42卷，人民出版社1987年版，第200页。
④ 《列宁选集》第4卷，人民出版社1995年版，第785—786页。
⑤ 《列宁选集》第3卷，人民出版社1995年版，第768页。
⑥ 《斯大林选集》（下），人民出版社1979年版，第545页。

"我们认为，在国家政权的和社会团体的由选举产生的机关的组成方面采用更换的原则，是适宜的。向这种制度的过渡，将是发展我们民主制的一大步骤。它符合于苏维埃社会的政治组织方面新时期的实质。"① "经常更换干部，提拔在工作中成长起来的新同志，把年轻的工作人员同富有经验的工作人员在我们党和国家的乐队中结合起来，是马克思列宁主义政党的发展规律。"② 实施这一措施，"就能更广泛地开展培养有才能的、忠实于共产主义的干部的事业，就能发挥党、一切社会团体和全体人民的积极性"。③ 因而"具有重大的原则性意义"。④ 他强调："由选举产生的各级机关的经常更新，今后应该成为不可违犯的党内生活准则，成为国家和社会生活的准则。"⑤ 另外，赫鲁晓夫还三番五次地强调，通过提高干部的物质利益来激发他们的热情，充分发挥他们的才智。他就此指出必须从物质利益方面来提高干部"对工作的责任感"，"应该从物质上和精神上鼓励先进工作者。要做到照顾这些人。他们会做出大事！""物质刺激的办法必须这样来确定：使千百万在勤勤恳恳地劳动和增加生产的人都有可能真正分得额外报酬。"没有高工资，落后农庄就不能解决熟练干部问题，如果国营农场为技术专家建设住宅，"他们就会好好工作"，"应当让人们看到和感觉到什么是物质刺激"，物质刺激是"共产主义建设的原则"。⑥

勃列日涅夫在苏共二十三大总结报告中说："干部的经常更新和新陈代谢的原则本身早就在我们党内实行了。这是一个正确的原则"，"至于对这一过程作出硬性规定，生活表明，它们是不正确的"。没有道理地调动和更换干部，使工作人员缺乏信心，妨碍了他们充分发挥自己的能力，为不负责任现象的产生提供了土壤。他还认为，这种任期制和轮换制对挑选、提拔和培养干部的工作产生了不良影响。助长了在挑选干部工作中的形式主义，也限制了可能选入各级党委会的成熟的有经验的工作人员的数目。所以，他提出干部必须按部就班地更新，如果频繁地调动干部，就会使干部"缺乏信心，妨碍他们充分发挥自己的能力，为不负责创造条件"。

---

① 《苏联共产党第二十二次代表大会主要文件》，人民出版社1961年版，第400页。
② 《苏联共产党第二十二次代表大会主要文件》，人民出版社1961年版，第402页。
③ 《苏联共产党第二十二次代表大会主要文件》，人民出版社1961年版，第405页。
④ 《苏联共产党第二十二次代表大会主要文件》，人民出版社1961年版，第400页。
⑤ 《苏联共产党第二十二次代表大会主要文件》，人民出版社1961年版，第402页。
⑥ 《赫鲁晓夫的世界观1936—1964年言论摘要》，1964年版，第176—186页。

这样，对中下层干部按一定比例进行更新，而对最高层领导千方百计地保持其稳定性，就成为勃列日涅夫时期干部政策的一大特点。①

戈尔巴乔夫上任以后，批判了勃列日涅夫稳定干部队伍的政策，认为苏联纲领性的任务是有计划地全面地完善社会主义，而这种全面地完善就意味着全面改革，包括对干部制度的改革。戈尔巴乔夫在1985年6月指出：必须加强对经济干部和生产业务干部的严格要求。在苏共二十七大上，从多方面提出了改革干部制度问题，指出长期不替换的工作人员，往往失去对新生事物的兴趣，用自己制定的规章条例把自己同人们隔离开来。为此，应让苏维埃和所有的社会机构在每次选举以后对自己机构内身担重任的工作人员进行考核，应该进行必要的人事调动。强调群众对干部的监督，扩大干部工作的公开原则。苏共二十七大通过的苏共纲领新修订本指出：必须把对干部的信任同加强群众对领导者的活动的监督结合起来。任何一个党组织，任何一个工作人员都不能不受监督。戈尔巴乔夫认为，扩大公开性的问题是个原则性问题，把国家和社会中所做的一切都置于人民的注视下，可以有效地监督不负责和欺上瞒下的干部。因此，应当使公开性成为不断起作用的制度。关于苏维埃代表的选举，苏共认为这方面已积压了不少有待解决的问题，苏维埃的选举工作已到了进行必要修改的时候了。要在适当的地方扩大各种职务的选任制和征选制，但在中央一级不实行。苏共虽然强调干部的更新与流动，但是并不主张实行干部的任期制。他们的根据是：真正的民主不是一个数学范畴，而是一个政治范畴。领导人在自己的岗位上待的时间长短，取决于他的威信，而不取决于对年头的限制。党内民主规定，共产党员有权把他们想选的人选到领导岗位上，而不必考虑任何时间框框。

二、苏共关于德才兼备用人标准实现机制的实践探索

苏共关于德才兼备用人标准实现机制的实践探索，是指在理论认识和政策规定的基础之上和前提之下，在实践领域对如何贯彻落实德才兼备用人标准进行的实践工作和制度创新。这些实践工作和制度创新主要体现在

---

① 顾幸工：《苏共干部的更新、选拔和培训情况》，《苏联问题参考资料》1982年第3期。

三个大的方面，即干部选拔任用制度、干部教育培训制度和干部监督考核制度。

（一）干部选拔任用制度

在十月革命前，列宁十分推崇马克思提出的选举原则，曾提出在革命胜利后要"对一切公职人员毫无例外地实行全面选举制并可以随时撤换"①。在十月胜利后，由于苏维埃政权处于国内战争和外国武装干涉的险恶环境之中，列宁认为"在目前激烈的国内战争时代，共产党只有按照高度集中的方式组织起来，在党内实行近似军事纪律那样的铁的纪律，党的中央机关成为权力、得到党员普遍信任的权威性机构，只有这样，党才能履行自己的职责"。② 1918年春列宁首次提出干部委派制并认为，"委派拥有独裁者无际权力的个别人员的这种办法"是同苏维埃政权的根本原则相一致的。③ 到国内战争结束之际，布尔什维克党已经成为一个高度集中制度的政党，其组织制度的主要内容是"战斗命令制"。虽然党章规定党的一切领导机关都由选举产生，但往往要"对应由选举产生的职务实行任命"，④而且明确宣布这在原则是必要的。根据黄立茀《苏联官册制度与干部状况》研究，在苏联干部官册制度创立之前，干部选用可分为两个阶段：第一阶段是从1919年党的第八次代表大会到1921年的第十次代表大会，采取的是军事动员＋粗放任命的时期。与当时干部国内战争的任务相关联，此阶段许多干部人事分配工作采取了"军事动员"的形式。第二个阶段是苏共十大以后，采取了登记选拔＋相对任命制。这时，国内战争结束，通过动员的方式解决干部调配已经过时，为此这时期改进了档案登记，对人员进行比较选择，并开始把委任较低级干部的工作交给下级党的委员会。

1923年11月2日，俄共（布）中央组织局通过一个决议，其中附有两个任命官员的名册，标志着以任命制为基础和核心，以等级官员名册（简称官册）为载体的干部制度诞生了。这一制度一直延续到1989年10

---

① 《列宁全集》第35卷，人民出版社1985年版，第408页。
② 《列宁全集》第39卷，人民出版社1986年版，第202页。
③ 《列宁全集》第27卷，人民出版社1985年版，第789页。
④ 《苏联共产党代表大会、代表会议和中央全会决议汇编》第2册，人民出版社1964年版，第51页。

月 16 日。① 官册制度是为了杜绝干部选用无序，使中央能够有计划地掌握和控制干部的选拔与调配。官册制度时期的任命制已经完全排除了其他选拔干部的方法，将干部的任免权高度集中于中央。根据苏共文件，当时有三个官册，第 1 号名册由中央委员会直接提名和任命，第 2 号名册为预先通知中央委员会登记分配部同意后由部门任命，第 3 号名册则为部门官员名册或地方官员名册。官册不仅包括党和国家机关领导干部的任免，也包括对社会组织领导干部的任免。通过官册制度，斯大林和中央组织部门控制了党、国家和社会团队高级干部和地方负责人的任免。不仅如此，斯大林为了权力斗争的需要，还利用自己书记处书记的有利地位，通过中央登记分配部控制领导任免，改变过去干部主要自下向上流动的态势，把大量自己反对派的干部派到基层部门或边远地区。同时，通过官册干部制度，斯大林在党和国家的关键岗位上任命了拥护自己路线的领导干部，确立了自己的领袖地位。

在赫鲁晓夫当政期间，干部任命制和变相任命制的弊端日益凸显，不得不寻求改善之路。为此，赫鲁晓夫开始了干部更新制度的探索。赫鲁晓夫倡导的干部更新制度具体规定有以下四点：② 第一，在每次选举的时候，苏共中央委员会及其主席团至少更换四分之一。主席团委员一般最多只能连续三届当选。每届任期四年。某些党的活动家可以在更长的时期连续选入领导机关。第二，加盟共和国共产党中央、边疆区委、州委的成员在每次选举时至少更换三分之一；党的专区委、市委、基层党组织的党委或支委会的成员至少更换一半。这些党的领导机关的成员可连续当选，但最多的不得超过三届，每届任期两年。基层党组织的书记可以连续当选，但最多不得超过两届，每届任期一年。第三，加盟共和国共产党中央及其下属党组织根据政治品质和工作能力，亦可以更长期地将这一或那一工作人员选入领导机关。在这种情况下，同样至少须有参加投票的共产党员的四分之三的选票，方可当选。第四，由于任职期满而不再是党的领导机关成员的党员，可以在以后选举时重新当选。除党的领导机关的成员外，国家行政机关和社会团体的各级领导干部也采用更换的原则。毫无疑问，赫鲁晓

---

① 沈志华：《一个大国的崛起与崩溃》上册，社会科学文献出版社 2009 年版，第 190—191 页。
② 李华：《赫鲁晓夫与苏联治理》，中国社会科学出版社 2009 年版，第 13—18 页。

夫的改革对于打破领导职务终身制、推进干部年轻化、提高干部的德才素养和冲击干部的特权地位都有积极的作用。但是，由于改革条款本身不完善、不彻底，改革没有考虑到广大干部的利益保障问题，一方面导致了干部特别是中下层干部更换过于频繁，另一方面也造成上层干部特别是赫鲁晓夫本人可以突破任期制的种种规定，为赫鲁晓夫领导集团的成员实行终身制铺平了道路。

勃列日涅夫时期对干部队伍采取了稳定与更新相结合的方针。这同赫鲁晓夫时期有很大差异。他一方面强调干部要经常更新的原则，另一方面则又在苏共二十三大上废除了任期制和轮换制，在干部任用方面作了一些有益的调整，引进了科学的管理方式，制定了科学的管理制度，使干部在选拔任用方面有章可循、有据可依。在坚持以委任制为任用干部的基本方式的前提下，有条件地采用选举制和招聘制。在勃列日涅夫时期，党的工作人员的选举和任免问题，由党组织及其领导机关本身直接决定，对于国家机关、经济机关和社会团体，党则利用自己在政治和精神上的威信，通过说服方法来影响这些单位的领导干部的挑选。关于这些组织中的负责职务的人选问题，党委会通过推荐的形式，或者赞同有关国家机关和社会团体的意见的形式来表示自己的态度。所有国家机关、经济机关和社会团体都倾听和考虑党的机关的推荐意见。聘任制在勃列日涅夫时期只在一些高等学校和科研单位中试行。可见，在勃列日涅夫时期委任制仍然是任用干部的基本方式，按规定国家机关和企事业单位的领导人员均采用上级任命的方式。在苏维埃及党、团、工会及其它社会组织中采用的选举制很大程度上仍然没有摆脱委任制的束缚。苏联虽然在以前颁布过男60岁、女55岁退休的规定，但它对担任领导职务的干部没有约束力。这些干部只要忠于苏联领导集团，就可以无限期地任职，甚至老死在领导岗位上。这样，就逐渐地在实际上形成了领导干部职务的终身制。值得一提的是，对勃列日涅夫时期在后备干部队伍方面做的工作，勃列日涅夫在苏共二十六大报告中强调："建立可靠的干部后备军，过去是、现在仍然是一项重要任务。"根据苏共中央的这一决策，苏联从中央到地方的各级党政部门普遍建立了干部后备队，全苏后备干部数以百万计。[①]

[①] 陈之骅：《勃列日涅夫时期的苏联》，中国社会科学出版社1998年版，第161—165页。

安德罗波夫在改革方面决心更大,理论上的建树也比较大,契尔年科基本上继承了安德罗波夫的政策。他们两人都没有,或者说都没有来得及从根本上改变勃列日涅夫时代所制定的一些基本政策。安德罗波夫上台后,极力探寻干部政策改革之良方,也提出了一些有创建性的意见。例如,他强调:要让那些政治上成熟、内行、有主动精神并具备组织能力和对新事物敏感的人们处在关键性的岗位上。然而,由于健康原因,他的新思想还没来得及系统化和实践,他就去世了。继任的契尔年科实行了较为保守的干部政策,一切维持现状,由于健康方面的原因,他也仅仅执政了13个月。在他执政的13个月中,除了对科技、教育方面略加改革之外,在政治改革方面,基本上没有什么大的动作。这两位总书记的执政时间总共才2年零4个月,他们都不可能对干部任命制和变相任命制有任何实质性的突破。

戈尔巴乔夫上台后审时度势、顺时而动,对苏共的干部制度作了根本性的改革。首先,废除自上而下的委任制,用干部选举制、聘任制代替任命制,并彻底改革选举制度,把干部命运的决定权交到广大党员群众手中。戈尔巴乔夫认为,"干部问题民主化的第一条要求,就是在普遍采用选举原则的基础上,民主选举领导干部"。"民主化的第二个要求是选拔和推荐非党干部,指出不断发现和提拔人民当中有才干的人这是社会主义社会健康和进步的一个坚实保证。"[①] 为此,一方面修改苏维埃选举制度,苏维埃代表的选举要在更大选区范围内进行,每个选区都选出几名代表,实行差额选举。另一方面开始从下到上进行的选举制度变革,涉及党的中央领导机关的组织以及其他社会政治团体领导机关的选举。首先是改革党的基层组织的选举制度,其次是区党委、自治专区党委、市党委、州党委、边疆区党委以及加盟共和国党中央的书记,包括第一书记都应由相应的党委会全体会议以无记名投票的方式选举产生。但同时又提出,上级党的机关有关干部问题的决定,下级党委会必须执行,这实际上是为委派制保留了地盘。同时,还对企业和企业以下的领导干部实行选举制,而且还会使当选的行政领导人感受到群众的信任,提高他们对事业的责任心,也能促使劳动者关心集体的事业。其次,实行任期制,经选举产生的各级领导,

---

① 黄石:《戈尔巴乔夫的干部政策》,《今日苏联东欧》1988年第Z1期。

每届任期5年，连任不得超过两届，并在宪法中加以规定。戈尔巴乔夫接任以来，对联干部队伍进行了大幅度调整。在苏共二十七大之前，政治局的3名主要成员离开了政治局，部长会议主席及6名第一副主席；副主席被更迭，40多名党中央和部长会议的部长及近50名共和国及州委第一书记被撤换。一大批年纪轻、懂专业的和富有实践经验的干部进入政治局、书记处和部长会议。在苏共二十七大上，中央委员会的正式委员更换了135人，占44%；候补中央委员更换了117人，占69%。实事求是地说，戈尔巴乔夫对苏共长期奉行的干部任命制和变相任命制所做的大刀阔斧的改革精神值得肯定，采取的一系列措施也比较合理。但是，戈尔巴乔夫的改革理论是建立在"民主化"、"公开性"基础之上的，在民主和公开制度尚未健全的情况下推行干部选举制，很难保证党的意图的落实，在实际运行中使党的权力受到了削弱。"皮之不存，毛将焉附"，没有了组织保障的苏共，其垮台是不可避免的。

可见，继列宁之后的苏共领导人似乎也在不断诉求改革选用方式。但是，他们在变革选用方式的过程中却忽视了选用制度变革应围绕的核心理念——民主推进。更有甚者，以民主之名来推进用人民主化进程，实际并无民主之实。因为他们在变革选拔方式的过程中出现了有规则不重视规则、潜规则超越显规则的做法，致使法律规章制度的规定名存实亡。

（二）干部教育培训制度

苏联在列宁领导下，一开始就抓了干部培训，建立培训党、政、经济干部的党校和各种训练班。1911年列宁（在巴黎附近）组织了自己的党政学校，开展了29节讲座。它的经验为以后确立干部培养体制提供了重要依据。十月革命胜利后，仿效巴黎办学的方针，1918年成立全俄中央执行委员会培训党的指导员、宣传员的中央学校，1919年改为斯维尔德洛夫共产主义大学。1921年又成立红色技校学院。一年学院分为3个分院：经济、历史和哲学。随后设立预备学校，又建立党史，法律和自然2个分院。与此同时，1921年还创办东方共产主义劳动大学和西方少数民族共大。1925年设立孙中山大学，以及列宁学院等，为国外共产党培训干部。为了发展用马克思列宁主义教育党员和党的干部的事业，培养精通马克思列宁主义基本原理的政治干部，推动社会主义事业的发展，列宁之后的联共（布）

中央采取了有计划地培养干部的措施。为此，在每一个州中心设立一年制的进修班，以供基层干部学习；在许多中心城市设立两年制的列宁主义学校，以供中级干部学习；在联共（布）中央下面设立三年制的马克思列宁主义高等学校，以培养党的具有高度理论水平的干部；在马克思列宁主义高等学校下面设立半年制进修班，以供各高等学校的马克思列宁主义教员学习。[①] 根据资料，截至1980年，苏联全国共有69所进修学院，203个进修系，1000多个进修班。每年培训党、政、经干部200多万人，加上大专院校每年达400多万人。[②]

斯大林时期在干部的教育培训方面采取了多项举措，使干部教育培训工作开始走向正规化、制度化。首先是大力培养知识分子干部。在1936年斯大林就做出了苏联的知识分子已经成为社会主义知识分子的科学论断，开始从知识分子中选拔了大批党员工程技术人员担任党、政、经各部门的领导工作。1937年，仅莫斯科州就有6690名知识分子被提拔担任各级领导工作，其中还有非党人士2700人。1938年，苏共中央建议必要时可以由担任厂长的党员工程师担任党委书记。同年，在更新党的领导机构时，各市委、区委和州委都大大地充实了工程师党员，从而在全国造就了一大批能够把党的工作同熟练地解决经济技术问题结合起来的新型领导人。到党的十八次代表会议时，代表中已有4296的人受过高等教育，其中四分之一是工程师，许多受过高等教育、有才干和表现突出的生产组织者被选进了中央委员会，极大地提高了干部队伍的文化素质。其次，加强后备干部的教育培训工作。1937年联共（布）中央做出了关于党的各级领导机关都要配备后备干部的决定，对后备干部的培养开始制度化。自此，苏联党从中央到地方的各级党组织中都设立有关管理部门，加强对后备干部的选拔和考察。联共（布）十八大降低了对各级党的领导干部的党龄要求，规定只要有6年党龄就可以担任加盟共和国、省和边区委的书记，只要有3年党龄就可以担任市委书记，从而大大加快了德才兼备的年轻干部担任领导职务的进程，对于社会主义建设事业的蓬勃发展起到了保障作用。

赫鲁晓夫十分重视干部教育和人才培育工作，1958年苏联最高苏维埃

[①] 农永清：《新时期民族干部教育研究》，广西民族出版社1991年版，第8—9页。
[②] 苏玉堂：《国家公务员制度讲话》，中国劳动出版社1988年版，第224页。

主席团通过了《关于加强学校同生活的联系和进一步发展苏联国民教育制度的法律》，对学校制度、党校类型和各类学校的培养目标、学习年限和教学内容与方法进行了改革，加强学生的生产劳动，加强党校同生活的联系，特别是重点改革中等教育。同时，赫鲁晓夫还高度重视高科技方面的发展，苏共二十大首次将有关科学技术的问题列入国家发展规划，并加强了党和政府对科学技术的领导。赫鲁晓夫上台后，抛弃了斯大林个人崇拜时期的高压惩治政策，果断采取措施为大批过去遭到无辜镇压的科学家平反昭雪，重新落实了知识分子政策，使得各类人才能在比较宽松的政治环境中工作。不仅如此，政府还加大了对各类人才的物质和精神奖励力度，对于各类杰出贡献的科学家实行"各种特殊待遇的制度"，① 从而大大激励了各类人才的积极性与创造性，提升了苏联在技术领域的水平。诚如尼·亚·吉洪诺夫指出的，赫鲁晓夫时期是苏联航天技术发展的辉煌时期，此间，"苏联对宇宙的突破，集中地反映了她社会的科技成就"。②

自勃列日涅夫上台以来，特别是新经济体制改革以来，苏联当局非常重视各级党、苏维埃和经济领导干部的培训工作。据不完全统计，在这期间，苏共中央和苏联部长会议作出的有关专门决议就达20个左右。勃列日涅夫在苏共二十三大提出：必须认真地改进对党、苏维埃和经济部门的干部的培训和进修工作，从中央到地方都要增办正规的领导干部业务进修和政治理论学习班，改善党校的制度。同时决定在全国建立党和苏维埃领导干部定期进修制度。苏共二十四大充分肯定在建立领导干部培训、进修制度方面所取得的成绩，并指出必须进一步完善这一制度。苏共二十五大又进一步强调干部培训和干部深造工作的重要性。根据党代表大会决议，苏共中央和苏联政府通过了一系列有关决议，改革并扩大了培训系统，在全国逐步建立起一个比较全面和完整的干部培训、进修网。对干部的培训，分别针对党和苏维埃干部与经济管理和专家两大系统分别进行教育培训。据统计，党政领导干部培训系统平均每年培训6万—7万人，经济管理领导干部和专家培训系统平均每年培训近200万人。这样大规模地、有计划地轮训使苏联干部队伍的政治素质和业务素质都有显著提高。但是，培训

---

① 金挥：《论苏联经济——管理体制与主要政策》，辽宁人民出版社1982年版，第448页。
② ［俄］尼·亚·吉洪诺夫：《苏联经济：成就、问题、前景》，中国对外翻译出版公司1986年版，第7页。

中也存在系统的长期培训人数有限，短期进修数量太大，完成轮训计划困难，教学制度和教学内容跟不上经济和科技革命的发展等问题。①

苏联领导干部的培训工作主要分为两个系统：其一是党和苏维埃领导干部培训系统。苏共中央社会科学学院及其附属的党和苏维埃领导干部进修学院，15 所州与州或州与共和国合办的地方高级党校以及州或共和国办的党和苏维埃领导干部常设进修班等，是党和苏维埃领导干部培训系统的主要环节。这个系统又分为两个小系统，一种是对干部进行较长时间的党校正规教育系统，另一种是对干部进行短期轮训的进修系统。苏共中央社会科学学院是党、苏维埃领导干部培训系统的教学、科研和教学方法领导中心，专门培训具有高等教育程度的边疆区、州和加盟共和国一级的党和苏维埃领导干部；15 所地方高级党校负责培训市、区一级的党和苏维埃领导干部；各地方高级党校均设有三年制和五年制函授部。党和苏维埃领导干部进修学院是党和苏维埃领导干部短期进修的主要教学中心和教学方法指导中心。它既负责边疆区、州和共和国一级的领导干部的进修学习（时间为一个半月），又负责为地方进修教育网编写教材，指导地方进修班的工作。其二是国民经济领导干部培训系统。1970 年苏联成立了国民经济管理学院，1978 年又开办了苏联国民经济学院，苏联国民经济学院直属苏联部长会议，专门为各部委等培养高级国民经济领导干部，招收对象为各部委、大联合公司和组织的领导人。国民经济管理学院附属于苏联国民经济学院，专门为轮训苏联各部委的正副领导人以及总管理局局长等领导干部而设立。为了提高农业领导干部的业务水平，苏联农业部在 20 世纪 70 年代中期成立了高等农业管理学校，专供全苏和各加盟共和国农业部以及各州、边疆区农业管理局的领导人、农业联合公司的正副经理进修学习。

苏联的干部教育培训工作对各级领导干部的知识化、专业化起了一定的作用。苏共中央社会科学学院、苏联国民经济学院和 15 所地方高级党校每年可培训 1 万名中高级党、苏维埃和经济领导干部。到进修系统短期进修的人数则更多。1967—1976 年在苏共中央高级党校和地方高级党校的常设进修班中进修的中高级领导干部就有 43 万人。而自 1976 年党和苏维埃

---

① 王正泉：《从列宁到到戈尔巴乔夫：苏联政治体制的演变》，中国人民大学出版社 1989 年版，第 306—310 页。

领导干部进修学院成立之后，每年有6万名中高级领导干部分别在该学院或地方常设进修班学习。1971—1979年国民经济管理学院大约培训了2000名高级管理领导人员。同时，苏联的干部教育培训也在一定程度上推进了干部年轻化。苏共中央明确规定，苏联国民经济学院学员的年龄必须在45岁以下，具有高等教育程度，有"进一步发展的潜在可能性"。地方高级党校二年制学员的年龄必须在40岁以下，受过高等教育，四年制学员的年龄必须在35岁以下，而且他们都必须是"有经验、有基础、有培养前途"的市、区级干部。这些学员都是更高一级的党、苏维埃和经济部门领导成员的后备对象。通过逐渐更新，苏联州和市、区级的领导干部的平均年龄不断下降。如斯维尔德洛夫斯克州内的市、区委书记的平均年龄1971年为43岁，而1972年改选后则降为38岁。1975年莫斯科和列宁格勒两市提拔担任经济领导职务的大多数干部年龄在40岁以下。1977年苏联边疆区、州委书记的平均年龄为47岁，市、区委书记的平均年龄为42岁。据有关统计材料，1980年全苏州委第一书记的平均年龄也仅为55岁。

　　苏联的干部培训工作取得很大成绩：其一重视干部教育培训工作，不断推进教育培训工作法制化。苏共选用干部时，要求干部晋升必须具有一定的学历以及高度的政治觉悟、理论修养和业务水平。苏联二十三大报告明确要求改进对党、苏维埃和经济部门的干部的培训和进修工作，增办正规的领导干部业务进修班和政治理论学习班，改善党校制度。苏共二十四大要求进一步完善干部进修和培训制度。苏共中央和苏联政府还通过了一系列关于改进和加强干部培训与进修工作的决议，改革并推进了干部培训工作。其二注重干部教育培训基地建设，使教育培训机构体系化。苏联建国初期，列宁曾采取坚决有力的措施，建立培训党和国家干部的党校网及各种干训班。苏联对干部的培训是通过党校和进修学校两大系统进行的，这一要求在后来又得到坚持和发展。其三注重培训方式的创新。在苏联的干部教育培训中存在着脱产培训、部分脱产培训和不脱产培训三种。此外，它们还将短期培训和长期培训、临时训练和正规培训、离职培训和进修培训结合起来。不仅如此，苏联干部教育培训的成绩还与其职务晋升挂钩，作为提高干部工资级别、评定职称的重要条件之一，干部教育培训期间还享受一些优惠的待遇，比如免费教育培训等，从而极大地刺激了干部参加培训和进修的积极性，对干部队伍素质的提高起了积极的作用。与此同时，苏联的干部教育培训也存在不少问题。譬如系统地长期培训，人数有限，难以满足需要；短期进修，数量太大，要完成几年轮训一次的计划比较困难。还有一些领导干部对培训的意义认识不足，重视不够；有的院校教学制度不健全，教学内容跟不上当代科学技术的飞速发展，学员没有得到应有的新知识等。这些缺陷与不足又降低了培训的成效，影响到德才兼备干部的脱颖而出和继续使用。

（三）干部监督考核制度

监督考核制度对于德才兼备用人标准的实现有重大意义。因为监督考核制度首先是一种监督制度，有效的监督能确保干部选用程序的合理性与合法性，确保德才兼备干部的脱颖而出，也有利于有效规避干部使用中出现的问题。监督考核制度还是一种考评制度，可以通过考核来比对干部的优劣，在此基础上对干部进行评价，并根据评价的结果来决定干部的选用与淘汰。从苏联干部选用进程看，其监督考核制度得到重视但实践进程中却受到其他因素的影响，并没有完全贯彻好。

列宁强调对干部的监督考核，他认为只有做好人才监督评价工作，才能为人才的培养、选用打好坚实的基础，才能防止国家、行政管理人员从人民的"老爷"变成人民的"公仆"。列宁时期，俄国人民委员会和劳动国防委员副主席的任务之一，就是亲自了解一定数量的苏维埃人员，以便做好监督考核评价工作。列宁强调对担负组织、管理人才任务的党员进行考察和评价。1921年，列宁在《对俄共（布）中央全会决议草案意见》中提议，要深入研究关于对全体党员负责干部进行考察的问题，研究他们对于各种范围和各种性质的工作的适应程度。为了搞好对干部的监督考核，俄共（布）在第九次代表大会会议后成立了党的中央监察委员会。为了进一步保证监察委员会的权威性，1921年3月举行的俄共（布）第十次代表大会通过了《关于监察委员会的决议》，明确规定监察委员会和党的委员会平行地行使职权，对于监察委员会的决议，本级党委会必须执行，而不得加以撤销。俄共（布）第十一次代表大会通过了《关于监察委员会的任务和目的》的决议。该决议指出，监察委员会在新形势下，要及时调整路线，严厉查处监督那些滥用权力、以权谋私、索贿受贿的经不起考验的党员干部，防止社会公仆向"社会主人"蜕变。同时，列宁提高和扩大中央监察委员的地位和权限，强调中央监察委员会应由党的代表大会直接选举产生，当选者也像其他中央委员一样，享有同样的权力。中央监察委员会委员有权参加政治局会议，中央监察委员会委员必须在自己的主席团的领导下，经常检查政治局的一切文件。另外，列宁还强调通过群众监督和舆论监督，1919年5月在国家监察部下设立中央控告检查局，接受审理群众对国家工作人员滥用职权、渎职和违法行为的控告和检举。

实际上，由于身体原因列宁在1923年已经日渐淡出政治舞台。在1923年俄共（布）召开第十二次代表大会，列宁没能参加，大会虽然接受了列宁的建议，将中央监察委员会人数扩充至50人，但把监察工作的目的确定为："应该是弄清经济机关和行政机关的实际成绩或缺点，确定该部门具有代表性的、典型的盗窃方法并找出防止的措施，而不要偏重于搜寻个别的盗窃和舞弊行为。""中央监察委员会的基本任务，就是从各方面保证党的路线能在所有苏维埃机关的工作中得到贯彻。"[①] 实际上是监督党的决议的执行而不是监督党的决策层。此后，斯大林逐渐取消了监察的独立性，改变了监督工作的对象和职能。苏共十三大、十四大以后，斯大林利用扩大中央监察委员会人数，更多地融入工人和农民的同时，将其功能定位为建成工人专政的国家和巩固工农联盟的总任务，并且进一步消减监察委员的权力。只有中央监察委员会主席团委员和候补委员，才可以出席中央委员会全体会议。此时，监察委员会对斯大林实际上起不到任何监督的作用，成了听命于总书记的机关。不仅如此，斯大林还通过清党工作，将一些对监督工作质疑的反对派和一些有独立思想、敢于提出不同意见的人员清除出去，中央监察委员会变成了执行斯大林政策的工具。在苏共十七大通过的党章中去掉了关于中央监察委员会一章，取消了中央监察委员会监督党委会制定有关政策的规定，中央监察委员会实际上变成了中央委员会的下属机构。1939年1月苏共十八大最终完成了对苏联监察体制的改造，规定党的监察委员会由中央委员会全体会议选举，并在联共（布）中央委员会领导下进行工作。[②] 由斯大林确定的这种中央监察委员会从属于中央委员会的体制被沿续下来，到勃列日涅夫时期又取消了中央监察委

[①]《苏联共产党决议汇编》第2册，人民出版社1964年版，第296、299页。
[②]《苏联共产党决议汇编》第5册，人民出版社1964年版，第54页。

会对地方监察委员会的垂直领导。这样中央和地方党的第一书记都已经处于监督之外了。所以,从苏联主要领袖选用方面存在的异常看,在某种意义上正是由于其监督机制存在问题。

赫鲁晓夫为了纠正斯大林在干部方面的弊病,推行了干部更换制,并开始在各个领域更新干部。据资料显示,这一时期干部的更换十分频繁。以军队为例,1955—1963年赫鲁晓夫先后在国防部、总参谋部以及各军兵种进行了大幅度的人事调整。其间,军队高级将领被撤换的主要有:"1955年2月,朱可夫接替布尔加宁任国防部长;1956年1月,刚满46岁的戈尔什科夫接替被解职的库兹佐夫出任海军总司令;1957年,维尔希宁接替加列夫出任空军总司令;同年10月,朱可夫又被马利诺夫斯基取代;同年11月,驻德苏军总司令格列厅科升任国防部第一副部长兼陆军总司令,1960年又兼华约联合军队总司令;同年4月,总参谋长索科洛夫斯基卸任,由扎哈罗夫接任。1963年,比留佐夫又取代了扎哈罗夫。同期,军区司令一级的变动,总计达47人次。"①

勃列日涅夫时期的干部监督考核工作有了新的进展,逐步规范化、制度化,并形成一套比较完整的考核办法。勃列日涅夫时期在干部监督制度上的一个显著进步是发扬了列宁的群众监督思想,在全国范围内建立起比较完善的人民监督体系。早在勃列日涅夫上任初期,即1965年的苏共中央十二月全会,就决定建立人民监督机关,以吸引广大人民参与国家事务的管理,监督各级干部。随后又颁布了人民监督机关条例,从中央到地方普遍建立起各级人民监督委员会,以及渗透到社会各个领域、各种机构的监督小组和监督岗。1979年又制订了《人民监督法》,对人民监督的职责、权限等都作了明确规定,从而使群众监督法律化。② 在考核制度方面,勃列日涅夫时期也取得了一些进步,将干部考核的目标方面定位为提高干部或专业人员的思想政治水平和业务能力,在考核对象、考核周期、考核程序和考核委员会的构成方面有了明确的要求。干部监督考核制度的建立和完善推进了德才兼备用人标准的实现,但这种考核制度并没有在所有部门推进,导致其监督考核与干部淘汰制度缺乏有效连接,最终阻碍了德才兼

---

① 李华:《赫鲁晓夫与苏联治理》,中国社会科学出版社2009年版,第95页。
② 王正泉:《从列宁到戈尔巴乔夫:苏联政治体制的演变》,中国人民大学出版社1989年版,第312—314页。

备干部的脱颖而出，导致干部队伍的老化。勃列日涅夫时期，领导层老干部长期稳定，又不断充实新人，使干部队伍越来越庞大。据统计，赫鲁晓夫时期苏联党政干部总数是 500 万—600 万人，而勃列日涅夫时期党政干部总数增加了近一倍，各个部委的领导干部和工作人员也大幅度地增长，各部委的正副部长由原来的 4—5 名增加到 8—9 名，有的副部长多到十几名。

在戈尔巴乔夫时期，对干部的监督管理采取了一系列新的措施，强调充分发挥监督机关的作用，通过扩大公开性来对干部进行监督，强调批评没有"禁区"，加强干部的责任感和纪律性，加大对违法乱纪、贪赃枉法、渎职和犯罪的干部的处理力度。戈尔巴乔夫表面上唱着民主化和公开性的高调，也多次重申要加强干部的监督考核，给人的印象是要解决赫鲁晓夫和勃列日涅夫传下来的排斥异己、重用亲信、拉帮结派的陋习。实际上，戈尔巴乔夫只是个"说话的巨人"而已，在政治生活中他并没有跳出前人的窠臼，监督考核只是他选用亲信的工具。在他的策划下，1985 年苏共中央 7 月全会解除了曾可能成为他的竞争对手的罗曼诺夫的政治局委员和书记处书记的职务，把他的朋友谢瓦尔德纳泽从政治局候补委员提升为正式委员，任命雅科夫列夫为苏共中央宣传部长。在苏共二十七大召开前，多数加盟共和国举行了党代表大会，改选了领导机构。各加盟共和国党中央、最高苏维埃和部长会议的主要领导人更换了 19 人。苏共二十七大对全党的领导机构进行了大幅度调整，新人在中央委员中占 44%，在候补中央委员中占 69%。而戈尔巴乔夫还觉得中央委员会的人员变动得太小，并为此感到后悔。[①] 政治局和书记处也大换班，叶利钦和雅科夫列夫的地位有所上升，前者先后当选为政治局候补委员和委员，后者则当选为中央书记处书记和中央政治局候补委员。不仅如此，随着改革的深入发展，戈尔巴乔夫连自己举起的民主幌子也丢掉了。"改革后期，集体领导原则遭到进一步破坏，政治局一连几个月不开会，什么事都由他一个人决定。"[②] 雷日科夫也说，他"喜欢搞一言堂"。[③]

---

① ［俄］B. 博尔金：《戈尔巴乔夫沉浮录》，李永全等译，中央编译出版社 1996 年版，第 184 页。

② ［俄］B. 博尔金：《戈尔巴乔夫沉浮录》，李永全等译，中央编译出版社 1996 年版，第 137 页。

③ ［俄］H. 雷日科夫：《大动荡的十年》，王攀等译，中央编译出版社 1998 年版，第 305 页。

三、德才兼备用人标准实现机制探索中的主要教训

　　苏共在用人方面有成功的经验，不然它就不可能在一个封建的、军事的帝国取得十月革命的胜利；也不会在完成革命后粉碎国内外敌人的进攻保护好胜利的果实；更不可能打退法西斯德国的进攻，为世界反法西斯作出巨大贡献。历史地看，从列宁到斯大林，再到后来的领导者，他们对于德才兼备的干部都十分重视，对于德才标准的认识也比较明确，对于干部的选用育养都有过明确的表述，而之所以在干部方面出现问题在于没有贯彻好用人标准实现机制。从总结教训的视角看，苏共用人标准实现机制方面存在的关键问题在于不能有效地平衡干部选用权力的集中与分散、干部任期制与终身制的关系，不能构建正常的干部退出机制等方面。有鉴于此，如下几个方面尤其值得深思。

（一）干部选用权力的集中化与分散化

　　在干部选用权力方面，苏共走了一条由集中到分散的道路。所谓分散，是指极端民主化。十月革命之前，列宁曾设想未来的无产阶级专政国家将实行直接的、彻底的民主制，但是在十月革命后国内战争的特殊条件下，俄共（布）党内不得不实行"极端的集中制"和"战斗命令制"。因为"加强权力的集中和限制民主，这在当时不仅是自然的事情，而且是必然的事情"。[①] 为此，1918年列宁改变了直接选举领导干部的想法并提出委派制原则，1919年俄共（布）八大标志着苏联干部制度转向任命制，1923年11月则开始了等级官员名册制度的实践，明确了不同类型和岗位上的干部提名任命主体。但是，由于列宁崇高的威望、无私的情怀和高超的识人用人能力，这一时期干部选用权力的集中制还没有凸显其弊端，特别是列宁本人时刻警惕选拔权力过分集中侵害民主的情况发生。所以，在列宁时期干部的选用权虽然集中，但是德才兼备用人标准实现机制贯彻实施得比较好。斯大林将"极端的集中制"贯彻到干部领域，并将其长期化和固定

---

① ［苏］罗·梅德韦杰夫：《斯大林和斯大林主义》，彭卓吾等译，中国社会科学出版社1989年版，第355页。

化，导致各级干部都由上级任免，形成党的领导人员层层任命制。斯大林本人并非没有认识到这种情况，早在 1937 年斯大林就曾指责有些部门的干部"是一个亲近的人们结成的一个小家庭，一个小团体，其成员都力求和平相处，互不得罪，家丑不外扬，互相吹捧，并且时常向中央送交空洞而令人作呕的胜利报告"。① 但是，理论认识并没有形成改变现实的物质力量，尤其是在列宁逝世以后，苏共权力斗争的需要也迫使斯大林充分利用中央书记处的权力，尤其是在干部制度方面利用官册制度培植自己的势力和削弱对手的权力。所以，此时斯大林加强了书记处的权力，将各层级的干部选用权力集中在书记处和自己手中，直到斯大林退出历史舞台，苏共干部选用权力过分集中的情况始终没有得到根本改变。斯大林病逝以后，赫鲁晓夫于 1953 年 9 月正式担任苏共第一书记。针对苏共高度集权的领导体制，赫鲁晓夫实行了一系列改革措施，经过一系列的"思想批判"、"体制改革"，最终由于赫鲁晓夫本人不身体力行党内民主和集体领导，而导致党内政治生活极不正常，其结果又回到了搞个人迷信和个人独裁的起点上。1964 年 10 月赫鲁晓夫被解除苏共中央第一书记、苏共中央主席团委员、苏联部长会议主席等职务。勃列日涅夫把赫鲁晓夫轰下了台，但是他在个人专断独行方面与赫鲁晓夫别无二致，并且在选用干部过程中注重自己的老相识、老部下，形成苏共历史上最大的政治帮派"第聂伯罗帮"。1985 年 3 月，戈尔巴乔夫当选为苏共中央总书记、苏联国防会议主席、苏联最高苏维埃主席团委员之后，提出对党的建设必须实行"革命性的变革"，用此清除一切把党同官僚主义联系起来的东西，提出"公开性"与"民主化"的口号。但是，戈尔巴乔夫在改变过于集中的组织状况时，不仅改变了党的组织原则，而且"在经济上主张搞以私有经济为主体的混合经济，反对社会主义公有制经济；在政治上主张搞资产阶级多党制和议会制，反对共产党的领导和无产阶级专政；在思想文化上，反对马克思主义的指导地位"，② 最终导致了苏共下台与苏联解体。

---

① 严格说来，苏共只是苏联共产党特定历史时期的称谓。苏联共产党的前身为 1898 年 3 月成立的俄国社会民主工党，1912 年起称俄国社会民主工党（布尔什维克），1918 年改名俄国共产党（布尔什维克），1925 年称苏联共产党（布尔什维克），1952 年改为苏联共产党。《斯大林文选》上卷，人民出版社 1989 年版，第 139—140 页。

② 李理：《以马克思主义引领多样化的社会思潮——访中国社会科学院学部委员、中国历史唯物主义学会会长李崇富》，《上海党史与党建》2010 年第 8 期。

第四章　苏共德才兼备用人标准实现机制述要　123

　　选用权力的集中化与分散化关乎德才兼备用人视野问题，也关乎选用干部是否为民主方式的问题。选用权力过于集中可能导致用人视野狭窄，任人唯亲盛行。在斯大林时期，干部使用方面一个显著特点就是层层实行直接或变相的任命制。长期主要由上级（实际上是少数人）任命和委派干部，干部的升迁、命运系于上级领导，势必造成干部只对上负责而不对下负责的状况。不仅如此，由于权力过分集中还容易因权力崇拜而变成对权力持有者的个人崇拜，因为"高度集权体制是产生个人崇拜的制度性基础，而个人崇拜又是党内缺乏民主的产物"。① 从苏共领导苏联建设的历程上看，这种个人崇拜问题确实成为"苏联社会主义进一步发展的最大障碍"。② 在苏联，人们对于领袖人物的过分颂扬肇始于斯大林时期，对于斯大林的崇拜落脚到对于斯大林的唯命是从方面，甚至苏共十七大都通过决议，"责成各级党组织以斯大林同志报告中所提出的原理和任务作为自己工作的指南"。③ 赫鲁晓夫以反个人崇拜的面目出现，也曾严厉批评过权力过于集中所导致的任人唯亲问题。他指出："在许多党、苏维埃和经济的组织中有一种严重的恶行，那就是用不正当的方法挑选干部，即不按照业务能力和政治品质去挑选干部，而按照朋友关系、私人情面、同乡和亲戚关系去挑选干部。"④但是，赫鲁晓夫反对任人唯亲和个人崇拜问题并不彻底，并且"最终走上了他迷信自己也让他人迷信自己的道路"。⑤ 赫鲁晓夫的继承人勃列日涅夫，在个人迷信方面与前任相比同样有过之而无不及。造成个人崇拜的原因之一是选用权力集中化，而个人崇拜的结果又反过来影响了干部选用进程，影响了德才兼备干部的选拔与使用。正如李华指出的，苏联长期实行干部任命制，久而久之便把整个干部队伍的视线引向了上级，造成了领袖崇拜。同时，由于他们赢得了领袖的欢心从而也有可能使自己的官位得到提升。⑥

---

　　①　陆南泉：《苏联剧变的根本原因和中国应吸取的教训》，《当代世界社会主义问题》2011年第3期。
　　②　刘克明，金挥：《苏联政治经济体制七十年》，中国社会科学出版社1990年版，第419页。
　　③　《苏共决议汇编》第4册，人民出版社1957年版，第401页。
　　④　《赫鲁晓夫言论集》第2集，世界知识出版社1964年版，第297页。
　　⑤　闻一：《1964年10月：勃列日涅夫和赫鲁晓夫》，《世界历史》1996年第4期。
　　⑥　参见李华《赫鲁晓夫时期苏联干部任期制评析》，《南京社会科学》1995年第2期；《关于苏联个人崇拜现象的历史考察——从斯大林到勃列日涅夫》，《阴山学刊》2007年第5期。

另外，在选用干部方面否定党管干部原则、民主集中制原则，不失时机地推进选举制度，也可能导致选用权力的分散化，同样也会产生严重的后果。早在1987年戈尔巴乔夫就提出重新认识民主集中制问题，并且一开始就抱着走极端——"民主化、再民主化"的思想方法和目的要求。到1988年9月，书记处有一年左右没开会，党的各种委员会建立后，书记处的会议便自动停止了。在苏共党的十九次全国代表大会上，戈尔巴乔夫认为进行政治体制改革必然要进一步推进党自身的改革，改革的思路之一就是进行选举制改革。强调改革候选人由书记提名的办法，各级选举要民主，保证候选人经过广泛讨论，保证实行竞争，其结果是保证真正忠于事业、有才华、受尊敬、享有崇高威望、有能力执行改革政策的人当选。同时，戈尔巴乔夫逐渐弱化了政治局、书记处的作用，实行竞选制，甚至否定民主集中制。他指出"'苏共坚决否定在行政命令体制下形成的那种民主集中制，那种僵硬的集中制'，认为民主集中制原则已'声名狼藉'，用'全面民主制'实质是极端民主制取而代之"。① 此后，在1989年举行的首届苏联人民代表选举中，参加竞选的150名苏共党委书记竟然有30名落选。面对这种情况，戈尔巴乔夫没有认真反思，反而在1990年的二月全会和同年的三中全会上，再次提出重新认识和改革民主集中问题。苏共二十八大的改革更为激进，会议要求在干部工作中，党将放弃形式主义和圈定名单的做法，国家权力机关和管理机关有权作出干部任命决定，党内的干部任免权有上级机关下放到党组织和全体党员。"苏共二十八大的新架构，看上去是民主的，但本质上是离心的；看上去是对传统结构和机制的改革，实际上是对它的反动。"② 这种在政治上主张多党制和取消民主集中制，不适时的干部制度改革，葬送了苏共本身。

集中与分散是事物对立统一的两个侧面，没有集中，就没有分散。在干部选拔权力方面也要注意平衡集中与分散这对关系，尊重民众的权利并积极推进有效民主，借以提升执政合法性。诚如毛泽东指出的："一方面反对绝对的集中主义，同时又反对绝对的分散主义。"③ "应该集中的不集中，在上者叫做失职，在下者叫做专擅，这是在任何上下级关系上特别是

---

① 吴恩远：《苏共先进性丧失的具体体现》，《马克思主义研究》2005年第2期。
② 王长江：《政党的危机》，改革出版社1996年版，第85页。
③ 《毛泽东选集》第2卷，人民出版社1991年版，第435页。

在军事关系上所不许可的。应该分散的不分散,在上者叫做包办,在下者叫做无自动性,这也是在任何上下级关系上特别是在游击战争的指挥关系上所不许可的。"① 所以,在干部的选拔使用问题方面,应当把充分的民主和正确的集中结合起来,把基本的选举制和经集体讨论的必要的集中制结合起来。纵观苏共选用干部的历史可以得出,苏共在干部选拔权力方面的重要教训之一就是没有平衡好这种民主与集中的关系。

(二) 干部任用周期的长期性与短暂性

列宁基于身体的原因和当时崇高的威望担任领导职务至逝世,斯大林本人在和平建设年代没有探索出好的任期制度,也担任党政领导工作直到逝世。至于其他各层级的干部,都或多或少地存在任职终身制情况,至少存在任期时间过长的问题。这种任用周期长的现象严重阻碍了干部的更新,影响了德才兼备的干部特别是年轻干部的脱颖而出。后来的赫鲁晓夫曾针对于此进行过干部更新制度改革,他指出:"经常更换干部,提拔在工作中成长起来的新同志,把年轻的工作人员同富有经验的工作人员在我们党和国家的乐队中结合起来,是马克思列宁主义政党的发展规律。"② 他认为,干部如果长期留守在某一职位上,就会出现精神懈怠失去原来具有的德才素养,"他们当中有些人失掉了创造性办事的能力,丧失了对新事物的感觉,成为一种障碍"。③ 通过干部更新"能够保证把新生力量输送到领导中和保证领导的继承性",④ 防止干部的老化和推进优秀年轻干部的产生。同时,这种干部更新制度还能改变干部队伍文化素质偏低,"特别令人不能容忍"的⑤状况和"多少限制和约束了干部以权谋私行为的泛滥"。⑥ 于是,在赫鲁晓夫执政时期开始大量更换干部,苏联干部更新的规模大大超过了苏共纲领和章程规定的比例。据科兹洛夫在1962年说:"最近几年党的干部成分发生了很大的变化","在党的州委会和加盟共和国党中央第一书记中,担任这一职务不满三年的占70.5%","党的区委会和市

---

① 《毛泽东选集》第1卷,人民出版社1991年版,第192页。
② 《苏联共产党第二十二次代表大会主要文件》,人民出版社1961年版,第402页。
③ 《苏联共产党第二十二次代表大会主要文件》,人民出版社1961年版,第401页。
④ 《苏联共产党第二十二次代表大会主要文件》,人民出版社1961年版,第485页。
⑤ 《社论:党对经济的领导》,[苏]《共产党人》1963年第16期。
⑥ 黄立茀:《苏联社会阶层与苏联剧变研究》,社会科学文献出版社2006年版,第188页。

委会的书记工作不满三年的占 78.8%"。①但是,赫鲁晓夫的干部轮换更新机制并不彻底,比如该制度规定"某些党的活动家,由于他们享有公认的威信,具有高度的政治品质、组织者品质和其他品质,可以在更长的时期内连续选入领导机关",②这一规定严重背离了马克思主义认识论。事物是不断变化的,即便有些领导人过去享有公认威信和拥有高度的政治品质,也不一定就一直拥有这种威信和品质。同时,这一规定也为赫鲁晓夫自身长期担任领导职务留下后路:赫鲁晓夫从 1939 年苏共十八大当选政治局委员以来,经过苏共十九大至二十二大,已经连续 4 届共 22 年担任主席团(政治局)委员的职务,早已超过干部更新制度的具体规定。赫鲁晓夫的改革,使得中下层干部频繁轮换侵犯了很多人的利益,形成队伍内的政敌与反对派,再加上赫鲁晓夫本人利用这一制度,排斥异己,以至形成个人专断,伤害了大批干部的积极性,也造成干部队伍不稳定,影响了德才兼备实现机制的落实。后来的戈尔巴乔夫在干部选用方面也出现类似问题,戈尔巴乔夫自身缺乏治国安邦的能力,无力处理日常事务却怪罪于别人,"结果是政府领导人、工农业高级官员、苏维埃主席和中央频繁改组",③"以边疆区、州、直辖市这一级委员会书记的干部更迭为例,戈尔巴乔夫上台以来这 150 个单位的书记被更换的占 92.5%"。④"干部调整过多,过于频繁,对干部的压力过大,造成相当多的干部无心工作,更多地考虑自己的前途。"⑤

  勃列日涅夫没有能够正确总结赫鲁晓夫干部更新制度正反两方面的经验教训,而是笼统地加以否定,把其中的合理因素即干部职务的任期制和轮换制也否定了,从而继续推行斯大林时期即已暴露弊端的领导职务终身制,再次阻碍了干部新老交替,影响了优秀年轻干部脱颖而出,导致领导班子年龄老化、思想僵化和作风官僚化。稳定干部队伍在一定时间内曾有过积极作用,但当稳定走向了极端的时候便会再次出现领导干部职务终身制的问题。在勃列日涅夫时期,苏共中央政治局正式委员平均年龄,由

---

① 转引吴晓建《赫鲁晓夫关于改革干部终身制的尝试及其失败》,《国际政治研究》1987 年第 1 期。
② 《苏联共产党第二十二次代表大会主要文件》,人民出版社 1961 年版,第 227 页。
③ [俄] 瓦西里·博尔金:《震撼世界的十年》,甄西等译,昆仑出版社 1998 年版,第 292 页。
④ 王韶兴:《苏联党建模式历史考》,《马克思主义研究》1999 年第 3 期。
⑤ 王立新:《苏共兴亡论》,中共中央党校出版社 2007 年版,第 142 页。

1964年的61岁，上升到1981年的70.6岁，中央书记处的年龄，由1964年的54.1岁，到1981年上升为68岁。在苏共二十五大上，连选连任的比率高达83%，如果除去去世的，实际上有将近90%的中央委员连任。从苏共二十六大选出的中央政治局和书记处，竟是苏共二十五大的原班人马。而且，从14人组成的政治局委员的年龄结构上看，70岁以上的成员竟有8人，占57.1%，如果再加上60岁到70岁的5名成员，则占92.9%，而60岁以下的成员只有1人，占7.1%。这14名政治局委员到1985年3月戈尔巴乔夫上台为止的4年多时间里，竟有6人先后老死在岗位上。后来，在以勃列日涅夫为首的最高5人领导核心中，平均年龄高达75岁，被称为"老人团"，这在任何国家都是罕见的。同时，由于实践中强调了任命制，使任命制完全被固定化了。此时，每一级党委可以任命的范围和权限都形成了具体详细的规定，区委、州委、共和国党中央、书记处、政治局都有自己的主管干部。①

可见，在德才兼备用人标准的落实过程中，正确处理干部的任用周期，在推进更新任期制进程中改变任用周期过长或过短的现实，始终是苏共面对解决但始终没有解决好的难题。究其原因就在于改革进程中的连续性与间断性关系没有处理好，在改革既往制度的弊端时将既往制度一棍子打死，而新制度又是建立在对既往批判的基础上的。由于它打死了既往制度，像泼洗澡水倒掉了婴儿一样，也否定了既往制度中的合理成分，结果又使新生制度出现了不少新弊病，再次影响到德才兼备用人标准的贯彻落实。

（三）干部淘汰过程的残酷性与非理性

列宁在选用干部的过程中既比较民主，也比较理性。但在列宁之后，随着斯大林掌握了无限的权力，以及党内斗争的不断加剧，或者说是斯大林认为党内斗争的形势越来越严峻，对选用干部的进程也产生了重大影响，特别是对于如何淘汰党内不合格的干部或者反动分子问题产生了重大影响，使得干部淘汰过程呈现出明显的非理性和残酷性。1927年斯大林就

---

① 于学强：《中国干部选拔的问题与对策研究》，中国社会科学出版社2009年版，第137—138页。

战胜了最大的竞争对手托洛茨基并将其开除出党，而列宁在1922年12月23日至25日口授的《给代表大会的信》中，还认为托洛茨基是"中央委员会中最有才能的人"。① 1929年4月的第十六次代表大会通过《关于清洗和审查联共（布）党员和预备党员》的决议，决定"实行总清党"，清洗"暗藏的托洛茨基分子"，"清洗一切非共产主义分子、蜕化分子、异己分子、官僚主义分子、混进党内的分子、自私自利分子和以官僚态度对待自己职责的分子"，② 随后，相当多的曾在革命和建设进程中作出过巨大贡献的革命家都以各种各样的罪名被清除出党，甚至加以肉体消灭。例如皮达可夫，这位曾被列宁称为"是个具有坚强意志和杰出才能的人"③ 于1937年被枪决。再如决布哈林，列宁曾称为"党的最宝贵的和最大的理论家，他也理所当然被认为是全党喜欢的人物"，也于1938年被枪决。④ 遭到同样命运的还有众多党政军优秀干部。"1917年8月俄共第六次代表大会选出领导十月革命的中央委员会。在21名中央委员中，被逮捕处死的有别尔津、布哈林、布勃诺夫、季诺维也夫、加米涅夫、克列斯廷斯基、米柳亭、李可夫、斯米尔加、索柯里尼柯夫等10人，还有托洛茨基在国外被暗杀。遭迫害的占到一半以上。"1922年俄共"第十一次代表大会选出的27名中央委员，其中遭迫害致死的有16人，……遭迫害的占到60%以上"。⑤ 为了推进大清洗，苏联中央执行委员会还颁布了《关于客观参与》等法律，并根据斯大林的建议做出一项关于采用肉体感化的决定，不仅扩大了清洗面，而且使严刑逼供合法化。这样，许多人都被冠以"人民的敌人"加以抓捕甚至消灭，内务人员可以肆无忌惮地打人至死，也可以采取不许人睡觉的办法折磨人。斯大林时期大清洗的规模相当大，有的学者认为遭到镇压的有300万—800万人，遭迫害的则多达数千万。⑥ 也有学者认为，目前学者对于"大清洗"的时间段界定并不统一，甚至基于俄文的中文翻译出了问题，进而影响到对斯大林大清洗规模的认识，使得这个数字

---

① 《列宁选集》第4卷，人民出版社1995年版，第754页。
② 《苏共决议汇编》第4分册，人民出版社1957年版，第52、49、48页。
③ 《列宁选集》第4卷，人民出版社1995年版，第754页。
④ 《列宁选集》第4卷，人民出版社1995年版，第754页。
⑤ 沈志华：《一个大国的崛起与崩溃》上册，社会科学文献出版社2009年版，第341页。
⑥ 沈志华：《一个大国的崛起与崩溃》上册，社会科学文献出版社2009年版，第300—301页。

被片面夸大了。①

站在组织建设的视角看,"大清洗"无论是不是出于政治路线斗争需要,无论清洗掉了多少精英,都不能否认其方式的残酷性。与这一时期残酷性的淘汰机制相比,后来的领导人取得了不少进步。但是,后来者在除旧纳新的过程中也犯了非理性的错误。针对斯大林时期形成的干部队伍老化的情况,于苏共二十二大赫鲁晓夫正式提出了干部更新制度。"1963年,在总结和改选过程中实行这一制度的结果,是各加盟共和国党中央、州委会的成员更新了一半以上,市委会、市属区委会选出了3/4以上的新成员。而在国家政权方面,据1962年4月25日《真理报》报道,苏联最高苏维埃的代表在当年的选举中更换了近70%,在1447名代表中有1007名是初次当选。"② 经过改革,"1964年苏共中央主席团委员平均年龄为61岁,1962年苏联部长会议副主席的平均年龄为56岁,州委书记的平均年龄只有48岁"。③ 但是,赫鲁晓夫在实行这一改革时,低估了干部阶层因以往实行终身制而形成的顽强惰性和反抗力量,忽视了社会的心理承受力问题,不仅得罪了大量的干部,也削弱了自身改革的基础,最终影响到德才兼备用人标准实现机制的落实。同样,勃列日涅夫的改革纠正了赫鲁晓夫在某些方面的不足,以保持干部队伍相对稳定为借口,取消干部任期制和轮换制,再次走向了干部队伍老龄化和干部终身制。"这种干部终身任职的制度,使70年代后期苏共高层领导的老龄化现象十分严重,最后导致苏联领导层陷入了病态和停滞的状态。甚至从1982年11月到1985年3月,在不到3年的时间里,莫斯科红场为苏共的3位最高领导人举行了葬礼。"④ 不仅如此,为了防止被清除的下场,勃列日涅夫一方面将所有重要权力集中在自己手中;另一方面也是消除异己,提拔庸人,使无人能在这个体制内对他本人构成威胁。所以,"尽管勃列日涅夫具有明显的缺点和毛病,可是在他风烛残年的日益衰竭的一个长时期中,他竟没有一名竞争

---

① 参见吴恩远《苏联"三十年代大清洗"人数考》,《历史研究》2002年第5期;吴恩远:《从档案材料看苏联30年代大清洗数字的夸大》,《世界历史》2003年第4期;吴恩远:《苏联"大清洗"问题争辩的症结及意义》,《历史研究》2006年第6期。
② 刘新宜:《社会主义国家演化简史》,社会科学文献出版社2010年版,第292页。
③ 李华:《赫鲁晓夫与苏联治理》,中国社会科学出版社2009年版,第15—16页。
④ 万福义:《党鉴:共产党执政实践与规律研究》,山东人民出版社2003年版,第378页。

对手；国家、党和政府领导上竟未能提出更佳的人选"。① 1985 年契尔年科逝世后，戈尔巴乔夫上台，结束了苏联老年政治的历史，但又使得苏联的干部体制再次翻转。"在 1986 年 2 月召开苏共二十七大之前，戈尔巴乔夫已经基本上完成了对苏共最高领导核心的更换和改组工作，把他认为的改革派拉进了自己的班子。""这个班子的平均年龄是 64 岁，比勃列日涅夫的班子年轻 6 岁，勃列日涅夫时期的政治局成员基本上被换掉了，只剩下葛罗米柯等 4 人。不久这些老人也陆续被戈尔巴乔夫换掉。"② 干部年轻化的推进不仅没有激活苏共的活力，挽救苏联大厦将倾的局势，反而进一步推进了这个进程，最终导致苏共下台和苏联的解体。

由此可知，在苏共推进德才兼备用人标准过程中呈现出明显的非理性：斯大林是通过通过大清洗运动，将相当多德才兼备的干部清理掉；赫鲁晓夫通过宫廷政变式的手段获得了权力，在德才兼备用人标准实现机制方面犯了冒进的错误；勃列日涅夫时期在老路不通的情况下再走老路，肯定不合时代潮流；而戈尔巴乔夫在干部制度病入膏肓的情况下采取休克式疗法导致苏共下台也是必然的。

（四）干部任用标准的异动性与偏执性

苏共虽然在干部选用标准方面主张德才兼备，如列宁领导苏维埃时期就强调要"广泛地、有计划，有步骤地、并且公开地挑选最优秀的经济建设人员，挑选专业的和一般的、地方的和全国的管理人员和组织人员"。③ 斯大林坚持了他的这一思想，指出要选用德才兼备的人才，注重德与才两个方面，还警告说"不要把政治态度变成唯一无二的态度，即不要只注意工作人员的政治面貌，而不注意他们的业务能力"。④ 在苏联的党章以及党的代表大会决议中，要求坚决贯彻根据政治品质和工作能力的干部标准挑选干部的路线。如苏共二十三大强调：应当把忠于共产主义理想、通晓业务、经常联系群众，善于组织群众去完成面临的任务的工作人员提拔到领

---

① ［俄］格·阿·阿尔巴托夫：《苏联政治内幕：知情者的见证》，徐葵译，新华出版社 1998 年版，第 332 页。
② 万福义：《党鉴：共产党执政实践与规律研究》，山东人民出版社 2003 年版，第 388 页。
③ 《列宁全集》第 12 卷，人民出版社 1986 年版，第 272 页。
④ 《斯大林文选》上卷，人民出版社 1989 年版，第 139 页。

导岗位上来。苏共二十四大再次重申，要让政治上成熟、有广博知识和较强管理能力的干部来担任各部门的领导工作。苏共二十七大强调，选拔干部的标准是：遵守列宁关于挑选，配备和培养干部的标准，注意德才兼备。但是，实践表明，这种德才兼备用人标准的政策规定，并没有成为阻遏其执行中的异动与偏执的屏障。在革命斗争年代，列宁与斯大林都比较重视干部选拔，既强调对于无产阶级的无限忠诚，也强调斗争的才能，选拔了大量德才兼备的干部，比较好地贯彻落实了德才兼备用人标准。但是，战争结束后的和平建设年代，特别是斯大林时期，一方面列宁用于战争时期的用人策略被教条式地固化下来，比如任命制，使得用人权力过于集中，用人标准的判定也过于集中；另一方面由于列宁这一权威离去，党内的权力斗争在斯大林与其同僚中展开，而无论他们是围绕政治路线还是经济路线进行争论或斗争，最终都会落脚到以用人制度为核心的组织路线斗争方面。由于德才兼备用人标准缺乏现实的制度保障，此时便成为党内派系斗争和组织路线斗争的重要内容。比如，审判了所谓"列宁格勒反党集团"，逮捕和处决了沃兹涅辛斯基、库兹涅佐夫等联共（布）领导人，压制党内的不同意见；1957年的"反党集团事件"和通过的《关于马林科夫、卡冈诺维奇、莫洛托夫反党集团的决议》等。虽然，在不同时期的领导者都声称自己贯彻了德才兼备的用人标准，实际上由于干部的选用、培育、监控、管理、淘汰等方面缺乏配套机制。每个时期的组织路线都为适应当时的政治路线和派系斗争的需要，最终使德才兼备用人标准成为空头支票。

作为第一个社会主义国家，而且是非常重视意识形态建设的国家，苏共在早期的用人标准方面非常重视"德"。基于革命斗争的严酷形势，这种对于"德"的关注尤其体现在政治性与阶级性的要求方面。在当时党的工作重点转向经济建设的时候，尤其强调要有必备的知识和文化。列宁指出，"在这里，靠蛮干和突击，靠机智和毅力或者任何优良的个人品质，都是无济于事的"。[①] 1931年，针对社会主义建设的任务，斯大林提出了"技术决定一切"的口号。虽然，列宁和斯大林强调建设时期的专业能力问题，但政治素养无疑仍是第一位的。苏共党章要求要根据干部的政治

---

① 《列宁选集》第4卷，人民出版社1995年版，第699页。

的、工作的和道德的品质来选拔和配备干部，仍然是将政治标准放在第一位。即便是勃列日涅夫时期，仍强调强调以"政治表现，业务能力、道德品质三个条件作为挑选干部的标准"。① 但是，特殊的政治情形使得对于政治表现的要求出现严重偏执化，对干部政治表现与道德品质的要求变成了对领导的忠诚。诚如《南方周末》指出的"密谋政治反过来又使领导者更把'忠诚'看得高于一切，加剧了干部退化的恶性循环。戈尔巴乔夫能够成为苏共最后一任领导人，就与他任边疆区委书记时，经常盛情款待来此疗养的苏共领导人，特别是获得安德罗波夫赏识有关"。② 进入20世纪80年代以后，特别是苏共二十七大以后，苏共把经济改革与政治改革联系起来，苏联的政治体制改革特别强调从革新党风、加强党的自身建设、提高党的素质入手，强调"对党政领导部门进行较大的调整和更新，新的干部标准着重其对改革的态度如何"。③ 在选人标准方面，戈尔巴乔夫强调，要按"新尺度，新任务"来挑选干部，要"任人唯贤"，以改革画线。他认为"对改革的态度，对实行改革采取的实际行动，是评价干部的决定性标准"④ 为了落实上述标准，戈尔巴乔夫采取用选举制逐步代替委任制、实行选举公开化、差额选举和任期制的做法。应该讲，这些做法本身没有问题，问题是时机的选择与对干部标准本身认识的偏执，当过于强调改革标准或以坚持改革标准冲淡传统标准时，也会使传统上比较注重的德或政治指标被冲垮。"苏共在历史上也犯了这样的错误，在勃列日涅夫、安德罗波夫、契尔年科夫等先后逝世后，告别了老人党，却丢掉了'德'的尺度选择了年轻的戈尔巴乔夫。戈尔巴乔夫从来不是一个马克思主义者，更不是一个共产主义理想坚定者，其上台的目的就是搞垮苏共，结果如此，教训极深。"⑤ 黄苇町也指出过，"苏共在选拔干部时，过分注重干部的知识化、年轻化、专业化，而忽视了干部的革命化，选拔出的干部对马克思主义没有坚定的信仰，没有牢固确立为人民大众谋利益的宗旨，甚至已经成为思想上的反对派"。⑥

---

① 张世昌、刘培成：《当代社会主义运动概论》，陕西师范大学出版社1988年版，第211页。
② 黄苇町：《苏共垮台的总病根：权力过分集中、民主缺失》，《南方周末》2011年8月19日。
③ 中共辽宁省委政策研究室：《政治体制改革问答》，辽宁人民出版社1988年版，第21页。
④ 戈尔巴乔夫：《关于改革和党的干部政策》，《真理报》1987年1月28日。
⑤ 祝福恩：《以德选人用人的当代意义》，《黑龙江日报》2009年11月23日。
⑥ 张静如：《高校党的建设理论与实践探索》，中共中央党校出版社2006年版，第193页。

苏共在德才兼备用人标准方面强调对于德和才的关注，但是问题不在于是否提倡和关注德才指标，而在于是否从系统论的视角来认识和把握德与才，以及如何在实践中落实这些指标。从德才关系上看，正确的用人策略是主张德才兼备、以德为先。但从苏共用人方面看，前期确实强调德才兼备、以德为先，只是对于德方面的强调突出政治指标，这也导致了后期用人标准方面的大转向——对业务指标的过于青睐。"有才无德，行而不远"。这句俗话伴随苏共的下台，又一次在用人史方面得到证实。

最后，值得指出的是苏共下台从根本上讲不是某个人的问题，更不应当将苏共丧失政权归咎于斯大林本人。实际上，斯大林之后苏共的领导者，无论是赫鲁晓夫，抑或是勃列日涅夫，还是戈尔巴乔夫都犯过严重的错误，特别是戈尔巴乔夫。但是，"很难想象，一个大国、一个大党能够被某一个领袖，某一个叛徒出卖。可以说，历史上没有任何一个个人拥有这样的力量"。[①] 他们之所以会犯错误，终究是制度提供了机会和空档。"正是在这种体制下，产生了戈尔巴乔夫这样的人。"[②] 对苏联剧变的根本原因，亦应从制度中去寻找，而不能简单地归咎于某些领袖人物。诚如邓小平指出的："不是说个人没有责任，而是说领导制度、组织制度问题更带有根本性、全局性、稳定性和长期性。"[③] 苏共在用人方面的主要错误在于，没有从德才兼备用人标准实现机制的视角来构建和完善制度。

[①] 郑异凡：《苏联剧变：违背历史规律的结局》，《探索与争鸣》2011 年第 10 期。
[②] 张荣臣：《苏共领导人最高权力交接的历史教训及其启示》，《理论视野》2009 年第 2 期。
[③]《邓小平文选》第 2 卷，人民出版社 1994 年版，第 333 页。

第五章
西方国家德才兼备用人标准实现机制概览

关于西方国家德才兼备用人标准实现机制，主要介绍美、英等发达资本主义国家在用人方面的方法与制度，特别是其公务员制度方面的经验做法。西方各国的公务员制度并不完全相同，但在制度精神和制度要求方面有许多相通之处：比如注重公务员的分类与分级，根据公务员的类别和等级来确定其德才要求和选用方法，并针对性地制定相关法律和制度。这一点，无疑对于我国推进干部分类与分级制度建设有重要的启示意义。

一、西方国家对于公务员的德才要求

西方国家选用公务员时十分强调德才素养，并且强调根据不同岗位与职责的要求来细化德才素养，通过制度建设来落实其德才素养。实际上，西方国家公务员的内涵、指向和范围并不相同：在英国，公务员是指不与内阁共同进退，并可以在政府中长期任职的文职人员，即政府机构中除政府官员以外的人员；在法国，公务员是指那些在中央机关及其所属机关、地方行政机关以及公共企事业单位中被任命为常任官员的工作人员，分为国家公务员、地方公务员和医护公务员；在美国，公务员是指联邦政府中的政务官和事务官；公务员和文官在新加坡是两个不同的概念。不仅如此，为了确定公务员的素养条件，各国还对公务员进行分类和分级：英国自1968年富尔顿改革后，开始实行以职业划分为基础的统一的文官分类等级结构；美国政府先后出台了《1923年职位分类法》和《1949年职位分类法》，将高级公务员划分到18个通用序列中的第16、第17、第18列位与联邦机构执行阶层中第四、第五两级的范围内，并将高级文官职位，划分为常任文官专属职位和通用职位；在德国，公务员职位分四个等级：简单职务、中级职务、上级职务、高级职务；在新加坡，按照文官制度将文官划分为政务官和事务官，按照公务员类别将公务员划分为行政管理类、专业类和部门类三类，按级别高低又可将公务员分为五级。我们所探讨的对西方公务员的德才关注，主要是针对其政务类或高级公务员的要求。

（一）对于德的要求

西方国家对于公务员的道德要求，主要是出于对公务的性质要求，特别强调忠诚、廉洁、奉献等方面。

1. 忠诚

美国哲学家罗伊士在他《论忠》中指出，忠诚是最高的德行，是道德律的实现，没有忠诚，人就没有任何价值，因为他的生命缺乏道德的中心。忠诚是普遍的善，它使人受到道德秩序约束，也使人与人之间受到约束。这种思想也影响到政治领域对公务员素养的基本要求，基于公务员身份的特殊性，各国对公务员特别是政务类高级公务员有较高的从政道德要求。如加拿大对公务员要求："公职人员之活动应诚实，坚持最高的道德标准，以便保持并增加公众对政府的廉政清明、客观与无私之信心。"① 西方国家强调公务员的忠诚主要体现在如下三个方面。

一是忠于职守。忠于职守是西方国家公务员道德评价标准之一，也是公务员法律法规中的基本内容之一。在西方国家，忠于职守不仅体现为爱岗敬业，还体现为履行职责和服从命令。法国《公务员总章程》第12条规定："无论哪一级的公务员都有责任执行委托给他的任务。承担这一公职的公务员应对主管部门的行政长官负责，保证执行行政长官交给他的指令。"瑞士要求公务员应"认真而合理地"执行上级命令。德国《联邦德国官员法》第55条规定公务员有义务执行他的上级颁布的规定和贯彻他们的具体方针，只要这样做不涉及下述情况，即按专门条例规定，官员不受领导人指示的约束，而只服从法律。②

二是忠于国家。1958年7月，美国国会通过的《政府工作人员道德准则》，规定公职人员"对最高道德原则的忠诚和对国家的忠诚高于对个人、

---

① 贾玉林：《国家公务员廉政必读》，中国方正出版社2003年版，第205页。
② 郑桐：《"引德入法"：国外加强公务员管理的重要举措》，《红旗文稿》2008年第4期。

团体、政府部门的忠诚"。① 法国要求全体公务员必须绝对效忠国家，"国家至上"是其首要的道德义务。德国要求公务员进行"就职宣誓"，宣誓如下："我宣誓维护德意志联邦共和国的基本法和在联邦共和国内通行的一切法律，并认真完成我的职责，愿上帝保佑。"②《瑞士联邦公务员法》规定："公务员执行公务不得操办私事，应将全部劳动投入公务。""公务员应忠于职守，克尽职责。所作所为应当符合联邦利益，不做有损联邦的事情。"③ 韩国公务员道德规范中规定："在任何时候任何地方公务员都应该为全体国民服务，而不是为某个特定的集团或个人服务，这是大家所公认的。不同于一般人员，公务员应负有特殊的责任和具有高尚的道德准则标准。"④

　　三是遵纪守法。无论是对职位的忠诚还是对国家的忠诚，都可以体现在对法律的忠诚。遵纪守法是每个公民应尽的社会责任和道德义务，也是每位公职人员必须具备的政治素养和道德修养。美国在《美国行政部门雇员道德行为准则》总则中规定："政府机关部门是公众信任的部门，因此要求其雇员必须将忠于宪法、法律及道德准则置于个人利益之上。"⑤ 西方国家的从政道德法也都明确规定了对违反从政道德行为的处罚尺度及程序。比如各国一般都要求公务员保守工作中的机密，严禁将有关机密文件挪用和转告第三者。英国《地方政府雇员行为准则》规定："雇员在未事先获得议员的同意的情况下，不得向他人透露从议员处获得的有关议员个人和不属于当局公开的任何信息，除非法律要求或批准中止透露。"⑥ 瑞士《公务员法》规定："禁止公务员泄露根据其性质或特别指令需保密的公务。公务员有义务保守职业机密，即使脱离公务之后仍要做到保密。"⑦《韩国公务员道德规范和利益冲突》规定："每个雇员在执行公务时可能会接触到一些机密情报，应该予以严格保密。在他（她）离开该工作岗位以

---

① 冯益谦：《公共伦理学》，华南理工大学出版社2010年版，第60页。
② 阎青义、李淳：《世界各国公务员法手册》，吉林大学出版社1988年版，第260页。
③ 阎青义、李淳：《世界各国公务员法手册》，吉林大学出版社1988年版，第335页。
④ 《国外公务员从政道德法律法规选编》，中国方正出版社1997年版，第85页。
⑤ 毛昭晖：《公务员行为规范教程》，研究出版社2004年版，第256页。
⑥ 贾玉林：《国家公务员廉政必读》，中国方正出版社2003年版，第199页。
⑦ 贾玉林：《国家公务员廉政必读》，中国方正出版社2003年版，第227页。

后仍应该保守这些机密。"①

2. 廉洁

在西方国家,廉洁是对公务员必备的基本素质要求。不少国家,通过制定各种各样的法律法规来确保公职人员廉洁从政,确保国家利益得到保障。有学者曾将国外廉洁从政的规定分为强制性规定、预防性规定和惩治性规定三种情况。② 如果从内容方面看,西方国家关于廉洁方面的要求主要体现在如下四个方面。

第一,严禁在公务活动中送受礼品。关于礼品的定义范围,各国的规定详略不一,其基本内容是:礼品指送礼人送给或提供给受礼人的一切款项、有价物品、宴请招待、交通住宿、赠予固定资产、各种优惠、酬谢、服务或其他利益等。③ 许多西方国家严禁公务员在公务活动中送、受礼品,禁止上下级之间送、受礼品;严禁利用职权向任何组织和个人所要及收受礼品等。禁止送、受礼品范围一般还包括公职人员的家庭成员。1978 年 10 月,美国国会参众两院通过的《政府道德法》和布什政府颁布的《政府道德改革法案》中,禁止政府官员、法官和议员受礼或免费旅行,禁止政府行政人员和司法官员在政府发给的薪金之外再索取酬金等。④《加拿大公务员利益冲突与离职后行为法》规定:"除去偶尔的礼品、习惯的招待或其他仅有名义上价值的利益而外,公职人员不应谋求或接受经济利益的转让,除非这项转让是根据公职人员的可执行的合同与财产权而获得的。"⑤

第二,禁止在职公务员经商和兼职。公务员兼职是指其在担任公职期间同时从事其他政府或私营部门的工作或经营。为了保证国家政治制度的稳定,防止公务员徇私枉法,西方国家大都规定在职公务员不得自办营利性企业,不得在以营利为目的的商业、工业、金融行业中为公、私营企业兼职。奥地利《联邦官员法》规定:公务员不得从事有碍现任工作或有损于公务的其他职业。日本《国家公务员法》第 103 条规定:职员不得兼任公职,不得兼任商业、工业、金融业等以营利为目的的私营企业的职务,

---

① 《国外公务员从政道德法律法规选编》,中国方正出版社 1997 年版,第 85 页。
② 刘洪潮:《外国廉政之道与腐败之风》,新华出版社 1989 年版,第 202—206 页。
③ 《国外公务员从政道德法律法规选编》,中国方正出版社 1997 年版,第 2 页。
④ 冯益谦:《公共伦理学》,华南理工大学出版社 2010 年版,第 60 页。
⑤ 贾玉林:《国家公务员廉政必读》,中国方正出版社 2003 年版,第 206 页。

也不得自办营利性企业。印度《全印文官行为条例》规定除执行法官的活动外，未经政府批准，不得直接或间接地从事商业贸易活动，不得参与按现行法律注册的银行或者其他企业的登记创办和经营活动，不得在任何投资中进行投机活动，不得进行可能妨碍和影响他履行公务的投资，包括不允许其妻子及其他家庭成员从事这方面的投资活动。①

第三，公职人员必须按规划进行个人申报财产。所谓个人财产，是指公务员本人及其家庭成员拥有和取得的动产和不动产。许多国家的法律规定，公务员在职期间和任职前后一定时期内都必须向政府申报自己的财产状况以及变化情况。凡公职人员享有的生活高于官职收入相应的水平，而又无法解释其原因的，都将受到行政处分或法律制裁。公务员个人财产申报是各国一项重要的廉政立法内容，也是一项重要的道德要求。国外有关财产申报的法律称为"阳光法"，目的是便于有关机关和社会公众对公务员任职前后的经济情况进行对比检查，防止以权谋私行为，及时发现并清除腐败分子。② 各国财产申报法都坚持全部、真实、公开的原则，即列入申报范围的各类人员必须及时申报，不得遗漏；申报时必须按规定项目如实填写不得隐瞒做假；申报材料如无特别情况应按规定程序向社会公众公开。

第四，公职人员不得以权谋私。禁止公职人员以权谋私的内容主要有：禁止利用职权直接获取私利；不得利用职权及其影响谋取私利；不得把公共设施、设备、物品用于私人目的；禁止政府官员亲属利用其职务之便占用公有财物，不得假公济私；限制公务员配偶或子女从事营利性活动等。印度《全印文官行为条例》不仅规定，未经政府准许任何文官不得准许其子女或受他赡养的人在与他所在的政府机关有公务往来的私人企业或其他任何企业工作，还禁止公务员不正当使用政府未公开信息和国家财产，公职人员因某些人事关系可能导致公私利益冲突时实行回避等。英国政府规定，各级公务员必须自觉遵守《荣誉法典》规定的职业道德规范，必须以个人利益服从公职需要，不得以权谋私；所有文官在任何时间和场合；都必须忠于国家，为国家效力。法国政府规定：各级公务员不得利用

---

① 牛炳义、郑周鹏：《国外廉政建设概述》，《政治与法律》1989 年第 6 期。
② 《国外公务员从政道德法律法规选编》，中国方正出版社 1997 年版，第 8 页。

工作之便贪污或侵吞公共财物，禁止利用行政职权、政治手腕、金钱或其他行为替人和为己谋私利。①

3. 奉献

爱岗敬业是人类社会最为普遍的奉献精神。公务员作为国家的工作人员，应认真对待自己的岗位，特别讲求奉献精神。西方国家虽然有人性恶的假设，从理论预设方面不认为会存在大公无私、公而忘私的人，但是，不少国家还是提倡公务员的奉献精神。西方国家所提倡的公务员的奉献精神主要体现在三个方面。

第一，奉献给工作的岗位。无论在任何时候，公务员都应尊重自己的岗位职责，对自己岗位勤奋有加。只有爱岗敬业的人，才会在自己的工作岗位上勤勤恳恳，不断地钻研学习，一丝不苟，精益求精，才有可能为社会、为国家作出贡献。《新西兰公务员行为准则》规定："雇员应该诚实地、忠实地和有效率地执行他们的公务，尊重公众和他们同事的权利。"在行为准则中，还制定了一些相关法规对公职人员提供了廉政和道德的最低标准。遵守这些标准和主管负责官员所要求的那些规定，其意图是增加雇员对这些问题的敏感性，并鼓励追求这一理想，它给公职人员一种最大的力量——对社团的一种"服务的精神"。②日本规定，政府职员不得损害其职务信用，不得有玷污全体官员名誉的行为。

第二，奉献给服务的民众。公务员是国家公职人员，代表国家行使行政公权。公务员是代表国家进行活动的，其形象事关公众对政府的信任，所以各国都非常重视公务员的形象，并把它作为公务员道德评价中一项重要内容。《瑞士联邦公务员法》规定："公务员执行公务时和在公务以外所持的态度都应受人尊敬，并享有公职所要求的信任。公务员无论对上级，对同事或对下属都应讲求礼貌。公务员对公众也应持同样的态度。"德国公务员法规中也有类似的规定："公务员为全体国民服务，而非为一部分人服务"，"执行公务时必须维护全体国民的利益"，遵循与维护基本宪法所规定的自由和民主原则，忠于职守，公正地执行职务等。日本《国家公务员法》第 96 条规定了公务员的基本服务准则，"所有的职员作为全体国

---

① 参见范恒山《政治体制改革辞典》，中国物资出版社 1988 年版，第 177 页。
② 贾玉林：《国家公务员廉政必读》，中国方正出版社 2003 年版，第 220 页。

民的公仆，必须为了公共利益而工作，而且在完成任务时竭尽全力，专心致志"。①

第三，奉献给自己的国家。诚如上面所言，西方国家公务员强调对于国家的忠诚。实际上，将自己的能力和精力奉献给自己的国家，就是忠诚于国家的突出体现。为此，西方各国大都强调这种为国作奉献的精神。英国质询委员会1928年指出：公务员的首要责任是，在任何时候、任何场合，只要国家需要，就挺身而出，效忠国家。② 当然，西方国家注重务实，他们在要求公务员奉献的同时也关注对他们奉献的回报和奖赏，特别是通过制定明细的政绩指标和品德测评指标来确认其是否真正具有奉献精神，从而将国家利益和个人利益紧密结合起来。从总体上看，西方国家关注国家利益也是建立在对个人利益关注的基础之上的，诚如孟德斯鸠指出的"公共的利益永远是：每一个人永恒不变地保有民法所给与的财产"。③

（二）对于才的要求

西方国家对于公务员才能方面的要求比较全面，如果以我们中国人的思维来进行分析的话，也涉及学历、资历和能力三个大的方面。

1. 学历

西方各国都一致肯定严格要求学历在保证人才素质和培养选拔人才方面有着重要作用。各国在人事任用上，对学历资格的要求都有明文的规定，但是要求的严格程度略有不同。有的国家规定有一些变通办法，可是控制十分严格。在公务员的录用过程中，对于学历的关注是比较普遍的。比如关于公务员报名资格方面，西方不少国家按着报考的职级类别规定了其学历要求。日本的公务员录用考试分甲、乙、丙三类：甲类要求大学毕业学历，录取后可任事务官等级的职务；乙类要求大专毕业学历，录取后可任一般的职务；丙类要求高中毕业学历，录取后作辅助性工作。英国公务员考试分为行政级、执行级、事务级三类。行政级要求大学毕业，年龄20—27岁；执行级要求大学或文法学校毕业，年龄18—21岁；事务级要

---

① 周敏凯：《公务员制度概论》，高等教育出版社2009年版，第172—173页。
② ［美］理查德•尔曼二世：《公共行政学：概念与案例》，竺乾威，扶松茂等译，中国人民大学出版社2004年版，第753页。
③ ［法］孟德斯鸠：《论法的精神》（下），张雁深译，商务印书馆1997年版，第190页。

求高中毕业,年龄 18 岁。① 德国文官分为 4 级：即普通官员、中级官员、上级官员和高级官员,各有不同的学历要求。普通官员要求初中学历,中级官员要求中学毕业,上级官员要求大学毕业,高级官员要求大学毕业,任职前实习 2 年以上,通过国家高等官员职务考试。②

对于学历的关注,也体现在西方国家的公务员法中。例如：法国对公务员学历资格的要求分为甲、乙、丙、丁四类,其中对甲类公务员学历资格的要求最严,限大学毕业生,而且在实际录用时,所选择的几乎都是名牌大学毕业生。被录用后担任行政的或专业的高级职务,如政府官员或教授、工程师等。阿根廷在公职人员录用规定中要求专业类人员、医学类人员的学历,必须是大学毕业。技术类人员的学历要求据分类而定：一般技术人员,要具有初级中等技术学校毕业证书；主管技术人员,要具有高级中等技术学校毕业证书。美国对专业类的科技职务,有严格的学历要求；而对文官的学历要求比较灵活,在公职人员录用考试、时,允许同等学历者报考,还有照顾工龄优先录用等规定。③

当然,随着社会的发展西方国家对于学历的要求也较以往不同,开始承认成人教育学历,重视终身教育的新思潮,在学历问题上更显灵活。比如根据考核要求,组织一定级别的临时考试或论文答辩,经过评议可认定一些同等学历。日本的技术士资格认定就属于此类做法。同时,虽然西方国家在任用资格方面对学历要求很严格,但工资待遇与学历的关系并非十分硬性。如日本现在已有不少企业在确定职工工资时,将主要根据学历的做法转变为以绩效与能力为主。

2. 资历

西方国家公务员十分重视资历问题,比如英国公务员分为高级公务员和一般公务员,对于高级公务员又可以按照资历和学历等分为 59 个等级。德国还有对于级别不高但有较老资历的公务员,可以享受与级别高的公务员相当的待遇的规定等。西方国家对于资历的构成,以及对应职务对资历的要求规定得十分详细,不少国家还制定了明确的条例。比如《联邦德国官员资历条例》中涉及九章四十七款,明确指出了何谓资历、资历的获得

---

① 参见黄宗成《人才——发展科学技术的根本》,科学技术文献出版社 1994 年版,第 171 页。
② 参见徐红《比较政治制度》,同济大学出版社 2004 年版,第 217 页。
③ 黄宗成：《国外何如看待学历》,《人才研究》1986 年第 6 期。

及应用问题。列举此条例中的几多条款，就足以证明其对于资历要求的明确性以及对资历的充分关注。

"官员的职务分为四类：简单职务、中等职务、上等职务和高级职务。四类职务分别属于四种资历。""凡是同一专业的、受过同等的基础教育和培训的，或者具有同等能力的所有职务都属于同一个资历。实习和试用期也都算作资历。""资历所属的类别，按照联邦工资法中所规定的最低级的职务来决定。""各个最高行政机关在联邦人事委员会的协助下，征得联邦内政部长的同意，制定它们各自业务范围内的各种资历。""关于各种职务应具备的资历和必须按级晋升的各种职务的规定。""关于在同一个专业领域内由低一级的资历向高一级的资历晋升时，必须经历的各种职务的规定。""如果在许多个最高行政机关的业务范围内，存在着同一资历的各种职务，则由联邦内政部长决定由哪一个最高行政机构负责对这一资历作出规定。联邦劳动和社会秩序部长是负责规定联邦直属社会保险机构的资历的最高行政机关。""只有当官员在上等职务的资历等级内工作已满八年时，才可以授予他们以联邦工资条例A、工资等级13中的某一职务。""只有当官员在高级职务的资历等级内工作满六年时，才可以授予他们联邦工资条例工资A、等级16中的某一职务或者授予他们退休时的基本工资高于工资等级16的某一职务。"①

在西方，公职人员的晋升对资历要求还是比较突出的：比如法国公务员的晋升具体分为晋级和提职两种。晋级是在职称不变的情况下提高级别，晋升主要看资历，即公务员服务达到一定的时期。提职有多种方式，其中的选拔方式就需要参考业务水平和资历。联邦德国实行的更是严格的等级制。②

3. 能力

西方国家对于学历和资历的重视，最终还是为了使公职人员特别是中高级公职人员具有卓越的能力，体现了在西方国家现行高级公务员选拔考试中坚持能力本位的特点。虽然各国对于能力的要求不尽相同。比如，在英国的高级文官选拔考试中，通才比专才更受重用，人文学科的毕业生比

---

① 徐颂陶：《外国公务员法规选编》，河北人民出版社1989年版，第493—532页。
② 白东明：《国家公务员制度大辞典》，吉林大学出版社1991年版，第365—366页。

纯理科或应用科学的毕业生更受欢迎，在考试内容上，着重考查考生的发展潜力和实际工作能力；在法国高级公务员选拔考试中，具备专门技能及实际经验的专才更受偏爱，在考试标准上，重视专门技能及实际经验的训练，面向专才。但是，在重视能力为核心的素养要求和培养方面，无论是英国、法国还是其他西方国家却大都一致。

西方国家对于公务员能力要求非常细致，并且形成了体系化的文件甚至法律规定。如英国公务员学院曾经为政府制定了高级公务员的9项能力标准：领导能力、战略思考和规划能力、完成工作任务的能力、管理人力资源能力、沟通能力、管理财务及其他资源能力、个人能力、创造力和判断力、专业知识和业务能力。[1] 澳大利亚的高级公务员素质构成有五大模块即战略性思考、成就成果、形成高绩效工作关系、产生进取和公正表率作用、善于沟通，这五大素质模块中的每一项都由3—5个素质要素构成。[2] 在高级公务员的任职标准上，美国联邦人事总署确定为领导变革、领导人、追求结果、业务才干、合作和沟通5条。[3] 不仅如此，西方国家在选录高级公务员后，也强调对其进行能力方面的培养和培育，这同样证明了他们对于能力的关注。比如法国的高级公务员被录取的考生，可进入国家行政学院接受培训。学院将会坚持理论与实务并重的培训原则，着重培养其适应能力和创造力。[4]

另外，为了识别选用者的德与才，西方国家还十分关注识别方法的创新，基本的方式方法是笔试加面试。根据公务员的层级，对于笔试还是面试侧重点不同，而且它们还十分强调现代测评测试技术的运用。当前，由于美国联邦政府认为，笔试更适于低层次人员的入门考试，所以在选拔高级公务员时，除纽约州及郡进行笔试外，其他州一般只采取面试的形式。为了增强试题科学性，考官委员会吸收心理学家来进行职位分析并确定能力标准，然后由其出题；或专门请私营咨询公司出题。面试一般分行为面试和评价中心测试两个阶段进行，每位考生在测试结束后，考官要经过讨

---

[1] 朱立言：《MBA课程设置与公务员能力建设》，《中国行政管理》2002年第8期。
[2] 吴志华：《我国公共部门人力资源管理改革》，上海交通大学出版社2009年版，第85—86页。
[3] 参见赵洪俊，刘晔华，吴瀚飞：《美国高级公务员选拔任用制度和考试测评方法》，《领导科学》2001年第2期。
[4] 参见林小禅《美、英、法的公务员录用制度》，《人才瞭望》2003年第8期。

论而达成共识，对考生进行评价和打分。有时，部门负责人还要对候选人进行第二次面试，然后再作出选择。①

二、西方国家选人用人的配套制度

西方国家在选人用人方面形成了比较科学的配套制度，包括选拔任用制度、培育培训制度、监督控制制度等。

（一）选拔任用制度

西方国家用人制度主要包括选任制、委任制、考任制和聘任制四种。西方国家公务员的选用制度主要包括两块：其一是政务类，主要通过选举或任命产生，一般是随着政党共进退的；其二是业务类，主要通过晋升调动或公开考试产生，一般是职务常任的。选举有着非常复杂的程序和要求，各国的差异比较大；公务员录用方面则有比较大的相通之处。有鉴于此，本部分仅对西方公务员录用方面的特点作以简单概括。

1. 信息公开

公开是西方国家现行高级公务员选拔考试的首要原则，实际上是为了保障"机会均等"，即对申请高级公务员职位的候选人一视同仁，不因其民族、种族、性别、家庭背景等条件以及生理缺陷而使其受到歧视和不公正待遇。西方国家规定，考试程序与录用条件都要公开，考试名次也要公布于众，报考人若对考试评分有疑问，允许依法提出申诉，要求复核。如英国政府通过建立专门网站来介绍和宣传高级公务员考试，并接受报名和实施在线考试；应考者可以在第一时间了解和获取招考信息。美国法律规定，高级公务员职位一旦出现空缺，必须向公众公布，通过互联网和政府机关设置的电脑为公众提供有关资讯；考试公告必须写明招考的职务、责任、待遇、报考资格、考试科目、考试时间和地点等信息；考试合格者的名单，必须向社会公布并通知到本人。日本规定，考试公告必须写明考试的职务、责任、待遇、报考资格、考试时间、考试地点和考试的科目，按

---

① 参见赵洪俊、刘晔华、吴瀚飞《美国高级公务员选拔任用制度和考试测评方法》，《领导科学》2001年第2期。

政府各部门的特点和要求由法规统一规定。为了方便报考国家公务员,日本政府人事院在各地举行很多次"考试说明会",仅初级考试的说明会平均每年就举行251次。为了保证国家公务员的考试公告迅速发到全国各地,日本的《国家公务员法》规定拖延或扣压考试公告者,处一年以下徒刑或三万日元以下罚款。

2. 权利保障

许多西方国家的宪法和法律都明文规定公民有权根据法律的规定担任国家公务员的民主参与权利,并且在实际实施过程中加以保障。例如德国的《基本法》明确规定:"所有公民都有按照其能力与成就,依据法律规定担任官职的权利。"美国的《文官制度法》规定:"任何一级官位都对考试成绩优秀者开放。"日本的《国家公务员法》规定:"一切官职都对考试成绩优秀者敞开大门",其第33条规定:"一切职员的任用,都应依照本法律和人事院规则的规定,根据其人考试成绩、工作成绩以及能力的其他实证来进行。"第46条规定:"录用考试对于具备人事院规则规定的报考资格的所有国民在平等的条件下公开进行。"[1] 许多西方国家的法律还规定对阻扰公民行使这种权利的人进行惩处,以保障公民这项权利的行使。同时,对于任用的公务员,西方国家也明确规定了其民主权利,包括其个人隐私权、利益保障权、政治参与权等,并通过系列的法规文件确保其权利的实现。如"英国涉及公务员权利的法律就有《年老退休法》(1859年颁布,1965年修订)、《年金法》(1883年)、《职业争议法》(1927年)、《平等工资法》(1970年)、《退休金增长法》(1971年)、《就业保障法》(1978年)"。[2]

3. 平等参与

公民平等地参加国家公务员的录用考试,不得由于性别、种族、出身、党派和家庭背景等因素而遭受歧视或享受特权。如美国的《文官制度改革法》规定:"保证人人机会均等,经过公开的竞争性考试,只根据能力、知识、技能来决定录用和提升。"实际上,美国还有"平权法案",其总的精神是各行各业、职工人数达到一定数量的单位要给所有人提供平等

---

[1] 谭健:《西方公务员制度》,北京出版社1989年版,第14—15页。
[2] 姜海如:《中外公务员制度比较》,商务印书馆2003年版,第169页。

机会；同时在同等条件下要向弱势群体倾斜，所以，美国招聘不敢量身高。①日本的《国家公务员法》规定："国民不分民族、信仰、性别、社会身份、家庭出身、政治见解和政治所属关系，在本法面前一律平等。"德国的法律规定：所有公民都有"依据法律规定担任官职的权利；一律平等，不得有任何歧视或区别"。法国的法律也规定了实行"平等原则"，对于报考国家公务员的所有公民一律平等对待，不分性别、出身、信仰、哲学观点和政治面貌，都以实际水平和品行作为录用的标准。为了确保公民平等参与，除了法律规定的参与标准条件的公平之外，还强调考试录用方式的公正性。在西方，公务员考试的方法主要有笔试、口试、品能测验、技术考核、身体检查等。考试的内容包括四个方面：一是加识测验，二是智力测验，三是技能测验，四是心理测验。无论是对考试方式还是考试内容，都有严格的程序规定，确保考试过程的公正，确保参与人员平等竞争。

4. 分类考录

诚如前面所言，西方国家比较关注公务员的分类问题。一般而言，西方国家根据品位分类和职位分类两种原则进行分类管理，英国是品位分类的代表，其公务员可分为工业人员与非工业人员，编制人员与非编制人员，普通行政人员与专业技术人员等，其中普通行政人员可分为四个等级即行政级人员、执行级人员、文书级人员和助理文书级人员；美国是职位分类的代表，1923年美国的《职位分类法》将有关职位分为5类44等。②也有学者针对政事分类指出西方公务员的四种分类：第一以公务员职务政治责任和产生方式不同进行混合分类；第二以公务员产生方式和事务类责任进行混合分类；第三以政事的管理层次和公务员的产生方式不同进行混合分类；第四仅以公务员产生方式不同进行分类。③与公务员分类相对应的公务员考试，一般分若干等级和类别。例如，日本公务员分为上、中、下三级。参加上级考试的，必须是大学毕业程度，考试合格者，可以担任事务官。参加中级考试的，必须短期大学（二年制）毕业程度，考试合格者担任一般职员。参加初级（下级）考试的，必须是高中毕业，考试合格者，做辅助性工作。参加上级和中级考试者，必须懂得法律。英国的文官

---

① 《美国：招聘不敢量身高》，转引自《组织人事报》2012年3月9日。
② 任爽、石庆环：《科举制度与公务员制度》，商务印书馆2001年版，第210—217页。
③ 姜海如：《中外公务员制度比较》，商务印书馆2003年版，第122—124页。

考试分为行政级、执行级、文书级和助理文书级。如按种类来分，除公开竞争考试适用于所有文官外，还有非公开竞争考试，通常只进行面试，审查一下资历、学历或考核一下实际操纵。法国公务员分为A、B、C三个等级，A类为高级公务员，B类为中级公务员，C类为一般公务员。高级公务员一般通过国立行政学院的入学竞争考试录用。其他公务员录用考试由用人机关自行举办，考试方式和内容由考试委员会决定，一般也分为笔试和口试。美国政府用这种方法雇用律师、牧师、医师、护士以及邮政局、各类管理局等机构的文职人员。联邦德国分为高级、上级、中级和低级四级。

5. 竞争择优

西方各国考试择优方面存在三个主要问题：其一是竞争择优标准的倾向性问题。主要有两种不同倾向：一种是以英国为代表的"通才"标准，另一种是以美国为代表的"专才"标准。所谓"通才"标准是在考试选拔中注重应考人的一般教育程度、文学素养、掌握知识的多寡以及综合、推理和判断的能力。比如英国公务员考试分为三个步骤：第一步就是统测，全面测试报考者的政治、经济、文化、社会方面的知识；第二步即专业测试；第三步即口试。各种考查结束后还进行终选面试，考选委员会评定分数，在七个等级中位列前三方可录用。所谓"专才"标准则注重应考人所具有的职务上的专业技艺，强调个人在某个领域中的一技之长，重视专家的地位和作用，并经常吸收专家学者参加领导工作。其二是竞争激烈性问题。公务员考录的竞争十分激烈，如日本1979年度的公务员考试报考者共有365697人，录用者只有13454，录用者只占报考者的3.6%。其中高级考试的录用者更少，如在1981年的国家公务员高级考试中，报考者40770人，其中录用者658人，只占报考者的1.6%。1987年度（1988年3月末），报考高级考试的人数是32308人，录用者103人，被录用为公务员者只占报考者的千分之三点一。① 其三是竞争择优后的录用问题。择优并不等于录用，从择优到正式录用包括评定成绩、试用与宣誓就职三个环节。为确保择优录用的质量，西方各国一般规定，凡考试合格所被录用人员，

---

① 闫建、黄登攀：《西方各国公务员录用制度之比较及其对我国的启示》，《行政论坛》2004年第2期。

在授予正式职务前要有试用阶段，考察其工作态度、工作能力和工作成绩。通过试用考察，表现优良者可正式获得文官资格，不合格者或予免职列入解职名单或重新编入合格备用名册，表现一般者可适当延长试用期限。

（二）培育培训制度

西方各国对公务员培训都非常重视。西方现代政府人才理论认为，公务员培训不是公务员个人的私事，而是一种政府人才开发的需要，对政府人才培训的投入，也是国家发展的一种事业投入。因此，西方各国都把公务员培训纳入法律规定。西方公务员的培训情况及特点可以从其培训主体、培训内容、培训客体、培训方式、培训保障等方面体现出来。

1. 培训主体：着手培训设施的系统化

公务员培训主体包括培训机构设施与培训人员两方面。西方公务员培训在强调培训人员素养的同时，十分关注健全培训设施，建立了由隶属于培训主管机构和高等教育系统共同组成的培训网络。如英国，早在1613年就设立了著名的海莱伯锐文官学校；1968年美国政府成立"联邦行政长官学院"，专门培训政府各部门和地方政府的高级行政官。在公务员培训的管理机构的设置方面，各国都设有专门的主管机构。英国1944年在财政部内设培训教育司，1968年在文官部建立后设人事管理培训司。法国1971年成立国家职业教育部下设继续教育局。日本人事院下设公务员研修所和公务员进修协议会，负责公务员培训政策的研究。美国在文官委员会内设培训局，负责制订培训计划，研究培训方法。在具体承担培训任务的机构方面，西方国家之间的规定并不相同。如法国公务员的培训由各部、区、省、市的培训中心，地方行政学院、高等院校和国立行政学院来共同承担。美国政府官员的培训机构有两类：一类是政府所属的专门培训行政官员的学院，另一类是大学的管理学院。后者如著名的哈佛大学肯尼迪政府学院。日本公务员的培训由人事院的公务员研修所和国家公务员进修中心，各省厅的公务员研修所和进修中心以及一些大学来负责。这些机构大致可分为两类：一方面建立专门的培训机构，如行政学院和培训中心，这些机构一般无专职教师，而是由经验丰富、实践能力强的政府官员授课。自从对公务员进行"回归的"、"终身的"教育观念确立以后，一般的管理、职业训练就由这些机构承担。另一方面就是大学的管理学院，主要负责一些高度技术化、专业化的公务员所需要的训练以及管理的深层理论方面，则是高等院校的专长。高等院校利用其人才优势和技术优势，在承担中高级的政府官员培训和专业化，技术性强的公务员的培训更为适宜。

2. 培训内容：突出培训目标的明确化

随着时代的发展，西方国家民众对于小政府大社会的要求比较强烈，希望政府有较高的效能。政府的效能自然是通过政府工作人员来体现，形势的发展对于公务员能力的要求越来越高。与此相适应的能力培训，尤其是对高级公务员的能力培训，日渐成为政府提供优质服务和满足公众需求的必备手段。为此，各国政府都对公务员培训提出明确的目标要求。如法国国立行政学院公务员培训的目标十分明确，就是提高公务员的行政技能，而非理论素养。法国的培训者认为：知识固然很重，但可以通过书籍或互联网学习；工作态度很重要，但那是人力资源管理要解决的事；唯有能力需培训。因为公务员的培训，特别是对高级公务员来说，重要的不是增加学术性知识，而是要开发和提高解决实际问题的能力，培训的目标是把公务员已有的理论知识转化成一种行政技能。为了培养和提升公务员的能力，西方各国注重培训内容的变革，注重全面的知识能力和技能的学习与训练，而不是偏重于政治理论知识，使培训内容呈现出全面化的特点：有提高专业素质技能的专业知识培训，有开拓视野、运筹决策的管理才能培训，有培养公务员遵守职业道德和行为规范的职业道德培训，还有提高公务员敏锐、机智能力的智力训练，等等。比如，英国公务员培训内容除一些基本共同课程如：如何领导下属、如何主持会议等之外，还根据不同专业、不同层次开设不同的训练课程。在这些培训课程中往往又穿插管理、政策方面的研究咨询活动。法国培训内容分两类：一类是以技术性、管理性、应用性为主的培训课程，另一类是实习培训。此外法国还有一些专门培训，如财政部为新进公务员举办的在职培训等。

3. 培训客体：着眼培训对象的分类化

20 世纪 90 年代以来，世界各国，特别是西方发达国家都感到，全球市场的发展和变化对各国经济充满了压力。为了适应这种发展变化的需要，各国不仅要调整自己的结构使之适应社会发展，而且要求有一大批既熟悉政治业务工作，又有较强的观察、分析和解决问题的能力公务人员。为此，西方各国致力于培训各类各级公务员。为了使培训富有针对性和成效性，各国结合公务员的分类与分级开展培训。首先，根据培训方式分为专门院校培训和职业成长培训。如法国要求进入 A 类职级的公务员任前要到专门院校培训，日本对高级公务员的培训强调其到不同的岗位上锻炼，以获取各种工作经验。其次，根据培训分工，可分为部内培训和部外培训两种，部外培训是由国家人事机构组织的共同培训，针对需要提升共同性的知识和技能的公务员；部内培训由各部门组织，主要是针对具有部门专业特点的公务员。再次，根据培训类型，可以分为任前培训、任后培训和晋升培训。任前培训是针对初任公务员进行的培训，其目的在于使之尽快地适应行政机关的环境和工作的要求。任后培训旨在培训公务员适应社会经济环境变化和政府职能变化的能力，一方面使之更新知识，提高管理水平；另一方面，使之获得更高的任职资格，为培训更高级别的文官作准备。晋升培训是对在职公务员中有潜力的人进行的培训，目的在于使之具有更高职位所需要的知识、技能和才干，为以后担任更高的职务作准备。最后，根据培训的频度可以分为经常性培训、临时性培训、深化性培训等。根据公务员的岗位要求、能力水平等实际情况，开展时间时间长短不一的各类培训，长的可以三年至四年，短则只有几天。许多国家还开展深化性培训，如英国规定 18 岁以下低级文员每周应有一天学习时间。

4. 培训方式：强调培训模式的多样化

目前，西方各国普遍抛弃单纯理论灌输方式，采取多种形式如共同研讨法、个案研究法、讲座法、出国培训等，使公务员培训更科学、更富实效。西方国家的公务员培训强调社会实践与课堂教学的有机结合，使公务员能主动独立地思考，培养、提高他们的创新能力，主张把理论学习与政策研究、经验交流结合起来，做到"走出去，请进来"，利用社会力量办学，充分体现公务员在培训中的主体地位和主动参与的特点。在培训方式上，西方国家公务员培训形式比较灵活，既有公务员学院专门组织的培训，也有通过国内高等院校和其他教育机构组织的培训，既有专家学者指导下的系统培训，也有部门领导及资深同事辅导下的业务培训。如在德国，官员培训方式有四种：入门培训、专业和行业培训、晋升高级职务培训、国际合作知识培训。法国的公务员培训主要也有四种：初级培训、考前培训、适应性培训和深造培训。为了增强培训的实效性和参与培训的主动性，不少西方国家作了带薪进修的相关规定。比如在美国，各机关首长可核准高级文官有最多11个月的带薪进修。但有下列情形者不得享有带薪进修的权益：任何10年间已有过一次以上的带薪进修；未在高级文官职位或职责程度相当的其他文官职位服务满7年；未在前两种职位的组合（但至少有两年需为高级文官）服务满7年；或已符合退休资格且可以立即支取退休金。永久性高级文官在进修前需签订带薪进修结束后继续在政府连续服务两年以上的协议书，如未能履行协议书的规定，应负责归还政府已支付的带薪进修费用。在法国，为鼓励公务员参加培训规定公务员为参加晋升考试，每年可享受8天考试假；在公务员职业生涯中，每个人还可以申请1—3年脱产培训，培训期间不影响职务晋升，第二年、第三年停发工资和奖金。

5. 培训保障：致力于培训进程的制度化

西方各国公务员的培训逐步发展成为有一套管理、施教机制，并以相应的法律规范作保障的培训体系，从而使培训稳定有序，以确保培训的严肃性和有效性，避免流于形式。在各国公务员的培训规章方面，各国都在公务员总法中有专门条款对之加以规定或有专门的培训法规。美国早在1936年的《乔治狄恩法》中就规定了各州政府举办公务员培训事宜，联邦政府给予经费补助；1958年颁布了《政府职员培训法》，从而形成了完整的培训体系；1967年约翰逊总统发布的《关于促进政府雇员培训的规定》第11348号行政令进一步推动了雇员培训，在1969年的总统备忘录、1972年的《平等就业机会法》、劳工部的"公务员终身方案"和人事管理总局"培训与发展处"的推动下，所有联邦机构都开展了在职培训计划；1976年起还实施了《雇员综合培训法》。英国的阿什顿委员会在1944年就规定教育应贯穿公务员的整个生涯。在日本，为加强国家公务员培训，日本专门制定了《国家公务员教育训练规则》，公务员的管理机构人事院颁布有《职员教育训练》。法国先后颁布了《继续教育法》、《公务员总章程》和《公职人员地位法》等，明确培训为公务员不可剥夺之权利和义务，以此给予法律保障，其中的《公务员总章程》和《公务员地位法》构成了法国培训制度的法律基石。除了法律规定之外，一些国家还通过签订集体协议来规定公务员的培训，例如德国、法国、西班牙、意大利等。

值得一提的是西方对教育培训的重视历史传统长、保障力度大。如美国早在殖民地时期就已经非常重视教育，以麻省为代表的北部几个殖民地曾在1647年颁布法令，规定市镇中只要有50户居民就应设立一所小学。美国自20世纪50年代末就把发展教育作为国家的战略重点，相继通过了《国防教育法》、《美国2000年教育战略》、《为21世纪而教育美国人》、《美国为21世纪而准备教师》等法案和报告，极力呼吁为未来准备高素质的人才资源。1983年4月，里根政府发表了题为《国家在危险中——迫切需要教育改革》的国家报告，拉开了80年代美国教育改革的序幕。1990年度美国教育开支达到3530亿美元，占美国GDP的6.8%，首次超过军费开支。1999年美国的教育投入增加到创纪录的6350亿美元。各州40%的经费用于教育，财产税（即房地产税）主要支出于教育。美国还将继续教育是衡量一个国家科技水平的重要标志，为从法律上保障继续教育的发展，于1966年颁布了《成人教育法》。联邦政府要求所有雇主每年必须至少以其全员工资总额的1%用于雇员的教育与培训，并逐年递增。为鼓励企业对员工开展继续教育与培训，联邦政府还在税收政策上予以优惠，允许各个公司把教育经费列入成本，免予征税。

（三）监督控制制度

西方国家在用人过程中特别强调对其拥有权力的监督与控制，而其对人员监督控制的思想源于性恶论的人性假设，也依据其丰富的监督制衡思想。政治实践发展证明，没有监督的权力就会产生腐败，无论人性善恶，单纯依靠人的良心行事是靠不住的，对于从政者而言加强监督控制是使其不作恶的必然要求。

1. 人性恶假设为健全监督制度提供了认识论前提

西方性恶论的传统由来已久，西方政治制度的设计与性恶论有着密切的关联性。亚里士多德认为，政府治理中只要让人来统治，那就要加上兽性的成分。他认为人性中具有兽性的成分，人们掌握权力以后不保证权力得到正当的运用，应对其加以监督和控制。因此，在治理国家中，应该相信法律而不相信人。同人治相比，"法律恰恰正是免除一切情欲影响的神祇和理智的体现"。[①] "法律是最优良的统治者。"[②] "法治应当优于一人之

[①] ［古希腊］亚里士多德：《政治学》，吴寿彭译，商务印书馆1997年版，第169页。
[②] ［古希腊］亚里士多德：《政治学》，吴寿彭译，商务印书馆1997年版，第171页。

治。"① 中世纪欧洲基督教的"原罪"说使西方人继续坚信人性本恶的观点。"原罪说"认为，人类的祖先亚当和夏娃在天国偷吃了禁果而闯下了弥天大祸，而人类始祖的这个"原罪"，对于后来的子子孙孙来说，从一落地，就背负着祖先的这种"原罪"，从而丧失了达到最高善的能力，且天生就具有许多弱点，有着根深蒂固的堕落性。因此，人要受到制度的约束，需要不断地忏悔赎罪。"人性原罪说"的预设必然导致"权力原罪说"，也就是人生来就有对权力的贪欲和将社会公共权力据为己有的倾向。"权力欲将引起统治者的征服欲，那些仅有微弱权力和荣誉的人，以为再增加一点权力和荣誉就满足，但他们错了，这种欲望是永无休止和满足，只有在上帝的无限境界里才能得到安息。"②

欧洲启蒙思想家在反对中世纪神权和俗权的封建专制斗争中，冲破了神权一统天下的束缚，提出了一系列自由、民主、平等、人权、法治等新原则。近代思想家如霍布斯、斯宾诺莎、卢梭等人都认为人性本恶，认为人的自私自利、贪求财富和权势、妄自尊大、追求享受、猜疑好斗，使人与人的关系成为一种互相争斗、相互残杀的豺狼关系，导致了自然状态成为一种极为可怕的、恐怖的、毫无安全感的敌对状态。正由于人的这种邪恶性，为了自我保全、免于恐惧，人们便相互订立契约建立制度，由它来保护人们的安全，协调和解决各种矛盾冲突。著名启蒙思想家潘恩指出："政府是由我们的邪恶所产生的，……制止我们的恶行，从而消极地增进我们的幸福。"③ 但政府运用同样离不开公职人员，这些人员同样有恶的取向。为此，启蒙思想家们出于对人性不信任，将重点防范对象定位在掌握公权力的主体。英国著名哲学家、历史学家和政治学家大卫·休谟在探讨政治制度设计时提出了一个著名的人性预设原则——无赖原则："政治作家们已经确立了这样一条准则，即在设计任何政府制度和确定几种宪法的制约和控制时，应把每个人都视为无赖———在他的全部行动中，除了谋求一己的私利外，别无其他目的。"④

---

① ［古希腊］亚里士多德：《政治学》，吴寿彭译，商务印书馆1997年版，第167—168页。
② ［英］罗素：《权力论》，靳建国译，东方出版社1988年版，第2页。
③ ［美］托马斯·潘恩：《潘恩选集》，马清槐等译，商务印书馆1981年版，第3页。
④ ［美］斯蒂芬·L·埃尔金等：《新宪政论》，周叶谦译，生活·读书·新知三联书店1997年版，第27—28页。

由上可见，西方自古以来对人性是不信任的。为了防止人性恶泛滥而给他人或社会造成威胁，西方在治国方略上，选择法治模式。他们在法治模式里设计了两种预防人性恶的机制：一种是约束所有社会成员的法律至上机制，也就是将全体社会成员纳入法治调整领域，法律面前人人平等；另一种是制约少数掌握公权力成员的分权制衡机制。该机制包括两个层面：分权即将国家权力分为立法权、行政权和司法权，交由不同的机关行使，决不能使两个以上的权力合并；制衡即以权力制约权力，授予分立的三权以必要的监督其他权力机关的权力，使三权之间彼此互相制约，保持平衡。西方政治发展史表明，这种人性恶假设及无赖原则，以及在此基础上的分权制衡理论，对于保障公职人员的素养有重要实效。

2. 丰富的制衡思想为健全监督制度提供理论依据

西方的权力制衡理论可以追溯到古希腊。柏拉图经过自己的学术思考和人生体验，在晚年把法治国家视为仅次于哲学王国的第二等好的国家。他认为："如果一个国家的法律处于从属的地位，没有权威，我敢说，这个国家一定要覆灭；然而，我们认为一个国家的法律如果在官吏之上，而这些官吏服从法律，这个国家就会获得诸神的保佑和赐福。"[①] 可以看出，柏拉图的思想中已经有用法律来制约国家权力的主张。柏拉图的分工理论对于国家权力的分立也产生了重要的影响。他认为国家应有治国、护国和生产三个阶级，各个成员因才定分、循分服职，他们的分工合作是一个国家和社会存在与发展的基础和前提。显然，"在柏拉图的理想国中，分工被说成是国家的构成原则"[②]。亚里士多德师承柏拉图的分权思想，提出了政体三要素说。他认为一切政体都有三个要素作为构成的基础：议事机能、行政机能和审判机能。他认为，一个政体能否稳定，就看这三个要素是否各司其职。要使三要素保持平衡，防止侵权、越权和具有特殊的权力，就要相互制衡。继亚里士多德之后，明确提出权力分化和制衡思想的是古罗马的历史学家波里比阿。他曾将罗马政府分为执政官、元老院和人民大会三部分，认为当权力系统的某一部分，企图取得优越地位，并露出过分揽权的倾向时，必须受到其他部门的抵制，并指出："这种特殊形式

[①] 张宏生：《西方法律思想史》，北京大学出版社1983年版，第25页。
[②] 《马克思恩格斯全集》第23卷，人民出版社1972年版，第40页。

的政体，具有不可抗拒的力量，任何它们决心追求的目的都可以实现。"①

近代资产阶级思想家洛克和孟德斯鸠，发展了古希腊的分权制衡思想，提出和论述了系统的分权制衡理论。洛克在总结资产阶级夺权的经验时提出了政府权力分立设置的思想，将国家权力分为立法权、行政权和联盟权，认为三权之间不能相互替代，而应当互相制约、协同行动，其中立法权是至上的权力，而后两者居于隶属的地位。他指出："只有享有立法权的立法机关，才能制定法律，没有立法机关的批准，任何人的任何命令，不论采取什么形式或以任何权力作后盾，都不能具有法律效力的强制性。"② 孟德斯鸠的论证是建立在自由主义原理之上的。他认为国家权力的目的应该是保护政治自由，而政治自由"是做法律所许可的一切事情的权利。如果一个公民能够做法律所禁止的事情，他就不自由了，因为其他的人也同样会有这个权利"。③ 孟德斯鸠认为，自由只能在"国家的权力只有不被滥用的时候才存在。但是一切有权力的人都容易滥用权力，这是万古不易的一条经验。有权力的人们使用权力一直到遇到界限的地方才休止"。④ 他认为即使是民主政治的国家，如果权力过于集中，超出了人民控制的范围，来自人民大众的国家权力也会转化为压迫人民的专制统治。为了防止权力滥用，就必须实行分权。孟德斯鸠提出把国家权力分为行政、立法、司法三个部分，这三种权力分立而又互相制约，既能防止权力专横和滥用，又能保证人民对政府的监督。

继洛克与孟德斯鸠之后，西方的分权制衡理论不仅得到发展，还在实践中得到运用。杰斐逊在起草美国历史上重要的政治文献《独立宣言》时，不仅继承了孟德斯鸠的分权思想，同时提出了"双重制衡"的政治体制。而无论是西方议会制政体还是总统制政体，在权力运作过程中都强调了对权力的制衡。对于权力的制衡实际上就是对于权力主体的制衡，也即对各类各级公职人员的制衡。分权是制衡的一种手段，分权不仅是为了避免权力过于集中，还在于分出的权力能相互制约。权力对于权力的制约是

---

① ［古罗马］波里比阿：《罗马史》第6卷，《世界史资料丛刊·罗马共和国时期》（上），任炳湘译，三联书店1957年版，第53页。
② ［英］洛克：《政府论》，叶启芳等译，商务印书馆1981年版，第82页。
③ ［法］孟德斯鸠：《论法的精神》，张雁深译，商务印书馆1997年版，第154页。
④ ［法］孟德斯鸠：《论法的精神》，张雁深译，商务印书馆1997年版，第156页。

监督的一种，由此还衍生出多种多样的监督。所以，西方的制衡思想不仅包括以权制权，还包括以法制权、以民制权等。这种丰富的监督制衡思想，为健全对各类公职人员的监督控制制度提供了有力的理论支撑和心理支撑。

3. 西方国家建立了比较完备的监督控制制度体系

西方国家建立起了比较完备的监督控制制度体系，监督控制的效能也比较高，并且已经使监督控制成为一种常态和习惯。在西方，这种习惯影响到西方官员的心理品质，即使某位官员备受批评指责，他也照样进行其分内工作。比如美国总统克林顿曾接连因其性丑闻被调查，但他还是能平静对待，没有因此而耽搁自己的工作，这说明西方官员已形成在监控下活动的习惯。总结西方监督控制方面的特点可概括为三个方面：监督主体广、监督内容多、监督手段高。

其一，监督主体广。西方监督主体广泛，主要包括议会监督、司法监督、新闻监督和民众监督，设有"反贪局"、"监视厅"、"廉政公署"、"查弊专署"等监督机构，如"美国的行政、立法、司法部门各有自己的道德监管体系"，"美国政府道德办公室负责联邦行政部门道德监督，是这一道德体系建设的中枢"。[①] 在其他西方发达国家，强大的监督系统基本都已经建立起来。"目前在西方各国政府系统内已构建了一个错落有序、相互制约、相对完备的监控公务员系统的网络"，"其监控系统形成了多元化和双向化格局，并使这种格局呈现出了系统性、制度化、独立性和双向性的运行特征"。[②] 西方国家议会的权力虽然并不高于行政机关的权力，由于有详细明确的法律规定，议会能采取实在的措施行使监督职权，采取建议、质询、调查、不信任表决、倒阁、弹劾、审查法案等方法对政府的人事、重大决策和预算决算进行监督，它能真正起到对行政机关权力的牵制和平衡。西方各国的司法监督不仅监督具体的行政行为即行政诉讼监督，还大多有违宪监督即抽象行政行为的监督。在西方各国，许多政治学家认为，舆论自由的存在和舆论工具的多样化将会增加对自由的捍卫，舆论监督对政府官员起着很大的制约作用，因此西方许多学者把舆论监督与立

[①] 马小宁：《从"OGE"看"美式"官员道德培训》，《中国纪检监察报》2012年10月30日。
[②] 李和中：《西方国家公务员监控系统及其借鉴》，《中国行政管理》2004年第10期。

法、执法、司法等并列，认为是现代社会的四大支柱。西方国家民众的参政意识比较强烈，民主传统的影响使社会对官方的批评比较直率，比较有力度。同时，政府对公民请愿权比较尊重，使得公民的诉求只要提出，行政机关就对其所作出的决定进行核查。由于有切实的保障，公民自然会积极主动地监督行政活动。更值得一提的是，国外公务员从政道德建设相对比较成功的国家的普遍经验是，拥有高效权威的道德监督机构，能够为道德建设提供监督功能，促进道德建设的顺利开展。

其二，监督内容多。西方国家对于公职人员的监督控制涉及公职人员的选用、行使权力及个人家庭财产等方方面面。首先，任命行为的监督，任命政府高级官员一般要经过一个比较复杂的监督、挑选、审查过程。西方国家根据权力制衡原则实施任命权的分立，将政府高级官员的任命权分为提名权与批准权两个部分。在许多国家，政府高级官员的任命一般都要经过有关侦查机关的审查，如美国联邦调查局是专门的司法侦查机关，拥有一切刑事诉讼法所赋予的权力手段。联邦政府重要职位的候选人在正式任命前，都必须向联邦调查局填写"重要职位的安全调查表"、"个人情况调查许可表"、"财产调查许可表"。同时，不少西方国家政府部门都设立了专门的廉政机关，它们对于重要政府官员的候选人具有协助职责。如美国在联邦一级设立了政府道德署，各部设立了专职道德官，政府重要职位的候选人都要按规定向政府道德署提交个人的财产利益和经济活动情况。其次，政务活动监督。西方国家的议会议员（或立法机关本身）拥有对政府及其各部主管提出询问、质问，并要求答复的权力，议会设立专门委员会，对政府有不法嫌疑的事件或政府官员的不法行为，有进行调查的权力。最后，个人财产监督。西方国家制定了严格的法律制度对公职人员的财产和收入情况进行监督。如韩国的《关于实名金融交易及秘密保护的紧急总统命令》，要求金融实行实名制，防止官员洗钱。北欧国家都实行了金融实名的存款制度和官员财产信息公开制度，同所有公职人员一样，立法者或政府官员要申报他们所有的财产状况和收入来源，包括申报个人现有财产、收入、债务的情况及与自己生活密切、有经济往来的配偶、子女的财产、收入情况。澳大利亚规定每个议员除了要将本人、配偶、子女的主要财产及收益，定期向有关部门申报以外，其接受礼品、应邀旅行、接受款待、担任其他组织成员等情况，也都必须随时作出说明。

其三，监督手段高。在传播时代，西方国家除了强调政治权威的监督外，还特别强调新闻媒体的监督，将其作为社会的"第四种权力"。美国第三届总统托马斯·杰斐逊主张："报纸要对政府提供一种其他机构无法提供的监督作用。"① 媒体监督形成舆论具有全民公审的强大威势，其最大的优势是能及时将一切官僚主义和违法乱纪行为置于众目睽睽之下，使之原形毕露，劣迹昭然若揭，产生无法抵御的批判力量。② 同时，在当代西方国家还通过改革创新监督手段，并开始由政治权威机构监督转向由市场机制推动。其方式主要通过如下三种：其一是强制性的大规模裁员。如美国从1993—2000年联邦政府裁员27万余人。其二是合同制特别是短期合同制的推行。如再如澳大利亚于1997年5月颁布了合同协议的指导性政策，除15%的老公务员是固定制的，其他公务员均已实行合同制，一般一年一签；新西兰1991年颁布雇佣合同法，一般公务员一年一签，高级公务员五年一签。其三是大量聘用临时人员，美国实行考绩制的常任雇员，其比例由20世纪30年代的87.9%锐减为2000年的55.5%。澳大利亚1989—1991年，联邦政府部门非全日制工作增加了104.1%。根据欧洲统计中心劳动力调查，德国非正规录用的人员从1985—1995年十年间增长了12.6%，地方政府非常任人力是常任公务员的6倍。③ 西方国家的如上改革是对传统监督手段的提升，大大加强了对公务人员的压力，有利于其德才素养的提升。

三、西方国家用人标准实现机制的启示

中国与西方虽然在国家性质与国家体制方面有着明显的不同，但在用人标准实现机制方面也有很多相通之处。从这个意义上讲，西方国家用人标准的实现机制可以为我国借鉴。从政治学视角审视西方用人制度，主要关注点还在于其公职人员的选用制度。如前面所述，我们这里还是着眼于

---

① 杨柏华等：《资本主义国家制度》，世界知识出版社1984年版，第38页。
② 于洪生：《权力监督——中国政治运行的调控机制》，中国广播电视出版社1991年版，第184页。
③ 杨波：《西方国家公务员监督的改革动向——公共管理新视角的分析》，《天津行政学院学报》2004年第1期。

西方公务员的选用。从借鉴人类政治文明的视角看，西方国家公务员选用标准及其实现机制至少给我们提供以下几点启示。

（一）关注性恶假定，强化道德监控

西方人性论多与浓厚的宗教传统相关，在人与神的比较中反思人的劣根性使得"性恶论"成为西方政治文化中占统治地位的一种主流思潮。这种思潮认为人的本性是邪恶的，人的道德是靠不住的，必须加以限制和改造："人都是不可相信的，人的本质是自私的，人总是自然地追求金钱、地位和权利。""人类自觉不受权力的诱惑，不专权，不擅权的能力是很差的；在这方面，任何自我控制的'德行'和'理性'都是不可靠的"。[①]西方国家的制度设计也是建立这"性恶论"认识基础上的，特别是关于权力的运作与约束，更加强通过监督与制约来规避用权者的恶。阿克顿体认到权力由人而生，而人性本身则充满了罪恶，权力便有着永远无法消解的毒素。人的地位越高，罪恶性也就越大："一切权力都使人腐败，绝对的权力绝对使人腐败。""绝对权力肯定比奴隶制更加不可容忍，更属于犯罪。"[②]哈耶克也认识到人性本身存在的问题，并强调通过制度建设来规避这一问题："人始终具有一些较为原始且凶残的本能，因此人们须通过种种制度对这些本能进行制约和教化。"[③]统治者并非如天使般纯洁无私，为了确保自身的权利免受侵犯，不仅不能给予统治者过高的期望，还应该对于他们保持持久的怀疑和警惕，在制度设计时特别强调设置复杂的监督制约机制来控制他们的道德，以防止其不正当地运用权力。为此，西方自由主义者主张从以下两个层面设计对于国家的制度规约：其一是以个人的权利限制国家的权力范围；其二是在国家内部实行分权制衡原则。

强化公职人员的道德监控，必须多管齐下。首先，西方认为法律制度可用来弥补人性恶的缺陷。"法律不是针对善，而是针对恶制定的。一项法律越是在它的接受者那里以恶行为前提，那么它本身就越好"。[④]法治的

[①] 朱光磊：《以权力制约权力》，四川人民出版社1987年版，第179页。
[②] ［英］阿克顿：《自由史论》，胡传胜等译，译林出版社2001年版，第34页。
[③] ［英］哈耶克：《自由秩序原理》上卷，邓正来译，生活·读书·新知三联书店1997年版，第68—69页。
[④] ［德］拉德布鲁赫：《法学导论》，米健译，中国大百科全书出版社1997年版，第70页。

要旨在于制约公职人员恣意行使公共权力的行为，其基本理论假定就是人性中有恶的方面。它要求统治者必须依法行事，绝不能以个人意志为准则。只有实现法治国家而不是人治国家，才能避免专治和暴政，保障和实现一切人的自由和平等权利。其次，西方认为权力分离与制衡能规约人性恶。西方国家更加推崇法律和制度，而不是道德自律，一个根本原因就是基于人性恶的假定。如美国的政治决策和公民权利都是依据于法律，而不是依赖任何官员的善良动机或高尚的道德水准。麦迪逊指出：用权力分割方式来控制政府的弊端可能是对人性的最大耻辱，"但是政府本身若不是对人性的最大耻辱，又是什么呢？如果人都是天使，就不需要任何政府了。如果是天使统治人，就不需要对政府有任何外在或内在的控制了"。[①]最后，西方认为发挥各方面监督作用能制约性恶，防止公职人员道德滑坡。西方国家除了强调权力分立与权力制约外，特别强调新闻监督和民众监督的作用。美国政务的高度透明化与相关的法律支持，为公众参与监督提供了客观条件，公务员特别是高级公务员的道德行为时刻受到广泛监督。在社会监督方面，新闻媒体被誉为独立于行政、立法、司法之外的第四权力，是真正的"无冕之王"，很多政府官员的道德丑闻是在新闻媒体跟踪调查下大白于天下的。除此之外，美国的一些非营利组织在对政府公务员道德进行社会监督方面也发挥了较大的作用。

实际上，关于人性善恶的学理讨论本身是不会有结果的，问题不在于人性是善还是恶，而是如何抑恶扬善。对于人的道德控制仅靠道德的力量是不足以维系的，对于公职人员而言同样如此。比如一个公务员本身道德水平差，仅靠其道德反省是不足以提升其道德的；同样仅靠道德谴责他也不足以使其变得高尚，因为道德差的人是不怕道德谴责的。西方国家在对公职人员的道德控制方面强调法律手段和社会监督，目的主要不在于惩治道德沦丧者，而在于规避道德沦丧者出现或者不让性恶行为存有市场，这与事后追惩性的监督完全不同。目前，我国对于公职人员道德监控既没有在理论设计方面做到以性恶为前提，也没有完全将着眼点放在预防方面。在实践生活中出现的诸如信任就不需要监督、监督就是不信任；监控只防"小人"，不防"君子"；监控就应揭短、揭短才是监控等理念，一方面是

---

① ［美］汉密尔顿：《联邦党人文集》，程逢如等译，商务印书馆1980年版，第264页。

人治思想在做怪，另一方面则是制度设计方面还不尽完善。无疑，西方国家制度设计方面的性恶假定与道德监控，对于消除这些落后观念有重要启示。

（二）关注能力发展，加强才能培训

一个人有没有能力有两方面针对性：其一是针对工作业务而言，能够胜任工作，有较高的工作效率就是有能力的体现；其二是针对周边的其他人而言，当一个人工作时具有比较优势时，他就比其他人有能力。但是，无论是工作业务还是其他人都是一个变量，所以，随着时代的发展一些过去有能力的可能变成没有能力的，没有能力的反而成为有能力的。为了确保人能力相对优势的存在，就必然要对其加以针对性的培训。早在20世纪60年代后期，英、美两国面对来自全球化、日益激烈的国际竞争和技术变革带来的压力，就开始将注意力转向劳动力及其能力方面。在英国政府发起的两项研究得出结论，英国与主要竞争对手相比，管理还处于低水平，于是于1987年开展了管理宪章运动。此运动旨在鼓励对已取得公认的管理技能进行培训和认证，随之将这些管理技能纳入政府的国家职业资格框架中。而后，在新公共管理运动的推动下，英国政府对公务员能力的关注超越既往对其学历和资历的关注。尽管法国公务员的能力是世界公认的，但是他们仍然充满着强烈的革新进取精神，认为公务员的能力不能满足于目前的职位要求，而应该放眼未来。联合国经济及社会理事会在关于《公共行政和发展》报告中指出："能力赤字"是世界上重重危机的一个重要原因，强调形成"强固的战略性国家"重点是素质、品质和公平，是领导能力、增强能力、榜样、动机、讨论、谈判、通融和调和。联合国将能力标准分为核心价值、核心能力与管理能力3个层面，其中核心价值包括诚实、职业化和尊重多元化；核心能力包括交流能力、团队合作能力、计划组织能力、责任意识、创造能力、客户导向、持续学习的精神和对技术发展的意识；管理能力包括领导、调动他人积极性、建立互信、业绩管理、判断决策能力和远见。

在这种认识基础上，西方国家普遍强调能力培训问题，纷纷加大了培训力度。相关资料显示，"日本目前每年培训公务员约占总数的1/5，美国的公务员培训率则达到每年1/3。日本1992年人事院及各省厅举办的培训

班共有 15211 个，参训人数达 443015 人，与 10 年前相比，两者均增加 37%以上。法国推行以就职前的入门培训为主的方针，入门培训约占 70%"。① 为了搞好培训，各国还制订了翔实的能力培训计划。法国政府部门认为，要适应变动不拘的后工业社会、信息社会，就必须制订和实施着眼未来的培训计划。法国国立行政学院等领导职公务员能力培训机构明确提出，要将学员培养成集专家和行政管理者于一身的优秀公共行政人才。对领导职公务员能力培训之后，学员的每个学科成绩都要测评打分，在客观评估的基础上，将学员的成绩由高到低进行排名。领导职公务员能力培训机构把培训测评分数如实反馈给法国枢密院等公务员晋升与管理机构，让他们按照分数高低，与人才需求职位高低匹配任用。德国政府明确规定公务人员的录用、转任或晋升等，都需事先经过一定时间的能力培训，进入机关后要不断接受能力再培训，形成了能力培训—能力评估—就职—能力再培训—能力再评估—晋升的良性循环机制。德国注重将公务员能力培训贯穿于整个公务员管理体制，将对领导职公务员能力实习、培训、评估、任用紧密结合，确保能力与岗位匹配，并且注重对领导职公务员基础知识和实际能力的结合培训。与法国一样，德国把公职人员的晋级同公职人员的职业培训和业务进修密切挂钩，以形成有效的激励机制。在新加坡，每年年末政府各部门主管都要和员工讨论制订第二年的个人培训计划，根据部门和个人需要设定培训目标，形成培训指南，为使每个人都有机会参加培训接受 100 小时的培训教育。新加坡公职人员的个人培训也与其年终考核、晋升、加薪等激励机制相挂钩。

西方国家在公务员培训中，注重因材施教，根据不同岗位要求与学习兴趣安排教学内容，将能力培养放在培训内容的首位，以提升人的能力为最终目标，在培训中注意实行文科与理科结合、课堂与实习结合、国内与国外结合的混合教学模式，不仅提升了培训对象的学习兴趣，也提高了培训的效能。不仅如此，西方国家认识到培训是一种长期投资，是对在职公务员进行的继续教育，培养公务员履行职务所需的特定智能，增强工作人员的技能水平与管理水平，充分挖掘和完善自身的潜能的必然要求，长期来看可提高行政效率，减少政府开支，提高生产收入，因此需要政府支持

---

① 李文良：《略论西方国家公务员制度改革》，《山东师范大学学报》2008 年第 3 期。

和投资。为保证每个公务员都能参加培训，新加坡政府投资建立的民事服务学院作为培训公务员的专门机构，每年推出 200 多门课程，吸引 75% 的公务员约 6 万人（次）参加，一年仅这一项投入就达 3 千万新币。新加坡总理吴作栋在庆祝建国 36 周年大会上的讲话中明确提出，将终身学习基金增加一倍，即从原来的 5 亿新币提高到 10 亿新币。① 借鉴西方公务员培训制度，我们国家要推进德才兼备用人标准实现机制必须注视培训方面的变革，加快培训立法、拓宽培训渠道、改革培训方法、更新培训内容和健全激励机制。

（三）关注准入公平，侧重选用程序

诚如前面所言，西方国家在公务员录用方面强调权利保障和平等参与，从相关法律法规上看是一视同仁的。公务员制度的建立确实从根本上改变了恩赐制和政党分赃制度下任人唯亲的弊端，公务员制度的主要特征是考任，其基本原则要求就是成绩面前人人平等。但是，学者们通过对西方国家公务员的背景研究认识到，社会地位在某种程度上已经成为能否进入公务员尤其是高级公务员行列的重要因素。在西方国家，有从事公共事务家庭背景的少数人就有更多机会跻身精英地位，而出身工人阶级与中下层阶级的人基本上被排除在外。这其中受教育的因素似乎已经成为一种社会偏见，如在英国有牛津和剑桥大学家庭背景的公务员候选人就有更多机会进入公务员行列；德国被录用的新官员中就有一半左右出身于公务员家庭；法国大批获得成功的高级公务员候选人一般也来自"上层阶级"，尤其是来自巴黎上层阶级中有最深厚文化背景的家庭。调查材料表明，在 20 世纪 70 年代进入西方国家高级公务员行列需要五项条件：1. 男性；2. 来自城市；3. 有曾任高级公务员的家庭背景；4. 受过大学教育；5. 出身于中产阶级。一个人所具备的条件越充分，其机会越多；其缺少的条件越多，机会也就越少。所以，西方公务员制度有逐步形成一种特权阶层的倾向。② 相比而言，美国人进入美国高级公务员的机会要比欧洲平等得多。但是，美国高级公务员选拔也存在类似问题。在美国，考虑政府工作的连

---

① 史晓东：《新加坡公务员培训的几个特点》，《红旗文稿》2003 年第 14 期。
② 任爽、石庆环：《科举制度与公务员制度》，商务印书馆 2001 年版，第 69—73 页。

续性和调动现职公务员的积极性，在实际选拔工作中对内部现职公务员有所照顾，规定对政府机关现职人员和政府机构精简下来的人员要优先考虑，对退伍军人要适当加分。从公开选拔的实际情况看，目前，联邦政府的 6000 多名高级公务员中，80% 以上是由政府内部现职公务员晋升的。①

为了规避公务员选用中出现的问题，西方国家强调选用程序和制度问题。从程序上看，西方国家公务员录用过程主要包含六个环节：其一是考试公告。西方各国法律一般都规定，文官的各种录用考试都要先通过公开渠道，利用各种传播媒介加以公告通知，使人人皆知。西方的考试公告一般根据具体情况不定期地发布，公告包括下列项目：考试种类及科目，报名条件，可考职位的职责与待遇，录用名额，报名与考试的时间、地点及注意事项等。为提高考试公告的宣传效果，西方国家对公告形式的设计十分注意：有政府的正式文告；有在报刊、街头登载、张贴的广告，有电台、电视、电影播放的通知，有通过信函邮送的招考简单，有政府派员的演说、宣传、号召……甚至利用赛马、赛车、选美会的机会广加宣传，旨在加深公众对文官考试的兴趣。其二是资格审查。西方国家对文官报考人有一定的资格限制，符合条件者才能参加报名考试。审查的项目有：申请报考人是否具有本国国籍，是否享有公民权，是否具有良好的道德品质是否有健康的体魄，是否具有其报考职位所要求的教育程度，是否应符合年龄条件等方面。其三是报名及获准。即有关机关根据报考人的申请，审查合格后正式批准其参加考试。在美国，申请人要填写政府提供的内容包括姓名、年龄、籍贯、国籍、州籍、居住时间、兵役情况、教育程度、服务经验、报考职类和职级、通信处所等方面的报名表格，提供包括毕业证书、服务证件等其他证明文件，然后由有关机关对报名表格和证明文件进行鉴别审查，决定是否批准申请人参加考试。其四是评定成绩。首先对考试进行质量鉴定，其次在此基础上由考试机关根据应试人成绩按高低序列编排出录用候补花名册，以备录用挑选，最后由行政部门在花名册提供范围内从成绩最优的前几名中选择录用。其五是试用期。为确保择优录用的质量，西方各国一般规定通过试用考察，表现优良者可正式获得文官资

---

① 赵洪俊、刘晔华、吴瀚飞：《美国高级公务员选拔任用制度和考试测评方法》，《领导科学》2001 年第 2 期。

格；表现不合格者或予免职列入解职名单或重新编入合格备用名册，表现一般者可适当延长试用期限再加考察。其六是宣誓就职。录用者一旦正式就任文官职位，就要进行服务宣誓，接受委任状，以示录用的合法和庄重。

　　严格的程序要求和相关程序法律能够有效保障公务员录用的公平和公正。如美国法律规定，联邦政府高级公务员职位一旦出现空缺，必须向公众公布。除在报纸电视等新闻媒体上公布外，最新的办法是在因特网上公布，任何人均可方便地在网上查询到有关信息。在高级公务员选拔过程中必须公正地对待每一个人，除了能力和学识，不应考虑性别、年龄、宗教、种族和党派等因素。除了法制保障以外，西方还制定了严格、科学的考录办法。英国政府注重新鲜血液的输入，采取现代化科学技术和多样化的考试形式，注重应试者实际工作能力的考查。对于通过考试者，政府不仅会为其制订个人发展计划，还会对其进行专门培训。法国政府对应试者实行预备考试和正式考试，在考试通过后，将其送往国家行政学院接受培训。此外，有些国家还为高级公务员考试建立了专用考试题库，采取计算机管理的形式，并对题库中的试题实行定期更新和修改。此外，公职人员录用需要既定的程序，在录用后的使用过程中，西方国家同样关注程序制度建设，并以程度制度的完善来推进人员使用方面的公平。针对目前我国不少地方存在的所谓"萝卜招聘"等方面的问题，如何借鉴西方国家公职人员准入制度和程序制度方面的有益做法十分值得深入思考。

（四）关注权力制约，强调权责对应

　　西方政治理论认为，人都有自私自利、趋利避害的本性，为了满足自己无尽的欲望，甚至无所不用其极。当政治权力掌握在人的手中，权力的异化和变质就成为一种不可避免的事情。由人性的贪婪所导致的政府权力的扩张性，必将对个人的自由、权利形成严重的现实威胁，因此必须推行宪政对政治权力加以有效的限制和规范。宪政即限政，其核心问题就是对政治权力进行限制，将国家权力置于宪法、法律的有效制约之下，防止国家权力对自由和权利的侵蚀。西方宪政制度正是建立在这种对人性的认知和省悟基础上的，宪政就是被设计用来弥补人的缺陷的。人性作为复杂的矛盾统一体，兼具善恶双重属性。政治制度的设计只有以对人的全面认识、把握为基础，既肯定人性中的"善"，又直面人性中的"恶"，才能达

到较为理想的政治效果。宪政不对人们提出人性所不能承受的苛求，不把权力据有者视为完善无缺的圣人，而是对权力持有一种不信任，为权威设定了限制。从人性的角度讲，人性的"恶"正是宪政存在的前提，反过来，宪政又是对人性的"恶"予以遏制的有效手段，并以此来达到对公民权利进行保障这一根本目的。所以，西方宪政制度基本上正视并适合了人的真实本性：正因为人有根深蒂固的罪恶，因而对人的权力必须加以限制；正因为人有与生俱来的神性与善性，因而应当尊重人作为人所应有的尊严，保障人的生命、自由与财产等基本权利。

宪政的核心在于限制掌管权力的人不恰当地运用权力，直接目的实际上是为了实现权责对等。在宪政体制下，产生了宪政民主体制。在这种体制下，统治权力需要被统治者授予。而后者授予前者这种权力的唯一目的就是让前者为后者负责，提供后者要求的公共服务。因此这种体制下的权力与责任是天然对应的。虽然，由于被统治者的利益诉求与价值偏好远非一致，在授权—问责问题上也就有了不同意见：右派害怕权力太大会侵犯公民自由，于是强调限制权力。他们虽然并不主张一个不负责任的政府，但是你既然舍不得多授权，自然也没法要求政府多负责；反之，左派要求政府提供更多的服务、福利和保障，于是强调问责于政府。他们其实也未必喜欢无限制的权力，但既然要求其负更大的责任，授予其的权力也就不能不大一些。所以，无论两者中的哪一派，都遵循权责对应原则。今天，"右"如美国，"左"如瑞典，都在民主宪政的基础上实现了权责对应——虽然相对而言前者权小责亦小、后者权大责亦大。但是，宪政前提下权责均大的社会民主政府和权责均小的古典自由政府是难以确定的，可以确定的是权力极大而责任极小的政府是最坏的政府，所以适当限制政府及其公职人员的权力以尽力实现其权责的对应与对等是必须的。[1]

要让政府承担一定的公共服务责任，就必须赋予其相应的公共管理权力，这是现代政府的基本特征。在古代，封建专制政府权大责小，甚至有权无责；现代以后，政府权力越来越受限制，责任越来越可问责，"限权问责"成为趋势，有什么样的权力就应有什么样的责任成为常态。但是，

---

[1] 秦晖：《权力、责任与宪政——关于政府"大小"问题的理论与历史考查》，《社会科学论坛》2005年第2期。

现在存在的实践问题是权力得不到有效限制。西方国家强调分权制衡，在权力制约理念和制度方面相对完善，仍然在实践领域存在着权力不受规约的情况，仍然还在致力于如何限权达到实质上的权责对等问题。我国作为一个权力至上、专制史较长的国家，权责关系方面的历史包袱比较重。比如，权责对等特别需要权力监督进程中监督权力有力度，而"从我国现有的公务员监控系统来看，监控机构虽多，但在实际监控活动中，由于隶属关系、平行关系、利益关系等多种没有厘清的关系，往往存在着无权监督、无法监督、无力监督、不监督的情况，乃至"空监"的现象时有发生"。① 所以，如何借鉴西方权力对应关系理念和构建权责对应的制度体系，无疑是现代化进程中必须关注和需要解决的重大问题。

另外，西方国家用人制度比较完善，制度体系化、机制化跟进比较到位。西方公务人员的制度设计也是围绕公务人员的德才素养及民众对德才要求，并且在公务人员的选拔、使用、培养、退休等各个环节都进行全方位的考查和监督。如为了确保公职人员的道德素养，西方国家出现道德法典化趋势。1978 年美国国会通过了《美国政府行为伦理改革法案》，1981 年韩国颁布了《韩国公职人员道德法》，1999 年日本通过了《日本国家公务员伦理法》。在廉政建设方面，美国有《廉政法》、《政府道德法》、《美国联邦行政程序法》，墨西哥有《财产登记法》，英国有《防止腐化法》、《荣誉法典》，联邦德国有《联邦官员法》，奥地利有《官员法》，匈牙利有《禁止不正当收入法》、《人民监督法》，印度有《全印文官行为条例》，新加坡有《防止贪污法》，等等。再如，为了确保公职人员的素养，西方国家还加强了选拔制度与机制建设，西方相继出台了一系列政策法规。自 20 世纪 80 年代以来，英国政府出台并实施了《快速晋升发展计划》，以此来促进高级文官后备力量的选拔培养；1978 年美国联邦政府颁布《文官改革法案》，1987 年美国"沃尔克委员会"发表了《沃尔克报告》，提出了改进录用考试的建议，等等。

由此，以人性恶为理论前提，西方的法治进程比较快，确立了一套比较完善的法治理论并运用到政治实践中。从社会实践层面考查，西方国家严密的法律法规体系已经成为公务员遵守诚信伦理和提升执政能力的有效

---

① 李中和：《西方国家公务员监控系统及其借鉴》，《中国行政管理》2004 年第 3 期。

的外部制约机制，对于确保公职人员较高的道德素养和能力素养起到保障作用。伴随我国政治体制改革的步伐和对西方政治文明的关注，如何在家推进干部体制改革进程中借鉴西方用人标准实现机制，对于选用德才兼备的干部也有积极的启示意义。

第三篇

历史探索

第六章
新中国成立前中国共产党德才兼备用人标准实现机制的探索

"政治路线确定之后,干部就是决定的因素",① 而选拔任用高素质的干部,是以科学的干部标准为前提的。中国共产党成立以后至中华人民共和国成立之前,我们党密切结合不同时代背景和政治任务,提出并不断完善干部标准,培养和造就了一大批有治党治军能力的优秀干部。这个时期,德才兼备用人标准实现机制的探索大致可分为五个大的阶段,即中国共产党诞生时期,国民革命时期,土地革命时期,抗日战争时期和解放战争时期。

一、中国共产党的诞生时期(1920—1924)

中国共产党是马克思主义与中国工人运动相结合的产物。在中国共产党诞生之前,马克思主义开始在中国传播,影响着中国具有初步共产主义思想的先进分子,并开始酝酿成立中国共产党的事宜。而后,在李大钊、陈独秀的倡导下,1920—1921年在上海、北京、长沙、武汉、济南、广州等若干大城市先后建立起了共产党组织。1921年6月,上海共产主义小组就建党问题与在广州的陈独秀和北京的李大钊联系后,决定在上海召开中国共产党第一次全国代表大会,7月23日大会召开,宣告了中国共产党的诞生。

在中国共产党诞生时期,由于组织人数较少,没有提出系统的用人标准问题。此时期的用人,主要体现在党员及党组织领导人方面。用人标准

---

① 《毛泽东选集》第2卷,人民出版社1991年版,第536页。

主要是针对我党成立之初的目标定位，以及对当时党的任务的自觉认知。在中国共产党第一个纲领中，严格规定了党员条件，其最主要的规定即是党员"坚决同黄色知识分子阶层及其他类似党派断绝一切联系"，"只维护无产阶级的利益，不同其他党派建立任何关系"。就当时的纲领规定和实际情况而言，那时对党员及党的干部要求就是懂得马克思主义，并敢于为无产阶级的事业奋斗终生，党的主要领导人不仅是懂得马克思主义的知识分子，而且是宣传马克思主义的干将，像李大钊、陈独秀、张国焘、李达、毛泽东等人。很多学者指出，陈独秀之所以没有参加党的一大，照旧能当选第一任总书记，关键是其在当时的名声与经历，在于其对马克思主义宣传与共产党筹建中的地位。[①]

实际上，当时参加中共一大的代表本身也大都认可自己的知识分子身份，董必武曾指出过："那时我们都是知识分子，毛主席、何叔衡都是知识分子。我也是知识分子、学生，后来搞教学的。广东的陈公博也是教书的，而共产主义思想也不是工人运动自发地产生的。"[②] 从当时他们从事的职业中，也可以得出他们大都是知识分子的结论："长沙代表毛泽东，是湖南第一师范附属小学的主事，相当于校长。何叔衡是该校教师。上海代表李汉俊和李达同为商务印书馆编译。北京代表张国焘是北京西城区文化补习学校的数理老师，刘仁静是英语教师；该校是为高考落选的青年补习功课，以应来年升学考试的。武汉代表董必武是武汉中学校长，陈潭秋是英文教师。山东代表王尽美是济南一师学生，邓恩铭是济南一中学生。广州代表陈公博是广东法政专科学校教授。包惠僧当时无固定职业，由陈独秀通过《新青年》杂志发行人苏新浦介绍暂到报馆工作。日本东京代表周佛海是日本第七高等学校（相当于中国大学的预科）中国留学生。"[③]

创建之初的中国共产党对中国社会的实际国情还没有足够正确的认识，还不懂得中国是半殖民地半封建社会，还对包括国民党在内的各党派采取排斥的态度。随着革命实践的发展，特别是在共产国际的帮助下，中

[①] 参见陈峰、高敏《中国共产党历次全国代表大会从一大到十七大》，中共党史出版社2008年版，第6—8页。

[②] 梁淑样、刘道慧：《日出东方：中国共产党第一次全国代表大会》，万卷出版公司2008年版，第117页。

[③] 梁淑样、刘道慧：《日出东方：中国共产党第一次全国代表大会》，万卷出版公司2008年版，第127页。

国共产党人的理论认识有了很大提高。1920年7月，在共产国际第二次代表大会上，列宁作了《民族和殖民地问题提纲初稿》的报告，系统地提出了殖民地半殖民地国家革命的基本理论。1922年1月，共产国际在莫斯科召开的远东各国共产党及民族革命团体第一次代表大会，通过了关于共产党与民主革命派合作的决议，给中国共产党人极大的启发与帮助。

作为一种回应，党的二大和三大不仅提出反帝反封的革命纲领，还积极为促成国共两党之间的合作而努力。特别是经历了"二七"大罢工的血的教训后，中国共产党逐步清醒地认识到，单靠自身单打独斗是不可能战胜武装到牙齿的敌人的。为此，中国共产党必须找联合的力量，包括与国际力量联合。党的二大决定加入共产国际，并且从参加代表可以看出当时对用人标准的新特点：参加中共二大的代表大都参加过共产国际远东会议，大都是工人运动和青年运动的领导者，第一次有了妇女代表（向警予），大都是初具马克思主义理论的青年知识分子。①

在党的二大后又经过一年多的争议，中共三大决定共产党全体加入到国民党中，以推进国民革命运动。由此，中国共产党在用人方面开始改变那种单纯强调阶级性，特别是排斥国民性的做法。中共三大提出要把党建成一个群众性政党的任务，要求党"努力从各工人团体中，从国民党左派中，吸收真有阶级觉悟的革命分子，渐渐扩大我们的组织……以立强大的群众共产党之基础"。② 同时，一些在实际工作中冲锋陷阵的工农领袖，开始进入党的领导层，用人标准开始由重视对马克思主义理论的知识贮备和对马克思主义的理论宣传能力，转向重视推进国民革命的实际工作能力。

在中国共产党诞生时期，我党非常重视通过推选的方法来确保党组织领导人的素养。中共二大通过的《中国共产党章程》对于各级党组织领导的产生方法也作了规定：党小组长由"公推"产生，地方执行委员会通过"推举"产生，中央执行委员会由全国代表大会"选举"产生。党的三大作出新规定：凡有党员5—10人均得成立一小组，每组公推1人为组长。不满5人之处，亦当有组织，公推书记1人。党的二大党章与三大修正党章均规定各级党组织主要领导人的职务是委员长，由委员们互推产生。同

---

① 徐云根：《中共"二大"代表特点与纲领关系探析》，转引自倪兴祥主编《上海革命史资料与研究2》，上海三联书店2002年版，第161—168页。

② 中央档案馆：《中共中央文件选集》第1册，中共中央党校出版社1989年版，第147页。

时，根据当时的革命任务，我党注意在农民运动和工人罢工运动中，培养和造就了德才兼备的干部。如苏兆征、林伟民、施洋、沈玄庐、彭湃等人都是在领导工人运动和农民运动中成长起来的。

为了培养和造就适应时代要求的优秀人才，在中国共产党诞生时期，我党还十分重视通过党、团组织的刊物，创建干部学校来教育和培养德才兼备的人才。1921年《中国共产党的第一个决议》就提出，各行各业的领导者、有阶级觉悟的工人和党内的同志，要组成"劳工组织讲学所"，教授给产业工人正确的生产方法，还要"训练从事我党实际工作的工人"。党的二大通过的《关于共产党的组织章程决议案》强调，要对共产党员进行严格管理和训练。1923年11月，党的三届一中全会通过的《教育宣传问题决议案》强调，要采取多种形式加强党员的马克思主义基本原理、党纲党章的学习讨论，加强党员对时事政治的讨论以及对中国现实问题的了解。1921年8月，在长沙创办了湖南自修大学，这是中国共产党创办的一所干部学校。1922年春天，党又在上海领导创办了一所革命大学——上海大学。1923年自修大学被查封后，中共湘区委员会又立即创办湘江学校，为党培养了许多优秀干部。

二、国民革命时期（1924—1927）

德才兼备用人标准从来都是和时代任务联系在一起的，时代任务需要的人才就是那个时代德才兼备的人才。中国共产党选拔什么样的人从事国民革命运动，首要的问题是解决国民革命是种什么样的运动，需要什么样的人来推动。作为当时总书记的陈独秀曾主张要把国民革命"做成纯粹的国民运动，不可做成半国民运动"。他指出，"甚么叫做半国民运动？就是不彻底的国民运动。如反对帝国主义的英国或美国，却与日本亲善，或反对帝国主义的日本，却与英、美亲善，或者只反对军阀而不反对帝国主义的列强；又如靠吴佩孚的兵去打倒张作霖军阀，或靠张作霖的兵去打倒吴佩孚军阀；这种运动就叫做半国民运动"。根据陈独秀的论述，此时期的德才兼备之人就是反帝反封的，"满具革命的精神，绝不与任何帝国主义者、任何军阀妥协"[①] 之人。

---

① 《陈独秀著作选》第2卷，上海人民出版社1993年版，第478—479页。

第六章　新中国成立前中国共产党德才兼备用人标准实现机制的探索

在深受帝国主义与封建主义压迫的中国，大部分人们都具有反帝反封的潜质。但是，落后的小农社会，人们的视野又大都十分狭隘，尤其是作为运动主力军的农民。实际上，早在国民革命之前，陈独秀就已经认识到"农民占中国全人口之大多数，自然是国民革命之伟大的势力，中国之国民革命若不得农民之加入，终不能成功一个大的民众革命"。[①] 但是，由于他认为在殖民地半殖民地的各社会阶级中，资产阶级的力量毕竟比农民集中，比工人雄厚，应当是民主革命的领导者。所以，陈独秀对于如何在中国革命的主力军——农民中选用德才兼备之人，如何培养和提高农民素养以进一步推进革命运动自然考虑不多。

1925 年 1 月中共四大后，中国革命形势开始走向高涨，斯大林此时提出"所谓民族问题实质上是农民问题"等理论，[②] 此时担任农民组织的领导职务，首先是从工人和最贫穷的农民中选拔。[③] 此时，毛泽东在这方面的认识也取得了突破性进展，他指出："农民问题乃是国民革命的中心问题，农民不起来参加并拥护国民革命，国民革命不会成功。"[④] 如何唤醒农民？毛泽东认为："要立刻下了决心，向党里要到命令，跑到你那熟悉的或不熟悉的乡村中间去，夏天晒着酷热的太阳，冬天冒着严寒的风雪，挽着农民的手，问他们痛苦些什么，问他们要些什么。"只有把广大的农民组织引导起来，"帝国主义、军阀的基础才能确实动摇，国民革命才能得着确实的胜利"。[⑤]

解决农民运动问题，尤其要解决国民革命时期农民运动中干部缺乏的问题。1924 年 6 月 30 日，由彭湃向国民党中央提出创办农民运动讲习所的建议。国民党中央执行委员会第 39 次会议讨论通过了《农民运动第一实施方案》，决定组织农民运动讲习所，并委派彭湃筹办广州农民运动讲习所，由彭湃任主任。从 1924 年 7 月至 1925 年底，中国共产党人以国民党的名义，以"养成农民运动之指导人才"，"养成冲锋陷阵之战斗员"作为宗旨，在广州举办了一届至五届农民运动讲习所。1926 年 2 月，经国民

---

① 《陈独秀文章选编》（中），三联书店出版社 1984 年版，第 366 页。
② 《斯大林全集》第 7 卷，人民出版社 1958 年版，第 59—61 页。
③ 向青、石志夫、刘德喜：《苏联与中国革命》，中央编译局出版社 1994 年版，第 201 页。
④ 《毛泽东文集》第 1 卷，人民出版社 1993 年版，第 37 页。
⑤ 《毛泽东文集》第 1 卷，人民出版社 1993 年版，第 39 页。

党中央第二次常务委员会决议，成立农民运动委员会，并将农讲所的名称由"中国国民党中央执行委员会农民运动讲习所"改为"中国国民党农民运动讲习所"，请毛泽东同志担任农讲所所长，这是武汉国民政府时期国共两党合作开办的一所培养农民运动骨干的学校，为培养和造就大批农运专家作出了重要贡献。

在国民革命时期，培养国民革命所需要的德才兼备的干部，其应具备的基本素质要求就是反帝反封。为了造就真正有反帝反封能力和力量的人才，此时期主要着眼于两个大的方面：一是着眼于如何将占人口绝大多数的农民调动起来，培养和提高他们的素养，二是针对军事战争的任务，如何培养和造就大批的军事人才。当然，此期间我党也十分重视自己党组织领导人的素养，中共四大则要求凡有党员3人以上均得成立一支部，每支部公推书记1人或3人组成干事会。支部人数过多时酌情分为若干小组，组长由支部干事会指定。1927年6月1日中共中央政治局会议议决的《中国共产党第三次修正章程》规定：党部之执行机关概以党员大会或其代表大会选举，上级机关批准为原则；但在特殊情形之下，上级机关指定之。1925年7月至8月，由中央局指定中央委员一人至二人，会同当地书记兼加技术委员一人至二人组成，以便代表中央指导党的一切工作和活动。至此，任命制这种干部选拔形式初步形成，党的上级领导机构根据工作需要，有权任命下级领导机构组成人员。

国民革命时期，为了确保选拔德才兼备的干部，中国共产党人一方面积极推进农民运动讲习所工作，积极开辟干部教育培训方面的新天地；另一方面又提出了关于干部监督检查方面的思想，并在实践中强调加强这方面工作来确保党员干部的纯洁性与战斗力。

在干部的教育培训方面，我党和国民党密切合作，与共产国际密切配合，除了积极推进农民运动讲习所之外还做了大量有益的工作。

比如，在国民党重建之后，孙中山在中国共产党人的建议下，决心"以俄为师"，从创办军校入手，创建一支由国民党指挥，并忠诚于国民革命事业的新型的国民革命军。中国共产党对黄埔军校的建设亦给予了大力支持和积极帮助，抽调了一些优秀的共产党员和优秀干部到军校任职，从事政治、军事等工作，其中有周恩来、萧楚女、聂荣臻、叶剑英、恽代英、熊雄、鲁易、雷经天等著名领导人。中共领导人还帮助军校在各地秘密招生，选派党团员报考军校。1924年3月中旬，国民党上海执行部召开第三次会议，决定由毛泽东等负责黄埔军校在上海的招生工作。湖南选送的赵自选、陈作为等就是经过毛泽东的复试，送往黄埔军校的。

同时，我党在1924年5月14日至16日在上海召开的第一次扩大的执行委员会讨论通过了《党内组织及宣传教育问题决议案》，强调各级党组织要加强对党员的教育工作，并首次提出要尽快设立党校以培养指导人才。1925年10月召开的中共中央扩大会议，决定开办两种党校：一种是各地委下面的普通党校，训练工人党员，培养群众的鼓动员；另一种是区委之下的高级党校，训练具有较高知识水平和已有工作经验的党员，培养能够做负责工作的人才。1925年底，党的历史上第一所党校——中共安源地委党校开学；1926年2月，中共中央决定在广州、北京各办一所直属中央的高级党校；1926年下半年，上海区委党校开学；1926年11月1日，党在武昌开办了高级党校并正式开课。各级党校成为培训党员、干部的重要基地。

又如，中国共产党人还参与了国民党政治讲习班，承担培养从事军队和地方工作的干部工作。1926年2月在广州举办，谭延闿、程潜、林伯渠、陈嘉佑，鲁涤萨、毛泽东、李富春等为讲习班理事。谭延闿任主任，后由毛泽东代理主持工作。学员340余人，编成3个队，学习期限4个月；讲课的有毛泽东、萧楚女、沈雁冰、朱剑凡、邓中夏等人，课程有帝国上义侵略中国史、地方行政、军事学等25个专题，经常组织学员参加重大的政治活动，以加强实际斗争的锻炼。学生结业后，部分奔赴前线，参加北伐途中的政治宣传工作。

另外，为了培养革命所需的人才，其间莫斯科也伸出援手。1925年，苏俄在莫斯科创办了中山大学，以便接收中国留学生，为中国培养人才。1925年12月，毛泽东主持了中国国民党选派赴莫斯科孙中山中国劳动大学学习学生的工作。为使够条件的青年对莫斯科中山大学有所了解和积极报名，毛泽东还专门写了一篇报道，发表于1925年12月13日广州《政治周报》第2期上。文章指出，反对帝国主义和争取民族独立是列宁和孙中山在世时中苏友好合作的基础。苏俄创办莫斯科中山大学为中国革命培养人才，这是苏俄对中国革命的贡献。文章还介绍了孙文大学的筹备及有关教学的计划情况，记述了为第一批留苏学生举行特别会议的情况。

这个时期，我党越来越感受推进德才兼备用人标准实现机制，除了培养和造就德才兼备的人才之外，还必须及时清除不合格的党员干部。为此，必须加强纪律检查工作。但是，至党的五大之前，我党内仍然没有专门的监督机构，党内监督的职责由中央和各级党组织行使。随着大革命的到来，党的队伍不断扩大，中国共产党开始注意到杜绝腐败、纯洁党的队伍的问题。1926年8月4日发出了《中共中央关于清洗贪污腐化分子的通告》，要求各级党组织迅速清查混进党内的投机腐败分子，以维护党在群众中的权威。这个通告是中共历史上发出的第一个反腐败的专门文件，第一次向全党正式提出清除腐败分子、纯洁党的队伍的任务。"四一二"反革命政变后，革命形势十分严峻，为了挽救革命，1927年4月至5月党在汉口召开了五大，会议选举产生了我党历史上第一个专门的纪律检查机构——中央监察委员会。中央监察委员会与中央委员会都是由党的全国代表大会选举产生，其成员互不兼任，基本上是一个与中央委员会平行的独立机构。这种党内监察制度的构建，使专门监督机关有了平行监督制约的功能。但由于缺乏必要的经验，它没有解决监察委员会的具体任务和工作权限，使得党章关于监委会的规定没有得到落实。但这一机构的设置本身就足以说明，我党对于推进德才兼备用人标准实现机制的配套性有了更高的认识。

三、土地革命时期（1927—1937）

蒋汪发动"四一二"反革命政变和"七一五"反革命政变标志着国共合作破裂，大革命走到了尽头。此后，中国共产党一方面要总结革命失败的教训，另一方面也面临着如何在国民党全面封锁状态下谋得自身发展的问题。

大革命失败的教训是深刻的，原因也是多方面的。诚然，国民党叛变革命和敌我双方力量的悬殊是造成大革命失败的最为主要的客观条件。但是，中共更注重从自身方面查找失败的因素，特别是从干部素养方面查找原因。从这方面查找的一个重要结论是，由于中国共产党本身不是由工人的先进分子组成的，知识分子占据了我们党的主要领导席位是导致失败的重要原因。所以，中国共产党开始从党员干部的身份方面着手改造自己。

第六章 新中国成立前中国共产党德才兼备用人标准实现机制的探索

从 1927 年 11 月在上海召开的中共中央政治局扩大会议,到 1935 年瓦窑堡会议,在干部选拔上崇尚工人化。因为大革命失败后,全党一度认为陈独秀的右倾机会主义源于"党的指导机关的知识分子化","本党领导干部并非工人,甚至于非贫农而是小资产阶级知识分子代表"。① 基于这样的认识,中共中央确立了党最重要的组织任务是将工农分子的新干部替换非无产阶级的知识分子:"要使党的指导干部之中无产阶级及贫民成分占最大多数。支部书记、区委、县委、市委、省委的成分,各级党部的巡视指导员的成分,尤其是农民中党的工作员的成分,必须大多数是工人同志或贫农同志,工会机关的干部,则须全部换成工人","各地群众党部的工作,譬如组织部、农民运动委员会、军事部,要由最靠得住最坚决的工人同志担负"。② 苏维埃时期规定:"候选名单中首先要注意成分,不但要照着选举法使适当数目的工人及农民当选,而且要依照选举训令至少有占百分之二十五的劳动妇女当选。"③ "应注意政治表现,凡属贪污腐化消极怠工,及同地主富家资本家妥协的份子都不要使他当选,当选全数是工作积极观念正确的分子。"④

为了纠正党员成分知识分子化的错误,在大革命失败后的党员干部发展方面又提倡工人化,结果导致了党员干部的发展成了重要问题,党员干部素养水平受到了很大影响。1928 年 1 月,米特凯维奇在给共产国际执行委员会的信中指出:"我们大量的干部被解雇,现在分散在农村。(相对说)党内有很多干部是失业者,而且还在增加,大批工人共产党员干部在白色恐怖影响下脱离了党。"⑤ 中央派出大批巡视员到各地巡视,均深感许多地方虽客观上具备了发展条件,但常因主观力量缺乏,致无人前往开发。"总之,在革命普遍高涨的形势下,党不能利用有利的情况来达到自

---

① 《中共中央文件选集》第 3 册,中共中央党校出版社 1983 年版,第 382 页。
② 《中共中央文件选集》第 3 册,中共中央党校出版社 1983 年版,第 383—384 页。
③ 韩延龙、常兆儒:《中国新民主主义革命时期根据地法制文献选编》第 1 卷,中国社会科学出版社 1981 年版,第 175 页。
④ 毛泽东:《今年的选举》,《红色中华》1933 年 9 月 6 日。
⑤ 姚金果、陈胜华编著:《共产国际与朱毛红军》(1927—1934),中央文献出版社 2006 年版,第 21 页。

己的目的。在多数情况下，高潮是自发到来的。"① 同时，干部素质低下，"文化程度普遍偏低，受过中小学教育的人数比例很小，对党的方针政策理解肤浅，工作能力不高，尤其是工农干部略为识字或能写普通事件的为数不多"。②

这说明，此时党员干部所谓德才兼备的素养缺乏现实的保障，也引发了进一步思考党员干部到底应具备什么样的素养的思考。实际上，由于党在早期对干部的管理主要是对各级党组织负责人和党员的管理，20世纪20年代党的干部标准主要体现在党员标准上。党自创建之日起，就对党员的基本条件作了明确规定，党的二大通过的《关于共产党的组织章程决议案》强调，每个党员不应只是在言论上表示是共产主义者，重在行动上表现出来是共产主义者；每个党员须牺牲个人的感情意见及利益关系以拥护党的一致；无论何时何地，每个党员的言论，必须是党的言论，每个党员的活动，必须是党的活动，不可有离党的个人的或地方的意味；每个党员须了解，共产党施行集权与训练时，不应以资产阶级的法律秩序等观念施行之，乃应以共产革命在事实上所需要的观念施行之。到大革命时期，党关于党员基本条件的规定大体包括：必须承认党的纲领和章程；必须执行党的决议和忠实为党服务；必须参加党的一个组织并担负一定的工作；必须遵守党的纪律；必须缴纳党费等。六届二中全会对考察党员的标准有了具体规定：考察一个党员，应该以其政治认识、纪律性及对工人阶级利益的牺牲性为标准，此外还要加上他与广大工农群众的联系，他在这些群众中的威信和影响，以及指导群众的能力和标准。这些实际上已经包含了对领导干部的要求和标准。古田会议决议针对当时军队中党员的状况，强调要严格党员标准，提高党员质量，规定要求入党的人必须具备五项入党条件：政治观念没有错误；忠实；有牺牲精神，能积极工作；没有发洋财的观念；不吃鸦片，不赌博。已经入党的如果政治观念错误、吸食鸦片、发洋财及赌博等，屡教不改的也一律清洗出党。随着革命形势的发展和干部队伍的壮大，至20世纪30年代我党逐步形成比较明确的选拔任用干部的标准。

---

① 姚金果、陈胜华编著：《共产国际与朱毛红军》（1927—1934），中央文献出版社2006年版，第35页。

② 李国强：《中央苏区教育史》，江西教育出版社2001年版，第111页。

1935年，中央政治局扩大会议为了克服关门主义倾向的影响，扩大与巩固党的组织，提出一切愿意为着共产党的主张而奋斗的人，不问他们的阶级出身如何，都可以加入共产党。能否为党所提出的主张而坚决奋斗，是党吸收新党员的主要标准。到了1936年9月，中央根据形势的变化以及党的队伍发展的情况，又及时提出必须避免大批入党的办法，而只吸收经过考察的工人农民与革命知识分子入党。1937年5月，在延安召开的党的苏区代表会议上，毛泽东同志提出了党的干部应该具有的性格和作风："懂得马克思列宁主义，有政治远见，有工作能力，富于牺牲精神，能独立解决问题，在困难中不动摇，忠心耿耿地为民族、为阶级、为党而工作。党依靠着这些人而联系党员和群众，依靠着这些人对于群众的坚强领导而达到打倒敌人之目的。这些人不要自私自利，不要个人英雄主义和风头主义，不要懒惰和消极性，不要自高自大的宗派主义，他们是大公无私的民族的阶级的英雄，这就是共产党员、党的干部、党的领袖应该有的性格和作风。"① 这时，虽然还没有直接提出德才兼备的要求，但其中已经包含了德与才两个方面的内容。

在革命的实践中，我党逐步认识到了干部队伍不足和素养偏低的现实，1931年8月中央通过《关于干部问题的决议》，提出"因干部需要的增加与干部的缺乏，形成干部恐慌的现象，成为党在执行政治上组织上的紧急任务中一个严重的困难问题"。② 为解决干部紧缺、素质低下问题，党在相当艰苦的条件下，创办了各种层次、各种类型的学校。1928年10月17日，中央发出第69号通告，指出要把"提高党员的政治水平线"作为"主要路线之一"，"其方法包括开展党内讨论和省市县委不断举办训练班，训练教育宣传人才及党的干部"。1929年6月党的六届二中全会指出，党内的干部分子都应有系统地从支部中训练出来，有计划地从工作中训练出来，而地方党部更应成为干部分子直接训练的机关。1929年12月，毛泽东在中国工农红军第四军党的第九次代表大会上指出："各级党委都不单是解决问题和指导实际工作的，它还有教育同志的重大任务。各种训练同

---

① 《毛泽东选集》第1卷，人民出版社1991年版，第277页。
② 《中国共产党编年史》（1927—1936），山西人民出版社、中共党史出版社2002年版，第686页。

志的会议，以及其他训练如训练班、讨论会等，都要有计划地举行起来。"① 1931年1月7日，党中央召开了六届四中全会后，中央特别指出："苏维埃区域最近更需要特别去做提拔与训练干部的工作，经常利用这种公开的便利的大规模的去举办各种人才的训练，如党校、政治军事学校等。" 1931年4月21日，中央在《关于苏区宣传鼓动工作决议》中指出："在各苏区分局所在地必须建立一个以上的党校，培养党、苏维埃与职工会的中等干部，要造成苏区以后把工农干部送给中央的前途而不是由中央供给苏区。必须把干部的培养当作是苏区各中央分局中心任务之一。关于这批党校的计划，应该是三分之一为军事训练，三分之一为实际工作的常识，三分之一为政治经济的常识。" 1933年8月，苏维埃政府决定在瑞金成立苏区最高学府苏维埃大学，1933年11月成立的红军大学，到陕北后成立的抗日军政大学等，为当时培养了大量德才兼备的军事与政治人才。1934年，毛泽东提出了苏维埃在土地革命时期的教育总方针。在这一方针的指导下，苏维埃实行了以干部教育为核心的"三育"，即干部教育、群众教育和青少年教育。各种形式的干部教育培训，极大地提高了党员干部的政治水平，培养了大量德才兼备的党员干部。

在土地革命中，随着党在革命根据地的巩固，苏区党和政府内由于缺乏监督也出现了官僚主义等腐败现象。1931年11月中华苏维埃第一次全国代表大会通过的《工农检查处问题的决议案》规定，工农检查处是苏维埃共和国临时中央政府的一部分，有权对国家机关工作人员进行检查和监督。为了建立和健全各级政府的监察机构，临时中央政府在1932年颁布了《工农检察部的组织条例》、《工农检察部控告局的组织纲要》、《突击队的组织和工作》等法规，对各级工农检察部、控告局和突击队的组织、任务和工作方式作了比较详细的规定。1933年9月中共中央作出《关于成立党务委员会及中央苏区省县监察委员会的决议》，要求在党的中央监察委员会正式成立之前，特设立中央党务委员会，各省县成立监察委员会，具体监察党章和党决议的实行，检查违反党的路线的各种不正确的倾向与官僚主义及腐化现象等，并与之作无情的斗争。1934年1月，党的六届五中全会选举产生了中央党务委员会，改选了中央审查委员会，前者主要担负机

---

① 《毛泽东文集》第1卷，人民出版社1993年版，第90页。

关财务、经济监督职责；后者主要负责党纪党风的监察工作。但是，此时中央党务委员会由中央委员会全体会议选举产生，从而改变了党的中央监督机构由党的全国代表大会选举产生并对其负责的规定，使中央党务委员会不再具有1927年监委的地位，其横向监督的功能受到了削弱，标志着党内专门监督机构功能地位开始下移。纵然如此，在土地革命期间，专门监督机关确实查处了一批大案要案，有力地震慑打击了腐化堕落分子，保障了革命队伍的纯洁性和德才素养。

四、抗日战争时期（1937—1945）

这一时期，党认真分析并吸取了党在历史上的干部路线与干部政策上的一些错误做法及其沉痛教训，确立了正确的干部路线与干部政策，第一次完整地提出了德才兼备的用人标准，并结合抗日战争的实践要求，积极创新了德才兼备用人标准的实现机制，初步确立了党管干部原则，推进了考察德才的方法，完善了德才兼备的育人机制和保障机制。德才兼备用人标准实现机制的创新与发展，为抗日战争期间培养和造就适应时代要求的各类人才打下了坚实的基础。

（一）德才兼备用人标准的完整提出

认识到德才兼备用人标准的重要性远比提出德才兼备概念要早。站在工人阶级斗争史的立场上看，恩格斯晚年就已经认识到德才兼备素养对于党员干部的重要性，他指出："要在党内担任负责的职务，仅仅有写作才能和理论知识，即使二者确实具备，都是不够的，要担任负责的职务还需要熟悉党的斗争条件，习惯这种斗争的方式，具备久经考验的耿耿忠心和坚强性格。"[①] 在这里，恩格斯实际上已经开始从德和才两个方面考虑选拔干部了。俄国布尔什维克党执政以后，列宁从理论上承继了这一思想并开始在实践工作中予以实施。

完整提出德才兼备思想的是以毛泽东为代表的中国共产党人。在抗日战争时期，毛泽东、陈云、周恩来等老一辈革命家，都论述过干部素养问

---
① 《马克思恩格斯选集》第4卷，人民出版社1995年版，第399页。

题，提及德才兼备的用人标准。1937年5月，毛泽东同志在《为争取千百万群众进入抗日民族统一战线而斗争》一文中指出："指导伟大的革命，要有伟大的党，要有许多最好的干部。在一个四亿五千万人的中国里面，进行历史上空前的大革命，如果领导者是一个狭隘的小团体是不行的，党内仅有一些委琐不识大体、没有远见、没有能力的领袖和干部也是不行的。中国共产党早就是一个大政党，经过反动时期的损失它依然是一个大政党，它有了许多好的领袖和干部，但是还不够。我们党的组织要向全国发展，要自觉地造就成万数的干部，要有几百个最好的群众领袖。"①

1938年，毛泽东在六届六中全会上指出：为了克服困难，战胜敌人，建立新中国，共产党必须扩大自己的组织，向群众开门，使党成为一个伟大的群众性的党，关门主义倾向是不被允许的，政治路线确定之后，干部就是决定的因素。"中国共产党是在一个几万万人的大民族中领导伟大革命斗争的党，没有多数才德兼备的领导干部，是不能完成其历史任务的。"② 在这里，毛泽东同志明确提出了"才德兼备"即德才兼备这一概念。在此次会议上，我党不仅第一次明确提出了"德才兼备"的干部标准、"任人唯贤"的干部路线，而且还据此制定了一整套干部政策。如必须善于识别干部，必须善于使用干部，必须善于爱护干部，必须善于团结干部，等等。毛泽东总结建党17年来党的干部队伍建设的成就时指出，中国共产党已经培育了不少领导人才，在军事、政治、文化、民运、党务等各个方面都有了党的骨干，但是，现在的骨干还不足以支撑斗争的大厦，还须大量地培养人才。有计划地培养大批的新干部，就是我们的战斗任务。他认真分析了中国历代用人方面的经验和教训，认为中国历史上从来就有两个对立的路线："一个是'任人唯贤'的路线，一个是'任人唯亲'的路线。前者是正派的路线，后者是不正派的路线。"联系党成立以来在干部工作中的一些做法，毛泽东指出：共产党应该执行"任人唯贤"的干部路线。张国焘实行"任人唯亲"的干部路线，拉拢私党，组织小派别，结果叛党而去，这是一个大教训。"鉴于张国焘的和类似张国焘的历史教训，在干部政策问题上坚持正派的公道的作风，反对不正派的不公道的作

---

① 《毛泽东选集》第1卷，人民出版社1991年版，第277页。
② 《毛泽东选集》第2卷，人民出版社1991年版，第526页。

风，借以巩固党的统一团结，这是中央和各级领导者的重要责任。"①

1938年9月，时任中央组织部部长的陈云同志，在延安抗日军政大学作《论干部政策》的演讲时，就明确地提出"干部政策，拿俗话来讲，就是用人之道"，并就选用干部的方法和措施提出"四条"："第一，了解人；第二，气量大；第三，用得好；第四，爱护人"。②"德才并重，以德为主。反对只顾才不顾德，也反对只顾德不顾才。才和德应该是统一的。才，不是空才；德，也不是空德。考察一个干部的才和德，主要应看其在完成任务中的表现。坚持人、事两宜的原则，用人适当，适得其所。要求干部能上能下，只能升级、不能降级，是个人第一、党性不纯的表现"。③

（二）德才兼备用人标准的具体要求

在抗战时期，人才的标准具体化了。毛泽东、陈云、周恩来都对德才标准提出过具体化要求，陈云提出提拔干部应德才并重，以德为主，用其所长以克服其短。④ 周恩来对干部应具有的素质作了六条规定。⑤ 党的七大将这些标准加以系统概括：高度的共产主义的革命热情，清醒的革命的理智，对人民群众的事业有无限的忠心；与人民群众有密切的联系；善于在复杂的环境中独立地识别方向，并不怕负责地决定问题，有高度的纪律性和马克思列宁主义、毛泽东思想的锻炼。⑥作为民族矛盾取代阶级矛盾而处于主要矛盾的时期，其干部选拔标准也体现了民族性高于阶级性这一时代特点。此时沿袭了苏维埃时期的红白榜规定，所不同的是在抗日民主的条件下，地主、富农也被列入红榜，有选举权和被选举权。⑦

具体而言，这一时期对于"德"的总体要求是具有马克思列宁主义的素养，以及思想意识和道德品质的锻炼，具有好的品格和作风等。毛泽东说："我们党的组织要向全国发展，要自觉地造就成万数的干部，要有几

---

① 《毛泽东选集》第2卷，人民出版社1991年版，第527页。
② 《陈云文选》（1926—1949），人民出版社1984年版，第109页。
③ 《陈云文选》（1926—1949），人民出版社1984年版，第214页。
④ 《陈云文选》（1926—1949），人民出版社1984年版，第147—148页。
⑤ 《周恩来选集》（上），人民出版社1980年版，第128页。
⑥ 刘少奇：《论党》，人民出版社1980年版，第80—81页。
⑦ 参见王颖《新民主主义革命时期选举制度研究》，中国社会科学出版社2005年版，第102页。

百个最好的群众领袖。这些干部和领袖懂得马克思列宁主义，有政治远见，有工作能力，富于牺牲精神，能独立解决问题，在困难中不动摇，忠心耿耿地为民族、为阶级、为党而工作。党依靠着这些人而联系党员和群众，依靠着这些人对于群众的坚强领导而达到打倒敌人之目的。这些人不要自私自利，不要个人英雄主义和风头主义，不要懒惰和消极性，不要自高自大的宗派主义，他们是大公无私的民族的阶级的英雄，这就是共产党员、党的干部、党的领袖应该有的性格和作风。"① 1937 年 10 月，毛泽东为陕北公学成立和开学纪念题词："要造就一大批人，这些人是革命的先锋队。这些人具有政治远见。这些人充满着斗争精神与牺牲精神。这些人是襟怀坦白的，忠诚的，积极的与正直的。这些人不谋私利，唯一的为着民族与社会的解放。这些人不怕困难，在困难面前总是坚定的，勇敢向前的。这些人不是狂妄分子，也不是风头主义者，而是脚踏实地富于实际精神的人们。中国要有一大群这样的先锋分子，中国革命的任务就能够顺利地解决。"② 这个题词不仅是对陕北公学培训任务的要求，也可以被看作对抗日战争期间"德"素养的具体要求。1940 年 11 月，陈云进一步将"德"素养（也即他说的政治素养）细化为四个方面：一是忠实于无产阶级事业，忠实于党；二是与群众有密切联系；三是能独立决定工作方向并负起责任；四是守纪律。周恩来 1943 年 4 月 22 日在《怎样做一个好的领导者》的报告提纲中对领导干部的素质作了全面论述，指出领导干部"要有确定的马列主义的世界观和革命的人生观；要有坚持原则的精神；要相信群众力量；要有学习精神；要有坚忍的奋斗精神；要有高度的纪律性"。③

在抗日战争期间对于"才"方面的要求也日益具体化。毛泽东认为，作为党的干部，"他们应该有知识，有能力，不务空名，会干实事"。④ 因为，领导某一部门的工作，"不是投机家，不是空头革命家（有'德'）"。⑤ 必须谙通工作技术，熟悉业务详情，精通工作知识，有"工作

---

① 《毛泽东选集》第 1 卷，人民出版社 1991 年版，第 277 页。
② 《动员》（第 10 期）1923 年 10 月 23 日。
③ 《周恩来文选》上卷，人民出版社 1980 年版，第 128 页。
④ 《毛泽东选集》第 2 卷，人民出版社 1991 年第 2 版，第 728 页。
⑤ 《中共中央文件选集》第 10 册，中共中央党校出版社 1985 年版，第 619 页。

的能力（有'才'）"。① 1940年2月，毛泽东在陕甘宁边区自然科学研究会成立大会上的讲话，提出："马克思主义包含有自然科学，大家要来研究自然科学，否则世界上就有许多不懂的东西，那就不算是一个最好的革命者。"② 毛泽东又于1944年6月24日在延安大学开学典礼上的讲话中提出："在政治上要学习统一战线，'三三制'，精兵简政的方针，要学习各种政策与方法。在经济上要学习如何发展工业、农业、商业、运输；要帮助86万家农民做到耕三余一，要帮助老百姓订一个植树计划，10年内把历史遗留给我们的秃山都植上树，还要使边区工业做到全面自给，达到每年出产31万匹布，470万斤铁。还有文化建设，要使边区老百姓每个人至少识1000个字，要提倡卫生，要使边区1000多个乡每乡设立一个小医务所，还要教会老百姓闹秧歌，唱歌，要达到每个区有一个秧歌队、家家有新内容的年画、春联。"③

在实践中对于德才的要求是并重的。刘少奇认为："挑选干部，第一，应着重于他的政治观点与政治面目。第二，还要看他的实际工作能力。这是我们挑选干部的标准。如果以私人与宗派的观点，来挑选干部，那合乎这标准的干部将被排除，党的路线将不能很好的执行或甚至于完全不能执行。"④ 刘少奇在党的七大报告中曾系统总结我党在这一时期的德才标准，他指出："我们的干部，应该有高度的共产主义的革命热情，同时又具有清醒的革命的理智。我们的干部，应该对人民群众的事业有无限的忠心；应该与人民群众有密切的联系；应该善于在复杂环境中独立地识别方向，并不怕负责地决定问题，应该在对敌人的斗争中以及在党内的原则斗争中，有高度的纪律性和马克思列宁主义、毛泽东思想的锻炼。"⑤ "总之一句，能够最好地服务于人民群众的干部，就是最好的干部。"⑥ 这段论述既强调了干部的政治素质，又注重了干部的实际工作能力，是对党的干部标准的第一次高度概括和系统完整的论述。

值得关注的是，抗日战争时期我们对于德才兼备的要求不仅仅体现在

---

① 《中共中央文件选集》第10册，中共中央党校出版社1985年版，第619页。
② 1940年8月15日《新中华报》。
③ 1944年5月31日延安《解放日报》。
④ 《中共中央文件选集》第10册，中共中央党校出版社1985年版，第259页。
⑤ 《论党》，人民出版社1980年版，第80—81页。
⑥ 《论党》，人民出版社1980年版，第81页。

领导人的讲话中，也体现在具体的政策特别是制度中。如1943年制定并颁布的《陕甘宁边区各级政府干部任免暂行条例》，就对于德才兼备人才的标准予以制度规定。该条例第三条明确规定："各级政府干部之任用，以适合下列标准者为合格：一、拥护并忠实于边区施政纲领；二、德才资望与其所负职务相称；三、关心群众利益；四、积极负责，廉洁奉公。"这些标准首先强调政治表现，同时注重业务才能和思想品德，体现了德才兼备的原则。该条例规定不论共产党员还是党外人士，必须具备这些条件，方能担任行政干部。凡不符合上述标准的，一律禁止任用。具体说来，就是禁止录用有汉奸行为的人；有反对边区施政纲领或破坏抗日政府、抗日军队、抗日人民与抗日政党行为的人；有破坏政府法令，危害群众利益以及贪污、腐化、营私、舞弊、处罪有案而又不能改过自新的人；有褫夺公权尚未恢复的人。在现任干部中，如有上述情形之一者，即刻停止任用，或者予以惩戒，以保证抗日民主政权的纯洁性。

但是，应当看到的是，我党并不主张在德才素养方面平均用力、不讲主次。在抗日战争期间，我们党的领导人已经确立了德才兼备、以德为先的思想。诚如前面所言，作为中共中央组织部部长的陈云就曾提出提拔干部的原则是"德才并重，以德为主"。[①] 作为我们党卓越的管理才周恩来也于1943年在《怎样做一个好的领导者》一文中着重指出："选拔干部的标准：政治标准与工作能力，二者是缺一不可的，而政治上可以信任是先决问题。"

（三）德才兼备用人标准的机制创新

抗日战争时期，推进德才兼备用人标准实现机制共有四个方面的创新与发展。

1. 确立党管干部的原则

德才兼备原则中"德"是第一位的，如何保障用有德之人，何谓有德之人是首先要解决的问题。中国共产党是人民利益的代表者和实现者，党管干部能确保党员干部真正践行为人民服务的宗旨。抗日战争时期虽然没有明确提出党管干部的原则，但在实践中这一原则确实是在此时期逐步形

---

① 《陈云文选》（1926—1949），人民出版社1984年版，第214页。

成和确立下来并制度化的。① 1937 年，中共中央为了在各游击区域实行党的新政策并保证党的领导，于 8 月 1 日发出了《关于南方各游击区域工作的指示》，要求各游击区域争取地方政权实行普选的民主制度，用普选的方法选举保甲长、分区长以保障政权实际上仍在党的领导之下。凡游击区域没有旧政权的，同样建立现有国民党式的政权，有旧政权的则力争旧政权的民主化，争取党的领导。同一天，中央军委总政治部发出的《关于新阶段的部队政治工作的决定》指出，部队政治工作的基本任务之一是保证党对红军的绝对领导，应该健全与加强红军中党的组织及其作用，党的组织应该成为部队全部生活决定的骨干，成为一切政治工作的支持与依靠。1937 年 9 月 25 日，中央关于军队参加政府问题的决定草案明确，在原有红军及一切游击队中，要保持共产党的绝对独立领导，不允许在这个问题上发生任何原则上的动摇。1941 年 10 月 29 日中央政治局进一步明确了中央组织部的职责：调查、研究党内干部的状况，登记干部，熟悉干部（地委书记、专员、团长以上），管理配备干部，计划培养干部及提拔干部；调查研究党周围的非党干部，研究党对非党干部的政策；指导与检查全党执行中央对于党内党外干部的政策的工作等。1942 年 9 月 1 日，中共中央政治局通过的《关于统一抗日根据地党的领导及调整各组织间关系的决定》明确规定了党的一元化领导的原则，此后各级党委直接指派干部和分配行政干部的做法更加趋于制度化，党管干部的原则逐步确立下来。在当时情况下，实行党对干部的一元化管理，在确保干部队伍的纯洁性与先进性、生命力与战斗力方面起到的主要是积极和正面的作用。

2. 推进民主选拔与管理

在党的领导之下，人才选用方面发扬民主是抗日战争时期的一个突出特点。陈云指出："干部部门应经常了解、考核、选拔干部，向党委提供意见。干部的任免、奖惩等重大事项，应按组织原则，根据考察材料，并考虑干部部门的意见，经党委会讨论，不是一两个人说了算。"② 民主选用与管理的功效在于，通过多中择优达到比较鉴别。这种方法有利于德才兼

---

① 陈凤楼认为，抗日战争时期是中国共产党干部队伍建设和发展中的一个非常重要的阶段，党管干部原则就是在这一时期进一步确立起来的，干部工作也逐步走向规范并形成制度［参见陈凤楼《中国共产党干部工作史纲（1921—2002）》，党建读物出版社，2003 年版，第 34 页］。

② 《陈云文选》（1926—1949），人民出版社 1984 年版，第 148、152 页。

备人才的脱颖而出，也有利于人才德才素养的可持续发展。这一时期无论是游击区的普选制还是抗日根据地的"三三制"政权建设，都普遍实行选举制度，确保优秀人才能够才尽其用。比如，1943年4月，陕甘宁边区政府颁布的《干部任免暂行条例》，明确规定了抗日民主政府任用干部的德才标准："1. 拥护并忠实于边区施政纲领；2. 德才资望与其所负职务相称；3. 关心群众利益；4. 积极负责，廉洁奉公。"为使抗日的各民族、各阶级、各阶层人民享有充分的民主权利，组织起广泛的抗日民族统一战线政权，各边区政府规定，凡居住在边区境内、年满18岁的居民，只要拥护抗日均为具有选举权与被选举权的公民。从选举的步骤、方法、选举的结果上体现出民主的广泛性。据晋察冀边区7个县的统计，工人和贫农在村代表中占49.92%，在县议员中占35.5%；中农在村代表中占37.9%，在县议员中占51.6%；地主、富农、商人在村代表中占20.9%，在县议员中占18.1%。按这个统计，占全体公民51.5%的工人和贫农，当选的比例则占49.2%和30.5%，就是说他们当选的比例低于其在公民数量中所占的比例；而占公民总数9.9%的地主、富农、商人，却占13.9%和18.1%，远远超过他们在公民总数中所占的比例。[①] 为了加强干部管理，还实行了分工负责制。1943年4月，陕甘宁边区政府公布的《干部管理暂行通则》，第一次在全边区范围内把干部的登记审查、提拔培养、配备使用、任免调动，考核奖惩和待遇保健等统一了起来。同时，该通则还明确划分了各级干部的具体管理权限，规定了由边区民政厅直接管理、民政厅委托专员公署管理和有关部门分别管理，向民政厅备案等三种管理形式，有机地把统一管理与分工负责相互结合起来，构成了边区干部管理制度的基本特征。

3. 加强人才的教育培训

抗日战争期间，为适应根据地抗日斗争的发展培养大批德才兼备的人才，中央要求"每个根据地都要尽可能地开办大规模的干部学校，越大越多越好"。[②] 特殊的战争环境和紧迫的战争需要，不允许根据地创办四年制或三年制的所谓正规大学，而必须实行新制度、新课程，以大学、学院、公学为名，办新型的短期训练班式的革命的高等学校，干部教育的主要内

[①] 参见李普《我们的民主传统》，新华出版社1950年版，第173页。
[②] 《毛泽东选集》第2卷，人民出版社1991年版，第769页。

容：马列主义基本理论教育，党的方针政策，军事和战争教育，中国历史与现状教育、科技文化知识教育、思想方法与工作作风教育、经济与生产教育。这期间涌现了一大批知名学校：中国人民抗日军政大学（简称抗大），最初是1936年在瓦窑堡创办的抗日红军大学，1937年初改为"抗大"，"抗大"的主要任务是培养抗日前线急需的军事、政治干部。从1936年6月至抗战胜利，总校共办了8期，培养干部31345人。1938年底开始在敌后各根据地建立分校，共建立了12所分校和5所陆军中学、1所附设中学。"抗大"作为中共领导下的八路军干部学校，在它存续的9年历程中共为中国人民的解放事业培养了20多万名军政干部。陕北公学于1937年8月成立，是一所培养行政、民运和文化工作干部的学校。1939年6月与鲁迅艺术学院等4校合并，在晋察冀边区成立华北联合大学。1941年8月底又与其他学校合并为延安大学。陕北公学在近4年中，共培养了11000多名干部。为全面提高干部队伍的整体素质，党中央切实加强了干部教育工作，党中央决定成立全党的干部教育中枢领导机构——中央干部教育部，制定了一系列干部教育制度，走出了一条依靠制度、全方位、大规模教育培训干部的新路子，也切实解决了干部教育中的一些偏向，培养造就了大批德才兼备的人才。比如，针对干部教育中存在的重理论轻业务的现象，1940年10月，中央宣传部作出《关于提高延安在职干部教育质量的决定》，规定"在职干部马列主义理论的学习，不能妨碍他们所担任的实际工作，相反的，只有当这种学习能够提高他们对实际工作的兴趣与能力时，才有意义"。[1] "对于他们，要在学习马列主义一般理论与精研技术与文艺的时间上有适当的调剂。必要时，可暂时减少其马列主义理论学习的时间或分量，或在一定时间内推迟这方面的学习。"[2]

4. 强化人才的监督检查

为了确保选用德才兼备的人才，抗日战争时期还强调加强对各类人才的考核与奖惩。根据1943年10月，晋察冀边区制定的《干部考核奖惩任免暂行办法》，干部考核的内容，主要包括：政治坚定性和进取精神，执行政策法令的情况；工作责任心，积极性与纪律性；工作能力和工作成

---

[1]《中共中央文件选集》第11册，中共中央党校出版社1986年版，第517页。
[2]《中共中央文件选集》第11册，中共中央党校出版社1986年版，第517页。

绩；业务熟练和精通程度；学习勤惰以及民主作风；个人道德品质之优劣等。考核的方式分为平时、定期和临时三种：平时考核由干部所在机关或其任免机关的行政首长和主管部门负责人随时进行，考核结果只留存备查，作为实施奖惩的参考。奖励的形式可分为名誉奖和物质奖两种；惩戒处分的种类可分为：警告、记过、记大过、降级、撤职、撤职留任、撤职查办。为了确保德才兼备人才的选用，中共中央还加强了对人才的监督检查力度，通过了《关于中央委员会工作规则与纪律的决定》、《关于各级党部工作规则与纪律的决定》等党内法规文件。在党的六届六中全会上，我党就明确提出要在区党委之下设立监察委员会，监察党的机关、党的干部及党员的工作和对党的章程决议的执行情况；审查党的各种机关的账目；管理审查并决定对于党员违反党纪党章的处分，或取消其处分；审查并决定要求恢复党籍或重新入党者之党籍；监察党员关于破坏革命道德的行为。1945年党的七大通过了新党章，健全了党的监督机构，发展了党的纪律检查制度。七大党章取消了六大党章中"审查委员会"一章，专列了"党的监察机关"（第八章），对纪检机关的任务和职能、领导体制作出了明确规定，中央与地方监察委员会的任务与职权是："决定或取消对党员的处分，受理党员的控诉。"各级监察委员会的成立与职责的明确化，各类监察与纪律规定的出台，对于规约各类人才的行为有重要引导作用，对于确保人才的德才素养有重要的保障作用。

另外，在抗日战争时期为了确保德才兼备人才的选用与实现，我们党还积极进行选用方式的变革。比如对干部的使用强调人事两宜，强调审慎考虑后提拔，不越级提拔，干部要能上能下，认识到"只能上、不能下，只能升级、不能降级，是个人第一、党性不纯的表现"。[①] 比如认识干部是一个过程，要注意从群众运动中发现和提拔，考察与识别干部不但要看干部的一时一事，而且要看干部的全部历史和全部工作；考察干部要先从日常工作中认识之，证明能胜任较繁重的工作，必须在斗争中考验之，证明政治坚定，主动得力，作风端正。考察一个干部的才和德，主要应看其在完成任务中的表现等。

---

① 《陈云文选》（1926—1949年），人民出版社1984年版，第147页。

五、解放战争时期（1945—1949）

解放战争时期，我党对于干部的德才素养作了些许调整，主要是针对战争性质完全不同于抗日战争。前者属于民族战争，针对的是外来侵犯之敌。当抗日战争取得胜利之后，我们主要是打退国民党的进攻，争取民主共和的光明前景。所以，此时干部之德不是是否爱民族国家的问题，而是是否拥有民主共和。在这个前提之下，拥有战争年代的才能可能成为当时的可用之才。

（一）德才兼备用人标准的具体要求

解放战争作为战争年代同抗日战争一样，对于人才德才素养要求有很多相似之处。从这个意义上讲，解放战争时期我们党对于人才的德才素养要求有着历史的继承性，在抗日战争时期的相关论述在这个时期同样是适用的。比如，这个时期对于德方面的规定仍然是对于革命的忠诚，吃苦在前，享受在后；打起仗来，冲锋在前，退却在后；危急关头，把生的希望留给他人，把死的危险揽到身上。对于才方面的突出要求仍然是军事和战斗能力、宣传联系和组织群众的能力。

但是，德才素养毕竟与时代任务密切联系。虽然同样是战争年代，因为敌人和对手不同，战争的性质也不尽相同。抗日战争打的是民族解放之战，是反侵略之战。在这种战争背景下，一切赞成抗日赞成民主的人都可以参加到革命的阵营中来，成为人民干部的一员。在解放战争时期，由于国民党挥舞屠刀指向中国共产党及代表的人民大众，此时的战争是争取光明的前途，粉碎国民党黑暗统治之战，此时凡是拥护彻底摧毁国民党反动统治，拥护消灭封建土地剥削制度的人，都可以参加到人民阵营中来，成为解放战争中的可用之才。相反，在解放战争时期，一切反对土地改革、维护旧制度的人，都不符合我党对人才的最基本的政治要求，在法律上也是禁止录用的。

如果说在抗日战争时期，我党对于干部德的要求主要是为了民族的利益，不怕困难、敢于牺牲的话，在解放战争时期我党对于干部德的要求则主要是为了光明的前途，为了人民的解放事业视死如归的精神。在抗日战争忠于革命就是忠于中华民族的利益,在解放战争时期忠于革命主要是忠于中国共产党为代表的最广大人民的利益。邓小平在1949年9月所作的专题报告《论忠诚与老实》中指出:"一个革命者,是不是忠于党、忠于人民,就看他是不是老实,是不是实事求是。忠诚与老实就是毛泽东讲的实事求是。一个自觉的革命者无论何时何地,在何种情况下,都要做到忠诚老实,对党要忠诚,对群众要忠诚,要老老实实地说话,老老实实地办事,老老实实地做人。""革命青年要真心诚意地接受中国共产党的领导,深入到实际斗争中去做发动群众的工作。"① 这一论述表明,解放战争时期我们党对于干部德的要求就是忠于党和人民。

对于才方面的要求主要是有战争能力和军事才能。在战争年代,我党的各类人才接受普遍系统教育的并不多,因为他们大都出身贫苦,为了翻身做主人参加到革命的阵营中来。但是,军事斗争本身就是个大熔炉,他们通过从战争中学习战争,逐步提高了自身的文化素养和战争能力。据统计,解放战争年代我军将领的年龄平均在40岁上下,但由于他们都身经百战,逐步从战士成长成为将军,具备了军事才能。

比如,在抗日战争时期,30多岁的粟裕已显露出卓越的军事才能。他所率领的部队仅在1938年至1943年间歼灭日伪军10万人。1944年在车桥战役中,一次歼敌日军大佐以下460余人,伪军480余人。毛泽东相信:这位从士兵成长起来的将领,有能力指挥四五十万人的军队。在解放战争中,粟裕率野战军3万人迎击国民党军5个整编师12万人的进攻,在一个半月内,在苏中地区七战七捷,歼敌53000余人。再次证明了毛泽东识人能力,也显示了在解放战争年代我们对于军事人才的器重。在解放战争中,粟裕还曾协助陈毅,具体组织指挥了宿北、鲁南、莱芜战役,均获大捷,尤其是在莱芜战役中创造了3天之内歼敌7个旅5.6万人的新纪录。

(二)德才兼备用人标准的机制创新

其间,在德才兼备用人标准的实现机制创新主要体现在如下几方面。

1. 进一步拓展用人范围

在一个更广大的空间中选用人才,较一个狭隘范围内选用更容易实现

---

① 《邓小平与中共党史重大事件》,中央文献出版社2001年版,第103—104页。

德才兼备用人标准。在解放战争时期，为了战时需要在更大范围内选拔德才兼备的干部，除了大量从军队选拔干部外，此时还从工人和职员、青年学生和知识分子、从农民知识分子和妇女、党外人士甚至是敌军军官中提拔。① 1946 年，刘少奇在关于土地问题的指示中指出，在土地改革中要注意培养提拔干部；1947 年，刘少奇要求选择和训练一批青年干部，把青年团下层组织动员起来选择积极分子加以训练。1947 年 6 月 10 日，当人民解放军还处于内线作战时，朱德就在冀中军区干部会上的讲话中明确指出：干部是要从下边提起来的，不能老指望从上面派。1948 年，邓小平指出：" 按中原区需用干部的标准，如在江南开辟一万万人口的区域，所需合格干部当在三四万之间"、"蒋区干部学生大批回乡，等候大军进入，也是一个大的来源。"② 1948 年 11 月 9 日，张闻天为中共中央东北局机关报《东北日报》起草了《大量提拔与培养新干部》的社论，提出，我们应该克服一切忽视与轻视新干部，不敢提拔新干部的偏向。在解放战争前期，普遍实行"三三制"政策，"共产党方面限制自己的候选人，并且反转过来替各党各派、无党派提出候选人，替各阶层提出候选人"。③ 从解放战争后期，针对形势对选举权与被选举权作出重大调整，如 1949 年 1 月《东北解放区县村人民代表选举条例草案》中取消"不分阶级、党派"的内容，代之以"有反革命行为及民主政府辑办在案者"无选举权和被选举权。④ 1949 年 3 月 5 日至 13 日，中国共产党在河北省平山县西柏坡村召开了七届二中全会，会议提出了迅速取得全国胜利的各项方针。毛泽东在七届二中全会上所作的报告中再次指出，"现在准备随军南下的五万三千个干部，对于不久将要被我们占领的极其广大的新地区来说，是很不够用的，我们必须准备把二百一十万野战军全部地化为工作队。这样，干部就够用了"。⑤ "我们必须把二百一十万野战军看成一个巨大的干部学校"。⑥ 这一

---

① 参见 1948 年 12 月 21 日，《关于大量提拔培养产业工人干部的指示》；1948 年 7 月 9 日，中央给中原局发出指示；1945 年 10 月，中共中央颁发的《关于战俘处理办法的指示》等文件。
② 《邓小平文选》第 2 卷，人民出版社 1994 年版，第 129 页。
③ 《陕甘宁边区政府文件选编》第 10 辑，档案出版社 1990 年版，第 32 页。
④ 韩延龙、常兆儒：《中国新民主主义革命时期根据地法制文献选编》第 1 卷，中国社会科学出版社 1981 年版，第 417 页。
⑤ 《毛泽东选集》第 4 卷，人民出版社 1991 年版，第 1426 页。
⑥ 《毛泽东选集》第 4 卷，人民出版社 1991 年版，第 1426 页。

方针的确定对于解决新解放区急缺干部的问题开辟了一条新的渠道，起到了巨大作用。1949年4月20日，中央军委在给中原局的电报中再次指出解决干部缺乏的基本办法，是放手地、大胆地、大量地提拔干部。1949年6月27日，中央组织部安子文同志在所作的关于党的组织概况的报告中说，解决干部供应不足的办法就是提高老干部，训练新干部，提拔经过土改战争锻炼的各级干部，在新解放区及大城市中大量招收工人和知识分子进行训练。1949年8月17日《解放日报》发表题为《贯彻整编节约方案到行动中去》的社论。明确指出：对接管机关留用的进步旧员工，特别是对那些专门技术人员，应当尊重他们的科学知识与技术才能，关心他们的生活，采取爱护和帮助的态度去团结和改造他们。对编余的旧人员，应当从人民的长远建设及团结和改造全国旧人员为人民服务这一观点出发，郑重负责，分别不同情况，妥为安置，使得他们都能够有工作、生活和学习的出路。总的来看，这一时期由于斗争形势有利于我军的发展和满足战争中大量干部的需要，使得干部选拔范围和标准得到一定意义上的拓展。

2. 以创新实践来选用人才

"我们的军队过去是在长期的战争环境中锻炼成长的，那时提升干部主要靠战场上考验。"[①] 结合战争年代的实际，在人才选用方面既有效推进了任命制度，也积极拓展了选举制度。《陕甘宁边区各级政府干部任免暂行条例》规定，边区政府主席、副主席和政府委员、县（市）长和县（市）政府委员以及乡（市）长，均由同级参议会选举。他们随参议会每届任期的变更而改变，连选者得连任。如果在任期内有违法、失职或者不胜任职务，参议会有权随时予以罢免。经选举而任职的行政人员，按规定要报经直接上级政府委任，其任职期内有违法行为或因工作需要而调动的，上级政府可以撤换或调动。边区政府各厅、处、院长官、行政督察专员和大学校长，由政府主席任命，边区政府各厅、处、院的秘书、科长以及主要直属机关负责人，由各主管行政首长提交民政厅审查合格后，呈请政府主席委任；各厅、处、院及其直属机关科员以上干部，由各主管行政首先遴选委任；专员公署科长级干部由边区政府委派或由专员遴选提请边区政府主席委任，其余干部由专员委任，县政府科长、区公署区长由边区

[①] 《邓小平文选》第2卷，人民出版社1994年版，第60页。

政府民政厅委派或由县政府提请民政厅委任,其余干部(县政府的基本措施195科员、区助理员、乡政府文书等)由县长遴选委任。按照该条例规定,干部的任免决定权属于该任免机关。但上级对下级任命的干部,有权加以提升或调动,而下级对上级任命的干部认为应升迁或调动时,则必须请示上级同意或批准,才能委托代理,但要迅速请示上级批准。干部依法定程序委任后,如因故出缺,有关行政负责人可以指派适合人员代理,但代理有一定期限,不得超过三个月,以防止无限期的临时指派取代干部正式委任的原则。在解放战争后期,为适应迅速发展的革命形势,集中力量支援前线,争取早日解放大西北,边区干部的任免权限明显地呈现出集中的趋势。一是由下级行政机关向上级行政机关集中;二是由行政长官个人向政府委员会集中。1949年4月9日通过的《陕甘宁边区政府暂行组织规程》规定,边区民政厅只有提请任免或直接任免边区政府科员、县之科长、区长、区助理员和乡文书的权利。边区政府科长以上、已设行署区专员以上及未设行署区县长以上干部,由边区政府主席任免,而边区政府秘书长、厅长、银行经理、行署主任、委员会主任及其副职,不再由边区政府主席任免,而由边区政府委员会集体讨论共同决定。

3. 以教育培训造就人才

抗战胜利后,特别是内战爆发后,解放区的教育任务就是根据新的革命需要,为反对美帝国主义侵略,打倒蒋介石的反动统治,建立以工人阶级为领导的人民大众的新民主主义国家而斗争。抗战胜利初期的解放区的干部教育仍是解放区教育的核心。它主要包括在职干部教育和后备干部学校。前者主要是提高在职干部的政治、业务水平,后者主要是培养新干部。根据党中央和毛泽东关于干部教育的指示,各解放区继续实行"干部教育第一"的政策,解放区的干部学校如雨后春笋般纷纷创建,此时期各解放区开办的干部学校主要有:华北联合大学。1948年与北方大学合并为华北大学、东北军政大学,它的前身是中国人民抗日军政大学。此外,在华北解放区、晋察冀边区还有白求恩医大、军区军政干部学校、铁路学院、边区工专、农专等。在华东解放区,山东有山东大学,苏北有苏中公学、华中公学、苏北建设学院等。在西北解放区,有西北医专、西北军区大学等。1948年7月,党中央决定创办高级党校,仍沿用延安的马列学院的名称,刘少奇兼任院长。以后,又创办了初级党校和中级党校,形成了一个完整的对全党干部进行马列主义教育的系统。1948年9月15日,中央就各级党校的课程教材作出具体规定,并要求各局、各分局、各区党委将所办党校的情形向中央报告。随着党对干部的需求越来越大,训练新干部的工作越来越被摆上重要议事日程。1948年10月28日,中共中央作出决议,提出了一系列大规模培训干部的计划。一是各区中央局(中央分局)、区党委两级立即开办党校,抽调各级各类的干部到党校学习。二是各大军区开办军政学校或加强和扩大已有的军政学校,培养军区、军分区及地方所需要的一部分军事和政治工作干部。三是创办中等学校并办好已有的中等学校,培养大批具有中等文化程度的人才,准备补充各级各项工作的干部。四是在可能开设大学的解放区,迅速开办正规大学,以培养将来为政治、经济、文化等各方面工作所需要的较高级的人才。五是创办各种专门学校,培养各种专门人才。通过开办这些学校,一方面为革命培养了大批的军政干部,缓解了形势发展对干部的需求;另一方面也为新中国建设培养了大量的科技人才。

第七章
新中国成立后中国共产党德才兼备用人标准实现机制的探索

中华人民共和国的成立是中国历史上开天辟地的大事,自此,人民当家作主的政治制度就在中国诞生了。作为缔造这个国家的政党——中国共产党,也由此变成了全国意义上真正的执政党。但是,角色转变并不容易。由领导人民进行革命斗争的政党,转变为领导人民进行社会主义建设的政党,确实需要一个过程。在这个过程中,我党的用人标准也逐步发展变化,德才的内涵及德才兼备用人标准的实现机制也不断在摸索中发展和完善。根据历史发展进程,新中国成立后用人标准的实现机制可以分为新中国成立初期、全面建设社会主义时期、"文化大革命"时期和改革开放新时期四个阶段。

一、向社会主义过渡时期（1949—1957）

新中国的成立,在我国结束了极少数剥削者统治广大劳动人民的历史,结束了帝国主义、殖民主义奴役中国各族人民的历史,标志着半殖民地半封建社会的结束和从新民主主义到社会主义转变的开始。但是,新中国成立初期国际国内形势十分复杂,任务也相当艰巨。为了适应新形势和新任务的要求,我党积极推进了德才兼备用人标准的实现机制。

（一）新中国成立初期的形势任务及其对干部素养的要求

新中国成立初期,我党面临着来自国际和国内的多方面困难,也面临着如何改造旧的生产关系和建设新制度的挑战。为了应对复杂的国际国内形势,完成新民主主义遗留的任务,顺利推进生产资料私有制的改造,我党正确分析了形势和任务，提出了新时期的干部素养要求，并采取系列举措来确保选用德才兼备的各类干部与人才。

1. 新中国成立初期的基本形势

国际方面：一方面，中国人民争取民族独立与解放的斗争得到了来自苏联、东欧与亚洲人民民主国家以及一些民族独立国家的支持。作为一种回馈，中国人民革命的胜利，也改变了国际政治力量的对比，增强了世界反对帝国主义的力量，激励了许多类似中国这样受帝国主义、殖民主义压迫国家的人民，增强了他们争取民族解放斗争的信心。但是，另一方面的事实是，由于我们的胜利也引发了以美国为首的西方国家的外来封锁。美国拒绝承认并竭力阻挠其他国家承认新中国，阻挠恢复中华人民共和国在联合国的合法席位，对新中国实行政治孤立、经济封锁和军事包围的政策，伺机进行侵略和颠覆，妄图将新中国扼杀在摇篮里。他们在太平洋地区建立起庞大的军事基地网络，从阿拉斯加经阿留申群岛、日本、琉球群岛、朝鲜、台湾、菲律宾、婆罗洲、苏门、越南，一直伸展到泰国、缅甸和印度，对我国形成了半圆形的包围圈。更为严重的是，以美国为首的西方国家竟然打着联合国的旗号发动了朝鲜战争，直接将战火再度燃到中国边境，并毫不掩饰地透露其妄图以朝鲜为跳板侵略中国的野心："历史上，鸭绿江并不是把两国（中朝）截然划分为不可逾越的障碍。""美国军队必须越过北朝鲜进入目前为中共军队所占领的满洲。"[1] 尚未完全从战火灾难中解脱出来的中国人民，又面临着头号帝国主义发起的新的战争威胁。

国内方面：人民解放战争已经取得了基本的胜利，但还没有取得完全的胜利。国民党反动派的残余武装力量还盘踞在西南、华南和台湾等地，企图卷土重来。国民党溃逃时潜伏下来的大批政治土匪、特务、反动党团骨干分子等，以各种方式疯狂地进行破坏和颠覆活动。为此，从1949年冬起，人民解放军继续向华南、西南等地进军，全歼白崇禧残部和胡宗南主力，先后解放了广东、广西、四川、贵州等省，并和平解放了云南和西康两省。在广大的新解放区，大约有三亿人口的地区尚未进行土改，封建地主阶级还没有被完全打倒，农民与地主的矛盾十分尖锐。城市民主改革尚未进行，社会秩序尚待安定。新中国的经济形势更是异常严峻，由于帝国

---

[1]《新华月报》1950年11月，第20页。

主义的掠夺和国民党反动派的腐朽统治以及长期战争的破坏，整个国民经济千疮百孔、破烂不堪。同时，由于解放战争还在进行，军费开支浩大；人民政府又对国民党政府留下的军政人员和公教人员实行"包下来"的政策；失业人员和灾民还必须救济；恢复生产和交通运输需要投资，因此财政开支十分困难。为解决革命战争和恢复生产的急需，中国人民政府不得不暂时依靠增发钞票来弥补庞大的财政赤字，这不免引起了通货膨胀和物价波动。面对这样的形势，1950年6月，中共中央在北京召开了七届三中全会。会上毛泽东作了《为争取国家财政经济状况的基本好转而斗争》的书面报告和《不要四面出击》的讲话。刘少奇、周恩来、陈云、聂荣臻分别作了关于土改、外交、统战、财经和军事的报告。新中国成立初期的主要任务是，在彻底完成民主革命遗留任务的同时，努力恢复和改造国民经济，争取财政经济状况基本好转，在全国范围内建立新民主主义的政治制度和经济制度，并在此基础上逐步向社会主义过渡。

2. 时代任务对干部素养的基本要求

根据上述情况，中国人民同帝国主义、封建主义和国民党残余势力的矛盾，仍是新中国成立初期的主要矛盾。党和全国人民面临的基本任务是：把人民解放战争进行到底，彻底消灭国民党残余势力，建立和巩固人民民主政权，继续完成民主革命遗留的任务，没收官僚资本，完成新解放区的土地改革，摧毁帝国主义、封建主义和官僚资本主义的政治基础和经济基础，迅速恢复国民经济，为全面的社会主义改造和有计划的社会主义建设创造条件。当时面临的主要考验有：第一，能不能保卫住人民胜利的成果，巩固新生的人民政权；第二，能不能战胜严重的经济困难，迅速恢复和发展国民经济；第三，能不能巩固民族独立，维护国家主权和安全；第四，能不能经受执政的考验，继续保持谦虚、谨慎、不骄、不躁和艰苦奋斗的作风。总之，执政掌权后，在权力的各种诱惑面前，党又面临新的考验。这诸种考验实际上都是对干部队伍的考验，在新中国成立之初能否推进干部队伍建设，选拔和培养一批能够经受住各种考验的先锋战士，是迫切需要解决的重大课题。选拔这样一批先锋战士，最为突出的要求是让其具备德才素养，既有为革命事业献身的精神，也要有为新中国成立立业的能力。

新民主主义革命时期，"革命的中心任务和最高形式是武装夺取政权、是战争解决问题"。① 党的主要任务是领导革命取得胜利，而在中国主要的斗争形式是战争，而主要的组织形式是军队。其他一切都是为了准备战争、直接或间接地配合战争。在中国离开了武装斗争就没有无产阶级和共产党的地位，就不能完成任何的革命任务。② 党的组织工作和民众运动也是配合战争的，只能也只应服从前线的要求。全党都要注重战争学习军事准备打仗。③ 因此，革命战争需要也造就了一大批懂政治、军事的干部。但是，革命胜利后中国共产党的任务发生了重大的变化，党的中心工作由革命战争转向经济建设，由夺取政权转向发展社会生产力。这一任务要求我们党的干部由"战斗队"迅速转变为"工作队"，从与"拿枪的敌人"进行硝烟血肉之争转变为与"不拿枪的敌人"展开口舌笔墨之争。毛泽东在新中国成立前夕就指出："严重的经济建设任务摆在我们的面前。我们熟悉的东西有些快要闲起来了，我们不熟悉的东西正在强迫我们去做。"④ 为此，在新中国成立后干部标准的把握上，一方面坚持抗日战争时期提出的"德才兼备"的用人标准，另一方面更加关注干部专业化的问题，并且在"才"的内容方面强调具有管理现代经济水平、组织建设城市的能力和具有比较高的政治斗争艺术水准。但是，在干部标准方面还有人重视资历，轻视德才。邓小平曾批评指出，对于干部标准，毛主席从来主张"德"、"才"兼备，没有提出"资"（资历），只是在抗日战争时期，为了解决原四方面军干部这一具体问题的指示中，提到了"德、才、资"，后来大家就把这个字并列的提出来了，甚至有的党组织在考虑干部问题时，把"资"排在头一位，这是非常错误的。所以，如何针对新情况重树和创新德才标准仍是个重要问题。在 1951 年召开的第一次全国组织工作会议上，中央组织部副部长安子文提出，国家各方面的建设工作正在积极准备，不久即将以空前巨大的规模开展起来。在这种情况下，应该把干部专业化问题提到我们的工作日程上来，对与所担负的职务不很适当的干部应作必要的调整。

---

① 《毛泽东选集》第 2 卷，人民出版社 1991 年版，第 541 页。
② 《毛泽东选集》第 2 卷，人民出版社 1991 年版，第 543—544 页。
③ 《毛泽东选集》第 2 卷，人民出版社 1991 年版，第 545 页。
④ 《毛泽东选集》第 4 卷，人民出版社 1991 年版，第 1480 页。

（二）新中国成立初期的干部现状及选用德才兼备干部的举措

在新中国成立之后，革命形势发生了巨大变化，中国共产党也由革命党转变为执政党，党员干部地位随之得到了提升。在这种情况下，一方面建设的任务不同于革命的任务，对党员素养的要求更高了；另一方面由于和平时期的到来，一些党政干部开始由艰苦奋斗转到贪图享受上来。

1. 新中国成立初期的干部的德才状况

这一时期，干部的道德状况开始出现异动，贪图享受思想攀升，腐败问题出现。民主革命胜利后，使得中国共产党与政权的关系也发生了重大变化，中国共产党的干部与群众的关系变成领导与被领导的关系，一些过去对革命确有贡献的人认为，中国革命大功告成，以后就是如何享受革命的胜利果实了。这样，他们头脑中自私自利的思想开始恶性膨胀。1952年1月9日中央节约检查委员会主任薄一波同志曾讲："1951年12月以来，据不完全统计，在政府系统27个单位中，已发现贪污人数达1670人。"[①]这些情况严重损害了党的形象，在广大的新干部中也造成了极坏的影响。刘少奇警告所有的中国共产党员："特别注意在革命胜利成功时候，在群众对自己的信任和拥护不断提高的时候，更要提高警惕"，"不要重蹈历代革命者在成功时的覆辙。"[②]周恩来曾多次指出："在战争年代，我们与老百姓住在一起，天天见面，不分彼此，和群众的关系很密切。"[③]有些干部经不起"糖衣炮弹"的侵蚀，官僚作风滋长，贪污腐化严重，脱离人民群众，他们抛弃了毛泽东同志在七届二中全会上"两个务必"的告诫。

在干部的专业素养方面严重落后。由于建设时期的任务不再仅仅局限于军事斗争，各方面任务要求各方面人才。但是，新中国成立之初人才的专业素养还是偏低，理论水平和文化水平制约着干部从事革命建设工作。1949年底，在326.3万名地方共产党员中，文盲半文盲占69%，小学程度占22.76%，中学程度占3.02%。针对于此，刘少奇指出，"我们很多干部，甚至是负重要责任的高级干部，斗争经验丰富，可是理论水平不

[①]《建国以来重要文献选编》第3册，中央文献出版社1992年版，第22页。
[②]《刘少奇选集》上卷，人民出版社1981年版，第103页。
[③]《周恩来选集》下卷，人民出版社1984年，第350—351页。

高"。① 居于中国共产党干部队伍核心层的工农干部，在党和政府中一般位居领导岗位，是贯彻执行党的政策的核心，是党的干部队伍的骨干。但由于他们大多是工农出身，其受教育程度十分有限，这成为管理国家、建设国家的主要障碍。1950年3月，中共中央组织部部长陆定一向苏联驻华代办通报，当时华北150万名党员中130万名是文盲或半文盲，在区委以上领导干部中将近50%没有文化或文化很低。由于文化程度低，一些工农出身的老干部在工作中遇到了极大的困难：他们看不懂文件写不出报告全由秘书代理，不少干部不怕枪不怕炮就怕写报告。② 通过团结吸收和留用两种渠道的干部大都接受了一定的文化教育，但是基本上不具备基本的马列主义的理论素养。一部分人中还留有旧社会的封建残余思想、资产阶级的腐朽思想、自私自利的个人主义思想等。

2. 新中国成立初期德才兼备用人标准实现机制的探索

新中国成立之初不仅是干部数量方面缺乏的问题，还有质量方面偏低的问题。为了解决干部质量方面问题，造就德才兼备的干部，1953年11月中央在加强干部管理工作的决定中明确要求，在提拔干部工作中必须坚决贯彻党的根据政治品质（德）和业务能力（才）来挑选干部的原则；必须反对保守思想、本位主义、"资格论"、"重才轻德"和任人唯亲等偏向。1956年1月，中央组织部部长安子文在省、市、自治区党委组织部长座谈会上的总结讲话中提出，一个干部的基本条件应该是在政治上可靠、工作上积极、有一定的文化程度。为此，我们党关注了德的塑造和才的培养，具体通过以下政策、活动和制度来落实德才兼备的用人标准问题。

第一，通过整风运动来提升干部素养。针对新中国成立后党的一部分干部在思想方面、作风方面等出现了问题，1950年5月1日，中共中央发出《关于全党全军进行大规模整风运动的指示》指出，由于我党已取得全国胜利；由于两年多来增加了党员200万人，其中很多人的思想作风极为不纯，甚至有贪污腐化、政治上堕落颓废、违法乱纪，引发了人民的不满。为此，中共中央决定对全党全军进行一次大规模的整风运动，重点是整顿党员干部的作风，提高党员尤其是党员干部的思想水平和政治水平。

---

① 《刘少奇选集》下卷，人民出版社1985年版，第48页。
② 《组织工作》（内发）第34期，1951年版，第57页。

"整风就是整顿思想作风和工作作风，是用批评和自我批评解决党内矛盾的一种方法，也是解决党同人民之间的矛盾的一种方法。"① 其基本做法是先研究一些文件，在学习文件的基础上检查自己的思想和工作，开展批评和自我批评。这是推动干部"坚持真理、修正错误的很好的方法"，是"进行自我教育和自我改造的唯一正确的方法"，是解决人民内部矛盾的"唯一的方法"。② 实践证明，整风的方法是干部学习马克思主义的一种有效方法，能够提高广大党员干部的马克思主义水平和思想政治觉悟。1951年2月中央政治局扩大会议又决定对全党的基层组织进行一次普遍的整顿，针对党组织存在着的问题，以三年时间进行整党。这次整党"把党员划为四部分人：一、具备党员条件的；二、不完全具备党员条件，或者有较严重的毛病，必须加以改造提高的；三、不够党员条件的消极落后分子；四、混入党内的阶级异己分子、叛变分子、投机分子、蜕化变质分子等"。③ 整党首先将"第四部分人"清洗出去，然后对"第二部分人"、"第三部分人"加以区别，确保了基层党员队伍纯洁性和战斗力。

第二，通过"三反"、"五反"活动来清除腐败分子。"三反"运动，是在为扭转新中国财政困难而开展增产节约运动中引发出来的，是在各级节约检查委员会具体负责下展开的，开展增产节约运动必然涉及贪污、浪费、官僚主义问题。1951年11月12日，中央提出了"在此次全国规模的增产节约运动中进行坚决的反贪污、反对浪费、反对官僚主义的斗争"。④ "三反"斗争的实质，是在执政的情况下保持共产党人和国家干部的廉洁，是反腐败这一长期斗争的胜利的初战。据不完全统计，"三反"期间共查出贪污分子和犯有贪污错误的人约120万人，其中贪污1000元以上105000人，约有900余人因贪污数额巨大，给国家造成严重损失等，受到了法律制裁，其中约有40余人被判处死刑。⑤ 1952年初，在"三反"运动的高潮中，为保持共产党人和国家干部的廉洁向违法的资产阶级开展了大规模的"五反"斗争。这两大运动纯洁了党的干部队伍，把混入党内的

---

① 《毛泽东文集》第7卷，人民出版社1999年版，第272页。
② 《毛泽东文集》第8卷，人民出版社1999年版，第293页。
③ 《毛泽东选集》第5卷，人民出版社1977年版，第38页。
④ 《建国以来毛泽东文稿》第2册，中央文献出版社1988年版，第513页。
⑤ 林蕴晖：《1949—1989年的中国凯歌行进的时期》，河南人民出版社1991年版，第249—250页。

阶级异己分子、反革命分子清洗出干部队伍，对利用职权、腐化堕落、违法乱纪甚至蜕化变质、叛变革命的人员进行了严格的组织处理。

第三，通过监查审干来确保干部素养。党内监督是最重要的监督方式之一。1949年11月9日中共央发出《关于成立中央及各级党的纪律检查委员会的决定》指出：为了更好地执行党的政治路线及各项具体政策，保守国家与党的机密，加强党的组织性与纪律性，密切联系群众，克服官僚主义，保证党的一切决议的正确实施，成立中央及各级党的纪律检查委员会，从而使党内开始了有组织的系统的监督。同时，中国共产党十分重视群众监督、社会舆论监督及民主党派监督。1950年中央做出了《关于在报纸刊物上展开批评与自我批评的决定》，要求在一切公开场合，在人民群众中，特别是在报纸刊物上，展开对党和政府错误和缺点的批评和自我批评，以推动全社会的舆论监督。随着新中国的成立，党的干部队伍迅速扩大，新的干部大量增加，干部的成分较以往任何时期都复杂。为保障干部队伍的纯洁，我党在历史各个时期曾对干部进行过多次审查。1949年11月，中央组织部制定了《关于干部鉴定工作的规定》，提出"干部鉴定应采取个人自我检讨，群众会议讨论，领导负责审查三种方式结合进行"，"今后每隔一年左右的时间内，各地均须对其所属干部进行一次鉴定"。[①]但是新中国成立后的几年中，由于工作任务迫切，干部调动频繁等因素导致各级领导机关没有及时对全体干部逐个进行细致的审查。由此，中央提出必须在两三年内对全国干部进行一次细致的审查，以便更进一步了解我们的干部，为国家建设提供更可靠的组织保障。从1951年起，我党就着手清理"中层"（军政机关干部队伍）、"内层"（党的队伍），并结合"三反"、整党和各种社会改革运动，对干部进行审查处理。1953年11月，党中央发出《关于审查干部的决定》，对审查干部工作做了全面的部署。通过加强党内外监督和干部审查工作，确保了党员干部的素养。

第四，通过教育培训来提升干部素养。新中国成立后，社会建设的任务更加强调各方面专业素养。为了提升干部专业素养，不仅加强了理论教育，还关注了技术培训工作。1951年3月，中共中央就发出《关于加强理

---

① 《中国共产党组织史资料第九卷文献选编》（下），中央党史出版社2000年版，第2—3页。

论教育的决定》（草案）指出：现在国内战争已经基本上结束，党正面临着建设新中国的复杂任务，全党有系统地学习理论，比过去任何时候都有更好的条件，也更加迫切需要。理论学习的不加强，经验主义倾向的存在，正是目前党内一部分党员干部对党的政策知其然而不知其所以然，在工作中缺乏坚定性和远见，缺乏对新鲜事物的敏感，产生官僚主义、命令主义、事务主义倾向以致功臣思想、蜕化思想的根本原因。并指出，全党的马克思列宁主义——毛泽东思想的教育，必须极大地加强起来。同年5月，中国共产党第一次全国宣传工作会议召开，会议要求一切共产党员必须学习马列主义，学习政治，学习党的基本理论，而且要宣传马列主义。1952年11月，中央发出《关于学习斯大林著作＜苏联社会主义经济问题＞的指示》，要求司局级以上干部至少用两个月时间，有组织有领导地进行学习。1953年4月，中共中央又发出了《关于一九五三——一九五四年干部理论教育的指示》，要求初中以上文化程度的党员干部，都必须参加理论学习的高级组或中级组，学习社会主义经济建设理论。1954年12月，中央又发出《关于轮训全党高、中级干部和调整党校的计划》明确了干部轮训的具体规定。在此期间，《毛泽东选集》一、二、三卷相继出版，也作为学习的重要内容，而党校和马列学院则成为培训干部的主阵地。中央组织部部长安子文在1956年底召开的省、市、区党委组织部长会议上的总结讲话中指出：为了改进干部训练工作，先应该加强对党校和专业干部学校的管理。在专业技术培训方面，我们也越来越认识到必要性与重要性。毛泽东同志在党的七届二中全会上明确提出："我们的同志必须用极大的努力去学习生产的技术和管理生产的方法，必须去学习同生产有密切关系的商业工作、银行工作和其他工作。"毛泽东同志把专业技术的重要性提高到新生政权的存亡的高度来看待，要求全党干部要努力学习业务。他还指出："政治家要懂些业务。懂得太多有困难，懂得太少也不行，一定要懂一些。不懂得实际的是假红，是空头政治家。"[1] "无论搞工业的，搞农业的，搞商业的，搞文教的，都要学一点技术和业务"，"都要努力精通技术和业务，使自己成为内行，又红又专"。[2] "不论从事军事、政治、党务、

---

[1] 《毛泽东文集》第7卷，人民出版社1999年版，第352页。
[2] 《毛泽东文集》第7卷，人民出版社1999年版，第309页。

文化、教育、宣传、组织、民运、锄奸、财政、经济、金融、医药、卫生及其他任何工作部门的干部，必须学会与精通自己的业务"。①

第五，改革干部的管理体制来确保德才兼备用人标准的落实。为了推进德才兼备用人标准实现机制，我党还对干部管理体制进行了探索。新中国成立初期的干部管理体制和制度基本上沿用了陕甘宁边区时期的模式，除军队系统的干部由各级军事领导机关实行单独管理外，其余所有部门的干部都由中央及地方各级党委组织部门负责统一管理。随着干部数量急剧增加、干部种类趋于复杂化、干部专业化程度不断提高，这种方式逐渐显现出其局限性和弊端。鉴于此，我党在总结和借鉴以往经验的基础上，逐步探索建立了一套适应政权建设和经济建设需要、体现民主集中制精神的干部管理体制。一是由中央及地方各级党委及其组织人事部门负责分级统一管理除军队系统以外的所有干部。最初是由各级党委组织部门管理，一般是下管三级。同时，在政务院及内务部、财委、文委、政法委和各级地方政府及所属部门设立人事机构，协助各级党委组织部管理政府机关及有关系统的干部。1950年11月，为了统一管理干部人事工作，根据中央决定，撤销政务院及其所属各部委的人事机构，在中央人民政府和政务院设立中央人事部，统一办理干部人事的任免手续。二是重要岗位领导干部的管理权和配备权集中于中央、中央人民政府和政务院。1949年通过的《政务院关于任免工作人员的暂行办法》规定，中央管理的干部一直到县长、副县长和县人民委员会委员。1951年12月颁发的《中央人民政府任免国家机关工作人员暂行条例》进一步明确了中央人民政府和政务院决定任免或批准任免工作人员的职务范围等。三是建立了民主选举与上级委任有机结合的多种干部选任模式：第一种模式是通过民主选举的方式直接产生有关领导岗位的人选；第二种模式是地方代表会议选举产生本级政府组成人员，由所属上级政府加委；第三种模式是由上级人民政府直接委任。1953年4月20日，中央组织部发出《关于政府干部任免手续的通知》，规定今后凡属中央人民政府或政务院任免范围的干部，在中央人民政府或政务院任免之前，仍需按党内管理干部的规定经过审批。干部人事的审核、调整与提名不再由人事部门办理，改由党委或党委的组织部门来承担，而且这

---

① 《中国共产党组织史资料第八卷》，中共党史出版社2000年版，第594页。

些干部在任免前需经组织部门和党委审查,干部提名、考核、任免等管理权限集中到党的组织部门。这是新中国成立后第一次明确确立党管干部的原则。

第六,通过创造人才保障条件来落实德才兼备用人标准。新中国成立初期对于干部的选拔十分重视,也强调了民众参与对于选拔干部的重要性。认为干部选拔一定要遵循一定的程序,广泛发扬民主,探索科学的方法,"光靠上级不行,光靠支部也不够"。①"在社干选举时,采用无记名秘密投票或投放黄豆、黑豆等办法"。② 为了创造良好的工作条件和环境,1953年中共中央组织部指出要根据干部的德才标准来调整和评定干部的级别、待遇。1954年,邓小平认识到搞建设,干部已经成为决定性因素,而当时中国的实际不仅是干部不够用,还存在干部浪费的问题。他提出"要充分发挥现在干部的作用,同时要培养大批各方面的建设人才"。③ 为了实现用人才的目标,他提出"真正有本领导的人,对国家贡献很大的人,工资应该更高一些"。④ 不仅如此,1952年8月,还颁布了适用于行政、立法、司法、检查等机关的《国家机关工作人员奖惩暂行条例》,对干部奖惩的种类、办法、权限及程序等都作了比较系统的规定。另外,为了创造德才兼备干部脱颖而出且得到重用的条件,邓小平还批评了错误的用人思想。比如1956年,在《关于修改党的章程的报告》中,邓小平专门谈及干部问题,再次指出"今天到处都感觉到干部的不足。这个事实,说明了党的提拔干部的工作,仍然有重大的缺点。主要的缺点是,至今仍然有相当多的同志用'资格'作为选拔干部的标准"。为此,他提出"党必须特别注意培养精通生产技术和其他各种专业业务知识的干部,因为这是建设社会主义的基本力量"。⑤

二、全面建设社会主义时期(1957—1966)

新中国成立后的8年,我国不仅消灭了敌对势力在大陆的最后根据地,

---

① 《邓子恢文集》,人民出版社1996年版,第466页。
② 《邓子恢文集》,人民出版社1996年版,第489页。
③ 《邓小平文选》第1卷,人民出版社1993年版,第209页。
④ 《邓小平文选》第1卷,人民出版社1993年版,第210页。
⑤ 《邓小平文选》第1卷,人民出版社1993年版,第250—251页。

而且组织对工业、农业和手工业进行了改造，从而在政治制度、经济制度和意识形态各个方面确立了社会主义，从而开始了全面建设社会主义的新时期。但是，新生的社会主义仍然没有得到国际社会的广泛认可，苏联继斯大林逝世后也发生了巨大变化，中苏关系的蜜月期也宣告结束，而我国国内的建设任务仍然艰巨。在这种复杂情况下，我党开始了对全面建设社会主义时期德才兼备用人标准的新探索。

（一）全面建设社会主义时期的形势任务及其对干部素养的要求

在对生产资料所有制改造进行之际，我党胜利召开了第八次全国代表大会，正确分析了形势和任务以及当时的主要矛盾。但正是此时，国际形势也发生了巨大变化，一方面是帝国主义的武力威胁和核讹诈，另一方面则是苏联大国大党思想的抬头，特别是以赫鲁晓夫为首的新领导人公开批评斯大林的个人崇拜，引发了国际共运界的广泛关注。同时，斯大林模式也在发展中呈现出它的弊端。

1. 全面主义时期的基本形势

在国际方面：一方面是以美国与苏联为首的两大阵营对峙，另一方面是各自阵营内部分化。美国利用其在二战期间研发的核弹优势，不断发展其尖端战略武器，在核弹、氢弹、远程导弹、航母战斗群方面不断扩张，至20世纪60年代美军初步形成了由战略轰炸机、洲际弹道导弹和战略核潜艇构成的"三位一体"的战略核打击体系。苏联也不甘示弱，不仅打破美国的核垄断，而且先于美国成功研制洲际弹道导弹，并成功发射了第一颗人造地球卫星。在双方竞争过程中，还出现了柏林危机。直至1959年5月至8月，美、苏、英、法4国在日内瓦举行外交会议，讨论对德和约问题，紧张的局面才开始缓和下来。进入20世纪60年代，随着苏联实力的迅速增强，美苏之间的对抗呈现逐步升级的态势。特别是在1964年勃列日涅夫上台后，苏联的对外战略逐步过渡到同美国进行全面争夺的新阶段，二者争霸空间由欧洲扩展到全球乃至太空，出现了古巴导弹危机等事件。同时，在战后西方阵营也出现不同的声音，西方阵营也开始动荡起来。50年代末戴高乐上台后，在法国外交上奉行独立自主的大国外交政策，一方面积极推进同社会主义国家的关系，并于1964年同新中国建立了正式的外交关系；另一方面加强推进西欧的一体化进程，以抗衡美苏两个超级大国的影响。进入 60 年代以后，联邦德国也开始改变同苏联和东欧各国的关系，随后还提出了"新东方政策"，宣布"与东方和解"。在社会主义阵营中，整个 50 年代，东欧一些国家连续爆发几起震惊世界的政治事件，如东德"六·一七"事件、1956 年波兹南事件、1956 年匈牙利事件。随后，中苏关系又迅速恶化。进入 60 年代，两党之间日益尖锐高涨的意识形态争辩与两国之间不断恶化的利益冲突交织在一起，使中苏关系从分裂最终走向敌对。1960 年 4 月，中国发表了《列宁主义万岁》等 3 篇文章，对赫鲁晓夫的内外政策进行了不指名的全面批驳。赫鲁晓夫很快采取一连串反击措施，中苏关系已全面破裂。60 年代后半期，在两国关系持续恶化的大背景下，过去长期悬而未决的领土争端一度将两国推到战略边缘。

在国内方面：中共八大后对当时的国内形势也作出了正确判断，提出经济建设"既反保守又反冒进即在综合平衡中稳步前进"。但是，在 1957 年八届三中全会上，毛泽东改变了在经济建设上既反保守又反冒进的方针，随后提出了要搞"大跃进"，并在随后的南宁会议、成都会议批评反冒进。在庐山会议上将原本是要纠正 1958 年"大跃进"以来经济工作中的"左"倾错误，转化为反右。在全国各级机关开展的"反右倾"整风运动中，把对经济建设中持有不同意见的党员当作斗争对象，实际上打击的都是坚持正确意见的人。在整风过程中，一些人对要和风细雨地开展批评和自我批评不满意，主张用急风暴雨，要扩大民主，要搞"大鸣大放"。中共中央接受了采取大民主整风的意见，出现了紧张政治空气。极少数右派分子错误地估计形势，认为我国要天下大乱，乘机向中国共产党、向社会主义进行猖狂进攻，污蔑共产党是"百分之九十以上是官僚、宗派、无恶不作"，是"党天下"，提出要"推翻共产党"，要轮流坐庄，要改变社会主义制度。中共中央及时领导了全党和全国人民进行反右派斗争，但在反右斗争中，却犯了扩大化的错误。在 1963 年 2 月的中央会议上，毛泽东提出"阶级斗争，一抓就灵"，决定在农村进行以"四清"（清理账目、清理仓库、清理财物、清理工分）为主要内容的社会主义教育运动，在城市开展"五反"（反对贪污盗窃、反对投机倒把、反对铺张浪费、反对分散主义、反对官僚主义）运动，而后中央又分别制定了《关于目前农村工作中若干问题的决定（草案）》（即前十条）和《关于农村社会主义教育运动一些具体政策的规定（草案）》（即后十条），明确提出运动要"以阶级斗争为纲"的方针。由于以"阶级斗争为纲",许多不同性质的问题都被认为是阶级斗争或者是阶级斗争在党内的反映,混淆了两类矛盾,使不少干部和群众受到不应有的打击。

2. 全面建设社会主义时期的时代任务对干部素养的要求

1956年中国共产党的第八次全国代表大会和1957年初毛泽东提出正确处理人民内部矛盾,正确地分析了国内的政治形势,制定了全面建设社会主义的路线和各项具体的方针政策,为党的干部政策的正确实施奠定了坚实的理论基础。比如,在党的八大上,周恩来作的关于第二个五年计划的建议中提出要"努力培养建设人材,加强科学研究工作,以适应社会主义经济文化发展的需要"的任务。毛泽东在正确处理人民内部矛盾的论述中,谈及判断香花与毒草的五项标准:"(一)有利于团结我国各族人民,而不是分裂人民;(二)有利于社会主义改造和社会主义建设,而不是不利于社会主义改造和社会主义建设;(三)有利于巩固人民民主专政,而不是破坏或者削弱这个制度;(四)有利于巩固共产党的领导,而不是摆脱或者削弱这种领导;(五)有利于社会主义的国际团结和全世界爱好和平人民的国际团结,而不是有损于这些团结。这五条标准中,最重要的是社会主义道路和党的领导这两条。"[①]这五项标准,也体现了当时对干部德才素养的基本要求。针对全面建设社会主义的历史任务,中国共产党提出了"向科学进军"、"技术革命"、"文化革命"的口号。一方面希望建立一支成千上万人的工人阶级的知识分子队伍;另一方面则是针对反右斗争中有人嘲笑共产党没有领导科技文化事业的本领的言论,要求广大党政干部学文化、学技术,由外行变为内行。中央指出:"必须在相当长的时期内使干部的职务稳定起来,使干部的工作专业化,避免不必要的调动,以便他们在相当长时期的工作中积累经验,增加知识,成为有经验有能力的熟练的工作人员。"[②] 也就是说,此时建设专业化干部队伍的标准就是"又红又专"。

但是,这种标准随着我们对现实的认识发展及对形势任务判断的改变,也作了相应调整。比如针对青年知识分子中存在的"先专后红"、"只

[①] 《毛泽东著作选读》下册,人民出版社1986年版,第788—789页。
[②] 《建国以来重要文献选编》(十),中央文献出版社1994年版,第45页。

专不红"的倾向，明确提出了"又红又专"的口号。1958年1月，毛泽东指出："政治和经济的统一，政治和技术的统一，这是毫无疑义的，年年如此，永远如此。这就是又红又专。""红与专、政治与业务的关系，是两个对立物的统一。一定要批判不问政治的倾向。一方面要反对空头政治家，另一方面要反对迷失方向的实际家。""不注意思想和政治，成天忙于事务，那会成为迷失方向的经济家和技术家，很危险。"① 1961年周恩来也指出："一个人专心致志为社会主义服务。政治上懂得少一些，但是两年把导弹搞出来了，对国家很有贡献；另一个人，天天谈政治，搞了五年也没有把导弹搞出来。你投票赞成哪一个人？我投票赞成第一个人。"第二个人"只能在导弹部门'捣蛋'"。② 从德才兼备标准发展到又红又专有着鲜明的时代背景，并且用与"白"相对的"红"代"德"，更突出了特定时期的政治识别标志。虽然这一时期也强调又红又专，但实际上二者关系并非并列，"红"是必须的，"专"是需要的。如上面毛泽东所言，没有"红"就会迷失方向。随着阶级斗争意识的不断增强，国外中苏论战的日趋激烈，"专"的标准渐渐被"红"的要求吞噬。

1964年6月6日，毛泽东在中央工作会议上发表讲话，针对苏联赫鲁晓夫集团背叛马列主义原则，蜕变为修正主义的教训，提出了如何防止中国共产党也出现"修正主义"，如何培养人才的问题，提出了五条标准：1. 是真正的马克思列宁主义者；2. 全心全意为中国和世界的绝大多数人服务；3. 能够团结绝大多数人一道工作；4. 模范执行党的民主集中制；5. 谦虚谨慎，戒骄戒躁，富于自我批评精神。这五条标准成为而后的十多年里，中国共产党选拔任用的标准。但是这些标准中没有一条与"专"有关，均是对"红"的要求。按照当时的流行政治意识，"专"与"白"是联系在一起的，"专"就等于"白专"道路。③ 这种情况导致这一时期的干部选拔范围和干部选拔的标准已经向一个极端的方向发展，干部队伍建设受到了极大的破坏。

---

① 《毛泽东周恩来刘少奇朱德邓小平陈云思想方法工作方法文选》，中央文献出版社1990年版，第373页。
② 《周恩来选集》下卷，人民出版社1980年版，第342—343页。
③ 参见杨德山《中国共产党的政党学说》，中共党史出版社2005年版，第94—95页。

(二) 全面建设主义时期干部现状及选用德才兼备干部的举措

在开始全面建设社会主义时期，建设的任务迫切要求干部具有精深的专业技术，但并非乐观的国际国内环境又不得不将政治素养放在突出重要的位置。在这种情况之下，如何平衡干部德与才的关系，如何在确保政治素养的前进下推进干部业务素养的提升是个重大课题。

1. 全面建设主义时期干部的德才状况

在全面建设社会主义之初，乃至中后期，确实涌现出一批大干快上的优秀干部，也正是由此，使得我国在政治路线和思想意识出现重大失误的情景下仍然推进了生产的发展。但是，由于这个期间对社会状况的判断出现重大失误，由于坚持和推进所谓"三面红旗"，再加上自然灾难的影响，使得国家和人民遭受了重大损失，干部素养也面临考验。在天灾人祸面前，很多干部的道德素养没有经受住考验，干部与群众之间的关系出现了相当大的裂痕。特别是在大跃进与困难时期，据有关材料反映，我国干部的素养，特别是直接面向群众的基层干部的素养十分低下。1958年12月中共中央监委办公厅的一个报告中列举了少数干部的强迫命令和违法乱纪情况：一是侵犯人权，残害人身，如骂人、打人、押人、捆人、跪石子、拔头发及施用各种肉刑；二是搜查和没收群众的东西；三是滥用"集训"，即把"有问题"的人集中起来监督劳动，甚至严刑拷打；四是用"辩论"的方法斗争干部群众，甚至侮辱拷打；五是不让吃饭；六是强迫群众拆屋沤肥；七是强迫群众掘坟挖尸，扩大耕地面积。① 此时，我党的领导人也注意到基层干部的素养问题，毛泽东就曾对一些基层干部的恶劣行径作过批示："坏人当权，打人死人，粮食减产，吃不饱饭……"② 根据各地方资料的记载，在全面建设社会主义时期，特别是在"四清"运动期间，不少地方干部道德沦落、腐败堕落。根据广西壮族自治区党委在"四清"运动中的一份报告，据梧州、玉林、桂林三个地区的不完全统计，871个区委委员中，属于腐化堕落、乱搞男女关系的有326人，占37.4%；属于投机倒把、贪污盗窃的有232人，占26.5%；属于革命意志衰退的有215人，

---

① 魏明铎：《中国共产党纪律检查工作全书》，河北人民出版社1992年版，第985页。
② 《农业集体化重要文件汇编》（下），中共中央党校出版社1981年版，第422页。

占 24.5%。① 在贵州省湄潭县,自 1959 年 11 月开展"反瞒产"、高征购到 1960 年 4 月底开仓发粮的期间,共死亡(包括非正常死亡)12.2 万人,占全县农村总人口的 20% 左右。死亡绝户 2938 户,离家逃荒的 4737 人,孤儿 4735 人。在运动中被活活打死的 1324 人,关押死的 200 余人,打伤致残的 175 人。② 印江县在 1959 年 12 月,搞"反瞒产"斗争。全县计 904 人被用酷刑批斗,7727 户被抄家,1412 户被罚款,736 人被拷打,107 人被关押监禁,14 人被迫自杀,46 人被吊打致死。③ 由于困难时期大部分生活必需品实行凭票证供应,票证的黑市市场应运而生,而有权力的官员或者办事人员手中流出票证,正是活跃黑市的一个重要原因。1961 年有的地方县级官员派人携带公款、布票、粮票到广州市投机倒把,谋取暴利私分。④

由于这个时期党的指导方针出现了问题,对干部德的要求也为"以阶级斗争为纲"下的阶级意识和斗争精神所取代,才的要求也随之被扭曲。有的学者将此时期党的指导方针的曲折发展过程划分为三个大阶段:1957 年是第一段,总的说虽有失误但仍执行了八大的正确方针;1958 年至 1960 年是第二段,党的指导方针偏离了八大路线,表现在建设上急于求成和生产关系上急于过渡,并错误地处理了阶级斗争问题;1961 年至 1966 年 4 月是第三段,党没有从指导思想上正本清源,但是国民经济的严重困难迫使党停止"大跃进",而实行调整的方针,指导思想在一些重要方面重新走上比较符合实际或逐步接近实际的轨道。⑤ 与这样三个阶级相关联,此时期在才方面的要求也有所变化:开始对于人才的业务素养要求比较科学,而后在"以阶级斗争为纲"的主导下,业务素养被忽视或漠视的情况经常发生,再加上此时的选才机制缺乏,以政治运动为主导并通过政治运动来淘汰或选择人才有很多弊端,也难以保证真正有业务素养的人出现。相反,此时期却出现了一些"适应"时代要求,投入轰轰烈烈的政治运动之中的"政治精英"。

---

① 王祝光:《广西农村合作经济史料》,广西人民出版社 1988 年版,第 453 页。
② 《贵州农村合作经济史料》(四),贵州人民出版社。1989 年,第 111—112 页。
③ 《印江土家族苗族自治县志》,贵州人民出版社 1992 年版,第 37 页。
④ 萧一湘:《干部的脚印》,《南风窗》2002 年第 8 期。
⑤ 裴棣:《党在开始全面建设社会主义十年中的指导方针》,转引自教学与研究编辑部《中国社会主义革命和建设史教学研究》,中国人民大学出版社 1985 年版,第 134—150 页。

2. 全面建设主义时期德才兼备用人标准实现机制的探索

1956年9月党的"八大"召开前夕，社会主义制度已经在全国确立起来。以此为开端，新中国的历史进入了为期10年的轰轰烈烈的社会主义建设时期。这一时期，党在指导思想上的"左"倾错误急剧发展，社会主义建设事业出现了严重曲折。在此期间，党的干部工作继续保持了为党的政治路线提供坚强保证的优良传统，但在当时特殊的历史条件下却不可避免地表现出在曲折中发展的特征。所以，从总体上看，这个时期的德才兼备用人标准的探索出现失误，但并不排除其在曲折中前进，不排除在某些方面的积极探索成果。

第一，采取政治运动形式来纯洁干部队伍。1957年4月，中央决定在全党组织开展了以正确处理人民内部矛盾为主题的整风运动。从运动的初衷来看，是为了防止党变色、国变质，为了纯洁干部队伍。据史料记载，甘肃省张掖地区在"四清"运动后，公社及以上干部中只有54.6%留任，大队和小队干部中留任的占52%。① 但是，由于在组织党外人士征求意见时出现了一股反党反社会主义的思潮和极少数右派分子向党、社会主义制度进攻的情况，中央对形势作出严峻的判断，先后发出了《组织力量反击右派分子的猖狂进攻》等一系列文件，在党内外组织开展了一次反右派斗争。全国共划定了55万名右派分子，除极少数是真右派外，绝大多数或者说99%都是被错划的。在这些被错划的人当中，有许多参加革命多年的党的干部。② 1959年庐山会议又错误地发动了对彭德怀等党内同志的批判，错误地认为右倾机会主义已成为党内的主要危险，在全党开展了历时半年左右的"反右倾"斗争，大量党员干部被错划为"右倾机会主义分子"，全国被作为重点批判对象或被划定为"右倾机会主义分子"的党员干部达365万人之众。③ 党的八届十中全会以后，第三次是社会主义教育运动在城乡发动并普遍展开，在农村部分地开展的"四清"运动和城市部分地开展的"五反"运动历时3年多，对于纠正干部作风、打击各种歪风邪气起到了一定作用。同时由于这次运动被视为国内反修防修、挖修正主义根子的重大战略，使不少干部受到不应有的打击。此外，三年困难时期，有的地

---

① 《甘肃省农业合作制重要文献汇编》（二），甘肃人民出版社1988年版，第270页。
② 薄一波：《若干重大决策与事件的回顾》下卷，中央党校出版社1993年版，第619页。
③ 丛进：《1949—1989年的中国曲折发展的岁月》，河南人民出版社1989年版，第232页。

方还搞了"民主革命补课",又错整了一批干部。值得庆幸的是,后来党逐步认识到历次运动中出现的错误和偏差,并逐步加以补救,1961年6月,中央明确指示对过去被错误批判的干部和党员进行甄别改正,恢复名誉,恢复职务;1962年4月,中央又下发了《关于加速进行党员、干部甄别工作的通知》,要求重点对批判和处分错了的县级以下的农村基层党员、干部迅速甄别平反。

第二,采取健全干部政策的形式来保证人才素养。此时期,我党出台了系列文件,具体建立和完善了如下干部政策:一是调整了干部考察制度。1956年11月,中央发出《关于干部年终鉴定问题的通知》,决定取消一年一度的干部鉴定制度,改为在干部职务调动变动时进行鉴定,或者对长期未调整的干部每隔三年到五年进行一次鉴定。[①] 二是制定了保持干部队伍稳定的政策。1957年2月,中央下发了《关于今后干部工作方法的通知》,提出"无论如何,在今后建设时期,不能再像过去革命飞跃发展时期那样大批地迅速地提升干部的职务了,而稳定干部的职务,提高干部的思想、政治领导水平和业务工作能力,应该成为今后干部工作的基本方法"。[②] 三是制定了推进干部交流的政策。1962年9月,中央还印发了《关于有计划有步骤地交流各级党政主要领导干部的规定》,决定"对全国各级党政主要领导干部,在中央与地方之间、上下之间、地区之间和部门之间,有计划地进行交流,并且把定期交流干部作为我党干部管理工作的一项根本制度"。[③] 四是规范了领导职务设置。1958年6月,针对中央一级机关中副职过多,不便于进行工作,而且容易增加官僚主义的情况,中央转发了中央组织部《关于在中央一级机关中减少副职和取消部长助理职称的意见》,提出"减少副职,对副职的名额加以限制",明确规定中直机关各部委设副部长、副主任2—5人,除外交部外,取消部长助理这一职称。五是进一步完善了干部管理体制。1963年1月,为了同经济管理体制相适应,加强干部管理工作,中央批示同意了中央组织部《关于改进干部管理制度的意见》,对干部管理体制作了规范,要求中央各部门和各级地方党委适当收回下放的干部管理权力,强调中央一级仍实行在中央领导下,在

[①] 《中国共产党组织史资料第九卷文献选编》(下),中央党史出版社2000年版,第498页。
[②] 《建国以来重要文献选编》第10册,中央文献出版社1992—1998年版,第45页。
[③] 《建国以来重要文献选编》第15册,中央文献出版社1992—1998年版,第575页。

中央组织部统一管理下分部管理的办法等。此外，中央还批转了公安部党组《关于加强公安干部管理问题的报告》等文件，进一步完善了分部管理制度。

第三，加强干部调整配备来落实干部标准。党继续坚持任人唯贤的干部路线，提出了又红又专的干部标准，紧紧围绕社会主义建设事业的需要选用干部。一是适应"大跃进"的需要大规模调整补充干部，1958年3月中央组织部在《关于当前各省、市、自治区需要干部情况和解决意见的报告》中提出，在工农业生产和各项工作"大跃进"的新形势下，采取从中央机关抽调一批干部、地方有计划地调整一批干部、有计划有准备地提拔一些优秀干部的办法解决干部缺乏的问题。1960年3月中央同意了中央组织部《关于1960年提拔、调整、吸收干部问题的意见》，决定当年全国提拔调整约84万名干部，新吸收约126万名干部。[①] 二是在国民经济出现严重困难时大量精简干部。1960年7月中央一级机关开始了精简工作。1962年2月中央对中央精简小组《关于各级国家机关、党派、人民团体精简的建议》作出批示，要求将全国国家机关原有职工从268万余人减少为174万余人，精简94万余人，占原有人数的35%。[②] 到1962年6月底，中央国家机关共精简了36.7%。[③] 三是为适应加强地方政治工作的需要抽调军队干部到地方工作。1964年5月，中央组织部、解放军总政治部联合发出了《关于从军队抽调五千三百名干部到地方政治机构工作的通知》，决定从解放军中抽调5300名连以上干部到地方政治机构和企业、事业政治机构工作。四是高度重视培养选拔年轻干部和知识分子干部。1965年11月，中央批示同意了中央组织部《关于培养提拔新生力量参加县、地、省领导工作的报告》，要求各级党委大胆培养提拔新生力量，强调对特别优秀的可以破格提拔。

第四，加强培训锻炼来保障干部的德才素养。一是加强了以提高干部思想政治水平为目的的教育培训。1957年11月中央发出了《对中央宣传部"关于建立社会主义教育课程的报告"的批示》同意高等学校和中级以

---

① 《中国共产党组织史资料第九卷文献选编》（下），中央党史出版社2000年版，第681页。
② 《建国以来重要文献选编》第15册，中央文献出版社1992—1998年版，第200页。
③ 《中国共产党组织史资料第九卷文献选编》（下），中央党史出版社2000年版，第870页，第1001、1002页。

上党校"设立社会主义教育和课程,以便改造知识分子的旧思想,提高学员的社会主义觉悟"。①1960年8月,中央工业工作部下发了《关于在工业系统中加速培养提高干部问题的意见》,强调"在今后干部培训工作中,首先必须从政治思想上提高干部"。②1961年9月中央又下发了《关于轮训干部的决定》,要求对全党各级各方面领导干部主要是县委书记和相当于这一职务的党员干部普遍地进行一次轮训,目的是提高干部的思想政治水平,增强党性,内容是社会主义建设和党的建设。从1961年9月到1962年10月,共对11.4万余名干部进行了轮训,其中县委书记以上干部9.7万多人,约占轮训干部总数的67%,有60%以上的中央国家机关正、副部长级干部参加了这次轮训。1964年2月,中央又专门作出批示,要求组织高级干部学习马、恩、列、斯著作。二是加强了干部实践锻炼。针对当时干部队伍中大多数年轻干部缺乏实际经验等情况,全国各级领导机关普遍采取下放干部到基层主要是农村参加生产的方式,对年轻干部进行实践锻炼。1958年2月,中央发出了《关于下放干部进行劳动锻炼的指示》,提出"有计划地组织动员大批知识分子干部到工厂、农村参加体力劳动,到基层去做实际工作","主要方向是农村"。③1959年2月和1960年11月中央及中央组织部又先后发出了《关于坚决贯彻执行"各级干部参加体力劳动的决定"的通知》、《关于做好下放干部工作的通知》等文件,对下放锻炼干部工作作出深入安排部署。按照中央的部署,一个大规模的上山下乡运动在全国广泛展开。截至1962年,已下放196万名干部参加劳动锻炼。④

另外,党高度重视选拔任用知识分子干部。1961年,邓小平指出:"这几年,我们对技术干部关心不够,对他们的使用有问题。有许多新生力量、能力未得到很好发挥。"⑤"1961年到1962年,党重新调整知识分

---

① 《中国共产党组织史资料第九卷文献选编》(下),中央党史出版社2000年版,第578页。
② 《中国共产党组织史资料第九卷文献选编》(下),中央党史出版社2000年版,第693页。
③ 《建国以来重要文献选编》第11册,中央文献出版社1992—1998年版,第194、195页。
④ 《中国共产党组织史资料第九卷文献选编》(下),中央党史出版社2000年版,第870页,第1255页。
⑤ 《邓小平文选》第1卷,人民出版社1993年版,第291页。

子政策","侧重团结和使用。"① 1964年3月中央专门批示同意了中央组织部《关于科学技术干部管理工作条例试行草案的报告》,同年5月中共中央、国务院转发了内务部《关于进一步对使用不当的高等学校毕业的干部进行调整的工作》,对管好用好知识分子干部提出了明确要求。

三、"文化大革命"时期（1966—1976）

"文化大革命"时期,由于我们党对于国内外形势的误判,由于活跃在中国政治舞台上的一些别有用心的野心家的破坏,国家的政治经济和社会工作出现了诸多失误。此时期,我党的用人政策同样出现了重大失误,新中国成立以后干部制度建设的成绩和干部选拔任用制度基本上被全盘否定,一系列成型的干部选拔任用制度和法规被抛弃。面对严峻的形势,一批老一辈革命家仍然全力纠正用人方面的失误,并积极探索德才兼备用人标准的实现机制。

（一）"文化大革命"时期的形势任务及其对干部素养的要求

"文化大革命"是在复杂的国际国内背景下发动的,也是因为对国际国内形势的误判而导致的。随着"文化大革命"的推进,我党对德才兼备的要求与新中国成立初期的期盼渐行渐远,在推进德才兼备用人标准实现机制方面则突凸极端性色彩,使我们的干部队伍遭到严重破坏。

1."文化大革命"时期的基本形势

国际形势："文化大革命"的十年,是中国外围环境发生不断变化的十年。经历了20余年的冷战,东西阵营的斗争仍然很激烈,但力量对比也在发生悄然变化,并且各自营垒中分离的力量也在增长。在"文化大革命"前期,美国仍然把扩大越南战争作为颠覆越南民主共和国并进而侵犯中国的重要步骤,在对北越进行持续轰炸的同时,美军飞机和舰艇不断侵入我国的领空和领海,进行猖狂的军事挑衅,我国一度面临严峻的战争威胁。与此同时,在社会主义阵营中,我们同苏联的关系越来越紧张。1966

---

① 吴敏先、张永新：《建国以来知识分子政策及政策调整研究述评》,《东北师大学报》（哲学社会科学版）2008年第2期。

年3月，中共拒绝派代表参加苏共二十三大，中苏两党关系至此完全破裂。这样，在20世纪60年代中期，中国周边环境的局部恶化，中国处于东西方两个大国的夹缝中。面对如此严峻的国际形势，我党和政府采取积极备战的方针，准备早打、大打、打核战争。在加速"三线"建设、加紧国民经济动员准备的同时，逐步健全国民经济动员体制。20世纪70年代初，美苏在核武器方面处于均势，1972年美苏基于对等威慑和同等安全的考量，签订了第一个限制战略核武器的协议。而此时，美国却被越战拖入了一个难以解脱的深渊。不仅巨大的战争负担使美国政府感到窘困，国内的反战与民权浪潮，使得美国的内政外交处在一片泥潭中。苏联虽然有了巨大的发展，但中苏论战和边疆冲突并没有得到实质的好处。而此时，原处于苏美夹缝中的中国有了更大的主动权。因为虽然中国不是超级军事强国，但中国已经拥有了核武器，并且处于东南亚和东北亚的关键地带，基于苏美关系和地缘政治的考量，美国也向中国伸出了橄榄枝。中国出于自身安全关系，迅速把握时机推进了中美建交，使得中国紧张的外围环境得到缓解。

国内形势：外部威胁加速了国内阶级斗争扩大化错误的发展，也使中国领导人过高估计了发生战争的可能性，提出要准备打仗，对付四面八方的进攻。一方面，毛泽东密切地注视着国内从党内到党外一切他认为会影响无产阶级专政稳固的因素。在这些因素中居于首位的是党内走资本主义道路的当权派，其次是一大批反动的资产阶级分子，此外还有党员干部队伍中被"地富反坏"腐蚀拉拢的新产生的资产阶级分子。另一方面，为了反对美国某些政治家推行的"和平演变"战略，防止苏联"赫鲁晓夫那样的人物"在中国取得政权。为此，在政治战线上坚持"以阶级斗争为纲"的理论，是"强调整个社会主义历史阶段的主要矛盾始终是两个阶级、两条道路的矛盾，阶级斗争要年年讲、月月讲、天天讲"。在经济战线上要求限制与消灭商品经济，认为资本主义作为整体虽然被消灭了，仍留下一些"尾巴"。因此，中国要反修防修，就必须割去"资本主义的尾巴"。当时还把以经济建设为中心当成"唯生产力论"批判，把主张以经济手段管理经济作为"物质刺激"、"奖金挂帅"、"利润挂帅"批判，把主张发展中外经济交流当成"洋奴哲学"、"崇洋媚外"批判，并把"三自一包"、"四大自由"当成修正主义的经济政策加以批判。在思想文化战线上将

"斗私批修"作为思想纲领,目的是为了从思想上挖"修根"。由于以上各战线上存在的问题,导致了"文化大革命"时期中国经济社会发展出现了严重的问题,出现了三高三低现象:一是重工业比例高,农业比例低;二是积累比例高,消费比例低;三是能源消耗高,经济效益低。为了解决经济社会发展的难题,保证党和国家的性质,毛泽东特别强调了在组织上培养与选拔好无产阶级革命事业的接班人,"文化大革命"在某种意义上说,就是一场废弃"不合格"接班人,培养"合格"接班人的运动。

2. "文化大革命"时期的时代任务对干部素养的要求

实际上,在"文化大革命"时期,我们国内的主要矛盾仍然是人民日益增长的物质文化同落后的生产力之间的矛盾。但是由于复杂的国际国内形势以及对于复杂形势的错误判断,我们误将阶级斗争作为主要任务。这种阶级之间的斗争不仅仅指国家范围之内,甚至还指国际社会之中的"批修防修"。于是,在人才选用方面特别强调是否具有阶级意识和"敢闯、敢干、敢革命、敢造反的无产阶级革命精神",对于其业务素养越来越淡化。

如前面所述,在20世纪60年代中期的中苏论战中,毛泽东曾将干部标准概括为五个方面。但是这五个方面都是革命化的要求,而对于才能素养方面并没有提及。在毛泽东看来,凡是不赞成"三面红旗",凡是不主张社会主义社会"以阶级斗争为纲"的人都是非马克思主义者。为了防止苏联悲剧在中国的重演,毛泽东开始在中国寻找赫鲁晓夫,陷入了虚幻的危机意识之中。他与处在中央一线工作的刘少奇、邓小平之间在一些重大问题,特别是对"三面红旗"的认识上发生分歧。本来党内存在不同意见是正常的,可以而且应该在党的组织原则范围内加以解决。但是,由于反修防修促进阶级斗争扩大化的迷误日益深入党内,以致党内的不同意见也被当成修正主义。毛泽东得出的结论是,让赫鲁晓夫式的人物掌握党和国家的最高权力是最危险的。1966年6月他在与外宾的一次谈话中忧心忡忡地说:"我们都是七十以上的人了,总有一天被马克思请去。接班人究竟是谁,是伯恩斯坦、考茨基,还是赫鲁晓夫,不得而知。要准备,还来得及。"[①] 但是,由于对真假马克思主义的判定标准出现了问题,通过群众识

---

① 薄一波:《若干重大决策与事件的回顾(修订本)》下卷,人民出版社1997年版,第1204页。

别赫鲁晓夫式的人物,让群众辨别真假马克思主义者的运动结果不可能选拔出好的干部,还可能使优秀的革命者受到打击。

不仅如此,在这个时期还将革命化与知识化、专业化对立起来。此时,毛泽东曾指出:"本来想在知识分子中培养一些接班人,现在看来很不理想。在我看来,知识分子包括在学校受过教育的青年知识分子,从党内到党外,世界观基本上还是资产阶级的。因为解放十七年来,文化教育是修正主义把持了,所以资产阶级思想溶化在他们的血液里。"[①] 因此,毛泽东主张,"要叫那些年纪小,学问少,立场稳,有政治经验的人做接班人"。[②] 可是,当毛泽东亲自选拔了"年纪小,学问少"的王洪文之后,却发现王洪文不能成为真正合格的接班者,并且还同江青、张春桥、姚文元结成了"四人帮"。于是,最后不得重新选择了华国锋。

(二)"文化大革命"时期干部现状及选用德才兼备干部的举措

在 20 世纪 50 年代中后期的反右斗争扩大化,使我们党和国家的一批优秀分子受到了批判,甚至被剥夺了从事社会主义建设的权利。随着"文化大革命"的开展,伴随所谓新任务和新要求,党和国家也必然要造就符合这一时代任务和要求的人才。但是,在"文化大革命"时期的所谓德才兼备是被扭曲了的,"文化大革命"并没有培养和造就大批真正的德才兼备的人才,也没有贯彻和落实好党的德才兼备标准。

1. "文化大革命"时期的干部的德才状况

在干部的道德方面,伴随"文化大革命"、"破旧立新"的过程,人们多年来遵循的一些基本道德行为准则都被破坏掉了,但预计的取而代之的新道德却难以在人们头脑中扎根。在"文化大革命"的 10 年中,我国组织人事部门成为道德领域的"重灾区"。党的组织原则、干部路线乃至整个国家的干部管理工作都遭到破坏,并陷入极度混乱之中。许多党政人才被审查,全国立案审查的党政人才占党政人才总数的 17.7%,加上未立案但受到冲击和批斗的占党政人才总数的一半,有的甚至被迫害致死。但由于党政人事工作长期瘫痪,党政人事工作秩序破坏,吸收党政人才工作严

---

① 1967 年 5 月毛泽东会见阿尔巴尼亚代表团时的讲话。
② 1966 年 3 月毛泽东在华东召开的政治局扩大会议上的讲话。

重失控,"以工代干"、"以农代干"大批增加,党政人才数量激增,党政人才素质严重下降。到1976年底,全国党政人才总数达到1615.8万人,比1971年增长25%。① 这一时期干部德才素养方面强调重德(指所谓阶级斗争觉悟)轻才,重政治(极左政治)轻业务,重出身轻表现,除了"假、大、空"的内容之外,基本上是以对"文化大革命"和对阶级斗争扩大化的态度为依据来确定的。由于林彪、"四人帮"践踏了社会主义道德,散布大量剥削阶级的腐朽道德思想,使干部的道德风貌遭到严重的破坏。干部中出现了搞封建特权,利用手中权力谋取私利,脱离群众,沾染上严重官僚主义习气、弄虚作假、走后门、拉关系等不正之风,并且以派性代替党性,以是不是有"头上长角、身上长刺"的"造反精神"作为干部标准,完全背离了德才兼备方针。所以,"文化大革命"非但没有像毛泽东所预言的那样"培养出整整一代坚定的共产主义者",反而造就了一大批没有理想、没有信仰、甚至没有道德底线的流氓无产者。

1966年中共中央政治局扩大会议通过的《五·一六通知》指出,"无产阶级文化大革命"的任务是彻底揭露那些反党反社会主义的所谓"学术权威"的资产阶级反动立场,彻底批判学术界、教育界、新闻界、文艺界、出版界的资产阶级反动思想。1966年中共八届十一中全会通过的《十六条》明确把自然科学领域列为批判的对象。1969年8月27日,《人民日报》和《红旗》杂志联合发表社论——《抓紧革命大批判》,其中进一步强调这一思想。这一社论的发表进一步推动了科学批判活动在全国广泛开展。1971年7月27日,中共中央批准下发了《全国教育工作会议纪要》宣称,新中国成立后17年教育战线上"毛主席的无产阶级教育路线基本上没有得到贯彻执行","资产阶级专了无产阶级的政",要求各级领导要亲自动手,"在各个学科的资产阶级理论中","有计划地开展对资产阶级的批判","要重视对各个学科领域中反动思想体系的批判"。基于这种批判,"文化大革命"开始后不久,各种报纸杂志被迫纷纷停刊。即使到1972年陆续复刊,还不乏大量批判科学工作者的文章。与此同时,由于取消高考制度,形成工农兵大学、五七干校,强调劳动锻炼,诋毁知识分子等政策。一方面造成人才素质普遍下降,另一方面也造成大量有才能的人

---

① 参见庄子健、潘晨光《中国人才前沿》(4),社会科学文献出版社2009年版,第122页。

不能得到重用。

2. "文化大革命"时期德才兼备用人标准实现机制的探索

"文化大革命"时期,不仅干部的德才标准被扭曲,而且实现德才兼备用人标准的机制也发生变形。比如,"九一三"事件后,随着老干部陆续被解放,重新走上各级领导岗位,原来进入各级领导机构中的一部分"造反派"被下放回原单位,这引起江青一伙及其亲信分子的恼恨。于是,在"批林批孔"运动开始后,江青集团出于篡党夺权的目的和需要,大搞"突击入党"、"突击提干",不仅违反和破坏党的组织原则,也影响了干部素养。后来"四人帮"的组阁阴谋破产,这一计划未能得逞。回顾这一时期德才兼备用人标准实现机制的探索,可概括以下几条:

第一,主要领导亲自指定接班人问题。在中共七届一中全会上,刘少奇当选为中共中央政治局委员、中央书记处书记,在实际上已经居于仅次于毛泽东的中共中央第二号人物的地位。20世纪50年代末,刘少奇作为中共中央副主席、中华人民共和国主席主持中央工作期间,为挽救"大跃进"造成的国民经济困难局面,深入基层,调查研究,实事求是,力挽狂澜,做了很多有意义的工作。在中共八大前夕,毛泽东开始考虑把邓小平作为又一个接班人来培养。而后,毛泽东继续在国内外一些重大场合宣传刘少奇和邓小平,力图使国内外更多的人了解刘少奇和邓小平。1957年11月,毛泽东在同苏联共产党中央委员会第一书记赫鲁晓夫的一次谈话中,毛泽东谈到自己的接班人问题:第一个是刘少奇,第二个是邓小平。20世纪50年代后期以后,林彪先靠毛泽东的信任和栽培,以中共中央副主席(1958年中共八届五中全会增选)、中央军委副主席、国务院副总理兼国防部长身份,主持中央军委的日常工作,后又利用"十年内乱"篡党夺权,被中共九大通过的党章确立为新的接班人。"九一三"事件使毛泽东受到极大的精神打击,但是,愈是如此,毛泽东选择接班人的心情愈益迫切。在1973年的中共十大上,他又选择了38岁的王洪文担任中共中央副主席。然而,王洪文靠"造反"夺权、登上领导岗位后,平日里不读书,不看报,不学习文件,更为严重的是,在政治上与江青、张春桥、姚文元结成了"四人帮"。毛泽东多次当面批评他们,不要搞"四人帮",不要搞"上海帮",不要搞成"四人小宗派"。1976年初,经过反复思考,毛泽东决定把党和国家最高领导权力逐步交给担任中共中央政治局委员、国务院副总理的华国锋，使华国锋成为他最终选定的接班人。这种指定接班人的做法，全凭个人意识，是对集体领导原则、民主集中制和干部原则的破坏，危害很大。正如邓小平同志所说的："一个领导人，自己选择自己的接班人，是沿用了一种封建主义的做法。"① 这种做法不可能产生好的结果。因为个人的智慧，即使是伟人的智慧也是有局限性的。

第二，注重在大风大浪中培养德才兼备的人才。毛泽东认为："无产阶级革命事业的接班人，是在群众斗争中产生的，是在革命大风大浪的锻炼中成长的。"② "四清"运动的时候，毛泽东就号召青年学生走出校门，走向社会，去参加社会阶级斗争的实践，"经风雨，见世面"。但是"四清"运动的阶级斗争风浪还不够大，接受锻炼的人还不够多，毛泽东决意要发动"文化大革命"，人为地造成阶级斗争的大风大浪，让未来的接班人受到锻炼。在1966年12月的一次谈话中毛泽东这样说："无产阶级文化大革命是触及人们灵魂的大革命。……这是人类从未经历过的最伟大的革命变革，它将锻炼出整整一代坚强的共产主义者。"③ 然而，这种在大风大浪中培养和通过群众斗争产生的方式，一脚将原来的党委踢开，同时又砸烂公、检、法，工会、妇联和青年组织也遭到破坏而无法工作，党和国家的基本政治制度遭到严重破坏。比如，按规定中央全会应每年至少要召开两次，而从"文化大革命"发动到1969年党的九大召开的3年内，仅召开过两次；全国人大任期5年，但"文化大革命"发动后，长期不召开全国人代会，直到1975年召开四届人大一次会议，全国人大常委会机关被实行军管。所有这些必然给党和国家政治体制造成重大的负面影响，最终破坏党的组织体制和领导体制。在"文化大革命"期间，中央文革小组的成立，使中央政治局和书记处都无权领导"文化大革命"；在中央政治局常委中除了毛泽东和林彪之外，甚至无人有权过问中央"文革"小组的工作。各级党委普遍瘫痪，党的各级地方和基层组织不复存在，实际上出现了有中央政治局常委没有了政治局、有中央委员会没有地方和基层组织、有广大党员却又不需要也不可能参加党的组织活动的畸形局面。1970年后，地方党委与同级革命委员会合署办公，实行"一元化"领导体制，党

---

① 《邓小平文选》第2卷，人民出版社1994年版，第347页。
② 人民日报，红旗杂志编辑部：《九评苏共中央的公开信》，《人民日报》1964年7月14日。
③ 高凯、于玲：《毛泽东大观》，中国人民大学出版社1993年版，第680页。

政机构不分设。革委会由群众组织的负责人、当地驻军负责人和"革命的领导干部"三结合组成,其委员一般不经过选举,而是通过所谓反复争论、协商确定的,从而为一些投机分子和坏分子掌握权力造成可乘之机。实践证明,"文化大革命"式的"大风大浪"不仅不能培养出合格的无产阶级革命事业的接班人,反而耽误了"不止一代人"。

第三,"五七"干校"改造"和"锻炼"干部的两种功能。"文化大革命"以前,毛泽东历来倡导干部、知识分子劳动化,与农民共同劳动、同甘共苦,以便具有劳动人民的思想感情。基本上没有得到贯彻执行。中共中央在1966年5月15日批转"五七指示",把办军队式的"大学校"与"党政机关工作人员"联系起来,要求干部下放到干校改造和锻炼。在这样的"大学校"里,不光是参加生产劳动,而且把生产劳动与学习军事、学习政治、学习文化、批判资产阶级联系起来。在当时,成立干校也是"文化大革命"发展和国内国际形势变化的必然。首先,它是满足大量精简干部的迫切需要。"革命委员会要实行一元化的领导,打破重叠的行政机构,精兵简政,组织起一个革命化的联系群众的领导班子"。① 据此,各级革委会成立伊始,进行了大规模的机构裁并和人员精简。1969年7月,中央、国家机关的一个精简方案中提出,国务院所属62部门拟合并为21个单位,全部下放的行政人员计21万人。② 面对如此庞大的编余干部,当时比较普遍采取边精简、边撤并、边下放的办法。其次,另一个同等重要的原因则是许多人已经失去进入新生政权的资格。经过"文化大革命"前期激烈的揭发、批判、斗争、清理阶级队伍、整党和反复审查,上层建筑各部门许多人都难免戴上了诸如"走资派"、"反动学术权威"、"坏分子"、有"历史问题"、"资产阶级知识分子"之类的帽子。按惯例,这些人是必须下放劳动接受改造的。再次,从1968年下半年起,为安置大学停办、中学停课却又无法在城市就业的数百万名中学生,各地均已开始大规模的知识青年上山下乡运动。1969年,由于苏联军队接连在中苏边境挑起流血事件,全国立即展开全面的战备动员工作,大中城市开始大规模地疏散人员。这几方面的因素汇集起来,各地的干部下放显得十分紧迫和仓

---

① 《建国以来毛泽东文稿》第12册,中央文献出版社1998年版,第475页。
② 《建国以来毛泽东文稿》第13册,中央文献出版社1998年版,第51页。

促。1969年初，某省革委会开始把大批干部下放到农村参加生产劳动，接受"再教育"。但是，客观地讲，"五七"干校的改造与锻炼的功能中针对两部分不同的人。精简下来的干部、"牛棚"里的干部及其他一些干部，是去接受"改造"的，靠造反起家的人则是为了"锻炼"。因为这些人大多都担任大大小小的头头，其重要的任务是对"五七"干校中的广大干部进行监督、管理。于是，造反派干部便成了"五七"干校里面大大小小的监管干部。这些人一般只在"五七"干校待很短的时间，但回去以后就算镀了一层"金"，有了进一步被提拔的"资本"。所以，干校并没有真正起到改造、培养和锻炼干部的目的。

总之，总体上讲，这一时期在德才兼备用人标准实现机制方面的探索并不成功。这种通过运动形式或个人决断来判定干部德才素养的方法是失败的。它所导致的结果一是任人唯亲的发生，人才任用中的人身依附关系出现并得到强化，二是大批干部特别是各级领导干部，未经正常的干部任免程序而被打倒、撤职、靠边、挂起来，而政治上反复动乱也使得干部队伍不稳定，影响队伍整体素质的提升。但是，不容否认的是，纵然是这个时期，也有不少关注人才素养的思想。比如反对人身依附和派性，关注干部的年轻化和晋升台阶等。1975年邓小平曾针对军队干部提出，"今后军队干部的使用、提升，一条重要的原则，就是不能重用派性严重的人，不能重用坚持派性不肯改正的人"，[1]"选人要选得对，要好好了解"。[2] 针对国防工业企业的整顿问题，他同样提出"要选一些比较有实际经验的稍微年轻点的干部进领导班子，五十岁的、四十岁的，能有更年轻一点的就更好"。"要选有能力的人，选到了要好好培养"。[3] 同时，他还提出"挑选领导干部，不管老中青，都要看他是不是肯干，是不是能带头吃大苦耐大劳。这是第一条"。"发现一个好苗子，要让他一个台阶一个台阶地上来，每个台阶可以快一点，比如搞个年把子再上来"。[4] 但是，所有这些正确的思想，在"文化大革命"的大环境中得不到根本的落实。

---

[1] 《邓小平文选》第2卷，人民出版社1994年版，第2页。
[2] 《邓小平文选》第2卷，人民出版社1994年版，第20页。
[3] 《邓小平文选》第2卷，人民出版社1994年版，第26页。
[4] 《邓小平文选》第2卷，人民出版社1994年版，第36页。

四、改革开放后的新时期（1978—）

党的十一届三中全会结束了"文化大革命"的混乱局面，重新作出将工作重心转移到社会主义现代化建设上来。而后，我们不仅完成了拨乱反正，而且正确分析了国际国内形势，有针对性地提出了适应新时代和新任务的干部素养要求，并开始了积极落实德才兼备用人标准实现机制的新探索。

（一）改革开放后的形势任务及其对干部素养的要求

改革开放以后，我国所面临的形势十分复杂，而且可以划分为若干阶段。一方面是国际形势发生很大变化，和平与发展成为时代主题，但和平与发展之路并不平坦；另一方面是国内任务紧迫，现代化建设的压力巨大。

1. 改革开放后的形势任务

国际形势：70年代末，两大阵营及其各自内部经历了斗争后，特别是世界各国人民经历了各种战争的磨难后，再也不想重复历史的悲剧。根据世界格局的新变化，在对世界大势和周边环境进行精确分析后，邓小平提出了"和平与发展是当代世界的两大问题"的科学论断，党的十三大进一步概括出"和平与发展是当代世界的主题"的新结论。至20世纪80年代末、90年代初，世界格局新旧转换，进入"一超多强"时期。特别是冷战结束后，两极格局解体，世界各种力量此消彼长，进行新的分化组合。与此同时，全球化已经跃变为当代国际社会不以人的意志为转移的鲜活现实，它已经并将继续对人类社会产生全面深刻的影响。在全球化不断深入的进程中，世界各国都被紧密联结在一起，中国发展离不开世界，世界繁荣稳定也离不开中国。进入21世纪之后，以胡锦涛为总书记的新一代领导集体要求各级领导干部特别是高中级干部要多掌握一些国际问题的基本知识，要善于观察世界，善于进行战略思维。党的十七大明确提出的"统筹国内国际两个大局"战略思想，表明了全党不断探索创新，立足于国内国际两个大局紧密联系的战略高度，科学认识世界发展形势深刻变化的特点与规律，利用发展条件，把握发展方向和发展机遇，体现了党中央掌握发展全局的宽广眼界和战略思维。当前，世界形势变化的新特点有三：一是经济全球化深入发展，全球企业、全球市场、全球信息化网络化及国家开放化的趋势不可阻遏。但是全球化是一种潮流，任何国家无论主动还是被动都被卷入了，同时它又是一把双刃剑，尤其对于发展中国家而言，必须正视和采取积极措施予以应对。二是世界多极化不可扭转。在苏联解体后，美国成为超级大国，但其左右世界形势的力度在消弱，尤其是平抑地方冲突和参与反恐斗争使其感到力不从心，而俄、中、印、日、欧诸国及地区经济和政治力量不断变化，多极态势已经初步形成。三是科学技术为中心的综合国力竞争日趋激烈，各国为了在未来的竞争中处于优势，不断加强人才培养和掠夺，人才战已经浮出水面。

　　国内形势：改革开放后我国的国情、党情和社情发生了新变化，并且这种变化随着世情的变化而呈现出阶段性色彩。改革开放之初的十年，出于对世界形势总体和平与发展的根本性判断，出于对我们尚处于并将长期处于社会主义初级阶段的认识，我们决定将工作重心转移到社会主义现代化建设上来，一方面完成拨乱反正的历史任务，另一方面积极推进从农村到城市的全面改革。在20世纪80年代后，国际形势发生重大变化，苏东剧变结束了冷战中两大体系之间的对立与对抗，世界的各种力量面临新的调整，我们作出了"稳定压倒一切"，"冷静观察、沉着应付、稳住阵脚、善于守拙、决不当头、韬光养晦、有所作为"的方针，一心一意发展自己，不仅稳定国内政治形势，而且实施了社会主义市场经济体制的变革。进入新世纪以来，为了应对经济全球化、世界多极化和意识形势碰撞的新情况，我们开始重新思考经济社会发展的变革，认识到必须要完成经济发展方式由粗放型向集约型的转变。不仅如此，我党还正确分析了党所处的历史方位，在党的十六大报告中指出：党所处的历史方位和面临的外部环境均发生了前所未有的深刻变化，中国共产党历经革命、建设和改革，已经从领导人民为夺取全国政权而奋斗的党，成为领导人民掌握全国政权并长期执政的党；已经从受到外部封锁和实行计划经济条件下领导国家建设的党，成为对外开放和发展社会主义市场经济条件下领导国家建设的党。一方面在这"两个根本转变"的条件下，党员领导干部处于处理各种社会矛盾的风头浪尖，素养状况面临前所未有的压力；另一方面为了完成经济发展方式的根本性变革，对各类人才的需求也是空前的。

2. 时代任务对干部素养的要求

"文化大革命"使我党的干部标准受到了严重的扭曲和破坏,出现了重阶级斗争、轻领导才能,重家庭出身、轻现实表现,重政治、轻业务的情况,使干部标准走向了极端、干部队伍建设受到了严重的破坏。在"文化大革命"结束后,我党开始恢复全面认识和把握干部标准的做法。

在改革开放新时期对于干部所具备的德才素养方面呈现出阶段性要求,尤其是对于其业务素养方面更是如此。此时期,在德方面沿袭了政治素养方面的要求,而且在整个改革开放的进程中,其基本要求也是一贯的,但其内涵已经与"文化大革命"时期有了明显的不同。1977年邓小平针对新时期的干部素养提出"要选那些认真学习马列主义、毛泽东思想,在斗争中经得起考验的人;要选那些党性强,能团结人,不信邪的人;要选那些艰苦朴素,实事求是,说老实话,办老实事,做老实人,作风正派的人;要选那些努力工作,联系群众,关心群众疾苦,有魄力,有实际经验,能够办事的人"。[①] 在1978年中共中央工作会议上,邓小平提出"今后选拔干部要严格。对于那些搞打砸抢的、帮派思想严重的、出卖灵魂陷害同志的、连党的最关紧的利益都不顾的人,决不能重用。对于看风使舵、找靠山、不讲党的原则的人,也不能轻易信任,要警惕,要教育,要促使他们改造世界观"。[②] 1979年,邓小平在谈到选拔接班人的标准时指出:"一是坚决拥护党的政治路线和思想路线;二是大公无私,严守法纪,坚持党性,根绝派性;三是有强烈的革命事业心和政治责任心。"[③] 这实际上已经包括了"四化"的内容和含义。"选干部,标准有好多条,主要是两条,一条是拥护三中全会的政治路线和思想路线,一条是讲党性,不搞派性。"[④] 随着改革的深入发展,特别是全面开放和市场经济的推进,各类干部人才的党性修养与道德修养面临新的考验,干部所应具备之德应当引起更多关注。

在干部的才能素养方面,大致分为两个阶段:一是在改革开放初期,强调干部精通业务,有专业知识技术和精力。1979年,邓小平在谈到选拔

---

① 《邓小平文选》第2卷,人民出版社1994年版,第75页。
② 《邓小平文选》第2卷,人民出版社1994年版,第148页。
③ 《邓小平文选》第2卷,人民出版社1994年版,第222页。
④ 《邓小平文选》第2卷,人民出版社1994年版,第192页。

接班人的标准时指出：干部要"有胜任工作的业务能力。另外，从精力上说，能够顶着干八小时工作，这一点切不要忽略。做四个现代化的闯将，没有专业知识是不行的，没有干劲是不行的，没有精力是不行的"。① 1980年1月16日，邓小平指出"要有一支坚持走社会主义道路的、具有专业知识和能力的干部队伍"，② 在强调干部政治标准的同时，提出了技术标准和能力标准。"目前重要的问题并不是干部太多，而是不对路，懂得各行各业的专业的人太少。办法就是学。"③ "今后的干部选择，特别要重视专业知识。"④ 二是在全面改革开放时期，特别是自进入新世纪以来，我党针对全球化时代的新情况，提出党员干部应具备五种能力和素养，即科学判断形势的能力、驾驭市场经济的能力、应对复杂局面的能力、依法行政的能力和总揽全局的能力。

不仅如此，这一时期还特别强调德与才的联系，提出通过才来体现德，通过业务素养来体现政治标准。针对"四人帮"对红与专理解的异化，邓小平在1978年致力于扭转认识问题。他指出"'四人帮'胡说'知识越多越反动'，鼓吹'宁要没有文化的劳动者'，把既无知又反动的交白卷的小丑捧为'红专'典型，把孜孜不倦，刻苦钻研，为祖国的科学技术事业作出贡献的同志诬蔑为'白专'典型。这种是非关系、敌我关系的颠倒，一度在人们的思想上造成很大的混乱"。"一个人，如果爱我们社会主义祖国，自觉自愿地为社会主义服务，为工农兵服务，应该说这表示他初步确立了无产阶级世界观，按政治标准来说，就不能说他是白，而应该是红了"。⑤ 他还特别指出"白是一个政治概念。只有政治上反动，反党反社会主义的，才能说是白"，⑥ 不能把努力钻研业务和白扯到一块。"为人民造福，为发展生产力、为社会主义事业作出积极贡献，这就是主要的政治标准"。⑦ "只靠坚持社会主义道路，没有真才实学，还是不能实现四个现

---

① 《邓小平文选》第2卷，人民出版社1994年版，第222页。
② 《邓小平文选》第2卷，人民出版社1994年版，第262页。
③ 《邓小平文选》第2卷，人民出版社1994年版，第263页。
④ 《邓小平文选》第2卷，人民出版社1994年版，第264页。
⑤ 《邓小平文选》第2卷，人民出版社1994年版，第92页。
⑥ 《邓小平文选》第2卷，人民出版社1994年版，第94页。
⑦ 《邓小平文选》第2卷，人民出版社1994年版，第151页。

代化。""专并不等于红，但是红一定要专。"① "我们选干部，要注意德才兼备。所谓德，最主要的，就是坚持社会主义道路和党的领导。在这个前提下，干部队伍要年轻化、知识化、专业化，并且要把对于这种干部的提拔使用制度化。"② 1981 年《关于建国以来党的若干历史问题的决议》第一次将干部"四化"方针在党的文献中确定下来，使干部标准成为一个系统的体系。1982 年，党的十二大正式把实现干部队伍"四化"写入党章，成为新时期干部队伍建设的根本指导方针。党的十七届四中全会，我党又提出了坚持德才兼备、以德为先用人标准，不仅将德与才联系起来，而且表明了二者之间的关系。

（二）改革开放后干部现状及选用德才兼备干部的举措

改革开放以后，我党的干部标准出现了三次大的转换，其着眼点一是改变"文化大革命"时期对干部标准的异化，二是针对现实中新的任务和要求。在三次大的转换以后，干部的状况得到了根本的好转，德才素养得到较好的保障。同时，为了落实好德才兼备用人标准，这一时期还在用人机制方面进行了系列的积极探索。

1. 改革开放新时期后干部的德才状况

在改革开放新时期，我党在干部标准认知方面经历了一个不断完善的过程，根据历史发展这个过程可划分为三个阶段，即德才兼备干部标准的恢复发展阶段、调整探索阶段和创新规范阶段，对于干部德才标准的关注也完成了三次转向：即由政治标准向业务标准的转向，由原则性标准向规范性标准的转向，由规范化标准向制度化标准的转向，从而大大提升了干部的德才标准并探索到了一系列可操作、可测量的方法。目前，我们干部德才素养的总体状况是好的，但也存在一些突出问题。

就德性素质而言，存在的突出问题有三：其一是思想素质不高。人的思想素质最突出的体现是实现自身社会价值的最大化，是在追求自我实现和自身利益的同时兼顾国家利益和民众利益。但是，在现实生活中，不少干部仅将自己从事的工作作为谋生的手段，工作的功利性和为己性吞噬了

---

① 《邓小平文选》第 2 卷，人民出版社 1994 年版，第 262 页。
② 《邓小平文选》第 2 卷，人民出版社 1994 年版，第 326 页。

它本身应具有的公共性和为民性，使自身的思想素质降低到普通群众甚至低于普通群众的层面。针对于此，在纪念中国共产党成立 90 周年讲话中，胡锦涛特别指出目前我们党的某些干部存在精神懈怠的危险这一问题，要求我党的干部应始终保持开拓前进的精神动力。其二是政治素质空泛。政治素养是道德素养的重要内容，甚至是核心内容，德才兼备的干部都应讲政治。但是，目前不少干部的政治立场、政治方向和政治观点较为模糊和空洞，在实际的政治活动中，官员缺少应有的政治纪律、政治鉴别力和政治敏锐性等政治素质，甚至出现各自为政，不关乎大局的行为。政治素质方面存在的问题实质是脱离群众的问题。胡锦涛指出，我党的一些干部有脱离群众的危险和消极腐败的危险，这一点应引起重视。其三是道德素质脆弱。道德素养对于干部而言包括的内容丰富，不仅有同民众一样的家庭美德、社会公德、职业道德，还包括与权力密切相关的政治道德或权力道德。社会道德要求其必须讲诚信、知廉耻，政治道德要求其必须讲公正，务实效。从公职人员为"官"的立场上看，更应强调其政治品质，尤其是其党性修养、对党和人民的忠诚等。但是，目前不少干部的不忠、不勤、不廉、不诚的否定性官德并不鲜见：有的善于搞"上有政策、下有对策"的阳奉阴违；有的工作懒散、办事拖拉，但却勤于应酬；有的则信奉所谓"数字出官，官出数字"，关于打造"形象工程"和"泡沫政绩"等。

就才能素质而言，存在的突出问题有三：其一是业务知识陈旧。在知识经济时代、信息时代和全球化时代，知识的更新周期大大缩短。如果一个干部不及时更新知识体系，不积极开展深入的学习活动，其业务知识就会大大落伍，就无以把握本行业的规律和特点。当前我们的干部在学风方面还存在一些带有普遍性的问题：根据《人民论坛》的调查，我们的党员干部用于学习的时间很少，不想学、不会学、不善学、不乐学、学不好的情况并不鲜见。在现实的学习生活中，不少干部搞形式主义，仅将推进业务素养当口号用，或者仅将博得一纸文凭作为上升的资本。相反，不少地方的干部却迷恋各种应酬活动和灯红酒绿的生活，不仅牺牲了学习时间，还导致了道德沦丧。其二，应对复杂局面的能力不足。在全面对外开放时代下，各种国内外事务交织在一起，大大增大了决策的难度，传统的经验决策已经不能适应应对复杂形势的需要。但是，在实际的行政过程中，经验决策是非常普遍的现象，老百姓戏称为"拍脑袋决策"、"拍胸脯保证"、

"拍屁股走人"的"三拍干部"还为数不少。同样，面对新情况"老办法不灵、新办法不会、硬办法不敢"的现象也为数不少。在建党90周年大会上，胡锦涛明确指出干部能力不足的危险，要求保持党的蓬勃生机，就是针对于此。其三，法律知识欠缺。在党的十五大上，我们就提出依法治国的理念，目前已经基本建成了与社会主义市场经济相适应的法律体系。但是，不少干部的法律知识与素质还难以适应法治社会的迫切需要：一方面是缺少法律知识，不知法、不懂法，甚至出现违法乱纪的情况；另一方面是缺少法治观念，以权代法、以言代法、以势压法的现象比较普遍。

总体上看，我党在德才关系的理论认知方面是明确和科学的：胡锦涛在纪念建党90周年大会上不仅重申了坚持德才兼备、以德为先用人标准，而且进一步强调要形成以德修身、以德服众、以德领才、以德润才、德才兼备的用人导向。但是，在实践工作中还是存在走极端的做法，或者因强调以德为先而无视才能，或者强调与业绩密切联系的业务素养而忽视官德建设。

2. 改革开放后德才兼备用人标准的探索

改革开放后，我党在继承以往有益经验的基础上，不断推进德才兼备用人标准方面的创新，不仅培育了大量德才兼备的人才，而且也使得他们在各自的岗位上得到重用并发挥了积极作用。针对我党面临的新任务所提出的新要求，针对我们干部素养方面存在的突出问题，这一时期在德才兼备用人标准实现机制方面作了五方面探索。

第一，靠锻炼来造就德才兼备的人才。实践锻炼不仅是鉴定德才的手段，也是提高德才素养的重要方式。党的十六届四中全会指出，要"有计划地组织和安排干部到艰苦的地区、复杂的环境和基层一线经受锻炼和考验"，[①] 从而明确提出了三种有效提高德才素养的实践锻炼形式。一是到基层锻炼。基层比较艰苦，其服务的对象是广大人民群众，所以基层锻炼是社会实践的主要形式，对于干部的思想锻炼最大。通过贴近百姓的实际工作，可以使他们了解民情民意，知晓民急民需，以便有针对性地开展工作，帮民之需，解民之急。二是到艰苦的环境中去锻炼。在艰苦的环境中更能识别干部是否真正坚持全心全意为人民服务的宗旨，是否真正坚持走

---

① 《加强党的执政能力建设大参考》，红旗出版社2004年版，第13页。

群众路线，是否真正对人民群众怀有深厚的感情。通过恶劣环境的考验，既锻炼自己的毅力，又培养自己吃苦耐劳的精神，以便使其在任何复杂和困难的执政环境下，不低头，不气馁。如：党的优秀干部孔繁森就是经历了这个过程，他曾两次赴藏，体察藏民疾苦，在西藏工作了十年多，为西藏的稳定和发展作出了杰出的贡献。三是到复杂环境中锻炼。复杂的环境是对干部德才状况的考验，也是提高干部德才素养的重要方式。通过复杂环境的考验，培养他们服从党的命令，履行为人民服务的宗旨，不计个人得失的共产主义品格，增强他们开拓进取、不怕失败、勇于创新、敢为人先的意识与斗志。邓小平针对年轻干部需要实践锻炼时指出过，"压担子，这个路子对，不能只靠人家扶着。他们受到了锻炼，提上来别人也会服气"。①

第二，靠教育来培育德才兼备的人才。教育能提高干部的德才素养，因为人非生而知之，而是学而知之。一般而言教育的内容主要包括三个部分：一是先进理论学习教育，先进理论是一面旗子，"旗子立起来了，大家才有所希望，才知所趋赴"。② 只有在先进理论的指导下，才能在实践工作中廓清是非，做到执政为民，为政以德。二是先进技术学习教育。这主要是业务能力问题，通过教育培训，特别是专项培训使干部成为术有专攻者，确保其才能素养。三是先进人物学习教育。学习先进人物实际上是学习他们的成功经验，并力图将这种经验结合自身实际，化为自己的东西。通过向先进模范学习、向英雄人物学习，并将这种学习与自己的实际情况结合，不仅要使英雄与先进的光芒普照在自己身上，意识到他们的先进，而且要以人为鉴，取长补短，改善自己，提升自我，使自己有所发展，推进德才素养提升。正基于此，邓小平强调"全党同志一定要善于学习，善于重新学习"，指出"根本的是要学习马列主义、毛泽东思想，要努力把马克思主义的普遍原则同我国实现四个现代化的具体实践结合起来。当前大多数干部还要着重抓紧三个方面的学习：一个是学经济学，一个是学科学技术，一个是学管理"。③ "年轻干部只要选得准，搞好对他们的传帮带，加强学校的培养，是能够接好班的。我们老同志在这个问题上，眼光要放

---

① 《邓小平文选》第3卷，人民出版社1993年版，第166页。
② 《毛泽东早期文稿》，湖南人民出版社1990年版，第554页。
③ 《邓小平文选》第2卷，人民出版社1994年版，第153页。

得远一些,要积极发挥骨干作用,选好接班人,带好接班人。"①

第三,用实绩来衡量德才兼备用人标准。在改革开放新时期,社会需要有政治素养的专业化干部,而能否通过自身努力创造出让民众满意的实绩,是衡量一个人是否具备德才素养的重要标准。但是,实绩不能简单地与政绩画等号,实绩是领导干部在工作中取得的实实在在的政绩,不是简单的数字。在以实绩衡量干部德才过程中,关注了以下几个方面:一是准确鉴别政绩的"真"与"假"。一项政绩的取得,往往受制于多方面因素,是上级关心、同级配合、群众支持及个人努力等方面共同作用的结果,还与工作环境、基础条件、政策扶持等因素密不可分。只有对政绩进行深入分析才能确定个体德才对于政绩的贡献率,从而更好地测定其是否德才兼备。二是准确识别政绩的"显"与"潜"。德才兼备的人才在创造政绩的同时,更加关注的是长远发展和发展质量,而不是急功近利。所以,用科学发展观衡量干部的德才状况必须既要看经济增长的总量,又要看经济增长的质量和效益;既要看经济社会发展"硬指标"的变化,又要看"软指标"的变化;既要看"硬环境"的加强,又要看"软环境"的改善;既要看当前,又要看长远;既要看发展的近期效益,又要看发展的可持续性。三是正确估价政绩的"得"与"失"。政绩的取得要有代价,需要付出物质资源成本、人力资源成本、时间成本、环境成本等。一个人的政绩大小应是政绩减去成本后的结果,如果政绩很大,环境成本高或人力资源浪费多,同样也值得质疑。四是要合理分清政绩的"主"与"客"。干部政绩的取得是多方面共同努力的结果,虽然也离不开个体的德才素养,但不能忽视外在条件的影响,不能简单地把实绩和干部的德才素质画等号,而应注意政绩形成的多方面原因和环境因素。五是要科学区分政绩的"整"与"分"。一般来说,一个地区、一个单位的政绩,都是集体努力的结果,个体总是在参与领导班子集体活动的过程中取得政绩的。政绩的创造离不开个体的德才素养,也离不开整体的素养及制度规约。所以,不能把整体政绩简单地记在个人功劳簿上。六是要注意把握政绩的"前"与"后"。任何政绩的取得都不是一蹴而就的,必须经历一个由量变到质变的过程,不能将一定阶段创造的政绩归于此阶段某个人或群体的德才素养,还要考

---

① 《邓小平文选》第 2 卷,人民出版社 1994 年版,第 123 页。

虑前期投入和历史积累等因素。①

第四，用人民公认来贯彻德才兼备用人标准。干部是否具有德才兼备的素养或者一个具有德才兼备素养的人能否得到重用，人民群众最清楚，最有发言权。所以，人才最有权威的评价者，应当是人民群众，而不是少数"管人"的人。邓小平同志一再强调"要选人民公认是坚持改革开放路线并有政绩的人，大胆地放进新的领导机构里，使人民感到我们真心诚意搞改革开放"。② 人民群众对干部德才素养的评判也是通过政绩来实现的。如果说政绩是衡量干部德才的重要指标的话，人民群众参与评判政绩则是衡量是否真正具有德才素养的关键。因为要用是否"造福百姓、惠及社会"考察政绩，用是否"为官一任、发展一方"分辨政绩的虚实性，用是否"遵循规律、脚踏实地"识别政绩的可靠度，用是否"造福于民、取信于民"检验政绩的含金量，都必须坚持两个普遍原则：其一是成就政绩及其相关者不能作为政绩的主要评判主体，其二是政绩服务对象最有评判政绩的发言权。为了推进人民对政绩的评判，改革开放后我党一方面健全完善政绩考核评价体系和干部奖惩任用制度，进一步落实了群众在干部政绩考核评价与奖惩任用工作中的知情权、参与权、选择权和监督权，把上级党组织和领导机关的评价与群众的公论结合起来，将群众公认原则贯穿于政绩考核的全过程，扩大群众对干部政绩考核的参与程度，丰富评价形式，拓展监督渠道，让社会各界代表直接参与干部的政绩考核，直接评判干部的工作实绩，使干部的组织评价与群众评价一致起来，从制度上保障干部政绩得到人民的中肯评价，从而贯彻好德才兼备用人标准。

第五，要靠竞争方法来落实德才兼备用人标准。党的十八大指出深化干部人事制度改革要全面准确贯彻民主、公开、竞争、择优方针，扩大干部工作民主，提高民主质量，完善竞争性选拔干部方式，提高选人用人公信度，不让老实人吃亏，不让投机钻营者得利。近年来，全国各地普遍开展竞争式选用人才的方法，大力推行公开选拔、竞争上岗等制度，有效地促进了德才兼备的优秀人才脱颖而出。其一是公开选拔方法。1984—1985年，宁波、深圳、广州、西安等地为解决对外开放中人才紧缺的矛盾，开

---

① 参见王圣俊《干部工作机制的创新与改革》，海南出版社 2004 年版，第 207—212 页。
② 《邓小平文选》第 3 卷，人民出版社 1993 年版，第 380—381 页。

始采用组织推荐与群众推荐相结合、考试与考察相结合的方式公开选拔领导干部。1996年1月,中组部转发了《吉林省公开推荐与考试考核相结合选拔领导干部的暂行办法》,推进了公开选拔领导干部工作在全国进一步开展。其二是竞争上岗方法。竞争上岗是在党政机关的一定范围内公布实行竞争的职位和任职条件,通过公开报名、考试答辩、群众评议、组织考察、任前公示决定任命的一种选拔任用方式。1994年以来开始局部实施,1998年中组部、人事部对党政机关推行竞争上岗提出了具体要求。其三是差额考察制度。1996年以来,全国一些地方开始试行干部差额考察制度,实行差额上会、择优任用,努力做到好中选优,优中选强。另外还有公推直选、海选、两票制度等办法,进一步扩大了干部工作中的民主,有利于选用德才兼备的干部。另外,此时期干部的任期制度、淘汰制度、罢免制度等相关制度和规定的完善,也推进了竞争方式选用人才。

另外,为了推进德才兼备用人标准实现机制,我党还十分重视发挥老一辈革命家的作用,并创造良好的保障条件。邓小平一直重视发挥他们那一代人的作用,强调"一定要趁着我们在的时候挑选好接班人,把那些表现好的同志用起来,培养几年,亲自看他们成长起来"。①"我们老干部的责任就是要认真选好接班人"。"现在任何一个老同志和高级干部,合乎不合乎党员标准和干部标准,就看他能不能认真选好合格的接班人"。② 发挥老一辈的作用并不是让老一辈占着位子不动,而是要从制度上建立健全保障新生力量成长,因为"庙只有那么大,菩萨只能要那么多,老的不退出来,新的进不去,这是很简单的道理"。"我们将建立退休制度"。③

胡锦涛在纪念建党90周年大会上,不仅重申了我党一贯坚持的德才兼备用人标准问题,而且结合中国特色社会主义道路和中华民族的伟大复兴战略,进一步强调了其实现机制问题。他指出:"中国特色社会主义道路能不能越走越宽广,中华民族能不能实现伟大复兴,要看能不能不断培养造就大批优秀人才,更要看能不能让各方面优秀人才脱颖而出、施展才华。"④ 在党的十八大上,他再次强调"要坚持党管干部原则,坚持五湖四

---

① 《邓小平文选》第2卷,人民出版社1994年版,第192页。
② 《邓小平文选》第2卷,人民出版社1994年版,第221页。
③ 《邓小平文选》第2卷,人民出版社1994年版,第193页。
④ 胡锦涛:《在纪念中国共产党成立90周年大会上的讲话》,《人民日报》2011年7月2日。

海、任人唯贤,坚持德才兼备、以德为先,坚持注重实绩、群众公认,深化干部人事制度改革,使各方面优秀干部充分涌现、各尽其能、才尽其用"。① 鉴于此,积极推进德才兼备用人标准的实现机制,仍然是搞好干部选拔任用工作的不二选择。

---

① 胡锦涛:《坚定不移沿着中国特色社会主义道路前进为全面建成小康社会而奋斗》,人民出版社2012年版,第52页。

第四篇

问题对策

第八章
德才兼备用人标准实现机制的现实困境与归因

通过前几章节的论述可以发现，对于德才兼备用人标准的落实而言，无论是古代还是现代，中国还是外国都或多或少地存在一些问题。这些问题有些是相通的，有些带有时代和国家的特色。今天，我们要推进德才兼备用人标准实现机制，必须正视其现实困境，结合历史与现实、中国与外国等多方面视角来揭示产生这些困境的原因。如此，才能针对性地采取有效措施来规避这些问题的产生。

一、落实德才兼备用人标准的理论认识不深

真正落实德才兼备用人标准，是建立在对德才兼备内涵正确分析的基础之上的。而制约德才兼备内涵认识的根本在于对德才二要素及其关系的认识还存在一些误区。长期以来，我们对何谓有德、何谓无德、何谓有才、何谓无才、以德为先还是唯才是用都存在这样或那样的误解，很难形成统一的认识，这自然会影响到德才兼备用人标准的落实。

（一）官德的认识困境及其归因

官德与普通民众的道德要求既有联系，又有区别。因为官员所承担的角色责任、具备的角色技能不同，尤其是其对于忠孝冲突（有冲突之时）调解不同，决定了官德与普通民众道德的差异。如何认识这些差异，并以这种认识为起点作好对官德的评判，关系到德才兼备用人标准的落实问题。

1. 官德的认识困境之体现

官德本身是个内涵丰富的概念，在传统文化中我们强调为政以德，也要求官员具有较高的官德，主要包括公忠爱国、仁慈待民、立身为正、清

廉勤政、举贤任能。① 这些内容实际上与儒家所追求的修齐治平和内圣外王思想基本一致。在西方资本主义国家中，对于公职人员的基本要求是忠诚，这与其人性假设存在冲突。为了约束性恶而确保对国家的忠诚，不少国家已经将官德建设上升到法律的高度。比如20世纪70年代，美国政府曾发生了一系列不道德行为，如"水门事件"、"伊朗门事件"等，民众对政府公务员的道德行为产生了严重怀疑，为了挽回政府信用危机，美国政府制定、出台了一系列公务员道德法规。1978年，美国通过第一部道德法《政府道德法》；1989年，美国又对原《政府道德法》作了进一步的补充、完善。官德涉及权力行使，所以对公务员的道德要求，就不仅仅是伦理要求那样简单，更是政治、法律的综合要求。官德只有制度化，才能使道德的"软约束"，获得制度"硬杠杠"的约束。但是官德制度化，并非就是简单的"道德立法"，而是要建立一套规范、一个体系，包括监督机制、培训机制、评价机制、选择机制等。这是中国古代和西方官德建设给予今天的重要启示。

　　社会主义国家建立以后，一方面我们承继了中国传统人性善的理论预设，比较突出道德自律和自我反省、思想政治教育工作，另一方面我们也开启了借鉴西方国家政治文明的做法，也开始关注制度建设和法律法规的作用。今天，我们推进社会主义伟大事业，也必须选拔德才兼备的人才，尤其是选拔能够做到以德领才、以德润才、以德为先的德才兼备之人。问题是，如何认识官德及对官德的要求？这不仅是个理论问题，还是个政治问题。在现实政治生活中，我们对官德的认识出现了一些问题，比如把"四化方针"变成"两唯"，唯文凭、唯年轻是论；认为搞市场经济，干部思想政治素质好差"无关紧要"；把那些吹牛拍马、投机钻营、弄虚作假的人看作"开拓型"人才；受关系网、裙带网的干扰，把综合素质差的人提拔起来。所有这些错误认识，不仅影响了思想导向，也影响了官德评判的实践。

　　结合官德的内涵，目前对于官德的认识困境主要体现在两个方面。其一是对于官德内容侧重点的认识不同。无论是普通民众还是党员干部，他们都要在社会中生活，首先都应当具备过社会生活所要求遵循的道

---

① 李钟麟：《柳宗元官德研究》，广西人民出版社2006年版，第5—18页。

德要求,如社会公德、职业道德、个人品德、家庭美德等;其次,作为党员干部不仅要过社会生活,还不能脱离政治生活,从某种意义上讲政治生活更能体现其作为党员干部即官的本质要求。所以,官德的内容就至少包含了两个层面:一个是官员作为社会民众所应当遵循的社会道德规范,另一个是官员作为政治角色所应当遵循的政治道德和党性要求。党的十七届四中全会提出的"从政治品质和道德品行等方面完善领导干部德的评价标准",也说明我们党对于官德应当具备的这两个方面都十分重视。但是,对于官德内容的侧重点到底应是政治品质还是道德品行存在不同认识。比如2008年以来,河北魏县提出了"德孝治县"的施政理念,县委决定,在干部升迁之前,在组织考察环节中,凡是德孝方面有问题的干部实行"一票否决"。魏县的做法,在网络上引起热议,喝彩不少,谩骂也很多。这种既有鼓掌之声,又有唾骂之音的结果表明,人们对于官德内容以何为主并没有达成一致的认识。2011年11月中组部印发的《关于加强对干部德的考核意见》明确指出,要以对党忠诚、服务人民、廉洁自律为重点,加强对干部政治品质和道德品行两方面的考核。考核政治品质,主要考核干部在政治方向、政治立场、政治态度、政治纪律、党性原则等方面的表现。考核道德品行,主要考核干部的社会公德、职业道德、个人品德、家庭美德。在全面考核的基础上,根据不同层级和岗位分级分类考核干部的德。这些要求无疑细化了官德两方面的主要内容,并特别强调了党性、政治性要求,尤其是对于中高级干部而言,但如何权衡二者相比之下的轻重关系并没有作明确交待,也为不同层级和岗位提供了足够的解释空间。从学界来看,有些学者指出,官是一种职业角色,它是以"国家意志的表达"或"国家意志的执行"为其基本职责,其履行角色责任的基本手段是职权或权力。为此,官员应当具有的基本德性可以概括为公正、仁爱、为民、廉政、勤政等,它们是官员对公共行政公共性的信仰在行政管理活动中的具体体现。[①]

其二是对于如何进行官德评判的认识不同。对于这方面认识的不同涉及两个方面:一是评判的主体是谁,二是评判的标准是什么。有些人认为,官德之所以为官德而不是民德,就在于它不是普通人的道德要求,它

[①] 卢智增:《加强官德建设的伦理省思》,《中国井冈山学院学报》2008年第2期。

与普通民众的道德要求是特殊与一般的关系。所以对于官德而言，除了具有普通人的道德要求之外，更应从政治品质这种与其职业角色相关的因素来进行评判；有些人认为，官德虽然与一般民众的道德要求不同，但首先应具备一般民众的道德，之后才可以谈官德问题。如果官员经受不起普通民众道德的评判，也就没有再对其进行所谓官德评判的必要了。有些人认为，政治场所是一种特殊的社会场所，一个为官者在政治场所中是否具有官德，应由官场中的人士作为评判主体，看其是否顺从、听话甚至唯上；有些人认为，一个为官者也要在社会中生活，政治场所本身也是社会场所的一个子领域，官员应当接受政治场所中的评判者的评判，但也要接受民众的评判，而且从社会主义国家官员的自身定位即人民公仆这一点来讲，评判主体最终还应是民众。但是民众要完成有效监控还必须组织化，形成公权组织或部门。"领导干部作为公共人物在享受公共人物所带来的收益、便利、荣誉感和成就感的同时，相比于普通人让渡聘问人隐私无可厚非。但问题是个人隐私的底线在哪里，同时这些让渡出来的权力交给哪个合适的公权部门去有效地监督执行？这是现实困境中的一大问题。"[①] 也有学者对官德评判提出打通政治品质与道德品行的做法以解决当前"公德和私德错位"问题的设想，就是实行"公德私德化"，也就是说公德内敛于己即为私德，即社会成员能够自觉遵守公德，并加以内化，那么公德即转为私德。[②] 他们认为这样，就会消弭因官员角色道德所产生的评判差异了。中组部印发的《关于加强对干部德的考核意见》强调对干部德的考核要注重群众公论，突出了我国官德评判的特殊之处。因为无论是从我们党的性质上看，还是从逻辑上推理，由于我党是全心全意为人民服务的党，各层级的干部都是人民的勤务员，是人民公仆，他们是否尽到了为人民服务之责，是否合格，是否具有应有的官德，自然不是他们自己说了算，而只能是对谁负责由谁说了算，也即由人民群众说了算。问题的关键是在现有考核体制和实践操作中，对上负责是实的，对群众负责则是虚的，且缺乏制约力。这种实践的力量与逻辑方面是矛盾的，这也使得官德评判的认识方面陷入困境。

---

① 肖兆权：《试析干部政德考核现存问题与对策》，《中国组织人事报》2012 年 2 月 6 日。
② 李学明：《公德私德化：解决"公德"与"私德"问题的切入点》，《求实》2009 年第 8 期。

2. 官德的认识困境之归因

之所以出现对于官德的种种不同认识，之所以对如何评判官德存在一些分歧，其原因主要有如下三点。

其一，对于官德的内涵缺乏分析性研究。诚如前面所言，官德中包含了公德与私德的内容，但公德与私德的内涵不同。日本思想家福泽谕吉认为"凡属于内心活动的，如笃实、纯洁、谦逊、严肃等叫做私德"；而"与外界接触而表现于社交行为的，如廉耻、公平、正直、勇敢等叫做公德"。① 中国思想家梁启超认为"人人独善其身者谓之私德，人人相善其群者谓之公德"；之后又说"一私人与他私人交涉之道义，仍属于私德之范围也。"公德是"一团体中人公共之德性也"。② 这里，他把私德定义为个人的道德修养及个人与个人尤其是家庭成员之间交往时遵循的道德原则和规范，公德定义为个人在社会交往中所遵循的道德原则和规范。目前学术界对私德的界定是人们在不直接涉及对社会整体义务和责任的私人生活中应遵循的道德规范，公德是指人们在涉及对社会整体具有相应的义务和责任的行为活动中应遵循的道德准则。"公德具有底线性，是人们以社会契约为轴心参与社会活动的起码要求和最低标准。"③ 按照这一界定，对于官德方面而言，公德的核心在于其政治品质，因为这一内涵主要涉及公共利益和党性原则问题。但是，从中国历史上看，我国则是一个重私德的国家。梁启超指出，"中国，……偏于私德，而公德殆阙如"。④ 梁漱溟也认为公德"恰为中国人所缺乏，往昔不大觉得，自与西洋人遭遇，乃深切感觉到"；究其原因，则在于"中国人家族生活偏胜……周孔教化便为中国人开了家族生活之路"。⑤ 费孝通也曾指出：在中国的城乡生活中，"最大的毛病是'私'……扫清自己门前雪的还算是了不起的有公德的人，普通人家把垃圾在门口的街道上一倒，就完事了"，⑥ 正是基于历史原因，我们今天虽然也强调从多角度把握官德：如政治道德标准，核心是忠于人民、忠于祖国、忠于党的事业；职业道德标准，核心是公道正派；工作道德标

---

① ［日］福泽谕吉：《文明论概略》，群力译，商务印书馆1982年版，第73页。
② 《梁启超全集》第2卷，北京大学出版社1999年版，第660、661、714页。
③ 肖兆权：《试析干部政德考核现存问题与对策》，《中国组织人事报》2012年2月6日。
④ 王德峰：《国性与民德——梁启超文选》，远东出版社1995年版，第47—48页。
⑤ 鲍霁：《梁漱溟学术精华录》，北京师范学院出版社1988年版，第251—260页。
⑥ 鲍霁：《费孝通学术精华录》，北京师范学院出版社1988年版，第357—365页。

准，核心是坚持实事求是的思想路线；生活道德标准，核心是洁身自好，等等。但是，对于生活道德的重视，往往高于对于政治道德、职业道德和工作道德的重视。实际上，公德特别是政治品质是官品的立身之本，为民、务实、清廉既是官德的具体实践反映，又是共产党人和人民群众利益高度一致的关键所在。

其二，对于官德的适用缺乏针对性研究。如果从官德中内含公德与私德的视角看，官德更加注重的是公德。因为公德是利他的德性，私德是利己的德性，当然，反过来并不一定成立。[1] 如果从公德中内含政治品质与道德品行来看，官员道德的核心应是政治品质。西方社会在这方面能够给我们提供一些借鉴，西方文化强调私生活和公共生活的界限，重视私德和公德的差异，张扬公德，对一般社会成员的私德较少计较，一般人才选用重视德性也主要是强调公德。比如当年美国总统克林顿在白宫和实习生莱温斯基闹出绯闻，严重影响了他的道德形象。不过，美国毕竟有区分公德和私德的传统，所以克林顿的道歉最终获得美国国民的谅解。总体而言，美国公民对克林顿的评价并不低。但是严格意义上讲，官德本身除了内涵丰富，有公德与私德之分、政治品质与道德品行之别外，它还是一个概括性、一般性的概念、而官本身是复杂的，他们既有行业类别的差距，也有职位高低的不同。不仅如此，单纯讲官员的政治品质这一作为官德中公德的核心内容本身也有不同的子指标。也就是说，对于不同的官员而言，要求其具有政治品质的实际要求和衡量指标是不同的。所以，如果不针对官员本身的复杂性和官德本身的复杂性对于官德进行类别和层级的划分，官德就会缺乏针对性与适用性。由此，人们从一般意义上批评官德是不合理的，只有针对某一个层面或具体某个官员来做针对性评判，才有现实意义。长期以来，无论是理论界还是实践领域，我们似乎都在试图建立一种对所有官员都适用的官德评判指标体系，这实际上很难成功。所以，有学者提出，官德要有适用性和针对性应当做到：基于工作职责的区别，党政机关、企事业单位的官德的相关指标在排序上应有所区别；职务层次的区别，不同层次的官德的测评指标在排序上也应有所区别；细化二级指标，

---

[1] 张建英、罗承选、胡耀忠：《公德与私德概念的辨析与厘定》，《伦理学研究》2010 年第 1 期。

分别建立正向和反向两个既有区别又有联系的综合性指标体系。① 也有学者指出,"'四德'对于不同层级的党政领导干部而言,其权重也不完全一样。如社会公德权重对不同层级领导干部相差不多,主要包括公德修养和社会形象;政治品德对高级领导干部更为重要,要按政治家的标准来要求,主要包括政治信仰、政治态度、政治立场和政治纪律,突出考核与党中央保持一致和贯彻落实科学发展观等方面的情况;职业道德对基层领导干部更为重要,主要包括职业操守和敬业精神,突出考核宗旨意识、办事公道和工作作风等方面的情况。"②

其三,对于官德的标准缺乏评判性研究。当前对于官德的评判性研究还较为薄弱,尤其是对于官德评价如何操作、实现官德评价指标的体系化问题,还缺乏深入的研究。比如,虽然我国伦理学界已经将社会主义道德在具体的道德要求上划为三个层次:第一个层次,是无私奉献、一心为公,即全心全意为人民服务的层次,也就是"大公无私"的层次;第二个层次,是先公后私,先人后己的层次;第三个层次,是顾全大局、遵纪守法、热爱国家、诚实劳动的层次。③ 与道德相关联,有学者也对官德划分了层次:第一个层次是遵守公民道德,第二个层次是恪守职业道德,第三个层次是遵守行政伦理要求,第四个层次是追求共产主义道德。强调官德的层次性,要求领导干部要用最高层次的共产主义道德规范约束自己,以便全心全意为人民服务。④ 但是具体到官德方面,其操作性和评判性研究还比较匮乏。比如,《中华人民共和国公务员法》对官德考量的规定同样比较模糊。在第十一条公务员应具备的条件中虽然规定了"具有良好的品行",但没有进一步的阐释。第十二条公务员应当履行的义务中,与品行相关的要求包含了"全心全意为人民服务,接受人民监督;维护国家的安全、荣誉和利益;忠于职守,勤勉尽责,服从和执行上级依法作出的决定和命令;保守国家秘密和工作秘密;遵守纪律,恪守职业道德,模范遵守

---

① 刘金峰、郑永进:《提高干部德的考评工作科学化水平的对策思考》,《中共南京市委党校学报》2011年第1期。
② 肖兆权:《试析干部政德考核现存问题与对策》,《中国组织人事报》2012年2月6日。
③ 龚爱林:《变革中的道德:当前我国伦理道德发展的变化、问题及对策研究》,湖南教育出版社2000年版,第32页。
④ 庞洪铸:《官德层次论》,《道德与文明》2010年第4期。

社会公德；清正廉洁，公道正派"。① 相对于"良好的品行"而言，虽然这些规定在一定程度上实现了体系化，但是依然难以操作与考量。有学者提出当下对官德评价指标体系的研究存在的问题主要有如下几方面：首先，指标设计粗糙且均为质化指标，一方面设计的各指标间的独立性不强，部分指标对领导干部的适用性较弱，另一方面所有指标均为质化指标，这使得评价结果的客观性和准确性难以得到保证。其次，标准参照系的设计不尽合理，各评价等级缺乏准确的行为描述，使得评价者在实际操作中无法找到参照标准，难以对被评价者的道德素养做出客观的定位。最后，评价方法的鉴别度较低，质化指标的评价结果只能通过主观判断获得，这种方法在标准参照系不健全的情况下，无法对被评价者的道德素养进行有效鉴别，个体差异无从反映。②

（二）才的认识困境及其归因

一般而言，对于才的认识较对于德的认识分歧少一些，才本身的标准也较德的标准更具可衡量性、可量化性。如果对于德的评判多为质化指标比较粗糙的话，对于才的评判则可以量化。一方面，量化总比不可量化便于把握；另一方面量化如果出现偏执，也会出现新问题。实际上，人们对于才的认识就在于这种认识方面的偏执。

1. 才的认识困境之体现

对于才的认识困境主要体现为对于才的片面理解，认为才即学历，才即资历，才即职称或职务，亦或才即身份等。

第一，才即学历。学历是指人们在教育机构中接受科学、文化知识训练的学习经历，是指人们在教育机构中接受教育的学习经历或者曾在哪些学校肄业或毕业。在实际生活和工作中，人们通常讲的"学历"则是指具有特定含义、特定价值的"学历"，也就是说一个人具有什么学历，是指他最后也是最高层次的一段学习经历，以经教育行政部门批准，实施学历教育、有国家认可的文凭颁发权力的学校及其他教育机构所颁发的学历证书为凭证。一般而言，能够进入学校接受培训或经过特定学校学习和培训

---

① 刘沂：《公共部门人力资源管理》，北京大学出版社2009年版，第224页。
② 李建华：《官德评判体系构建刍议》，《学习论坛》2011年第3期。

之后，在知识、智力方面能够得到开发和展现，比不能进入学校或没有得到训练的人有优势。但是，诸事不可走极端，在干部人才任用过程中，重学历究竟应如何重，重到什么分寸，目前还没有统一的认识。有些人为了反对轻视学历的做法，在开重学历的处方时有些矫枉过正，将重学历变成了唯学历，人为地排斥了一些没有学历的人，使得一些低学历高能力的干部人才失去竞争入围的前提。更有甚者，不少地方开始"开拓性"试验，出现了一批"三门"干部，这些人没有经过实践工作，因为拥有较高的学历便直接获得了一定的职务，如不少地方博士毕业可获副处或正处实职，硕士毕业可获科级职务等。目前，关于重学历的误区不仅仅在于将重学历与唯学历等同起来，还在于如下三个方面的偏颇认识：一是以学历层次来区分人的才能高低，由此得出博士比硕士强，硕士比学士强，研究生比本科生强，本科生比专科生强的结论；二是以学校层次来断定同学历人员才能的高低，有些单位进人要查"三代"，看看是不是985、211高校，好像大凡教育部直属的就比省属和地方高校的学生强，才能高；三是以土文凭和洋文凭来判定才能高低，动辄就要"海归"人员，好像中国的教育就是不如人，外来的和尚会念经。2011年中国青年报社会调查中心通过民意中国网和网易新闻中心，进行的一项调查显示，招工看学历、学历查"三代"现象还比较普遍。①

第二，才即资历。资历就是资格和经历。对一个人来说，资历当然是相当重要的，因为它往往同人所经受的锻炼和考验联系在一起，在一定程度上反映了他们的业务特长和工作能力。一般而论，一个人资历长、经历多，意味着他的社会经验多，在工作中出现失误的概率也就相对较小。因此，在评价一个人时，我们经常可以听到"某某工作经验丰富，能力强且成绩显著"这样的评价。因而，在人才培养选拔中，倚重资历长的候选者，是符合社会现实的。但什么事都应分正反两个方面看待，正如学历不等于能力一样，将资历、经历绝对化，甚至于"唯资历化"，就容易出问题。因为，资历一旦不能科学总结、提炼，上升不到理性的高度，有时会成为能力提升的阻碍，譬如因循守旧、观念僵化等。基于此，在人才的培养选拔过程中，在选人用人上一定既要看资历，同时又不能"唯资历"，

---

① 《74.9%的人认为"查三代"加剧"唯学历是用"》，《中国青年报》2011年6月14日。

要给能力突出者多提供舞台。但是,在实践工作中如何平衡这种重而不唯十分困难,由此导致了两种不同的极端做法。有些地方和单位在人才任用上忽视人才的资历条件,认为提升年轻干部无须讲资历,致使有些干部未任满最低任职年限就提升的现象比较普遍,造成干部流动过快,基层干部代职的多、以副顶正的多、一线干部缺编多。这种做法,自然是违背了干部政策和干部成长晋升的一般规律。但是,也有一些地方,在用人方面特别看重资历,认为年轻人"嘴上无毛,办事不牢",将资历作为选拔天平上的最重要的砝码,习惯于在选人时按资历深浅、年龄辈分排队取舍,处处讲求级别"台阶",使一些年轻有为而资历尚浅者难以被提拔重用。更有甚者,在用人过程中将重资历等同于唯资历,对资历本身的理解过于偏颇,这样同样很难达到选拔德才兼备的人才的目标。

第三,才即职称或职务。按中外人才划分方法,人才可以简略分为技术类和政务类。与此相联系,传统上对于人才高低的衡量标准是职称与职务。一般而言,技术类人才按常规走其职称评聘之路,必然要经历由低而高的过程。如从一名初级工干起,经过中级工、高级工、技师到高级技师,至少需要12年时间,从助教到讲师、从副教授到教授这条路而言,同样也需要十几年的时间。就职务晋升而言,同样如此。基于此,在一般条件下,高一级的职称或职务,其专业能力、技术水平、理论视野也往往相对较高。但是,职称与职务的高低与德才的优劣不能画等号,干部的才需要在日常生活中积累并经受考验,但是有生活积累和工作技能的人并不一定都有较高的职称或职务,所以职称与职务高低和才又没有十分确切的必然关系。比如,有的人职称虽高,但由于不能把知识、技术与社会现实紧密结合,其知识停留在原有范畴内,缺乏创新意识,缺少创造能力,算不上真正有水平。但相反,一些人没有职称,但善于学习和总结,勇于将书本知识与实践相结合,不断有新发明、新创造。另外,在人才选用方面唯职称或职务还可能造成职称职务晋升的"天花板"。由于人们将职称或职务与才等同,因此技术或政务类的人员都在拼命争职称与职务。但是,一方面职数本身是受限制的,另一方面晋升需要一定时间的上一层级任职经历,最终导致许多人在一定年龄或一定职称职务等级上升困难。这不仅影响到年轻化问题,由于将才与职称职务等同的评判本身存在问题,也会导致人才的真正能力的发挥。

另外，还有不少人将才与身份等条件结合起来。说什么"龙生龙凤生凤，老鼠天生会打洞"，"将门出虎子"等。这实际上与革命年代的"成分论"、"文化大革命"时期的"血统论"一脉相承。中国古人就曾发出"其父虽善游，其子岂遽善游哉"的怀疑，今天自然也不应将出身作为才能的判定标准。目前社会上出现的"富二代"、"官二代"现象说明，许多出身"高贵"的人不一定就必然"高贵"。同时，也有些地方进一步引申了身份条件：如有些省市机构摆明要看户籍，不是本地人不行；有些机关则毫不避忌地把性别和年龄列为条件；而前些年湖南某部门指明报考女性要"双乳对称"，更是令人啼笑皆非。

2. 才的认识困境之归因

之所以出现对于才的种种不同认识，其原因主要有如下三点。

第一，才本身的多维性因素。人们对于才认识的不一致，很大程度上由于才本身的多维性以及各行业对于才需求的多维性。目前，各行业对于才的认识并不统一。一般而言，人们对于才的关注在于智商、情商、逆商、德商、胆商、财商、心商、志商、灵商、健商等十个方面：智商（IQ）是一种表示人的智力高低的数量指标，也可以表现为对知识的掌握程度，反映人的观察力、记忆力、思维力、想象力、创造力以及分析问题和解决问题的能力。情商（EQ）就是管理自己的情绪和处理人际关系的能力。逆商（AQ）是指面对逆境承受压力的能力，或承受失败和挫折的能力。德商（MQ）是指一个人的道德人格品质。德商的内容包括体贴、尊重、容忍、宽容、诚实、负责、平和、忠心、礼貌、幽默等各种美德。胆商（DQ）是一个人胆量、胆识、胆略的度量，体现了一种冒险精神。胆商高的人能够把握机会，凡是成功的商人、政客，都具有非凡胆略和魄力。财商（FQ）是指理财能力，特别是投资收益能力。财商是一个人最需要的能力，但往往会被人们忽略。心商（MQ）是维持心理健康、缓解心理压力、保持良好心理状况和活力的能力。心商的高低，直接决定了人生过程的苦乐，主宰人生命运的成功。志商（WQ）是指一个人的意志品质水平，包括坚韧性、目的性、果断性、自制力等方面。灵商（SQ）是对事物本质的顿悟能力和直觉思维能力。健商（HQ）是指个人所具有的健康意识、健康知识和健康能力的反映。

第二，才认定中的权力因素。一般而言，用人需要通过一定的程序，需要由相关领导来组织进行。毛泽东曾将领导的职责分成两项即出主意和用干部。领导用人实际上就是领导通过自己手中的权力和运用手中权力来用人，而权力本身具有自我膨胀性，在权力不受规约的地方，领导者的行为就可能是随意性的。从总体上看，我国目前各行业存在伯乐相马式的人才选用方式，基于此，人们常常慨叹"千里马常有而伯乐不常有"。目前有副广为传扬且讽刺味道浓厚的对联，可以说明领导权力在才能认定中的作用。这副对联的上联为"说你行你就行不行也行"，下联为"说不行就不行行也不行"，横批为"不服不行"。应当讲这种"说你行你就行"的做法，有时确实有"罗森塔尔效应"，[①] 确实会有正面作用，开发出人的潜质来。但是，其中的权力因素的负面性相当大。当前干部选拔任免也存在这样的现象，主要领导的权力大的不得了，通常是"一人提名，一致通过"，而且成了一种潜规则，即使有人知道被提拔者有问题，也不说出来，因为说了也没用。正因为如此，一些人为了获得领导的青睐，唯领导马首是瞻，这样也造就了领导在用人方面一手遮天的现象。虽然，随着民主化的深入发展，民主意识逐步深入，民主制度逐步完善，这种公开的个人独断式的人才选用方式逐步减少。但随之而来的还有羞羞答答的、变相的主要领导说了算问题广泛存在。比如在人才选用中的"萝卜招聘"，你招聘我的侄子，我招聘你的闺女，或是投桃报李，或是礼尚往来，大家都在迎来送往中各取所需，以公共权力肥私的现象就说明这一问题。

第三，易于量化的操作因素。人的才是多维的，如果从智商、情商、逆商、德商、胆商、财商、心商、志商、灵商、健商十个方面测试人的才能需要技术支撑，操作起来也比较难。再说，针对不同领域和不同时代，对于才的要求也不可能是一致的，针对某一时地和领导，也没有必要从以上十个方面全面测试才。实际上，即便选择某一个方面，如上的测试也十分困难。比如智商测试，国内外都有不同的测试工具，不同测试工具的结果也很难完全一致。相反，对于反映和体现智商等因素的学历、职称或职称、资历、身份等方面则易于量化和便于操作。比如学历不仅可以区分为

---

① 又称为"皮格马利翁效应"、"毕马龙效应"、"比马龙效应"或"期待效应"，由美国著名心理学家罗森塔尔和雅格布森在小学教学上予以验证提出。暗示在本质上，是人的情感和观念，会不同程度地受到别人下意识的影响。人们会不自觉地接受自己喜欢、钦佩、信任和崇拜的人的影响和暗示。而这种暗示，正是让你梦想成真的基石之一。

中专、专科、本科与研究生，还可以区分为全日制的、继续教育式的还是自学考试式的，中国的还是外国的，部属院校的还是省属院校的等。经过这样的区分，许多备选人员之间的差异便一目了然，虽然不能说这种差异就足以说明他们实践能力方面的差距，但便于操作是不明的事实。但是，随着这种方式选用的人才在实践领域的某些糟糕表现，特别是随着科技手段的进步和市场化民主化要求，选用人才方式变革的呼唤之声也日益高涨，选用人才确实需要一种科学的、令人信服的、可以量化的新方式。目前，许多单位在选用人才方面开始引入人才测评理念。人才测评是建立在心理学、管理学、测量学、行为科学及计算机科学基础上的一种科学的选才方法，能对人的能力、个性和发展潜力等进行综合测评，并根据岗位及企业组织特性进行客观、全面、深入的了解和评价，为单位招聘、选拔、培养各类人才提供参考、同时也能为个人的发展提供咨询。

除了对德和才认识存在分歧之外，还存在对二者关系认识方面的不一致问题。比如有人强调德为才之帅，落实德才兼备用人标准应贯彻以德为先的原则，有人强调建设时期应建立起能力本位，选用人才主张看业务和政绩，也有人主张平衡德才兼备中两元素的关系，将德与才看作鸟之双翼、车之双轮，缺一不可，同等重要。之所以出现如上认识，既与对德才两元素的认识有关，也与认识主体本身的素养有关，还与人才所属的行业、领域和层次有关。

二、落实德才兼备用人标准的制度配套不高

从以上几章的论述中我们不难发现，用人标准在实践中能否落实下来关键在于有没有形成好的制度以及制度的配套情况如何。目前，影响我国德才兼备用人标准落实的关键因素，无疑仍然是制度、制度的配套与制度执行力方面的问题。实践是政策与制度的外化，如果制度存在问题或制度执行力存在问题，往往就会导致用人实践方面出现问题。目前，推进德才兼备用人标准的实现机制，需要配套推进干部的选用制度、考察制度、监督制度、交流制度、培育制度和退出制度，不断提高制度的执行力来规避制度异化或钻制度空当的行为。不仅如此，还应以系统论的视角来完善如上提及的每一项制度，使其成为推进德才兼备用人标准的有效制度。

1. 选用制度模式化，民主功能待开发。在用人方面主张德才兼备，并且强调制度选人的重要性，这较传统以人选人有了更大的进步。但是，在实践中推进制度选人往往因强调制度化、程序化，产生将制度模式化的问题。目前，这方面的问题主要体现在：其一资历模式化。干部选用时注重台阶、讲资历。比如，通常规定县委书记职位空缺由县长产生，市、县长空缺由常务副市长和常务副县长产生。所以，不出意外，干一届政府首长之后就会成为实质上的"一把手"——党委书记。其二身份模式化。干部选用时把学文的、学理的、学工的分开，把干部出身、工人出身分开，只重视其中的某一类，而轻视其他。其三年龄模式化。借干部年轻化之机，搞年龄"一刀切"，甚至视年轻化为青年化，简单认定不同级别的干部多少岁以上就不再提拔使用。其四学历模式化。把学历因素看得较重，根据学历高低、毕业学校的知名度等方面来选用，甚至出现"博士官"违背《党政领导干部选拔任用工作条例》所规定的选用程序，确实"打破常规"。很明显，模式化选人不仅违背干部任用原则，使不在组织圈定范围内的干部的积极性受到挫伤，也难以选用出真正的德才兼备之人。邓小平在反对求全责备用人时曾严厉批评过这种现象："不要因为他们不是全才，不是党员，没有学历，没有资历，就把人家埋没了。"[1] 应当看到，实践中选用制度模式化是与民主功能有待进一步开发联系在一起的，甚至这种模式本身也由某些个别领导的过度关注造成的。而某些领导之所以关注这种模式，是因为它掩盖了模式后面的个人因素，更像是制度选人而不是人选人。同时，实践中盲目追求所谓程序合法性，也不利于选用德才兼备的人才。所以，不进一步开发选用人才过程中的民主功能，特别是不改变选用主体单一化问题，就无以改变选用制度模式化，也就无以选出德才兼备的干部。比如，近年来，一些地方在公开选拔任用干部时，不考虑竞争程序设计是否科学，不重视干部的平时表现和群众意见，只是按既定程序进行选用，往往导致一些平时对工作不放在心上、敷衍了事，专注于钻研选拔考试考什么和怎么考的人，轻轻松松就通过了竞争，这当然既违背竞争择优的初衷，更难以达到选优目的，难以产生德才兼备的优秀干部。另外，在选拔人才时还存在一个普遍问题，就是缺乏根据干部人才本身的性质、

---

[1] 《邓小平文选》第 3 卷，人民出版社 1993 年版，第 109 页。

类型、层次来进一步细化标准。德才兼备确实是各行各业都要求的，但是不同的行业、不同的层级对于德与才的具体要求并不完全相同，如果不针对人才的分类正确认识德与才，也就很难选拔符合岗位需要的有用之才。

2. 考察制度死板化，千人一面难避免。干部经过考察关才能应用。干部的德才素养如何，能否考察出其德才素养，取决于考察制度的科学化水平。目前，我国的考察制度存在三个主要问题：其一，我国的干部考察队伍缺乏独立建制，还没有铺开实行干部考察工作资格证书制度，考察者一般都是组织委派的临时组建的团队，其个人意志受制于部门主要负责人，有些人员也缺乏考察的基本学识与技巧，存在想反映不能反映也反映不了的情况。其二，干部考察的主要内容是工作实绩，因为它是一个干部德、能、勤、廉的综合体现和集中反映，所以，容易犯一些倾向性的错误：比如重才轻德、以才补德，或以偏赅全，看重干部的年龄、文凭、工作经历等指标，认为干部工作有实绩，就应该重用。不仅如此，目前有些地方还没有将重实绩与传统上重 GDP 完全分开，没有关注实绩的形成与实绩的质量，没有区分实绩形成中的个人与集体、历史与现实的关系；实绩的质量中成本与收益、成绩与代价的关系；在实绩考察过程中，只着眼工作考察，而没有深入考察其社交圈、朋友圈、生活圈，没有将考察范围延伸到 8 小时之外。这种就实绩而实绩的考察进程，往往会导致"数字出官，官出数字"。其三，干部的考察方法比较生硬，但有些地方考察方法仍停留在个别谈话、听取意见、群众测评等传统方式上，针对不同级别、岗位的干部，在考察过程中还是"一锅煮"、"一刀切"。在民主测评中，由于责任制度跟进滞后，还是出现所谓简单地以票取人，使得一些所谓的"老好人"顺利过关。同时，重周期性、任用性、封闭性和定性考察，而轻视或没有形成经常性、管理性、开放性和定量考察，也使得考察视野受到限制。另外，考察过程中强调程序是制度化进程中的必然，目前我们干部考察大致沿用"述职—民主测评—座谈了解—形成考察材料—向派出单位党组织汇报"的模式，但有些地方也因对程序的重视而忽视了考察内容问题。基于以上情况，再加上考察材料撰写中还没有普及相关部门联动制度、集体研究会审制度以及考察材料一定范围内的公示制度，考察报告受制于报告形式与撰写者的影响，往往会出现"一顶帽子大家戴，一件衣服大家穿"的千人一面的情况。

3. 监督制度滞后化，监管控制较疏散。德才兼备的用人标准要落实好，还必须加强监督制度建设。当前，在我们的干部选用过程中，不少地方存在重选拔轻监管的情况，导致有些选用出来的德才兼备之人由于缺少监督而沦落了。德才兼备用人标准在实践中的误区之———缺乏监督主要体现在如下几个方面：其一，监督意识薄弱。一是就监督主体而言，或者缺乏监督的责任感，奉行好人主义而不愿意监督；或者畏惧监督客体自身的权势而不敢监督；或者对监督的环境缺乏信心而不想监督，最终缺乏监督的主动性。二是就监督客体而言，对于他们既有基于权力大而出现的权力监管真空，也有因其权力大而不愿接受监督的心理预期，还有因不受监督能得到好处的利益诱惑的影响，从而缺乏被监督的自觉性。其二，监督手段落后。一是基于传统组织、纪检、司法、审计等监督机构管理体制上的问题，干部监督信息网络还不够完善，干部监督信息交流渠道不畅，难以实现信息资源共享。二是基于现代网络建设的发展，适用更大范围和更大视角的监督平台建设还比较滞后，信息网络在监督方面的功能还有待进一步开发。其三，监督重点不清楚。体现在两个方面，一是就人员而言，应将监督重点放在主要领导干部身上，保证主要领导干部德才素养是保证整个班子素养的重要条件；二是就监督时段而言，应将监督定位为预防而不是惩治，所以更应放在事前与事中而不是事后；三是就监督内容而言，监督干部是否具有德才素养，是否能确保不断提升德才素养，必须紧紧围绕权、钱与色展开。其四，监督制度不完善。一是干部监督制度体系不够完善，"软约束有余、硬约束不足"，用人行为不够规范，有德才得不到重用和"带病提拔"同时并存。二是长效约束机制缺乏，重选拔而轻管理，使用干部过程中没有充分考虑人缺乏监督可能出现变质的可能性，尚未建立廉政保证金等具有自律功能的制度，退休前强搭便车的"59岁现象"与干部年轻化进程中的"39岁现象"同时并存。三是制度设计有缺陷，制度执行力不足。在制度设计上，有的制度规定比较原则；有的制度"有守则、无罚则"。在制度执行上，缺乏监督工作协调配合机制，有的讲感情不讲原则，讲私情不讲党性；有的有章不依，有禁不止，我行我素。

4. 交流制度随机化，因事择人不突出。实施干部交流制度目的是充分发挥干部的德才素养，防止用非所人，人事不相宜的情况发生。但是，在干部交流工作中容易出现的问题是不容忽视的。如果交流制度随机化，交流方法和方式不得力,甚至会适得其反。在实践中,交流制度确实存在一些问题:其一是实践中的干部交流有违法违宪的情况。《中国共产党章程》明确规定党的各级领导机关由选举产生,并有一定的任期年限;我国《宪法》也明确规定,各级政府行政首长由选举产生,同样也有一定的任期年限。可是,一些地方的党政主要领导,不到法定任期,即被调动、交流或轮换,严重违背了选举制和法定任期制。另外,由于交流干部调动频繁,致使一些干部不愿作长远打算,使一些地方工作缺乏连续性,每换一位领导就换一种思路,前后工作无法衔接。据统计,一般地方一任换一个主要领导,有的地方一任甚至要换三四个主要领导。"走马灯"式的调换往往造成干部急功近利的短期行为,难以充分发挥其德才素养。其二是实践中的干部交流"空降"方式易出现弊端。不可否认,干部采用"空降"的方式,一方面有更大的权威性,另一方面也有利于打破地方主义的关系网络。但是,"空降"人员也有自身的不足,特别是有些干部来自上级部门,对下级或基层的工作知之不多,缺乏实际工作的经验,再加上他们来自上方,下面的群众和干部对其监督也很难跟上,最终致使其德才状况如何结合实地发挥出来存在一定的困难。同时,"空降"人员的到来,也可能压制了地方干部的正常成长,使一部分地方干部不再积极进取。其三是实践中干部交流难以跟进配套措施易出现腐败和浪费。有些干部将交流视为镀金,不主动地与当地干部沟通和交流致使交流干部与地方干部工作难以协调和配合;有些干部特别是党政主要领导交流到新的岗位后,往往要进行干部的调整,也使得干部队伍不稳定,甚至出现"跑官"行为;有些干部交流了,但家庭不在交流之地,成为"走读生",一方面可能造成车接车送的很大浪费,在无形中提升了工作成本;另一方面身居外地,自然也缺少了家庭监督,其生活圈和八小时之外也可能出现新的问题。所以,干部交流制度中存在的这些问题,一方面导致人事难以相宜,另一方面难以确保德才素养的发挥。另外,从体制层面来看交流渠道不畅,从思想层面来看交流动力不足,从操作层面看交流措施不全等问题也影响到干部交流的成效。[①]

5. 培育制度传统化,资源利用不充分。在当今科学技术飞速发展的形

---

① 参见周洪波《完善干部交流 优化班子结构》,《中国组织人事报》2012年2月6日。

势下，一个人在学校所学知识只占一生所需知识的 10%—20%，剩下的必须在工作中继续获得，"回归教育"、"继续教育"是保证不落伍的必然道路。如果"只出不进"，时间一长，就会使下属"江郎才尽"。所以，要正确认识用人与育人的辩证关系："养"是"用"的前提，只有先培养出人才，才有人才可用；用是养的归宿和目的，如果只养不用，则培养的人才就不能发挥其应有作用。目前，我国干部培育方面还比较传统，不利于实现德才兼备人才用人标准的方面有：其一，培育理念问题。今天的人才培养已经不同于传统社会，现代社会日新月异，培育人才与其说是着眼于技能，不如说是理念，培养人才尤其是培养有创新理念的人才。并且，这种创新要在不断强化培养过程中打造出来，目前我国的干部学历普遍提升，但不能因之而淡化培育问题。我们提出学习型政党建设，引入所谓"第五项修炼"的理念，从某种意义上就是克服传统培育理念中的短期行为，从大教育、大培训的战略性和基础性角度和终身教育的角度来更新培育理念。其二，培育内容问题。干部培育是为了干好工作，而干好工作不仅仅是工作技能问题，还有职业道德问题，而且有德才能确保其才能的运用与发挥。正是我们选用干部讲究德才兼备，以德为先一样，干部的培育也要将道德教育放在重要位置，将加强党性修养、理想信念教育、爱党爱国爱民教育放在技能教育之上的层面来认识和看待。同时，培育内容还要结合干部门类与层级，结合干部的需要，本着缺什么、补什么的原则来开展，要从加强知识的系统化培训向掌握重点知识、新知识培训转变，把新时期新阶段干部必须具备相关知识、必须掌握的新技能和反映当代世界发展的新知识，充实到培训内容中。其三，培育主体问题。党校和行政学院、社会主义学院是干部培育的重要阵地，也确实在干部教育中发挥着重要的和不可替代的功能。但是，我党就已经把高等院校也列入干部培养和培训的重要基地。与党校和行政院校相比，高等院校和科研院所也有自身的优势，但目前的干部教育体制还没有完全打破教育培训机构的部门所有、地方分割的情况，对于高校和科研院所在干部培育中的功能还没有完全开发出来。其四，培育方式问题。传统培育方式中存在为培育而培育的思想，还没有形成干部培养与使用的对接机制、干部培养与选拔使用的良性互动机制，没有将短期培育与中长期培育，在职培训与免职脱产培训结合起来，没有将研究式、互动式和开放式的培育方式引入进来，从而增加了培养德才兼备的干部的难度，也产生了一些德才兼备的干部培养与使用脱节的情况。

6. 退出制度堵塞化，队伍活力难呈现。德才兼备用人标准的实现与干部的退出机制密切相关。没有干部的正常退出机制，就没有正常的选用机制，也就无以进一步落实好德才兼备用人标准问题。苏联执政党模式在干部制度方面的弊端主要有二：一是搞干部职务终身制；二是搞干部层层挑选任命。回顾一下苏联安德罗波夫和契尔年科时期，这一点的重要性完全可以显示出来。由于缺乏正常的退出制度，使得短短三年时间就有两位最高领导老死在工作岗位上，呈现出"从来病夫主克宫"的景象。这确实是一种悲剧。目前，在我国还存在干部退而不休的情况，如从一线退到二线，从一个职位到另外一个职位，从显身到隐身再到显身等多种情况。在干部退出机制方面存在的问题可概括为如下四点：其一，干部的自然退出机制尚不完善。我国宪法、劳动法等相关法律对于退休制度方面都有规定，对于企事业单位和机关的一般工作人员而言，其退休年龄规定的比较低，一般上限为60岁，而高层则可适当提升年龄上限。这并不太合乎逻辑与情理，一方面，如果职位高要晚退休，职位低也应当享有同样的权利与义务；另一方面，高职位与高年龄相匹配与人的智力、能力的发展规律不完全符合。我国《党政领导干部选拔任用工作条例》规定，党政领导干部达到退休年龄界限的一般应当免去现职的规定是原则性的，缺少硬性标准和对应措施，这也致使越是高层领导，越难退出领导岗位。老干部的滞留，自然也影响到新的具备德才兼备素养的优秀人才的产生与使用。其二，干部的任期制规定没有完全贯彻好。任期制本是一种任而有期，到点退出机制。无论是选任、委任、考任还是聘任，在中国都不能职务常驻。比如，《党政领导干部选拔任用工作条例》规定党政机关部分专业性较强的领导职务实行聘任制，聘任期不超过五年，确实需要的可以续聘。这种规定的弹性原本是出于科学性考虑，但往往一些基于科学性的规定留下钻空子的空当，不少人留任只是基于"确实需要"的理由，实际上并非"确实需要"。所以，确定科学合理的界定任期，并坚决贯彻到期退出的制度是当务之急。其三，干部的淘汰机制还不太适应时代要求。《党政领导干部选拔任用工作条例》规定的"引咎辞职"、"责令辞职"、"降职"以及对不称职干部的"免职"等，都属于淘汰的具体办法。这些办法需在总结实践经验基础上进一步完善和健全,现在有些地方不仅存在一些人用跑关系的办法求得提拔的现象,也存在一些在职干部以跑关系办法防止淘汰的现象,如何以科学合理的办法认定真正的不称职干部并做好其免职的工作,需要做大量细微的工作。其四,干部的年轻化步伐还受到影响,能上不能下并不鲜见。干部年轮化是建立在正常退出机制的基础上的,正常的退出机制除了包括自然退休、任期到点退出和因责而退的情况之外,还应包括主动辞退,包括自己感受到责任无以完成、身体健康条件等方面原因,尤其是后者。目前,我们国家干部的主动退出机制还没有形成,许多干部退出都是引咎辞职,被动性地被取消职位。我们的干部队伍要呈现出更大的活力,无疑既要疏通因德才或年龄不达标者的退出渠道,也要开通德才兼备者进入的渠道。

综上所述,如果从制度的视角来分析实践中制约德才兼备用人标准落实的因素的话,一方面是基于如上诸种制度内部存在制度缺失、制度矛盾、制度陈旧和制度执行力不足等方面的问题,另一方面是如上诸种制度在有机联系方面存在一些弊端,使各种制度之间没有形成一个很好的联动机制。

三、落实德才兼备用人标准的现实保障不足

德才兼备用人标准的落实,受制于多方面的因素。从一般意义上看,不同性质的国家、政党,一个国家或政党不同的发展阶段和发展任务,有不同的经济、政治、文化条件,这不仅对德才兼备提出不同的要求,也影响到德才兼备用人标准的具体落实。

(一)经济因素

德才兼备用人标准的落实,必须建立在一定的经济条件的基础之上。从根本上讲,这是因为经济条件可以为用人标准的落实提供物质支撑。经济条件与落实德才兼备用人标准的关联性至少体现在三个方面。

首先,经济发展的客观要求需要德才兼备的人才,经济发展不到一定的程度,就不会意识到选用德才兼备人才的问题。选用德才兼备的人才参与群体或组织管理,是人类社会发展到一定历史阶段的产物。摩尔根研究认为,氏族在本质上是民主的,"罢免世袭酋长的权利和选举他的权利是

同样重要的,这一权利是每一个氏族成员所享有的。虽然酋长的职位在名义上是终身职,但是,因为有罢免权的存在,所以只有在其行动善良的时期以内才能实际继续其职务。当世袭酋长举行就职仪式时,在他的头上'戴上角'以作酋长的象征,在被罢免职位时则'将角摘下'"。① 在氏族民主制下,氏族首领的新老交替,是和平实现的,这主要是因为:没有剩余,人们尚无私欲,当不当氏族首领与个人无利害关系。② 当经济有了一定的发展,财富有了剩余并进入阶级社会之后,首领或关键岗位的人才就有了"好处",选用人才时对于德的关注就提上日程,此时对于人才标准的要求是其对社会的贡献,在阶级社会中主要体现为对"主子"或统治阶级贡献,在社会主义社会中主要体现为对人民群众的贡献。

其次,选拔德才兼备的人才需要一定的物质条件,从人才自身成长和应用的环节看,人才的选拔是建立在人才培养基础上的,而人才培养必然需要一定的物质条件。如果把人才培养放在经济社会发展中考察的话,可以看出二者的关联性。如果生产力可以分为物质的与人才的两个方面,那么人才培养的结果会影响生产力的发展。因为生产力的发展不能只靠追加劳动力的数量和单纯引进先进设备,必须要有大批德才兼备的人才。现代水平的生产力是将现代水平的人才包括在内的,并且是决定的因素。所以,人才培养的结果形成并促进生产力的发展。但人才培养是建立在投资的基础上的,如果将人才作为一种产品的话,与其他产品一样,没有前期投入也就没有产出。人才培养作为一种投入是社会总投入的组成部分,由于社会总投入在一定时期是一个限量,其中用于人才培养方面的资金受制于这个限量的影响,社会总投入的限量是受经济发展情况影响的。所以,从总的意义上看,经济发展条件影响着人才培养,进而也影响着德才兼备用人标准的实现。

最后,在应用德才兼备的人才之时,需要充分考虑人的利益需求,用事业留人、用感情留人、用适当待遇留人。人才培养和选拔最终是为了运用,人才的运用不当会使培养和选拔前功尽弃。德才兼备用人标准的实现机制问题,实际上除了包含人才培养和选拔环节之外,更为重要的是如何

---

① 摩尔根:《古代社会》,杨东莼、张栗原、冯汉骥译,生活·读书·新知三联书店 1957 年版,第 77 页。

② 参见郑海峰《中国古代官制研究》,天津人民出版社 2007 年版,第 13—14 页。

使培养和选拔出来的人才最大效用地发挥其作用。人才使用的历史表明,没有对于人才本身的利益关注,没有对人才自身发展的关怀,没有对人情感的关心,就没有办法将人才的功用发挥出来,至少不能充分发挥出来。所以,黄中平指出,学习胡锦涛在建党90周年座谈会上的讲话,应更新思想观念大胆使用人才,"各级党委应加强和完善对党政人才、企业经营管理人才、专业技术人才和社会其他方面人才队伍建设的工作指导,坚持用事业留人、用感情留人、用适当的待遇留人"。①

目前,我国经济的发展条件较以往已经有了巨大变化,国家经济发展总量已经跃居世界第二,并且经济发展的潜力巨大。但是,鉴于我国经济发展的基础、我国人多发展不平衡的现实和我们未来经济社会发展的宏观目标,还必须审慎地对待经济社会的发展,特别是时刻注意为经济发展不断积聚人力资源基础。为此,必须客观地分析经济条件对德才兼备用人标准实现机制的制约性及其原因。

首先,重才轻德。自古以来,我们中国人就非常重视人的思想品德,提出"德成而上,艺成而下",②"太上有立德,其次有立功,其次有立言",③"士有百行,以德为首",④"人之立身,所贵者惟在德行"⑤等至理名言。邓小平也曾说过:"干部不是只要年轻,有业务知识,就能解决问题,还要有好的作风",⑥说明我们党也关注以德为先。然而,在复杂的社会生活中,由于种种原因德与才往往是相互背离、相互割裂,甚至相互排斥。江西省原副省长胡长清,"口谈道德而心存高官,志在巨富",却给人以性格豪爽、胸怀坦荡、热心助人、平易近人的"学者领导"形象。他伪造学历和学位,被几所大学聘为"教授";还以"书法家"自居,经常为南昌市一些商家书写牌匾,从中索取丰厚的"润笔费"。之所以出现重才轻德现象,一是近年来发展经济的影响,由于地方各级政府将发展经济,创造政绩作为官员升迁的条件,致使在使用人才方面重视才,也导致唯才是举。但是,这些有"才"之人有时也会以其才来"创造"政绩,之

---

① 黄中平:《更新思想观念,大胆使用人才》,《人民日报》2011年8月15日。
② 《礼记·乐记》。
③ 《春秋·左传》。
④ 《三国志·魏书》。
⑤ 《贞观政要·教诫太子诸王第十一》。
⑥ 《邓小平文选》,人民出版社1993年版,第146页。

所谓"官出数字,数字出官"。二是就德才衡量指标而言,似乎才更硬些而德更软些,是否有德是人说了算的,是否有才则必须有真凭实据。好像抓住这种硬的,软的自然会来了。从现实现象分析,政绩工程既是重才轻德的结果,又加剧了重才轻德的倾向性。

其次,重应用人才,轻基础人才。应用人才与基础人才的区别源于基础研究与应用研究的区别,美国国立卫生研究院访问学者廖新化曾在《科学新闻》2009年第20期撰文指出基础研究与应用研究的关系,可借以说明应用人才与基础人才的关系。该文指出,基础研究和应用研究的关系,就像根叶和果实的关系。科学发现的历史一再重复着一个事实,许多伟大的发现来自对科学基本问题的追寻,而这些重要问题的解决必然会存在当时不能估量的应用前景。然而,社会生活中存在一种普遍的想法认为,中国目前主要是大力发展经济,基础研究是世界共享的,我们可能跳过基础研究,引入基础研究成果,只要拥有应用研究人才即可实现经济的发展与腾飞。实际上,这个说法是欠推敲的。中国如果在基础研究方面没有原创性的发现,而只是跟踪别人的发现,那么在应用研究方面也必然失去先机。所以,纵然中国在应用研究方面的人才欠缺,但基于基础研究的重要性,更应关注埋头苦干的从事基础研究的人才。当前在德才兼备用人标准实现机制方面,也有重应用研究人才而轻基础研究人才的倾向性,这不仅打击了从事基础研究人才的积极性,助长了学术浮躁;从长期来看,这种做法还可能会影响国家应用性人才的持续供应。

最后,经济发展的不平衡性,影响整体上德才兼备用人标准的实现。从经济条件分析,我国有些地方的经济发展水平已经比较高,可以为德才兼备用人标准提供充足的物质保障。但是,由于我国经济社会发展的不平衡性,各地方之间的差异比较大。东部经济发展远远高于西部,南方的经济条件总体上优于北方。这样,在德才兼备用人标准实现机制的保障条件方面,东部与南部较好,西部与北部稍差。经济发展不平衡的影响是巨大的,一方面,经济发展不平衡直接影响到整体上德才兼备用人标准的落实,制约着用人制度的整体发展和提升;另一方面,经济发展不平衡的直接体现是一部分地区经济十分落后,缺乏人才培养的物质保障,也缺乏培养人才所必须的教育资源,无以培育德才兼备的人才,更无以实现德才兼备用人标准的落实问题。湖南省政府经济研究信息中心唐宇文研究员主持的国家社科基金青年项目"沿海与内地区域经济发展不平衡性测度、趋势及关联机制研究"指出，我国区域之间发展差距的演变是一个长期的历史进程，2030年到21世纪中叶，沿海与内地人均GDP绝对差距逐步停止增长，相对差距缩小势头进一步加强。① 这说明，我国东西部差距的缩小需要一个渐进的过程。纵然，这些年党中央通过转移支付、西部计划等积极举措不断解决西部人才缺口及应用人才所需的资金缺口，但西部经济总体落后的情况不可能短期改变，这也就意味着其在德才兼备用人标准的落实保障方面的形势仍然十分严峻。

（二）政治因素

政治条件与落实德才兼备用人标准有着密切的关联性，主要体现在三个方面。

首先，政治生态环境与政治任务影响到德才兼备用人标准的内涵界定。什么样的环境、什么样的任务需要什么样的人才。从整个人类社会发展历程来看，大的政治环境无非是两种：一是战争，二是和平；从人类社会制度的变迁看，也可以大致分为两大类：一是民主制度，二是专制制度。所以，分析政治生态与政治任务大致可以放在这样两个大的框架下进行。在战争年代，对于人才素养的偏好是重要军事才能，忽视甚至轻视德。如战国时期著名的政治家、军事家吴起，受到了楚悼王的重用，命其主持变法，使楚国迅速强大起来。但他本人是一个品行不好的人，先是死母不葬，继之又为取得鲁穆公的信任，竟"杀妻以求将"。又如，汉初的功臣陈平也是一个智谋超人之士，数出奇计，免刘邦于困厄与危难之中。但陈平的品德令人不敢恭维：平居家时，盗其嫂；事魏不容，亡归楚；归楚不中，又亡归汉，诸将金，金多者得善处，金少者得恶处。和平时期没有严峻的形势逼迫，这也提供了全面考察和使用人才的外围环境。不仅如此，在政党政治时代的和平时期，作为执政党要长期执政和执好政，必须要选用德才兼备的人才以增强其执政的合法性。此时，不仅要全面考察人的才，而且要突出人的德，因为从某种意义上执政党的官德，引领政德和影响社会风气，进而影响国家和社会的稳定。在专制制度下，选用人靠的

---

① 国家社科基金项目优秀成果展示：《沿海与内地区域经济发展不平衡性测试、趋势及关联性机制》，载中国文明网，http://hxd.wenming.cn/kyjjcg/2003-12/15/content_39860.htm。

是血脉出身，所谓"上品无寒门，下品无庶族"。虽然也有形如科举制度一样的道路打开平民入主上品之官的途径，但需要百倍的努力，并且这种取士方法不可能成为社会的主流，也不可能完全公正公平，而学而优则仕不仅不可能培养出真正德才兼备的人才，还可能加剧官本位思想。在民主的政治环境中，选用方式多样化、民主化、科学化成为必然要求，民主的深入发展必然为德才兼备用人标准的落实提供更为有力的政治保障。

其次，政治合法性与干部标准。按照阿尔蒙德的观点，每个政治体系必定要通过各种方式选用部分人员在政治结构中担当精英角色，选用人才的标准和方式是否得到民众认可，直接影响到政治体系本身的认可度。所以，任何执政党都十分重视人才选用问题，特别是党政干部的选用问题。在政党政治时代，"政党是招募精英和培养政治骨干的重要途径。它提供了准备、选择和培养国家各级领导人的重要机制。它像是政府的门卫，控制着个人进入政府的程序。它选拔政治精英，通过多种方式培养组织精英的实际政治能力。在许多情况下，政党为政治家提供了培训的场所，为他们提供从事政治活动所必需的技术、知识和经验以及职业结构"。[1] 政党都非常重视选拔和培养自己的政治精英，马克思主义政党始终把挑选干部作为革命和建设的基本问题之一，因为事业成败，关键在人。选人用人必须坚持一定的标准，选什么样的人、用什么样的人折射出政党的性质和宗旨，执政党通过体现时代要求和民众意愿的选人用人标准选拔使用干部，就从根本上保证了干部的合法性来源。历经革命和建设，执政党的选人用人标准发生了演进，从"四化"标准，到"德才兼备、以德为先"，"把政治上靠得住、工作上有本事、作风上过得硬、人民群众信得过的干部选拔上来"。[2] 选人用人标准在不断发展和丰富，但是始终贯穿着"立党为公、执政为民"的执政价值观，这也是执政党最本质的合法性根源。正是这个价值理念赢得了民众的价值认同，奠定了选人用人合法性的思想基础。因为民众对选人用人标准的认同，归根结底是从执政党的价值理念中获得的。

最后，干部路线与干部政策。干部路线是指执政党选拔干部，任用干

---

[1] 燕继荣：《政治学十五讲》，北京大学出版社2004年版，第178页。
[2] 《中共中央关于加强和改进新形势下党的建设若干重大问题的决定》，人民出版社2009年版，第20页。

部，培养干部的方针政策和方式方法等。毛泽东在《中国共产党在民族战争中的地位》中曾指出过："在这个使用干部的问题上，我们民族历史中从来就有两个对立的路线：一个是'任人唯贤'的路线，一个是'任人唯亲'的路线，前者是正确的路线，后者是不正确的路线。共产党的干部政策，应是以能否坚决地执行党的路线，服从党的纪律，和群众密切联系，有独立的工作能力，积极肯干，不谋私利为标准，这就是'任人唯贤'的路线。"[①] 任人唯贤从根本上改变了选人用人的前提，真实地反映出了共产党人掌权较以往阶级社会的巨大差异。任人唯贤政治路线的确立，为德才兼备用人标准的落实提供了政治前提和政策基础，也正是在这一干部路线之下，我们实施了德才兼备的用人原则。德才兼备是指提拔干部的两个条件：一是政治立场的坚定，不是投机家，不是空头革命家。二是工作的能力。而后，我国的干部路线和干部政策不断与时俱进，针对不同时期的时代任务和民众要求作出新的表述，但任人唯贤的本质没有改变，德才兼备的原则要求也没有改变。十一届三中全会后，针对党和国家干部队伍不能适应社会主义现代化建设需要的实际情况，我党提出了"革命化、年轻化、知识化、专业化"的"四化"方针。进入新世纪，根据党和国家对干部工作的新要求，我党又提出了"努力推进干部工作科学化、民主化、制度化"的主张，确立了新时期党的干部路线。针对新时期的新任务，我们党一再强调贯彻德才兼备、以德为先的原则，选用靠得住、有本事的人来引领民众推进社会主义伟大事业。

目前政治条件对于德才兼备用人标准实现机制的制约性，突出地体现在如下几个问题与挑战方面。

首先，政治生态环境存在的问题与挑战。当前，我国政治生态总体上是健康的，干部队伍的主流是积极向上的。但是，政治生态中不文明甚至反生态现象也是不容忽视的问题。王金山认为，这些不文明甚至反生态现象包括不思进取的"懒惰症"、嫉贤妒能的"红眼症"、形式主义的"虚假症"、官僚主义的"扯皮症"、铺张浪费的"奢侈症"、违法乱纪的"腐败症"等。黄明哲则更为具体地总结了地方政治生态环境被污染的十种情况：一是地方主义、山头主义，对中央政策阳奉阴违；二是庸俗之风；三

---

① 《毛泽东选集》第2卷，人民出版社1991年版，第527页。

是媚俗之风；四是吹捧之风；五是虚假之风；六是拖拉扯皮之风；七是奢侈之风；八是"潜规则"大行其道；九是决策随心所欲；十是腐败前仆后继。他认为，封建残余及官本位的影响，民主发扬不够，一些地方领导干部价值判断发生偏差以及体制机制供给不足，监督约束的力度不够是导致如上十风盛行的原因所在。应当承认，政治生态中出现的这些负面现象有很强的感染性，会影响到政治生活的各个层面，尤其是人事制度层面，自然也成为制约德才兼备用人标准落实的重要因素。同时，当前政治生态环境的一个突出体现是信息化和网络化的发展，网络民意渐渐成为一种不可小觑的政治力量。网络民意是以"网络愤青"为代表的广大网民的舆论，在我国经历了一个从被地方政府官员忽视甚至加以屏蔽，到被各级政府重视，并且中央政府加以肯定的过程。[①] 网络可以通过传递政治信息使政治系统正常运行，为政治决策营造良好的社会心理氛围，以调动社会成员的注意力集中于国家发展目标上，但是虚拟主体条件下缺乏自律精神，也可以造就网络暴政，影响正常的政治生活，包括德才兼备用人标准的落实问题。

其次，政治合法性方面存在的问题与挑战。在选人用人方面的合法性是否合乎民意、为广大民众认可体现在三个方面：一是选用人的方式方法是否得到民众认可，二是选用之人是否具有德才素养，三是具有德才素养的人是否能充分发挥自己的作用。但是，在现实中，德才兼备的人才产生受到选用人才方式方面问题的制约，主要体现在四个方面：第一是以任命制干扰选举制。长期以来，执政党在选人用人上有两种基本制度形式：一种是任命制，另一种是选举制。按党章规定，任命制是对选举制的一种补充，任命干部不能干扰选举制，不能以这样或那样的理由频繁"调动或者指派"地方的主要负责人。但目前"调动或者指派"的情况，还并不鲜见。第二是以"一把手"体制干部集体领导制度。在"党管干部"、"党管人才"的幌子下，"一把手"在选人用人上权力过大，使坚持集体领导流

[①] 参见王金山《加强政治生态建设培育风清气正环境》，《领导文萃》2009年第9期；黄明哲《关于进一步优化地方政治生态环境的思考》，《学习论坛》2011年第3期；顾宁《网络政治：虚拟空间里的绝对民主——从"网络愤青"现象看网络舆论对政治的影响》，《理论界》2006年第3期；张爱民、骆建新、李天全《网络社会中网络的政治功能以及网络对政治文化传播的影响》，《廊坊日报》2009年2月17日；熊光清《谨防网络暴政》，《浙江人大》2011年第6期。

于形式。虽然有些地方也在推行"票决制",但"一把手"仍可以通过"个别酝酿"以及事实上存在的"引导"权发挥重要作用。第三是选举制与任命制界限不清。本应该通过竞争性选拔而上岗的政务类干部,却继续沿用任命制,由上级直接任命或形式上走走选举程序。本应该采用任命制来等级授职的业务类干部,却要像政务类干部那样去参加选举。结果该选的不选,该任命的选举,就易于产生混乱。第四是借助扩大民主之名,行个人主义之实。有些地方扩大了干部人才产生的参与主体,只不过是有选择地扩大,比如单位内部的民主推荐经常都是特定级别的人参与,而有权参与的人又往往囿于各种利益关系、人际关系的制约,导致投票结果反映的是利益关系而非被选举人的素质。如上情况的存在制约了德才兼备的人才的产生,自然也影响到德才兼备用人标准的落实。

最后,干部路线与干部政策方面的问题。在社会主义国家要建立正确的干部路线至少需要三个条件:一是选拔干部要依靠群众,二是要在实践中选拔干部,三是要把具有社会主义的世界观放在第一位。贯彻和落实好这三个条件,自然有利于造就和使用好德才兼备的干部。但是,目前我们在这方面存在一些问题:其一是在干部选拔过程中民主发挥不充分,任命制比较普遍,并且存在个人说了算的情况;其二是在选用干部过程中重学历而轻实践的现象不容忽视,存在大批"三门"干部,缺乏实践经验;其三是对于干部的理想信念考察有待完善,重视干部的能力建设,但在实践中还不能完全避免"不信马列信鬼神"的干部的产生。这种情况一者是由于选拔方式没有创新,二者是由于对干部路线理解出现偏差,任人唯贤之"贤"本身不仅包含了"才",也包含了"德",三者是由于"以德为先"贯彻不利,干部标准中对于理想信念的规定与考察缺乏有效的方法。在干部政策方面,早在1938年陈云就曾将干部政策细化为四个方面:了解人、气量大、用得好、爱护人。同时指出"我们在干部政策方面的毛病:首先在了解人方面,第一种毛病是用一只眼睛看人,只看人家一面,不看全面,不能面面都看到;第二种毛病是只看到这个人今天干了什么,没有看到他以前干些什么,只看到他本领的高低,没有看到他本质的好坏"。[1] 可见,"选贤任能"中"贤"、"能"是用人的客观标准,而"选"和"任"

---

[1] 参见《陈云文选》第1卷,人民出版社2007年版,第110页。

则是领导者主观上对人才采取的行动和态度,更为关键。现在看来,问题不仅仅出在客观标准方面,更在于主观态度和方法方面。如果不在选拔理念和选拔方式方面进行变革和创新,所谓德才兼备标准的落实就会成为一句空话。

(三) 文化因素

文化条件与落实德才兼备用人标准有着密切的关联性,当前影响我国政治社会,进而影响用人标准贯彻落实的文化形态主要有三种:中国传统文化、西方外来文化和中国特色社会主义文化,特别是三种文化中内含的相关政治文化。

首先,中国传统文化的影响。传统文化中有优秀的成分和丰富的用人思想,如在人才识别方面,提倡民众参与如:"左右皆曰贤,未可也。国人皆曰贤,然后察之;见贤焉,然后用之。"① 在人才任用方面,强调发挥人才的长处,"……又人才有长短,不必兼通,舍短取长,然后为美"。② 但整体看来,中国的传统社会是一个高度集中的封建行政权力支配的社会,长期的封建专制统治造成政治文化观两极价值取向,即权势者的专制性价值取向和民众臣服性价值取向,由此导致了中国封建政治运作过程中几乎没有任何大众参与的传统。新中国虽然结束了旧的社会制度,但"旧社会灭亡的时候,它的尸体是不能装进棺材、埋入坟墓的。它在我们中间腐烂发臭并且毒害我们"。③ 这种毒害体现为三个方面:其一是官本位思想。"所谓'官本位',就是'以官为本',一切为了做官,有了官位,就什么东西都有了。"④ 专制性价值取向成就了做官的好处,这种好处一旦化为民众的认知就自然形成官本位,甚至为了做官而无所不用其极,这自然会影响到德才兼备用人标准的贯彻落实。其二是等级观念。封建社会是名副其实的"家天下",在家国同构的形态下,家长制的体现尤其突出。家长制在政治层面体现为重血缘观念和等级观念,由此可能产生的思想是"任人唯亲"和徇情枉法。其三好人主义。好人主义本质上是源于私有制基础上的个人主义,在政治生活中体现为明哲保身的中庸之道,守分安命

---

① 《十三经·孟子·梁惠王章句下》,广东教育出版社 1995 年版,第 9 页。
② 《贞观政要·求谏第四》,上海古籍出版社 1978 年版,第 46 页。
③ 《列宁全集》第 34 卷,人民出版社 1992 年版,第 380 页。
④ 《论党的建设》,中共中央文献出版社 2001 年版,第 447 页。

的宿命论思想，委曲求全的处世哲学等。除此之外，传统文化中重传统轻变革，重权威而轻民主，重秩序而轻进取，重家族而轻个人的思想也影响到政治社会的变革，包括人才选用制度的变革。

其次，西方外来文化的影响。在两大社会制度并存的时代，中西意识形态的冲突最为突出的是文化方面的侵扰与反侵扰。冷战结束后，西方国家的"反共主义"和"和平演变"一直是试图"促进中国的自由化"的手段。西方国家深知，文化"软力量"的独特功能：早在 1938 年美国国务院美洲司的理查德·帕蒂就对美国政府献策："政治渗透带有强制接受的烙印，经济渗透被谴责为自私和强制，只有文化合作才意味着思想交流和无拘无束。"[1] 可见，西方的文化输出实际上也是为了输出其政治价值，而这种政治价值的输出又是建立在影响、改变中国政治制度和政治体制的基础上的。随着全球化的发展，文化交流层次不断推进，西方物质文化的吸收已经本土化、西方制度文化的移植呼之欲出、中西方价值观的融合初露端倪。西方发达国家，拥有强大的经济、科技实力，拥有强大的信息手段和信息资源，借助于此，西方国家开始输出其政治文化，比如西方民主观念、所谓普世价值等。尤其是伴随经济交往的深入发展，各种文化交流已经潜伏在经济交流之中，成为一防不胜防的附带品，无孔不入地渗透到日常生活包括政治生活中来。无论是物质文化层面，还是在制度抑或精神文化层面都是如此。比如语言上外来词汇越来越多、互联网络跨国沟通的发展、西方洋快餐的风行、中西跨国婚姻的遍地开花。面对于此，纵使强调中国传统政治文化具有超越时间特性的同时也看到西方文化对中国文化的变革作用："西方文化一开始就撼动了中国文化的根本。百余年来，不但中国的社会结构、经济形态、政治制度都发生了基本的转变，而且思想和语言也早已非复旧观。"[2] 可见，西方文化对于中国政治的影响是巨大的，也是无以规避的，西方文化重功绩，崇尚竞争的"英雄崇拜"，也影响到我们今天选人用人重知识、才能与业绩的做法。

最后，中国特色社会主义文化的影响。中国特色社会主义文化是中国

---

[1] Rrank A. Ninkovieh, *The Diplomacy of Ideas: U. S. Foreign Policy and Cultural Relations*, New York 1998, p. 27.
[2] 余英时：《试论中国文化的重建问题》，《中国思想传统的现代诠释》，江苏人民出版社 1998 年版，第 58 页。

特色社会主义事业的组成部分，是马克思主义与中国现实结合的产物，是引导中国前进的精力动力和重要支撑。中国特色社会主义文化是以中国特色社会主义的经济、政治为根据和内容的，反过来又给予中国特色社会主义的经济、政治以重要的影响和作用。我们现在建设和发展中国特色社会主义，最终目的是实现共产主义。我国的文化建设要把先进性的要求和广泛性的要求结合起来，既要提倡共产主义的思想观念和道德情操，又要反映中国特色社会主义经济、政治的基本特征和我国社会主义初级阶段的经济和政治发展的根本要求。中国特色社会主义文化建设的目标是培育"四有"公民。邓小平指出："搞社会主义精神文明，主要是使我们的各族人民都成为有理想、讲道德、有文化、守纪律的人民。"[①] 培养社会主义的"四有"新人，不仅是我国精神文明建设的中心任务，也是我国文化建设的根本目标，这一目标涉及德与才的两大指标体系。不仅如此，中国特色社会主义文化建设的正确方向，既面向现代化、面向世界、面向未来的，民族的、科学的、大众的文化，也影响到我们各个领域培养人才的政治定位问题。由于文化建设和文化教育的对象是人，所以中国特色社会主义文化所坚持的"二为"原则和"双百"方针，最终是对人的要求，对人的德与才的要求。中国特色社会主义文化的良性发展，自然会为德才兼备用人标准的实现提供强力支撑。

从对德才兼备用人标准实现机制的制约性视角来审视我国社会中存在的文化，是抽象掉了各种文化的正面作用之后的一种判定，这并不否认各种文化在当前社会中都存在一定的积极作用。目前文化条件制约德才兼备用人标准实现的体现主要有如下几点。

首先，裙带思想和圈子观念。时下，社会领域流传着这样的话："进了班子没进圈子等于没进班子；进了圈子没进班子等于进了班子；进了班子又进了圈子那是班子里的班子。"这句话鲜明地指出了政治生活中存在的一种不良现象——小圈子思想和做法。理解这句话的关键在于理解班子与圈子的不同：班子是正式组织，是指一个单位、一个部门的领导层、决策层，班子是公开的、有组织的、法规认可的；圈子是非正式组织，是基于某方面原因而结成的利益与共的小团体，是隐形的、地下的、不可测

---

① 《邓小平文选》第2卷，人民出版社1994年版，第163页。

的。但在现实政治生活中，圈子的魔力在于渗透于班子中并左右班子的决策。比如在干部的使用上要求德才兼备，而圈子的魔力可以反其道而行之，因为有人已经进入某一圈子，成为"谁谁谁的人"，即使无德无才也可得到重用。否则，德才兼备也无用武之地。这就是政治生活中的逆淘汰现象。小圈子思想实际上是封建裙带思想在新时期的变种，这些圈子可以根据不同的标准进行分类。常见的圈子有：一是血缘姻缘圈子，这是基于血脉相连而产生的圈子，这种圈子早为政治生活所意识并采取一些措施如不在同一部门任职等予以规避。但是，也有一些变种，如所谓"萝卜招聘"中你招我的儿子，我招你的女儿。二是同学地缘圈子或老乡圈子，这是基于共同生活区域而产生的圈子，这种圈子有时也受到血缘姻缘关系的影响和冲击，可以说是前者的拓展。三是学缘圈子，如同学、上下级校友、共同参与过相关培训等，基于有相同或相似的学习经历而惺惺相惜。四是娱乐圈子，因为共同的爱好，经常共同活动于八小时工作之外，从而构成了娱乐圈子。政治生活中存在相当一部分干部，他们之所以沦落为声色犬马之徒或犯下违规抗法之罪，就是因为进入这样的圈子。入圈子的原因不外乎两个：一是为了更好地发展，大树底下好乘凉；二是为了驱灾避祸，认为法不责众，天塌下来有别人顶着。

其次，重实绩的思维和做法。目前我们选用人才重实绩，强调通过实绩看德才，根据德才用干部。但通过实绩看德才需要对实绩进行分析，只有正确分析实绩，才能真正达到通过实绩看德才的目标。实际上，我们目前存在的重实绩的思维和做法，一方面是我们传统上强调实践是检验真理的唯一标准的必然产物，另一方面也是西方功利主义或重功绩思想在中国的反映。无论是对于实践检验标准还是对西方的重功绩思想，都应当实事求是地加以分析。实践是检验真理的标准，其前提是真实的实践，为民众认可的实践。如果一个人为了追求所谓政绩，不惜牺牲公众的利益、长远的利益，甚至不惜通过造假的手法给 GDP 注水，纵然能提供比较可人的数字，也不能因"数字"而升官，因为从道德层面他已经走到了德才兼备的另一面，更不能说是以德为先了。同样，我们辩证地看待西方的重功绩思想，也离不开对功绩的分析，包括功绩中内含成本与收益关系、个人与集体关系、近期与长远关系、显绩与潜绩的关系等。如果在吸纳西方重功绩的思想时，不实事求是地对功绩进行全面分析，反而吸纳了其功利主义中的享乐思想、自私自利思想，借鉴西方政治文明就成为一句空话。

最后，好人主义。好人主义对于落实德才兼备用人标准的影响主要体现为两个大的方面：其一是视"老好人"为德才兼备之人。老好人本来是指那些脾气随和、为人厚道的人。可是，要是把信奉好人主义的人也当作老好人就不对了。因为以好人主义作为行事理念的人不分是非，不明真伪，讲关系不讲规矩，讲面子不讲真理，讲私情不讲党性；对违背马克思主义、党的路线方针政策的错误言行不抵制、不斗争；对出现的一些倾向性、苗头性问题，该提醒的不提醒，该批评的不批评，该制止的不制止，息事宁人，回避和掩盖矛盾。其二是以"老好人"的方式选用人才。在干部选拔任用工作中，有的干部不是把主要精力用在为人民办实事上，而是放在拉关系、争选票上，而有些参与选拔的人奉行好人主义，存在简单以票取人的倾向。面对此种情况，上级对下级宠着、惯着，下级对上级捧着、抬着，同级之间包着、护着，仍然以好人主义对待好人主义，致使群众违纪增多，问题始终难以得到及时解决。实际上，奉行好人主义的人算不上好人，他们高举的好人主义旗帜实质是自由主义和个人主义之旗，并不是为公为民的旗帜。有人用三个词语十分准确形象地来定位好人主义：脑瓜圆、骨头软、私心重。脑瓜圆是说他们比较圆滑，不从真理出发；骨头软是指没有原则，不敢冒犯别人；私心重是指他们围绕自身利益，不考虑集体的、国家的和人民的利益。很明显，好人主义既无益于选用德才兼备的人才，也无益于德才兼备的人才充分发挥其作用。

总之，影响德才兼备用人标准实现机制的现实困境是多方面的，认识领域中对于德才及二者关系方面的误区，是最深层的制约因素；政治、经济、文化的发展状况，是影响德才兼备用人标准实现的保障条件；德才兼备用人标准的配套制度则是影响这一标准落实的根本。推进德才兼备用人标准的落实，不仅要不断完善保障条件，改变传统思想认识方面的错误，还必须从制度着手，通过完善制度、使制度配套起来并执行好。

第九章
创新德才兼备用人标准实现机制的策略

创新德才兼备用人标准实现机制既要针对当前在德才兼备用人标准方面的认识误区，也要针对我们事业发展对于德才兼备的现实要求。总结我们以上章节对于德才兼备认识方面存在的问题，结合当前我们事业发展的具体情况，创新德才兼备用人标准首先要解决的仍然是思想认识问题，尤其是对于官德的认识问题。其次在此基础上，如何对干部进行合理的分类分层，并针对类别与层级构建德才标准体系，如何从体制机制创新的视角来推进德才兼备的落实也是需要正视和必须解决的大问题。

一、完善官德评判体系，防止官德评判剑走偏锋

官德是官员道德的简称，官德评判是对官员道德的评判。道德是个大的伦理学和社会学范畴，社会的不同行业都有其必须遵循的道德，即职业道德。官德是公务领域工作的人员必须遵循的职业道德，也是政治人的角色道德。党的十七届四中全会首次提出的"从政治品质和道德品行等方面完善领导干部德的评价标准"，表明官德至少包括政治品质和道德品行两大部分：前者基于官员特殊的政治职业角色，后者基于官员普通的社会个体角色。官德评判应包括对这两块的综合评判，尤其是对前者的评判。但有些地方剑走偏锋，过分地强调后者，忽视甚至漠视前者。

（一）官德评判剑走偏锋现象的生成原因

2010年，各地在官德评判中新举频出，很多地方将官员的道德品行作为重要内容加以考评。比如四川省郫县县委组织部制定出台了《郫县干部"三圈联考联评"实施办法》，增加了对其8小时之外生活圈的考评，干部

的品德表现、居家表现、邻里关系以及生活作风都成为考核内容；江苏省沭阳县对 96 名乡科级"一把手"进行年终考核时，首次将"忠于配偶"等个人品德情况列入其中；邵阳县规定干部提拔公示期间，家长和配偶要分别介绍其家庭道德表现情况，出具家庭道德鉴定书等。各地之所以如此关注官员的道德品行，有以下两点原因。

1. 官德评判剑走偏锋的时代因素

官德评判应当包括官员本身的道德品质方面，因为官员本身是一体的，不可能将对其道德品质的评判与其政治品性的评判截然分开。目前我国一些地方官员道德沦落的现实，是导致官德评判侧重于官员的道德品质的时代因素。

其一是对官德滑坡原因的误判。目前，我国官员腐败问题多与道德品质有关，有调查发现，官员腐败 60% 以上跟"包二奶"有关系，被查处的贪官中，95% 的人有"情妇"。官员的道德品质问题，确实已经成为民众街头巷尾或饭后谈资的焦点。作为执政党，关注和解决民众所关心的问题，是提升执政合法性的必然要求。但是，全面分析官德滑坡的原因，绝对不能仅仅局限于官员自身道德素养下降，还应当关注环境变化所带来的挑战。随着市场经济和改革开放的深入发展，中国的社会环境发生了很大变化，社会中确实涌现出一部分人以追求灯红酒绿、纸醉金迷的奢侈生活为目标。社会大环境的变化也影响到政治精英阶层。面对部分官员率先"下水"反拉自身"下水"的压力，面对部分官员"下水"无害，不降反升的怪相，面对求自己办事者的步步引诱等原因，部分官员道德沦落也呈现"前仆后继"，政治品质也与日俱下。所以，官德滑坡不仅仅是个道德问题，还是个政治问题和社会问题。如果单纯从整饬官员道德品行着眼，不仅难以解决这一政治问题，更难解决这一大的社会问题。

其二是对官德评判政策的误读。我党历来强调官德建设，特别是针对当前官德建设现状，突出强调了加强官员道德品质方面的建设问题。但是，应当看到的是，我党和国家领导人在强调官德建设时并没有以偏赅全，在强调重点工作的同时，并没有淡化基础工作。习近平同志曾经指出过："干部德的标准应当包括干部的政治品德标准、职业道德标准、家庭美德标准和社会公德标准。"很明确，习近平同志指出的前两项指标，是结合干部的特殊职业、特殊角色而言的，是体现官员之所谓官员特色的特殊要求；后两者是前两者的基础，但是后两者是人之为人都需要遵循的，作为官员也是人，自然也要遵循，但毕竟是从一般意义上讲的。把家庭美德纳入干部道德考察范围，是因为现阶段官德建设中一个突出的问题是，官员对家庭不负责任的情况比较多。但是，不能把当前的阶段性任务当成官德评判的重点，与官员的政治品质如对党、对国家、对人民的忠诚相比，道德品行只能是从属性的。当个人利益与国家利益、民众利益相冲突时，官员的道德选择只能是"国而忘记家，公而忘记私"。

2. 官德评判剑走偏锋的思维因素

官德评判关注其道德品质方面，还源于思维逻辑方面对官员道德品质与其政治品性的关系，软性监督与硬性监督关系的一般认识和理解。这两种思维逻辑从某种意义上对官德评判的倾向性产生一定的误导作用。

其一，基于官员的道德品质与政治品性的相关性。一方面，官员道德品质的重要方面是其生活作风，它是官员的思想意识、精神境界、道德品行在日常生活中的反映，是一个人世界观的重要体现。它不仅关系到党在人民群众中的形象，也关系到党的凝聚力、号召力和战斗力。官员政治品质的重要方面是工作作风，它是我们党在领导人民进行革命和建设的实际工作中所坚持的观点、原则、方法和态度，它是官员的生活作风在工作领域的延伸和体现。一般而言，一个在生活方面奢侈腐化、声色犬马的人，很难在工作中将民众疾苦放在首位。同时，官员的职业道德与其家庭美德密切相关，"家德"折射"官德"。古人常说，"一屋不扫，何以扫天下"，"一家不治，何以治国"？老一辈革命家也关注治国与治家的关系，不论是周恩来总理的"十条家规"，还是杨业功的"三不许"家风，都说明一个对小家不负责的人，很难做到对国家负责。并且，官员的道德品质还不是其自身的事情，还影响到官员群体形象问题，影响到政治环境问题，影响到执政合法性问题。但是，另一方面是道德品质与其政治品性毕竟不同，前者存在于"私域"，后者则存在于"公域"；后者可以用公权力加以限制与规划，前者过多用公权加以规约则有些公权侵犯"私域"之嫌。

其二，基于硬性监督与软性监督的相关性。所谓硬性监督就是有明确监督主体、监督对象、监督程序、监督规范的缺乏监督弹性的监督，如来自上级的监督、纪委的监督等；所谓软性监督是与硬性监督对比而言的，虽然也有监督主体、监督对象等要件，但相对硬性监督而言这些要件不明晰，监督呈现软性特点，如舆论监督、群众监督等。官德评判可以纳入监督的范畴之中，根据监督的内容也可以分为硬性监督与软性监督两种形式。在目前对官员的考评中，八小时以内的监督是正式的、硬性的，有专门的监督机构与监督机制；八小时以外的监督则是软性的，监督主体虽多但并不专业。为了加强八小时之外的监督，将评判内容延伸到官员的家庭生活，以便让其在缺乏组织监督的八小时以外，能做到堂堂正正做官、干干净净做事。毋庸置疑，这种用意是好的，但好的用意不一定就是科学的。一方面，不可能将所有的软性监督转化为硬性监督，健全各个领域的监督法规和监督程序；另一方面，软性监督有相通性、普遍性，允许、培植和发展软性监督，更易使监督成为一种无处不在的力量。所以，对于官德评判，适用于硬性监督的就是针对其政治品性，对于官员的道德品质方面，更宜运用软性监督，动用社会道德评判而不是官德评判。

（二）官德评判剑走偏锋现象的实质分析

官德评判中过分关注官员的道德品行，而忽视其政治品质的做法，是没有正确分析官德，在实践中犯了以偏赅全、舍本逐末的错误。有效规避官德评判中这种剑走偏锋的现象，必须着眼于官德之于道德的特殊性，从官德的本质特征出发，正确认识官德的特定内涵、基本要求和原则定位。

1. 官德评判剑走偏锋的实质

在官德评判中剑走偏锋，实际上就是置评判客体的角色于不顾，结果使官德评判缺乏针对性。官德应引领民德发展，以评判民德的标准来评判官德转移了官德评判的焦点，实际上也降低了官德的标准，其错误实质体现在以下两方面。

其一是犯了以偏赅全的错误。官德评判的前提是全面认识官德，尤其是全面揭示官德的丰富内涵。官德与道德所体现的是哲学意义上一般与特殊的关系：一般寓于特殊之中，特殊除了具有一般的特征之外，其内涵更为丰富和具体。所以，官德作为道德的一种特殊体现，是道德在官场这一特定领域的体现，是官员特定政治角色下应尽的道德义务或作的道德选择。它既包含了官员作为普通人应具备的道德品行，也包含其特定职业所赋予它的特定内涵。诚如上面所言，官德的内涵至少包括其作为普通人应当具备的道德品行，其作为官员特殊职业应当具备的政治品质两方面。官德评判应当坚持两点论：既要强调其官员的道德品行（这一点决定了官员也是人而且首先是人），又要强调其政治品质（这一点决定了官员之为官员）。道德品行是政治品质的基础，但是道德品行不能代替政治品质。在官德评判过程中，如果片面强调官员的生活作风、家庭孝悌等道德品行，而忽视、轻视甚至漠视其政治品质，就犯了以偏赅全的错误。

其二是犯了舍本逐末的错误。官德内涵既然包括不可或缺的两大方面，就应辩证地看待这两方面。辩证地看待这两方面，不仅要认识到这两方面内涵不能相互替代，而且应当认识到从不同的视角着眼两者的关系不尽相同。一方面，从一般意义上分析，官员的道德品行是其政治品质的前提和基础。因为官员也是人，而且首先是人，然后才是官员。为官先做人，不会做人，就不会做官，不会做好人，难以成好官。但是，另一方面是，官德所指的是"官员"道德，其政治角色的定位才真正体现其道德的特性与本质。从这个意义上讲，政治品质是官德的重要标志和更高要求，舍此就不能称为"官"德。与此相联系的是，官德评判是对"官员"道德的评判。如果在评判进程中仅仅抓住或者主要抓住其道德品行，而忽视其政治品质这一特殊要求，将官德评判等同于人品评判，人为地降低了官德评判的要求，不仅做不到全面评判，甚至有违背"官"德评判的本义，有些舍本逐末。

2. 对于官德的现实定位

只有正确理解官德之于道德的特定内涵，才能正确界定官德的基本要求和目标指向。官德不同于一般道德的突出特点在于其政治性、廉洁性与务实性。这一点在西方公务员道德要求方面给予我们许多启示。推进官德评判，我们也应当加强对这三个方面的关注。

其一，正确规约官德的特定内涵——政治性。官德修养绝非个人的私事、小事。它与党和政府的道德形象密切相关，在一定程度上代表了党和政府的道德，代表社会较高层次的道德要求，对民德具有示范和引领作用。正如孔子所言："上好礼，则民莫敢不敬；上好义，则民莫敢不服；上好信，则民莫敢不用情。"[1] 虽然，今天的公职人员与孔子时代的"上"在本质上有所不同，但其作为"官"的角色有着一致性。因此，官德带有

---

[1] 李天辰：《论语汉英对照读本》，山东大学出版社1991年版，第194页。

明显的政治性色彩,这种不同于一般道德的特殊之处,在古代和西方都得到关注,如古代的《忠经》和西方的《论忠》都强调了忠诚问题。明确官德不同于一般道德有利于将官员的政治品质与道德品行加以区分,突出官德评判中对官员政治品质的关注。所以,"在考核内容上,应把政治品德、职业道德作为重中之重,辅之对社会公德、家庭美德的考核"。① 结合社会主义性质、党的性质和国家的性质,当前我国官德的特定内涵就是政治性,体现为官德必须立足于为党、为民,中组部印发的《关于加强对干部德的考核意见》明确强调,要以对党忠诚、服务人民、廉洁自律为重点,加强对干部政治品质和道德品行的考核,原因就在于此。首先,作为共产党执政下的官员,无论是否为共产党员,其官德应先体现为立足于维护党的执政地位和忠于党的事业。忠于党一定要在关键时刻、重要事件中以一个共产党员的身份严格要求自己,特别是当自身利益与党的利益发生冲突的时候,以个人利益服从党的利益,以党性规约私利,以凸显其官德的政治性。其次,作为人民的公仆,官员要忠于人民的利益,服务于人民。在处理自身与民众关系时,应做到权为民用、情为民系、利为民谋。要正确运用民众授予的公共权力,不能公权利用;要珍视与民众的感情,做到心无百姓莫为官;要将民众的利益放在自身利益之上,不与民争利。另外,还要注意干部队伍的团结,力避好人主义,坚决不用群众观念淡漠、对人民群众没有感情的人。

其二,正确界定官德的基本要求——廉洁性。官员之所谓官员,就是因为他们手中掌握着权力。"权力导致腐败,绝对权力导致绝对腐败"。② 美国著名政治学家乔·萨托利认为,"事实上不受足够的制衡性权力反对的权力,是绝对权力"。③ 为了避免滥用权力和权力腐败,就需要防止绝对权力。古往今来,治理者靠两个方面监控权力:一是法律,二是道德。加强官德建设的基本要求是廉洁用权,保证权力指向的为民性。这一点非常具有现实意义。因为根据透明国际对国家清廉指数的排名,近年来我国的清廉指数一直在70—80位徘徊。并且随着市场经济的深入发展,有些官员确实淡忘了党的宗旨,对人民利益漠不关心,甚至把人民交给的权力当成

---

① 黄秀川:《加强考核评价提升干部政德》,《中国组织人事报》2012年2月13日。
② [英]阿克顿:《自由与权力》,侯健、范亚峰译,商务印书馆2001年版,第342页。
③ [美]乔·萨托利:《民主新论》,冯克利、阎克文译,东方出版社1993年版,第196页。

谋取私利的工具；有些官员不顾大局，为了一己私利或小团体的利益不惜牺牲党和人民的利益；有些官员把"捞权"、"捞钱"作为奋斗目标，进行权钱交易，跑官、买官、卖官、保官等。追究这些人犯错的原因，除了法制建设没有跟上市场经济发展步伐之外，还在于官德建设方面疏忽了对官员的教育，特别是疏忽了对官员权力观的教育，致使他们没有正视权力的公共性，没有做到廉洁用权。中组部印发的《关于加强对干部德的考核意见》曾指出干部选用中的"五个坚持不用"，① 其中之一就是坚持不用品质不好、为政不廉的人，足以说明官德中廉洁所占的分量。2011年11月出台的《公务员职业道德培训大纲》，将职业道德作为公务员选拔任用的重要标准，培训的基础知识包括中国古代如何加强"官德"修养等十方面内容和公正廉洁等四个专题，也说明了我们越来越关注廉洁性在官德建设中的重要性。

其三，正确对待官德的原则定位——务实性。官德原则定位的务实性，主要是结合官员的工作关系而言的，就是要做事、做实事、做成事、做好事、多做事。官员手中有权，官员做事的过程实际上就是正确运用手中权力的过程。而权力具有双重性的特点，用好权力可以成事，用不好则可以坏事。能否成事，关键是权力运用过程中是否遵循务实原则。20世纪50年代我国之所以出现了浮夸风，之所以出现反右斗争扩大化，之所以能轰轰烈烈地搞起"大跃进"和人民公社运动，进而引发了"文化大革命"，一个重要原因就是违背了务实性原则。目前，有些地方官员好大喜功、哗众取宠、沽名钓誉，热衷劳民伤财的"政绩工程"、"形象工程"和"面子工程"。为了追求特定时期的个人利益，特别是个人的政治利益而不惜为GDP注水，同样也违背了官德的务实性。老百姓的眼睛是雪亮的，他们的生活和切身体会会告诉他们一个事实，即当地官员是否合格，而这种评判的一个重要依据就是官员是否为GDP注水。中组部印发的《关于加强对干部德的考核意见》强调注重选拔自觉贯彻落实科学发展观、善于推动科学发展的干部，注重选拔坚持原则、敢于负责的干部，注重选拔求真务实、真抓实干的干部，体现了对官德务实性的考量。务实的官德主要体现

---

① 五个坚决不用：坚决不用政治上不强、贯彻落实科学发展观不力的人，坚决不用品质不好、为政不廉的人，坚决不用群众观念淡漠、对人民群众没有感情的人，坚决不用作风不正、热衷做表面文章和搞形式主义的人，坚决不用不坚持原则、奉行好人主义和严重闹不团结的人。

在官员在处理自己的工作关系时,要以执政为民为归宿,做到为政、勤政、廉政、优政,尤其是要敢于坚持原则,坚决规避做表面文章和各种各样的形式主义。为此,要避免不作为现象,真心投入公务活动中;要勤奋工作,不可慵懒或玩忽职守;要清正廉洁、艰苦朴素,不可假公济私、挥霍浪费;要向先进看齐,勇于创先争优。

(三) 完善官德评判机制

避免官德评判剑走偏锋就是要着眼于官德的政治性,不能纠缠于官员个体生活碎事和家庭琐事;着眼于官德的廉洁性,将是否运用公共权力,作为官德评判进程中必须考量的重要因素;着眼于官德的务实性,将是否有效运用公共权力,是否做出成效作为官德评判的重要视点。同时,防止忽视官德之中的政治品质,并非忽视其道德品行。推进官德评判应建立政治品质与道德品行并重,以政治品质优先的导向机制。为此,必须完善官德评判体系,优化官德评判队伍结构和创新官德评判手段。

1. 完善官德评判体系

官德评判的首要条件是有评判标准。标准犹如一把尺子,是用来测量官德的重要凭借。标准作为尺子的特征有二:一是客观性,二是量化性。前者决定了它不因针对对象的改变而改变,后者说明通过发挥尺子的作用能够使评判对象之间相互比较。健全的官德评判体系应具有评判内容的涵盖性、评判标准的针对性与评判体系的科学性三方面特点。

第一,评判内容的涵盖性。涵盖即包容覆盖,评判内容的涵盖性是指评判内容的内含与外延所囊括的所有事项。官德评判内容的涵盖性主要体现在四个大的方面,即人格之德、职业之德、权力之德、党性之德。其一是人格之德。人格是指人与其他动物相区别的内在规定性,是做人的资格、尊严和品格的总和。人格道德是安身立命的根本,也是做官的根本。没有良好的人格道德,就不会有良好的政治道德。干部的人格之德,是其良好形象的内在基础和非权力影响力的主要来源。干部具备的人格道德主要有:对己要严格要求,为人要正直诚实,待人要忠实信义,处事要公道正义。其二是职业之德。职业道德是同人们的职业活动紧密联系的符合职业特点所要求的道德准则、道德情操与道德品质的总和。干部职业的特殊性决定其官德具有权威性与示范性,对其他行业道德影响至深。干部具备的职业道德主要有：观念上以民为本，求真务实；纪律上坚持原则，廉洁奉公；作风上联系群众，发扬民主；技能上力求精通，注重效率。其三是权力之德。权力道德是为官者在行使权力的过程中所表现出来的，融洽权力主体与权力对象之间关系的道德意识、道德规范、道德行为的总和，是他们对人民群众关于权力运行的要求与期望的内化与实践。干部权力道德的核心是树立为人民服务的干部权力价值观，在工作与生活方面要忠于职守、公私分明，在权力与责任的关系要职权分明、权责一致。其四是党性之德。党性是一个政党固有的本性，是阶级性最高和最集中的表现。干部的党性关乎他们人生观、价值观和世界观是否端正。道德的阶级性决定了它与党性之间的密切关联性。党性之德主要体现在：坚持为了人的全面发展与社会的和谐，有较强的党性观念，坚持党的执政、推进党的执好政，有开阔政治视野，既要实事求是又要与时俱进。

第二，评判标准的针对性。官德评判标准在不同的国家与时代应有所不同，因为官德既有着强烈的阶级性又有着强烈的时代性。制定评判标准体系时"既要明确适用全体党员领导干部的政德'底线'，也要有针对党的高级干部的更高标准，以及对服务基层群众、身处关键岗位、行业特点鲜明等不同类型干部的个性化要求"。[①] 总体看来，官德评判标准的针对性至少包括四个方面：其一是针对特定的阶级和阶层。代表不同的阶级和阶层的国家、政党对于官德的要求从本质上讲是根本不同的（虽然官德的具体要求中也有相同的成分）。进入阶级社会以来，人类经历了奴隶社会、封建社会、资本主义社会与社会主义社会四种社会形态，与之对应的也就有了四种类型的"官德"。立足于我们的党和国家，我们构建的官德评判标准必然是符合社会主义的国家性质。其二是针对不同的时代要求。不同的时代对官德的要求是不同的：在中国古代专制社会中，对于官德最基本的要求是忠君；在当前社会主义中国，官德最基本的要求则是为民。官德作为一种意识形态是建立在一定的经济基础上的，时代的发展不仅影响了经济基础性质的变化，也会影响经济建设目标和任务的变革。经济基础性质的变化决定了官德性质的变化，而经济建设目标和任务的变革也影响到官德建设的方向和要求。其三是针对不同的门类。官的内涵与外延都比较

---

① 葛付兴：《新形势下党员领导干部政德建设》，《学习时报》2012年7月9日。

大，中国广泛意义上的官囊括了所有吃国家财政饭的人。官内涵与外延的包容性使得官德评判增加了难度，对官本身进行科学的分类是做好官德评判的重要前提。根据我国干部分类的传统，我们一般将官分为党政机关、企业单位与事业单位三种门类，官德评判应针对不同门类制定不同的标准。其四是针对不同的层级。官员的层级与官员的门类一样，很难完全划分清楚。但是，处于不同层级的官员其官德要求确实有所不同：处于高层级的官员，更加强调其政治道德素养，对国家与民众的高度忠诚；处于基层的官员，更加强调其为人处世的光明磊落，对其他行业与人员的示范带动作用。

第三，评判体系的科学性。官德评判体系的科学性主要体现在四个大的方面，即形成过程的实践性、内容设计的合理性、评判原则的务实性、具体指标的可控性。其一是形成过程的实践性。实践是检验真理的唯一标准，官德体系是否科学同样取决于它是否能经得起实践的检验。官德评判体系若能经得起实践检验，先要求其必须是在实践基础上形成的：一是官德评判指标不是凭空想象的，而是官德评判中经常使用并得到实践检验和民众认可的，二是官德评判体系既有稳定性也有发展性，它的变革与发展是在实践调研基础上推动的。其二是内容设计的合理性。官德评判体系是一个系统，评判体系的涵盖性说明了其内容内涵与外延的覆盖面，但评判体系的科学性还包含内部指标的结构问题。内容设计的合理性就是从系统论出发说明其具体内容之间、具体指标之间的关联性，特别是明确具体指标的轻重缓急与互相协调的情况，以及它们在整体指标系统中所占的权重。其三是评判原则的务实性。官德的突出特点在于政治性与内在性，政治性特点要求必须作出明确评判，而内在性特点又决定了评判的复杂性。务实的评判原则要求坚持共性与个性相结合、定性与定量相结合、静态与动态相结合、横向与纵向相结合，正确处理好公民道德、社会公德、家族美德、职业道德之间的关系，正确比对不同门类、部门、层级个体之间官德。其四是具体指标的可控性。构成官德体系的具体指标必须细化为具体的、可以量化与控制的项目，使其可以运用技术手段分析比对。比如沭阳县把官德细化为"孝敬父母、忠于配偶、关爱子女、尊重邻里"，[①] 这些指

---

① 申琳、徐增祥：《江苏沭阳将"忠于配偶"等个人品德纳入"一把手"考核》，新华网：新华新闻，http://news.xinhuanet.com/politics/2010-07/20/c_12350650.htm。

标可以通过访谈、民意调查、调阅相关资料,进行家访、邻访等方式转化成清晰的数字,对于正确测评官德,推进官德建设确实有重要意义。

2. 优化官德评判队伍结构

官德评判需要客观的评判体系和评判标准,也需要优秀的评判者正确认识和运用这些标准。官德评判主体作为运用尺子的人,应当有较高的素养,在测量客体时做到不偏不倚。只有这样,才能确保测量的准确性,才能运用测量结果来比较不同评判对象之间的差异。优化官德评判主体不仅要提升他们的个体素养,还要优化其结构,主要把握好以下三个方面。

第一,评判个体的客观公正性。官德评判先要求客观公正,因为官德本身属于道德范畴,公正是道德素养的基本要求。所谓"公生明,廉生威"[①]就体现了公正对于公务人员素养的重大意义。评判个体的客观公正是评判主体客观公正的前提,也是评判结果客观公正的重要条件。确保官德评判个体的公正性必须关注以下四个方面:其一,官德评判个体自身必须有较高的素养。评判个体的素养决定了评判方法的选择与评判的成效,一个素养不高的评判个体其评判方法的科学性、评判程序的严密性、评判进程的公正性、评判效果的可信性都无以保证。对于官德评判而言,官德内在性与政治性的特点决定了评判个体更应具有较高的政治素养与业务能力。其二,官德评判个体与评判对象之间既有相关性又无根本的利害冲突。官德评判个体如与评判对象没有利益关联,评判对象的官德状况就不会引发评判个体的关注,官德评判过程中评判个体就很难尽心尽力,就可能使评判变成走过场、装门面;官德评判个体与评判对象如有根本的利害冲突,评判个体在评判过程中就可能将个人恩怨加入进来,也可能因此而影响评判的公正性。其三,官德评判个体之间的相互制衡。在民主社会中,官德评判主体不会是单个人,而应是个集体。集体的优势一方面是在于群策群智,成就 $1+1>2$ 整体大于部分之和功效;另一方面在于通过人与人的相互制衡避免出现个体利益的偏差。民主政治的发展史表明,集体的确能在回避个人利益方面发挥着良好的作用。为了使官德评判个体之间能够相互制衡,官德评判主体必须具备多元化的结构与广泛的代表性。其四,官德评判个体信息的公开性。官德评判也是一种权力,而权力运行的

[①] 郭允礼:《官箴》。

公开性是确保权力公正的重要条件，所以，官德评判个体的信息及其评判的整个过程都应当置于阳光之下。官德评判个体有无参与的条件，能否全身心地投入评判过程中，是否在官德评判过程中有为己行为，必须要得到民众的监督。而公开官德评判个体的信息，有利于民众监督与把控评判个体的资格问题。

第二，评判集体的广泛代表性。纵观任何社会中出现的所谓"清"官不清，一个重要的原因就是评判集体过于单调，缺乏代表性，尤其是将评判集体主要局限部门领导、上级领导的做法，使官德测评的成效大打折扣。近年来，在干部评判方面我们渐渐认识到扩大评判集体的代表性，推进评判民主的重大意义。从构建公正的官德评判体系视角看，评判集体的代表性主要体现在以下四方面：一是来自部门领导或上级领导。在党务政务信息公开程度有限的条件下，部门领导或上级领导基于其信息方面的优势，较一般民众更容易了解评判的指标，更容易结合评判对象的工作目标要求与其实现程度来评判他们的官德。随着信息公开法的颁布，党务政务信息的共享空间越来越大，部门领导或上级领导作为评判集体中所占的份额将会逐步减少。二是来自部门内部。除了上一条提及的部门领导之外，部门内部还存在一些工作横向配合关系的同事与工作隶属关系的上下级，在工作与交往过程中这部分人与评判对象之间关系密切。如果没有外力影响，部门内部同事之间的评判更为全面、更为真实、更为准确。三是来自部门服务对象。在政治学方面讲求的一条重要法则是权力与责任对应，对谁服务就应受谁监督与评判。部门服务对象是评判对象的衣食父母，他们基于自身感受既能纵向比对历任干部之间的差异，以历史的视角来评判干部之德，也能根据自身获得的实惠，根据通过政绩看德才的方式来评判干部之德。四是来自司法监管部门。官德是建立在遵守法纪基础上的，而从事纪律与法规监督检查的纪委、监察部门，司法部门对于干部的遵纪守法状况最为了解。一个不遵守法纪的官员无所谓官德。另外，纪检监察与司法部门参与干部之德的鉴定既是使官德评判更具权威性的必然要求，也是推进德法并举治国方略的必然要求。

第三，评判机构的相对独立性。评判机构的相对独立性是指评判机构不受评判对象的政治操控，能够独立地行使自己的评判权。评判机构的相对独立性，是确保评判效果客观公正的必然前提。评判机构的相对独立性，至少有三点要求：其一，评判机构产生的相对独立性。评判活动也可以说是一种有效的监督活动，其目的是规约评判对象的政务行为。如同监督要求监督机构相对独立一样，评判机构的相对独立性也是评判成效的重要前提。评判机构相对独立性的基本要求是，评判机构自身的政治命运不能掌控在评判对象手中。如果评判机构为评判对象属下并由评判对象产生，在评判的过程中他们就会产生种种忧虑，很难确保评判的客观性，往往使官德评判演化为实质意义上的自我评判。所以，评判机构及其人员的任职资格应由上级领导机关与民众共同确认，以避免受到评判对象的影响。其二，评判机构财物来源的相对独立性。评判机构的相对独立性，不仅包括其政治隶属关系方面的相对独立性，还包括其经济来源方面的相对独立性。根据"经济人"假说，追求利益似乎是人的本性，人大都是趋利避害的。如果评判机构的经济利益受制于评判对象，逐利的动机会影响评判进程，也就很难确保评判结果的公正性。为了免受评判对象的影响，评判机构的各种福利、报酬的财物所得等都由评判机构自身或者授权机关决定。其三，评判机构的相对专业化。如果将官德评判作为一种可以量化的专门评判看待的话，其评判机构的专业化变得十分必要。目前官德评判与政绩评判一样，主要是政务机关内部的事情，民众与社会中介组织、专门组织介入相当有限。根据形势的发展，应逐步建立一种纵向垂直领导的专业化评判机关，或者建立一种独立于政务系列之外的中介评判机关，以确保评判的公正性。

3. 创新官德评判手段

需要指出的是，我们所讲的官德评判手段的创新不仅指评判技术的发展，还涉及评判思想与评判制度的不断完善。其中，思想创新不仅是手段创新的内容，也是手段创新的先导，制度创新是评判手段的规范化与程序化，是确保手段创新功效的重要保障。创新官德评判手段，需要从思想、技术、制度三个层面渐次推进。

第一，创新官德评判思想。创新官德评判思想，至少包含如下三项内容：首先要充分认识官德评判的重大意义。官德评判关乎官德的发展，也关乎社风民意的情况，其重大意义主要体现在如下两个方面：其一，官德评判能推进官德发展，培育清正廉洁的政务环境。现在很多干部出事不在于才能不足，而在于道德低下。通过官德评判从外在力量方面对其加以规约，并促使他们反思，有利于他们自觉地培育和提升道德素养。官员道德素养的提升，对于从源头上预防腐败，增强免疫力有重要意义，有利于提升党和政府的整体形象。其二，官德评判能推进民德发展，造就良好的社会道德环境。官德影响民风，官德的水平在一定程度上反映一个地方整体道德水平，领导干部的官德状况是社会道德状况的风向标。官德评判直接影响到官德的提升，间接推延到社会风气的良好培育与发展。其次要正确认识官德与官才之间的关系。"德者，才之帅也"，"君子挟才以为善，小人挟才以为恶"。[1]有才无德给社会造成的负面影响远远超过有德无才。俗语说的好：有才有德是"精品"，有才无德是"危险品"，有德无才是"次品"，无德无才是"废品"。德对于才的统帅作用体现在三个方面：其一，官德可以转化为示范力量。"其身正，不令而行；其身不正，虽令不从"，[2]充分说明了官德好与坏对下属与民众的不同影响，良好的官德对于官场环境的优化有带动作用。其二，官德可以转化为凝聚力量。"为政以德，辟如北辰，居其所而众星共之"。[3] 官有官德就有凝聚力与号召力，就使组织有战斗力。其三，官德可以转化为官才。一个拥有官德的干部有强烈的忧患意识，会主动反思自身能力问题，能力的提高前提就是认识到能力不足。最后要在政治大系统中认识和推进官德评判。为此，一方面要将官德评判与官德评判结果结合起来，做到有评有议有决，确实发挥评判的监督与促进功能；另一方面要将官德评判与官德教育结合起来，立足教育为本、以人为本、保护干部，而不是惩处与打击。

第二，创新官德评判技术。创新官德评判技术，要关注以下几个方面：第一应将官德细化、量化。官德测评的内容体系中的德、能、勤、绩、廉五个方面都需要细化，避免笼统化、抽象化的评价。例如慎交友、拒红包、不吃请、不说情、不谋私等。将这些最日常的项目都纳入了对干部的德的考评中，更有利于评判工作的开展。通过细化指标体系使这些方面可资衡量。第二要合理安排评判次数。测评过频、周期过短，问题会使单位疲于应付，来不及整改提高；测评过少、周期过长，引不起测评对象的足够重视。为了保证测评结果的客观公正以及增强测评末位单位的整改

---

[1] 司马光：《资治通鉴·周纪一》。
[2] 《论语·子路》。
[3] 《论语·为政》。

时效，要科学设定测评周期和次数，增强民主测评的时效性。同时，要建立民主测评的长效机制，杜绝和防止民主测评的随意性。第三要确定科学的计分方法。评判中应将每项指标按满意（A）、基本满意（B）、不满意（C）赋值计分，按照满意情况量化成一定的分值：比如可按照 A 票×1＋B 票×0.6＋C 票×0＝得分的公式，赋值进行定量换算排出名次，使被评判对象之间具有横向可比性。第四应将评判结果与工资待遇和提拔使用挂钩，使得被评判者切实感受到评判结果对自己的全方位影响，并切实从日常工作就重视起来。同时，应做好评判材料的归档管理，以备被评判者日后的晋升、提拔之用。第五要充分发挥评判中不同评判主体的功能：高度重视民意，着力改进民意的收集、综合、分析方式，加大民意和社会监督；要充分发挥纪检（监察）、组织部门等职能部门作用，强化组织监督；要严格落实民主生活会、组织生活会等制度，加强班子成员内部监督。第六要注意正确对比规定之德与行为之德、行为本人与典型代表，以做出更客观公正的评判，要注意不断吸纳企业评判方法，运用西方管理学方面的知识，提高评判技术和规范评判程序。

第三，创新官德评判制度。推进官德评判，必须不断创新官德评判制度，因为"制度问题更带有根本性、全局性、稳定性和长期性"① 作用。创新官德评判制度，主要着眼官德监管、考核、奖惩三个方面。首先，要创新官德监管制度。监管官德实际上就是监管权力，"一切有权力的人都容易滥用权力，这是一条万古不变的经验"，② 权力不监管不仅可能导致道德沦落，还可能铸就违法乱纪。对干部实行监督，应充分发挥专门监督机关与群众的作用，对官德进行全方位监管，不仅对官员"八小时"以内进行监督，更要对官员"八小时"以外进行监督，应不断创新监管形式，可设立官德举报110，积极开拓网络平台，引导网络媒体和广大网民参与官德监督。其次，要创新官德考核制度。党的十七届四中全会明确了干部"德"的"四看"硬性标准，为加强官德考核确定了目标方向。当务之急是组织部门应根据四中全会关于干部"德"的目标要求，尽快从政治品质和道德品行等方面，准确界定新时期干部"德"的内涵，探索形成一套可

---

① 《邓小平文选》第 2 卷，人民出版社 1994 年版，第 333 页。
② 孟得斯鸠：《论法的精神上》，商务印书馆 1964 年版，第 154 页。

以细化、量化评议干部"德"的成熟标准，细化"德"的评价要点、考察途径和办法，对官员的考察延伸到社区和居住地、成长地，全面掌握和了解领导干部生活圈、社交圈的情况。最后，要创新官德奖惩制度。当前，必须抓紧建立对于领导干部道德行为的利益保障机制和惩处机制，把官德与官员任职、升迁、收入等最为关心的事情挂起钩来，对"官德"高尚的优秀干部加大弘扬和褒奖力度，树立典范，甚至破格提拔到重要领导岗位上来；对官德缺失、干部群众评价差的，坚决处分，不能提拔重用；已经提拔的无"德"干部坚决调整下来；道德严重败坏，社会影响恶劣的，及时清除出干部队伍；同时加大对违规用人行为的查处力度，严肃追究用人失察失误者的责任，防止带病提拔、边腐边升现象的出现。

总之，推进官德评判是个系统工程，解放思想、开拓思路是推进官德评判的思维前提，创建评判体系、充实评判内容是推进官德评判的依赖条件，完善评判制度、创新评判手段是推进官德评判的技术支撑。只有从系统论视角着眼，三管齐下，才能客观公正地评判官德，切实提升官德建设水平。

二、健全德才标准体系，规避统而化之的适用指标

健全德才兼备用人标准体系，就是将德才指标精细化、系统化。德才指标精细化之后才可以量化、可以比较，从而得出优劣；德才指标系统化之后才能从全面的视角认识和分析人，不仅能用对人而且能用好人。健全德才兼备用人标准体系，目标是规避统而化之的适用指标，针对干部的不同门类和不同层级，科学设定指标体系和考评原则与考评技术。

（一）健全德才标准体系的原则

贯彻落实德才兼备用人标准，先要解决的是根据不同行业岗位和层级要求制定科学的用人标准。健全德才兼备用人标准体系，应着眼于人事相适，保障事业的发展与人才自身素养的实现，为此要坚持以下三条基本原则：针对性原则、科学性原则和操作性原则。

1. 针对性原则

不同行业需要不同素养的人才，行业及行业层级不同对于人才的要求

也不一样。所以,在制定用人标准时,一定要针对行业及其层级。一些知名的行业确实在遵循用人标准制定的针对性原则,或者叫适用性原则。也就是选用适合本行业层级需要的人才,把人才用在最适当的职位和岗位上,使其才能发挥到最大限度。从实际职位的需要出发来选用合适的人员,不仅能确保人员德才素养的实现,也有利于推进本行业的发展。如果因人设事,为人择官,就不能保证事得其人,人尽其才。

健全用人标准时之所以强调针对性原则,是因为事物有长短,人才有高下。"金无足赤,人无完人"。健全德才兼备用人标准体系不能求助于完人,只能针对现实中人的不完善性。古人讲,"君子用人如器,各取所长"。[1] 健全用人标准体系也应当着眼于人的长处和优点,这样才能发现人才,敢用人才,而且留得住人才。相反,将健全用人标准体系的指导思想定位为求全责备,往往会导致"因瑕掩瑜"、"因疵废人"。另外,针对性原则还要结合行业和岗位要求,不同的行业、岗位或层级对于德才的要求也不尽相同,健全用人标准体系时只有从行业、岗位和层级出发,才可能制定出符合要求的具体标准、科学标准和可操作性标准,最终才可能使选用之人能够有用武之地,做到大才大用、小才小用、专才专用、奇才奇用、怪才怪用。

实际上,我国古今中外开明的领导者在拟定用人标准时,都充分考虑用人标准的针对性原则,提倡"量才而用"。唐太宗李世民曾说过"为官择人者治,为人择官者乱"。[2] "人之行能,不能兼备,朕常弃其所短,取其所长"。[3] 宋代大臣许应龙也曾说过"为官择人,则官虽简而常若有余,为人择官,则官员繁而常若不足"。[4] 世界著名的管理专家彼德·杜拉克指出:人之长处,才是真正的机会。发挥人之长处,才是组织的唯一目的。须知任何人均必有甚多弱点,而弱点几乎是不可能改变的,但是我们可以设法使弱点不发生作用。管理者的任务,即在于运用每一个人的长处,作为共同绩效的建筑材料。毛泽东曾指出:世界上没有不存在任何缺点的人。领导者用人的要诀之一,就是如何发挥人们的长处,而不是寻找十全

---

[1] 《资治通鉴》卷192。
[2] 《新唐书·窦诞传》。
[3] 《资治通鉴》卷198 贞观二十一年。
[4] 《名人名言》,《中国高校后勤研究》1995年第6期。

十美的"完人"。如果不能见人之长、用人之长，而是念念不忘其短，势必会产生歧视人、压制人的现象。要发挥人们的长处，前提是怎样透过人们的短处去发现人们的长处。人和世界上的任何事物一样，都有其长处和短处，完美无缺和一无是处的人是不存在的。

当前，人们用人时经常强调"能位相应"，同样也是强调针对职位选贤任用，以便达到能与位相互适用的目标，进而使人的才能得到最大的发挥。一些知名品牌的企业在用人方面十分关注用人标准，也逐渐形成了适合自己企业发展的用人标准体系。比如欧莱雅依据招聘标准和企业文化对于用人标准有如下要求：岗位标准：求职者必须要具备招聘岗位的要求，要具备相应的工作经历或技能，要掌握专业知识；同时，还要具有一定的沟通能力和团队协作能力等。价值观标准：求职者要富有胆识、想象力、创造力，同时还具有实干精神。诚信标准：欧莱雅非常重视员工的诚信，如果在招聘时发现有确凿的证据证实员工缺乏诚信，欧莱雅会"忍痛割爱"，果断放弃。潜力标准：欧莱雅希望所招聘的人才不但能够满足基本的要求，更要具备潜能，能够担当更大责任的潜能。兴趣标准：欧莱雅是一家注重员工个性的公司，尊重个人兴趣，鼓励张扬个性，发表自己的观点，这在欧莱雅已经成为一种文化。[①]

基于此，在健全德才兼备用人标准时，应关注三个方面：一是行业岗位及层级，二是人才素养的层次性，三是前两者的结合。

2. 科学性原则

科学性原则包括两个大的方面：一是德才兼备用人标准制定过程中，不同类别、不同层级的干部要配套科学，不能仅制定某一类别或层级的标准而不顾及其他类别或层级，因为在开放社会中人才是需要流动的，不仅有不同门类间的流动，还有同一门类中的不同层级间的流动。只有在制定德才兼备标准体系过程中关注不同门类与层级人才的德才要求，细化或量化这些要求，才能为人才的流动提供科学客观的依据。二是在德才兼备用人标准制定过程中，同一门类与层级的德与才的标准要求要符合岗位要求和民众期盼。之所以强调民众期盼，不仅仅因为人民是历史的主人，民众

[①] 参见影响力中央研究院教材专家组编著《选人一定有方法：人才甄选与招聘的9步阶梯》，电子工业出版社2008年版，第84页。

的眼光一般而言是科学的、正确的，还在于民众的认可有利于提高"能位相应"的合法性。

为了达到科学性原则，在德才兼备用人标准体系制定过程中需要关注以下几条。

一是拟定标准的普适性。普适性源于事物的共性和规律，是指某一事物特别是观念、制度和规律等比较普遍地适用于同类对象或事物。德才兼备用人标准体系的普适性是指，同一门类与层级的标准对于所有人都是适用的。在制定德才兼备用人标准时，针对性本身体现科学性，普适性也体现科学性。所不同的是，针对性是讲门类职责既定的条件下，选用人才一定要针对于岗位职责。普适性是指在门类职责既定的条件下，选用人才的标准对于适合这一要求的所有人员都是适用的。所以，职位类别的特殊性要求只能是在坚持这一标准的基础上来加强才识、能力的岗位适应性，而决不能以任何职位特殊性、专业性的理由而弱化这一标准。

二是拟定标准的平等性。平等指人们在社会、政治、经济、法律等方面享有相等待遇，任何人都不应当有特权。德才兼备用人标准体系的平等性是指这一标准体系一旦制定出来，对任何人都应一视同仁。平等性是针对不平等性提出来的。目前，在不同门类与层级的人才选用过程中，虽然标准是一致的，但适用标准时往往出现不平等、不公平，甚至异化了标准本身的规定性，出现所谓的"萝卜招聘"，即针对特定的招聘者解释既定标准，让其他人无路可走，只能充当陪榜者。正是基于这种"萝卜招聘"，不少地方的"官二代"、"富二代"仍然在竞争中占有绝对优势，甚至出现了招聘"拼老子"的现象。据《法制周末》2011年9月21日披露，河北29岁青年闫宁出任馆陶代县长，据说三年四次升迁，简历都是机密，其近亲属中有两个厅级和三个县级干部，是年轻化还是"拼老子"引发了广泛的质疑。①

三是拟定标准的相对稳定性。拟定德才兼备标准体系时既要着眼于时代要求，注意因时代变化适当调适标准要求。例如，随着改革开放的深入发展，邓小平认为革命化的重要标准就是坚持改革开放，提出"要选人民

---

① 《河北馆陶29岁县长三年四次升迁简历被当地列为机密》，《法制日报》2011年9月21日。

公认是坚持改革开放路线并有政绩的人"。① 同时，也要着眼于标准体系本身的相对稳定性，以规避人才培养过程中出现的无所适从现象。因为，一般而言，人才的培养工作既是能力本位，贯彻以人为本的要求，也是就业取向，着眼于人自身的成长与发展。如果德才兼备标准体系朝令夕改，其对教育培养的引导功能就会打折扣。所以，只有以相对稳定的标准来促成正确的用人导向，才能促进人才队伍建设内生动力的形成。

3. 操作性原则

正确评判干部的德才标准，必须在设定德才指标时就要考虑其可量化性、区别性与可评判性。例如《美国行政部门雇员道德行为准则》规定，雇员"无论在国外还是在国内工作，都不能将政府的资源用于私事，包括不能将公家电话、文具、计算机、车辆等用于私事"，规定一次不允许收受价值 100 美元以上的礼物，在同一场合不允许接受超过 20 美元的礼物，一年不允许接受同一个人价值 50 美元以上的礼物。只有建立起并完善好科学的干部考核、评价体系，在强化实绩导向的基础上，从各个方面对干部德才进行客观的评价，才能落实好德才兼备的用人标准。

其一，标准的可量化性。比如某市对干部德行考察评价实行百分制量化评分，建立德行考评指标体系，共设政治品德、职业道德、社会公德、家庭美德 4 个一级指标和大局意识、关键时刻表现、情趣健康、孝敬父母等 18 个二级指标，用指标体系将"德"的概念具体化、形象化、显性化。为有效解决定性评价难分高低的问题，该市对 4 个一级指标和 18 个二级指标分别赋予适当分值，在民主测评中，对每个二级指标设"好、较好、一般、较差、差" 5 个评价档次，并赋予各评价档次一定权重：好为 1，较好为 0.8，一般为 0.6，较差为 0.3，差为 0。德行的考察评价分为优秀、良好、合格、不合格四个等次，考察评价总体得分 90 分以上为优秀；80 ~ 89 分为良好；60 ~ 79 分为合格；60 分以下为不合格。对民主推荐排名靠前，德行考察评价优良的，优先选用；对德行考察评价总体得分低于 80 分的，或某项一级指标得分少于该项分值 60% 的，原则上不予任用。

其二，标准间的区别性。标准间的区别性主要体现在两个次层上：其一是德与才的标准要有所区别。落实德才兼备，必须坚持以德为先。所

---

① 《邓小平文选》第 3 卷，人民出版社 1993 年版，第 381 页。

以，对于重要人事变更应首先设定好德的标准。对于在重大事件中，政治立场不坚定的；轻视政治理论学习，政策水平较差的；对上级决策部署阳奉阴违的；搞小圈子，拉帮结派的；自私自利或与民争利，拒不履行公共义务的；生活方式不健康，参与黄、赌、毒行为的；不孝敬父母的或存在家庭暴力、生活不检点的；参与封建迷信活动等道德沦丧者，不管其才能多高也不能使用。其二是针对不同岗位德与才的要求要有所区别。一般而言，对于政治类干部、决策类干部必须特别强调以德为先，强调大局意识和战略眼光，对于技术类和执行类干部，由于方向已经有人把握，在监督比较完善的基础上更应强调其技能水平。

其三，标准的可评判性。标准量化是可评判的前提，但量化标准后并不意味着就能评判，更不意味就一定能科学评判。标准的可评判性实际上也包括两个方面：一是可以评判，标准务实化而非务虚化，标准可以测量；二是能够科学地评判。在民主条件下，科学的评判一方面是指评判的科学性，评判的结果尽量符合实际，另一方面是评判的合法性，评判的人员必须有评判的资格，并且尽量充实评判的队伍，使评判结果尽可能为多数人认可。当然，评判的合法性有时与评判的科学性并不吻合。一般而言，在民主制度之下，作为执政党长期执政的首要选择是评判的合法性。所以，在设定德才标准及其实现机制时，必须将多数人参与列入重要的一条。

（二）健全德才标准体系的难点

健全德才标准体系是针对具体人的，而具体的人是复杂的，具体的人的复杂性不仅源于人本身的复杂性，还源于人所在的岗位和层级是不同的。所以，健全德才标准体系的难点在于如何针对干部门类细化德才指标。从传统看，健全针对具体人的德才指标体系，面临的首要问题是干部分类。从前面的论述中我们也不难发现，无论是古代还是西方都存在干部分类问题：在君临天下的专制社会，已经有"官分文武，惟王之二术"的思想和做法；在西方，公务员包括两大类：政务类与业务类，前者是选举产生，后者则实行考选。新中国成立后，我们也曾经进行为干部分类的探索；1950年将干部分为党的系统、政府系统、群团系统、工矿系统几块；中共中央在1953年通过了《关于加强干部管理工作的决定》，提出在中央与各级党委统一领导下，在中央和各级党委统一管理下分级、分部管理干部，将干部分为九类进行管理。根据以往经验、党的干部人事制度和全国人才会议精神，我们划分干部类型应兼顾机关单位、事业单位和企业单位三大门类，抽象其中的干部的工作性质，分为决策类干部、执行类干部、监督类干部，然后根据不同类型的干部确定其德才指标。

1. 决策类干部

决策类干部所承担的主要任务是决策，而决策是任何工作的第一步。决策正确与否不仅影响到工作的方向、发展进程，也影响工作的成败。所以，决策干部是干部中最为关键的角色类型，是整个单位或部门（大至国家或政党）的代表，应当由单位或部门选举产生。无论是什么类型单位、什么部门，决策是核心，决策类干部是核心人物。决策类干部的特殊性质要求，他们应当具有的道德素养为：其一是坚定的理念信念和政治意识，忠于党、忠于国家和忠于人民的利益观，要确保决策方向正确；其二是坚定的群众观念和民主意识，奉行决策中的群众路线和集体决定的做法，要甘当小学生而不是"三拍"（拍脑门决定、拍胸脯保证、拍屁股走人）干部，要确保决策程序公正；其三是贯彻决策公开原则（有保密的要求除外），有接受决策监督的胸怀和气度，要确保决策成效显著。决策类干部应当具有的才能素养为：其一是有马克思主义的宽广视野和科学精神，善于运用辩证唯物主义和历史唯物主义的基本方法从历史和实践中学习，不断提升自身的能力素养的能力；其二是高瞻远瞩，目光长远，不受限于眼前利益的影响，甚至有敢为牺牲眼前利益而志存高远的气魄和战略；其三是总揽全局，协调各方，要有国际视野，不受制于局部利益的影响，着眼于整体的利益，有破除部门利益和地方保护主义的意识和方略；其四是敢于决策、善于聆听，能够利用群体的智力结合自身的能力作为正确的判断。

2. 执行类干部

执行类干部是指将决策予以贯彻的干部，他们在决策环节之后既是将决策具体付诸实践的人，也是进一步检验决策是否正确的人。作为决策的执行人员，从理论上讲应由决策者决定更为有利。因为其一，执行类干部带有从属性质，执行是决策的执行，没有决策就没有执行，所以执行者应当与决策者之间是从属关系；其二，执行类从属决策类的好处是，他们必须丝毫不差地按决策意图和要求去执行。这一方面可以确保决策执行的效率，另一方面可以确保真正起到对决策检验的作用。所以，这一类干部可采用任命制的方法产生，也可以由决策者聘用。执行类根据其距离决策层级的远近，划分为三个大的层级，每个层级的德才要求不尽相同。一是决策细化管理类，负责将决策精神化为可执行的条文，可操作的办法。对于这类干部德的要求最为基本的是忠诚，只有忠诚才能根据决策精神来细化可操作的办法，才能有意去规避而不是创设执行中的漏洞；对这类干部的才能要求最为主要的是思维缜密，因为他们处于政策精神化为实践的中间环节，如何将这种精神转化，如何结合部门实际去转化需要有思路有办法，这类可以说是执行类中的决策类。二是决策沟通协调类，结合单位特点负责将决策及细化好的条文传达给不同职能部门去贯彻。对于这类干部德的要求是公正与公平，在传达和分配任务过程中应秉公执法、不偏不倚；对于这类干部才能的要求最为主要的是沟通力与协调力，当然这种能力是建立在对工作对象了解的基础上的。三是决策经营实施类，结合本职能部门的情况，分配具体人员来承担具体的决策执行任务。对于这类干部德的要求是树立正确的权力观与事业观，正确对待执行事务和针对对象，用真情和热情去从事自己的具体工作；对于这类干部才能的要求最为主要的是熟悉从事自己业务的操作性、技术性能力。

3. 监督类干部

监督类干部承担着维护党的章程和宪法尊严，检查党和国家的路线、方针、政策和决议的执行情况的重任，其具体职责是贯穿于政治过程始终的，从这个意义上讲监督类干部的位置具有不可或缺性和不可替代性。监督的特点决定了监督者不仅应具备秉公执法、刚正不阿的气质，还要有明察秋毫、细致入微的技术。这类干部应具备的德主要包括：其一，较高的思想政治素质。这一点主要包括两个方面：一是较强的政治意识，讲党性、讲政治，有正确的世界观、人生观和价值观，有坚定的政治方向和政治立场，有敏锐的政治鉴别力，严守党纪和国家法规，有反腐斗争的使命感、责任感和紧迫感；二是较强的政策法制观念，熟悉各方面法规，对于有违背党纪和国家法规的人和事坚决予以制止，并按党和国家相关法律、法规和纪律要求予以处理。其二，较高的思想品德素养。这一点包括二个方面：一是有高尚情操和忠诚无私的品质，同一切自私与消极行为作斗争的勇气，严于律己，廉洁奉公，不谋私利；二是勤奋工作和甘于奉献的敬业精神，要有高度的职业责任感，守得住"清水衙门"，自觉抵制腐朽思想的侵蚀，踏实肯干，不计个人名利得失。这类干部应具备的才能素质包括：其一是观察、分析、判断能力，对于大事大非问题有敏锐的洞察力，能够透过现象抓住本质，明辨是非善恶。其二是办案能力，善于调查研究，熟练掌握调研的基本功，有较强的取证能力和查证技巧，能够客观地分析材料和实地调研，能够将案件与政策要求、群众要求、责任要求结合起来。其三，有较高文化素质和心理修养，能够应对监督面临的各行业需求的业务知识，特别是掌握一定的政策法规知识、经济学方面和计算机网络和传媒方面的知识；心理素养要过硬，监督面临的形势严峻，要有处理危机的能力，也要有一定的承压能力。

当然，干部所具备的德才素养还应当结合其具体层级，谈宜彦曾细化过中央国家机关领导干部的素养问题，他指出：局级领导干部应着力培养战略思维能力、谋划发展能力、科学决策能力、带好队伍能力；处级领导干部应着力培养决策参谋能力、组织执行能力、应对复杂局面能力、重要文稿起草能力一是决策参谋能力。科级干部是中央国家机关干部队伍应着力培养坚定的理想信念、扎实的业务能力、良好的工作作风。[1]

（三）落实德才标准体系的方法

我党的干部路线中关于任人唯贤的论述和德才兼备用人标准的重视是十分突出的，但是对于德才兼备用人标准体系的构建中却存在如何认识德、如何认识才、如何认识德才关系、如何处理德才内部及其之间的指标关系等问题，也存在着德才兼备用人标准的保障力不足的问题。健全选用干部的德才标准体系，必须不断提高对德才的认识水平和丰富发展其保障条件。

1. 从贯彻系统论的视角来认识德才指标

正确认识德才指标体系，最为关键的是坚持系统论的视角。从总体原则上，我们强调德才兼备，以德为先，不搞唯政绩是从，唯能力是从，注意在实践领域有效地规避"经济能力"叫板"道德权威"现象。为此，必

---

[1] 谈宜彦：《中央国家机关领导干部素质能力结构的思考》，《学习时报》2008年7月28日。

须从系统论的视角、针对不同门类和层级的干部之德、干部之才进行深入分析。

其一，要处理好"德"的内部关系，围绕执政为民构建"德"的指标体系，树立正确的权力观与利益观。近年来，我国不少地方在干部选拔任用方面开始关注干部之德，并进行了官德细化工作，从官员的政治品德、职业道德、权力道德、人格道德、家庭美德、社会公德等不同方面探索构建官德体系。比如同济大学教授专门为浙江宁波江北区官员德行量身定制的"领导干部道德评价体系"，其测评指标加起来共有22个之多；而在河北省新乐市，官员考核中有"家庭美德"指标就包括了尊老爱幼、男女平等、夫妻和睦、勤俭持家、邻里团结等5个方面共13项内容。从现实的视角看，我们探索官德体系，就是要处理好德的内部关系，厘清公德与私德、官德与民德的不同，围绕官德的特点，立足为民，以权力行使和利益指向为重要考察目标来提升干部之德。有鉴于此，我们可以吸收古代和国外的一些有益做法。从中国古代看，传统文化精华中所强调的官员的德性与德行，尤其强调为政以德、忠恕、修齐治平和反求诸己等思想，明确地透露出官德中包含的公德与私德内容，也强调重视官德应突出其为国为民性。孔子认为具备以下几种品质就可以施以"仁政"或"德政"，即"恭、宽、信、敏、惠，恭则不侮，宽则得众，信则人任焉，敏则有功，惠则足以使人"。[①] 从国外做法看，构建德的指标体系应着眼于制度化建设，比如从20世纪50年代开始，美国相继通过了《政府工作人员十项道德规范》、《行政官员道德纲要》、《政府道德法》、《政府道德改革法》、《美国行政部门雇员道德行为准则》、《行政官员道德行为准则》。这些法规不仅细化了官员道德的内容，而且配置专门、完善的道德监督、惩戒机构，使官德更带有操作性。2011年11月，中央组织部印发了《关于加强对干部德的考核意见》明确指出加强对干部政治品质和道德品行的考核，要以对党忠诚、服务人民、廉洁自律为重点。考核政治品质，主要考核干部在政治方向、政治立场、政治态度、政治纪律、党性原则等方面的表现。考核道德品行，主要考核干部的社会公德、职业道德、个人品德、家庭美德，并且根据不同层级和岗位分级分类考核干部的德，突出德在考核中的优先地位

---

① 《论语·阳货》。

和主导作用，把德的考核结果体现到干部的选拔任用、培养教育、管理监督等各个方面。①

其二，要处理好"才"的内部关系，围绕能力构建"才"的指标体系，有效规范"学者官员化"与"官员学者化"。才本身也有一个体系，一个人的才能学识基本上都可以囊括在才的体系之中。系统地把握才的体系，尤其要处理好以下几种关系：一是通才与专才的关系。选用德才兼备的干部既要强调其专业技能，尤其是技术类、业务类、执行类的干部，没有专业素养就没有效率，没有生产力；同时也要关注其知识结构的合理性，要专中有博，以博促专，专博相通。二是政治素养与业务素养的关系。政治素养可以放入德中考量，实际上它与德也有区别。政治素养还包括思想政治理论水平，没有对马克思主义的系统掌握，没有对中国特色社会主义理论体系的学习，就无以把握认识问题的基本原理和真正做到理论联系实际，也就无以推进中国特色社会主义实践的发展。三是知识与能力的关系。知识是与教育密切相关的，只有通过教育才能丰富知识。当然，随着教育形式多样化的发展，这里说的教育不仅仅是全日制学校教育，还包括培训工作、继续教育和自学等多种方式。但知识与能力不同，有些能力是可以通过实践积累的。实际上知识也来自实践，是别人的间接经验形成的实践结晶。从这个意义上看，能力比知识更重要。所以，构建才的指标体系，应围绕能力本位而不是知识本位，突出其科学判断形势的能力、驾驭市场经济的能力、应对复杂局面的能力、依法执政的能力和总揽全局的能力，尤其要规范好"学者官员化"与"官员学者化"现象。"学者官员化"与"学而优则仕"的官本位意识有关，"官员学者化"则与日益浮躁的学历至上意识有关。

2. 从立足科学性的视角来提升技术手段

工欲善其事，必先利其器。正确测评德才指标，关键是掌握测评的工具手段。一般而言，选用人才的测评手段主要是以考而定、以评而定两大类。在考题科学性、保密性的前提下，前者较为客观，对于知识能力的测评较为适用；在评判主体公正性、扩大性的前提下，后者较为民主，对于

---

① 《中组部印发意见加强对干部德考核按政治家要求高级干部》，人民网：http://politics.people.com.cn/GB/1027/16129694.html。

道德的测评较为适用。但两大类手段并不互相排斥，可以互补不足。

其一，提升以考而定的技术手段。选用干部要考其才，古往今来人类文明提供了一些先进的考才方法，如第二章中谈及的分门别类法、社会实践法、主观体察法、访谈调研法、能绩测评法和试探试用法，贯彻其中最为基本和最为突出的则是考试测评法。以考而定的手段主要包括笔试法、口试法、情景模拟法、实际操作法和心理测验法。笔试是考试测评的一种基本方法，主要测试受测者掌握知识的程度及综合分析能力、文字表达能力及逻辑思维能力。口试法主要测试受测者运用知识分析问题的能力、语言表达能力、应变能力、情绪的稳定性、思维的敏捷性及其风度、气质等。情景模拟法是通过场景设计来测试受测者处理实际问题的能力。实际操作法主要通过受测者的现场实际操作，考察受测者是否具有某种技能及技能发展的实际水平。心理测验法是指通过科学的心理测试手段（如心理量表、心理测试仪器等）对测评对象的有关素质进行测量。无论是公务员考试、司法考试、事业单位用人考试、公开选拔和竞争上岗考试，考察的主要是干部才学与能力问题。为此，提升测评科学性应围绕选用干部应具备的才学与能力素养来命题，确保命题的科学性；应结合试题来选拔测试手法是笔试、口试、场景测试、实际操作还是心理测评；应贯彻公正原则确保考试过程与评判结果的公正性，可适当引入统计分析、量化分析、数据模型、网络调研等手段来推进考试进程和考试结果的公正性。近年来，随着技术手段的进步和德指标的细化推进，德的考试手段也有所提升，除了马克思主义理论水平之外，有些危机处理题目本身也体现了对德的关注。

其二，提升以评而定的技术手段。"德，国之基也"，选用人才要考其才，更要考其德。但无论西方还是中国香港，在德的正向考量上，似乎也没有太多好的办法。倒是广泛的社会监督和无所不在的舆论监督，发挥了至关重要的反向考量作用。为此，真正形成以德修身、以德服众、以德领才、以德润才、德才兼备的用人导向，必须要推进对评德的科学化。选用有德之人就是要选用组织放心和群众信任的人，但德是看不见、摸不着的，要让干部的德看得见、摸得着，最可靠、最行得通的办法就是坚持走群众路线，发挥党组织和人民群众的作用：要优先"荐德"，发挥党组织在报名环节的把关作用，推荐德才素质好的干部参加竞争；全面"察德"，通过民主测评包括德的反向测评、个别谈话、民意调查、社区访谈等方式，了解干部"工作圈"、"生活圈"、"社交圈"的表现，看人选在群众中的形象、口碑；严格"审德"，注重向纪检、审计、信访等部门了解人选党风廉政情况，充分听取所在地方或单位党组织对人选德的评价；公开"验德"，通过考察预告、考察对象公示、任前公示等，让广大干部群众监督，发现德有问题的，坚决不予任用，发挥德的考察在竞争性选拔中的"过滤器"作用，使选出来的干部组织放心、干部服气、群众认可。[1] 相对于评德而言，评才主要是分析其学历、职称与能力的关系，突出对能力的关注。统观德才的评判，重要的是运用科学的计票方法，规避一人一票简单相加，力戒简单以票取人。为此，肖兆权提出："首先，通过设定最低得票数出局一批多数群众不认可的干部；然后，运用情景模拟、无领导小组讨论、能力素质测试等方法甄别比较出一些干部；最后，运用实绩分析、民意调查、综合评价等程序对拟任人选实行差额考察，确保好中选优。"[2]

3. 从着眼全面性的视角来夯实保障条件

德才兼备用人标准实现机制得不到保障，既有历史传统所形成的客观因由，也有基于评判手段所造就的现实因由。从着眼全面性的视角来夯实保障条件，一方面要全面提升经济政治文化方面的基础保障，另一方面则要全面创新评判技术手段。

其一是全面提升经济政治文化基础保障。德才兼备用人标准实现机制的基础保障主要来自经济、政治和文化三个方面。为此，完善这三个方面也是推进实现机制的重要环节。首先要推进经济发展，为德才兼备用人标准的实现创造物质条件，并且在发展经济的过程中，将市场原则引入到选人用人过程中，激活选人用人中的竞争因素，以合理、公开、公正的竞争来推进优秀人才的选用。并且将市场经济发展进程中的有益经验借鉴过来，将市场体制的完善过程与选人用人体制的完善结合起来。其次要推进政治发展，为德才兼备用人标准的实现创造政治条件，将用人体制的完善作为政治体制改革的重要内容，同时通过政治体制整体改观来造就用人环

---

[1] 仲祖文：《将"考德"贯穿全过程》，《人民日报》2011年9月9日。
[2] 肖兆权：《干部工作民主化：难题与破解》，《学习时报》2012年8月27日。

境改善，推进用人体制的变革。最后要推进文化发展，为德才兼备用人标准的实现提供软实力支撑。文化保障是内隐的，却是持久的。政治文化的提升从某种意义上影响着政治生态的完善与发展，自然也影响着选人用人体制的变革。全面提升三方面的保障条件，既不可平均用力，也不能顾此失彼。从根源性上看，没有经济的发展和物质财富的积累，任何变革不仅得不到物质支撑，也难以持久；从直接相关性上看，没有民主政治的发展，选人用人体制的变革中缺乏民主，自然也难以造就良性的选用机制，德才兼备用人标准实现机制就会成为一句空话；从持久性上看，政治文化的培育是个长期的过程，良好的政治文化对政治生态的影响也将是长期的，但要推进选用人体制的变革，必须要着眼于吸纳人类历史上的先进文化成果，本着洋为中用、古为今用的原则，全面提升文化软实力。

其二是全面运用各种评判技术手段保障。诚如前面所言，对于德才兼备用人标准的评判包括了考与评两大基本手段。但是，这两种手段并不是排斥的，不相融的。不仅如此，从务实性与科学性的视角看，这两大类方法中也包括了很多其他方法。全面运用各种评判技术手段，就是将这些方法有效地运用起来。为此，尤其要关注以下几点实施原则：首先，定性与定量结合。无论是对德的考评还是对才的考评，都应本着定性与定量结合的原则，从定性的角度看是要选用好人与能人，从定量的角度看则是量化好人与能人指标，能够通过数据比较说明。其次，历史与现实结合。一个人是否是个德才兼备的人，关键是看实践。历史实践说明这个人过去的德才如何，现实实践说明这个人现在情况怎样。毛泽东曾明确指出过："必须善于识别干部。不但要看干部的一时一事，而且要看干部的全部历史和全部工作，这是识别干部的主要方法。"[①] 不仅如此，结合历史与现实还能够看到一个人的成长过程和发展趋势，更容易全面认识人的德才素养与实际能力。再次，成绩与成本结合。一个人创造成绩是不难的，难的是如何用最小的成本创造最大的成绩，从经济学和社会学的角度看就是效益最大化。选用干部是选用政绩突出的人，但政绩是如何得来的，在创造政绩的过程中消耗了多少资源；创造的政绩是否对他人、社会和后代子孙有利，是否具有长效性等，必须是考察成绩过程中需要考虑的因素。最后，个体

---

① 《毛泽东选集》第2卷，人民出版社1991年版，第527页。

与团队结合。个体是在社会中创造成就的，也是依赖团队来创造成就的。社会不仅是个人成长的环境要件，也为个人成长和创造成就的过程提供资源支撑，团队不仅是个人归属的圣地，也是个人力量的源泉。在评判一个人的德才素养时不仅要看其与团队的关系，还要看其在创造成就过程中如何看待个人与团队的贡献。

三、注重制度体系连接，盘活实现机制的内在功效

德才兼备用人标准实现机制的探索是围绕德才兼备的干部开展的。有了德才兼备的干部，才有对德才兼备的干部的选与用的问题。德才兼备的干部不是自生自就的，需要培养，没有人才的培养培训制度就无以造就德才兼备的干部，也就谈不上干部的选与用的问题。干部的选与用实际上并不是一个环节，包括选择与使用，选择的过程是个择优的过程，不然就不叫选择；确保选择是个择优过程不仅需要提供多个备选客体，还需要选择制度的完善与创新。使用的过程是个实践过程，如果选择环节比较完善的话，自然会选择出优秀的干部，但优秀干部也需要动态地分析。一方面与其他人相比，他优秀与否不是既定的，经历不同的实践和培育有可能会出现更优秀的干部；另一方面与其自身相比，可能选择前是优秀的，但一旦到达岗位后变得不思进取了。所以，使用的过程包括对干部教育培训与监督控制，甚至罢免这样的制度配套才能确保德才兼备用人标准的贯彻和落实。由此，推进德才兼备用人标准实现机制涉及干部的培养培育制度、选优汰劣制度、监督管理制度三大制度。

（一）完善干部的培养培育制度，造就德才兼备的后备干部队伍

干部的培养培训（以下简称干训）不仅有利于培养德才兼备的人才，也有利于优化干部队伍结构。建党90年来，我们党之所以能不断取得革命、建设和改革的巨大成就，得益于我们拥有一批批德才兼备的干部队伍，也得益于我们拥有健全的干部培训体系和机制。目前，面对新的时代任务，只有不断创新干训机制，才能造就千百万德才兼备的优秀干部，继续推进社会主义伟大事业。根据《公务员职业道德培训大纲》的要求，"十二五"期间将对全体公务员进行一次职业道德轮训，并规定培训时间

不少于6学时，同时建立培训长效机制，加强"官德"教育。对于干部的才能培训也应如此。针对当前干训中存在的问题和德才兼备用人标准的新要求，亟待完善如下八大机制。

1. 完善参训对象的激励机制

干训的目标是提高参训对象的德才素养，参训者是否积极投入直接影响到培训的效果。根据经验，只有不断完善参训对象的激励机制，参训者才能正确认识培训的必要性、重要性和重大意义，才能积极地投入培训中，才不会将培训当成敷衍塞责的形式化任务来完成。完善参训对象的激励机制要做到以下几点：其一，干训计划的科学性。对每一年度干训情况都要进行认真的总结回顾，及时查找问题和总结经验，在此基础上通过对干训需求进行广泛的调查研究，悉心征求各方面的意见，拟定下一年度的干训计划，力求干训计划的科学性。其二，培训内容的针对性。为了增进干训工作的实效性，在选择参训干部时，应注意根据具体的培训内容。比如，如果是基础理论学习班，理想信念教育班，就倾向于选择年青的参训对象；如果是市场经济理论班、经营管理班，就倾向加大在企事业单位中选拔参训对象。其三，内容选择的自主性。为了达到在确保基本理论学习的前提下满足干部的个性化培训需求。体现干训的差别化，在培训内容上应推行菜单式管理，每年年初确定一批培训项目和内容，由各单位确定的参训干部根据自身需求自主选择，每人从菜单中选修需求的系列。其四，培训成效的关联性。为了达到好的成效，建议确立干部任职资质制度和干部继续教育制度，将干训工作的最终考核与工作评价、选拔任用、职务调配等方面结合起来，增强了参训对象参与干训工作的积极性，提高他们的学习热情。

2. 完善培训主体的孕育机制

干训工作的成效与教育者自身的素养密切相关，教育者首先受教育这一原则在干训工作中照样是适用的。只有拥有德才兼备的培训主体，才能培养出德才兼备的受训者。为了完善培训主体的孕育机制，需要做好以下几项工作：其一，加大引进人才的力度。为了达到配齐配强工作人员，加强作为干部教育培训主阵地和主渠道的各级党校和行政院校的师资队伍建设，要有计划地引进高学历、高水平的人才，不断为培训主体注入新鲜血液。其二，营造留住人才的环境。通过加大资金投入，改善工作条件和工作环境，将有经验的优秀培训人才留下来，并为其进一步发展创造良好的工作环境。其三，推进提升人才的条件。要有计划地选派党校和行政院校教员到高校进修深造，进一步更新知识，掌握先进的教学方法，提高自身的研究和创新能力；要采取有效的激励机制，鼓励培训主体承担重大科研课题；要加强与党政及企事业单位合作、深入实际调查研究，帮助教师了解改革发展实践中的新鲜经验和把握现实工作中的实际问题；要通过挂职锻炼、参与当地党委政府重大调研课题研究和中心工作等活动，使教师的教学过程能够更好地将理论与实践结合起来。其四，铸就客聘人才的传统。干训工作应拓宽视野，打破固有的模式，将聘用客座教员制度化，有规划地聘任一批高等院校、科研院所的专家学者参与到培训主体行列，将既有一定的理论水平又有丰富实践经验的领导干部以及业务骨干吸纳到干训工作的师资队伍中来，让专家学者或业务骨干讲授专业知识，让有理论和实践经验的领导干部讲授领导科学方面的知识。孕育优秀的教育主体对于提高干训工作成效的作用有目共睹。不仅如此，培训主体自身素养的提升，良好师德的影响对于参与干训者也是一种另类教育——身教。

3. 完善培训阵地的延展机制

在传统计划经济条件下，干训工作大都局限于国内各级党校、干校、行政学院、社会主义学院，没有有效地运用好国内高校的培训资源，更没有开拓国际培训空间。随着市场经济的发展、科技知识的进步和开放程度的拓宽，这种传统、封闭、单一、狭隘的培训阵地无以满足参训对象的多样化要求，也往往造就一种培训垄断。根据一般的规律，绝对权力造就绝对腐败，垄断权就是一种绝对权力问题。为此，进一步延展培训阵地既是培养德才兼备的人才之需，也是有效避免干部培训工作中出现腐败的需要。完善培训阵地的延展机制，必须做到以下几点：其一，由党校行政学院培训阵地延展到各类高校，以充分满足培训对象对知识诉求的需要，有效地利用高校的学术资源和学科优势，本着"引进来"和"走出去"相结合的原则，一方面引入高校相关学科教师作为客座教员，另一方面直接将课堂引到高校去。从 2010 年 3 月底开始，2000 多名中央和国家机关厅局级干部在接受组织培训时有了新选择。除国家行政学院和中央党校外，北大、清华等 5 个高校也被列入选项。这意味着我国党政干部培训形成了一种干部培训多元结构。其二，由地方培训阵地延展到区域之外、国外培训阵地，突破地方干部地方培训的局限性，到高级党校行政学院或外地培训阵地，甚至结合需要和财力，到国外学习培训，以扩大思维视野和开拓发展思路。其三，由传统的实体培训阵地延展到虚拟培训阵地，充分发挥网络教育的优势，有效整合和利用网络资源，充分享受现代科技成果，运用网络技术加快网上培训中心建设，使干训工作实现自主性和互动性，较好地解决教学资源的时空限制和工学矛盾。

4. 完善培训内容的更新机制

干部教育培训的内容应当与实际工作需求相适应，与干部自身素养状况相适应，把干部教育培训由简单的理论知识的灌输转变为提高解决实际问题的能力。为此，培训内容的设置既应重视理论学习又应重视知识更新，更要重视能力培养，还要体现党代会与党的全会精神。完善培训内容的更新机制应做到以下三点：其一，注重调查研究，做到学需相应。以学员需要为导向，科学地设置相应的培训内容，做到"干什么、学什么"，"缺什么，补什么"，找准"供"与"需"的结合点。干部需要些什么，要通过问卷调查或走访座谈等形式向学员以及学员单位调查。只有加强调查研究，改变过去那种先定主题设置内容，再安排学员来培训的以"我"为主的培训方式，才能提升学习的主动性，确保学习成效。其二，根据实际需求，不断更新内容。不同的时段和不同的参训对象，其实际需求不一样，干训工作的实践性强，而实践的突出特征是变化性大。适应实践工作的变化，干训工作要不断更新内容：一方面要结合实践变化推进理论发展，增强理论的服众性，保持理论的鲜活性，形成体现理论与时俱进品格的好教材；另一方面要结合任务要求加强技术和技能教育，增强知识的可用性，保证参训者能力水平的不断提升，体现理论源于实践而指导实践的本性。其三，根据党代会与党的全会精神，不断增添培训内容。比如党的十七大将反腐倡廉建设作为党建的五项重要任务之一，说明我们党对于反腐倡廉工作的重视度又大大提升了，如何在培训中体现党在反腐倡廉方面的关注是培训中必须考虑的。加强干训既是铸就腐败心理防线的需要，也是培养较高的官德和党性的需要。

5. 完善培训形式的拓进机制

形式是为内容服务的，但好的形式对于内容而言有积极意义。干训工作要不断地探索多样化的形式，以形式促内容，最终达到教育培训干部的目的。完善培训形式的拓进机制，应着眼于不同的视角：其一，从培训类型的视角来看，应做到长短结合，有所为有所不为。一般而言，干训有例常班次的安排和临时班次的安排，对前者而言应在坚持惯例基础上拓进，如中青班、县级班、科级班每年都有，但不能采用完全一样的形式。因为很多中青班次、科级班次的也可能要经历县级班次。如果形式一样可能导致学习兴趣淡化，甚至自己不来学习，而让别人代学，这也是极不正常的现象。更有甚者，可能会利用熟悉的形式钻制度的漏洞，不仅起不到培训的效果，还产生新的问题。就后者而言要结合时势，采取可长可短的培训形式，如理论宣讲骨干班、业务知识传授班等等。当然，完善培训形式要针对不同的培训对象及其工作特点，强调把课堂、书本、社会实践结合起来，本着恶补所缺知识的目的做到有所为有所不为。其二，从教学方式视角来看，应做到传统与创新相结合。在要发挥传统讲授式优势的同时，不断丰富和推进教学方式的多样化和灵活性。比如专题化培训要做到角度新、问题精、例证实、思路清、信息量大；案例教育应强化精品意识，增强培训的针对性、实效性和互动性，提高干部分析和解决实际问题的能力；实用培训应结合社会实践情况，增强培训内容的技能成分和可操作性，多办和快办一些内容丰富、形式多样的短期实用技术培训班；等等。同时，还应利用网络技术，积极构筑网络教育平台，与各级培训机构共享教育资源。创新教学方式对于提高参训者的学习兴趣，确保培训的成效都有积极意义。

6. 完善培训成效的考核机制

加大对干训的考核力度，是确保干训成效的关键环节，是造就德才兼备人才的必然选择。干训工作的成效考核要结合干训工作的目标要求和具体的制度规定。前者是务实的，后者是务虚的。就前者而言，要结合不同时期的具体任务，制定详细的量化要求，就后者而言就是全面学习贯彻《干部教育培训工作条例》等制度规范之规定。完善培训成效考核机制应制定严密的考试考核制度：其一，要建立考核情况通报制度。要把考试考核作为衡量干部学习成效的一种重要手段，考试考核情况及参训人员在干部培训期间的具体表现通过某种形式反馈给干部主管部门，并在一定范围内通报。其二，要建立考核成绩入档制度。要利用计算机建立干部教育培训档案系统，将每一位干部接受政治理论教育、学历教育、专业培训和专题培训的情况记录在案，全面反映干部教育培训情况，并适时提供给干部任用部门。其三，要建立多样化的考核方法。要注重干部教育培训的质量考核，对参训干部的学习情况和表现随时进行评价和考核，采取书面考核、教师打分、提交论文等不同方式对参训干部的学习情况进行评价和考核，也可对参训干部回到工作岗位知识转化为能力的情况进行跟踪考核评价。其四，要加强考核的硬性规定。培训机构要硬化考试程序等方面的制度规定，采用定期考试和不定期组织理论和业务知识测评相结合的考核方式。加大考核力度、考核强度、考核频度对于有效避免干部培训工作中的腐败，提高培训工作效果有积极意义。

7. 完善培训进程的监控机制

如果说培训成效的考核主要是针对参训干部的，培训进程的监控则主要是针对培训阵地和培训主体而言的。正如前面所言，干部培训机构在某种程度上讲是垄断的，如果不能很好地对这些培训机构进行适时监控，这些机构也可能出现违规行为，而培训阵地和培训主体出现问题，培训的成效就可想而知了。所以，干训工作应形成党委统一领导、组织部门牵头抓总、有关部门分工协作、分级管理的领导机制，重点理顺牵头部门、主管部门及施教机构的工作关系，加强统筹协调，整合培训资源，努力克服干部教育培训管理中出现的缺位、越位、失位的现象。与此同时，要全面监控培训进程，加大对培训阵地和培训主体的监督，在实施培训成效评估的同时全面启动教学评估制度，及时发现教学中存在的问题与不足。主要做好两项大的工作：一是完善干部教育培训资格认证制度，制定科学、规范的培训质量评估和监督办法，建立专家评审、组织考核、干部评议三位一体的评估体系，定期对培训基地的教学设施、师资力量、服务质量及培训质量等进行检查考核，及时掌握培训情况，确立培训机构取舍，从而规范学校办学行为，提高办学水平，确保教育培训实效。二是做好实际教学进程的监控制度，通过学员座谈、评议、向他们发调查问卷等方式对培训计划的可行性、培训内容的针对性、培训方式的合理性、培训师资的优秀性、培训结果的实效性进行全方位的了解，对各级各类培训机构和培训老师进行全方位的测评，并对评估结果给予及时通报。

8. 完善培训经费的保障机制

加强干部教育培训，必须建立在一定的物质保障基础之上。目前，我国干部培训教育阵地大都是全额财政单位，还没有完全引入市场原则。但是依据政府财政的支持，培训阵地仅能维持培训的生产性支出如固定资产的价值消耗；学校教学活动费、公务费、采暖、水电费、修缮费等经常性支出；教职工的工资支出；培训设施、设备的更新费用等。培训阵地要培训自己的人员，达到可以上岗的认证标准，推进自身水平的提升还面临着一些经费方面的约束。所以，对培训阵地加大财政方面的支持是十分必要的和紧迫的。培训实践表明，如果不加大对培训阵地的投入，培训阵地里的培训主体的收入水平达不到地方平均水平，他们就不仅不可能全身心地投入培训工作之中，还有可能利用培训工作之机搞点体制外的手脚。同时，就参训人员来讲，参与培训既是自身发展的需要，也是为了更好地推进社会工作，他们参与培训是利国中有利己。应多方面筹措资金，逐步建立财政、单位、个人"三位一体"的干部教育培训经费保障机制：各级财政应进一步加大干部教育培训经费投入，尽量地将干部培训专项经费列入地方财政预算，夯实干训工作基础；要拓宽干训资金投入渠道，引入市场机制，探索单位、社会、个人相结合的多种投资方式，实现干部教育经费的多元化；要努力开发社会资源，大力推进院校合作，积极推进干部教育培训的市场化进程，真正将干部教育培训纳入整个社会的人才教育培训体系中，从而为干部培训工作节省资金，降低成本。

（二）完善干部的选优汰劣制度，确保德才兼备干部的脱颖而出

当完成德才兼备干部的培养培育工作之后，下一步就是将具有德才素养的干部选拔出来并配备到适当的岗位上去，同时将不具有德才素养或德才素养不符合岗位要求的干部调离开去。为此，必须建立和完善干部的选优汰劣制度。

1. 创新干部的选举制度

无论是东方还是西方，由选举产生的干部是最为重要的干部，一般都是政治类、决策类的干部；而与其对应原选拔类干部则主要是技术类、执行类干部。前者是后者的主要指定者和任命者，前者的素养决定和影响着后者的素养。为此，创新干部的选举制度，确保德才兼备的选任干部对于用人机制的落实意义重大。

一是明确选任制干部的范围，规范选任干部的标准，积极探索岗位任职资格证制度。选任制的实施是有边界的,一般来说,政务类干部适用于选举,如党政主要负责人应当选举,代表大会、委员会制的代表需要选举,而专业性技术性强的非政务职位,党政机关职能部门的内设机构,具体的管理岗位等则不适用于选举。要努力扩大选任制度的范围,将凡能延伸到的领域尽力触及,可以上至党政机关,下至企事业单位和各乡镇、街道,以便尽可能把社会各方面的优秀人才都集聚到党的事业中来。应根据选任干部的不同区域、不同层次、不同岗位职责规范及能力要素标准,建立各有侧重、各具特色、简便实用的领导班子和领导干部任用标准体系,为干部选任提供科学的依据。在干部选任制度的适用范围内积极探索实行岗位任职资格证制度:一方面,要依据岗位职责要求和干部成长规律,明确任职资格和条件,包括年龄、任职年限、经历、文化程度、培训情况、专业、身心健康状况等情况;另一方面,要细化岗位工作内容、职责、标准,并将其作为履职能力和任职资格考察的基本依据,增加干部选任的"刚性指标",确保能够产生德才兼备的干部。

二是创新选任干部的方式,规范选任干部的程序,积极探索干部选任过程控制制度。从宏观方面看,我国的选举制度包括政党、国家机关和自治机关三大块,分别是以党的代表大会制度为核心内容的政党民主制度、以人民代表大会为根本政治制度的社会主义民主政治制度和以村民自治为原则的基层民主自治制度。创新选任干部的方式,就是本着实现和推进民主的理念,全面推进三个层面选举制度的进展,要坚持把干部的德放在首要位置,选拔任用那些政治坚定、有真才实学、实绩突出、群众公认的干部,形成以德修身、以德服众、以德领才、以德润才、德才兼备的用人导向。为此,应不断扩大直接选举面,缩小间接选举面;扩大差额选举,缩小进而避免等额选举;增强选举进程中的竞选因素,逐步实现从确认型选举到竞争型选举。从选举程序和过程控制来看,选任干部的岗位公布、候选人的初始提名、选举人的投票选举、统票计票、考察上岗等环节不可或缺、不可逆转。在整个过程中,要规范和控制好提名环节,积极倡导提名形式多样化,处理好个人自荐、群众推荐和组织提名几种形式的关系,摆正党管干部和社会公众选择权的关系,真正把选择干部的权力交给群众;应科学界定提名人的责任和权力,严格提名责任追究制度以确保提名质量。应实施和推进竞选制度,允许候选人之间通过正当的手段开展相互间的竞争，允许候选人围绕落实代表大会确定的纲领性主张提出和宣传自己的施政设想，同时建立不简单"以票取人"的机制。

2. 创新干部的选拔制度

公开选拔制度和竞争上岗是干部选拔制度的创新之举，它们有效地结合了干部任命制和干部考任制的优势，扩大了干部选用过程的民主，使干部选拔呈现出选举化趋势。资料显示，"2011年，90%的中央国家机关和参照公务员法管理单位开展了竞争上岗工作，竞争上岗职位1619个，半数以上省（区、市）竞争性选拔比例则超过30%"。[①] 由于从选拔过程和程序上看，公开选拔和竞争上岗有很多相似的地方，从某种意义上只是被选范围方面有较大差异，所以创新这两种选拔制度以确保德才兼备人才的产生应着眼以下两点。

一是明确适用范围，确定资格准入条件，完善职位定位机制。无论是公开选拔还是竞争上岗，其适用范围与资格准入是初始环节，关系到选才标准与选才目的等指向维度的确定。目前，公开选拔是面向全社会展开，而竞争上岗一般是针对系统内部或单位内部。公开选拔的范围基本可界定在地方党委、人大党委会、政府、政协、工作部门或者工作机构的领导成员，以及其他适和公开选拔的领导成员。从职务层次看，公开选拔适用于厅局级正职以下领导职务；从保密工作考虑，涉及国家安全、重要机密等特殊职位，没有进行公开选拔。近年来，公开选拔和竞争上岗的范围和层级不断拓展。但是，由于现在没有针对党政领导干部进行统一的职位分类管理，职位确定的随意性、不科学性，资格条件限定绝对化、片面化还不鲜见，也容易出现公开选拔或竞争上岗中"报名荒"的资源配置不均问题和准入资格方面"机会不平等"，这种情况严重违背了公开选拔制度和竞争上岗制度扩大选用人才视野及选用德才兼备干部的初衷。因此，公开选拔制度和竞争上岗制度必须把握好方向，准确定位，本着因岗择人，统一规划，人岗适宜的原则，明确用人的职位条件、选拔范围、选拔周期与频率、成本限额等规范化、制度化问题，并尽可能地依照有关法律和章程把选拔职位放宽到委任制、选任制、聘任制领导职位，提高选拔的针对性、层次性和连续性。同时，要根据不同职位对干部素质与能力的要求，从本

---

① 《资讯—数据—9成》，《廉政瞭望》2012年第3期。

地区本部门的实际出发，在科学确定职位的基础上，合理确定选才标准和资格条件，不拘一格地选拔人才，在选用中比德才、比实绩、比口碑，比干得好。在笔试面试考题命制中，着重测试人选对岗位工作的熟悉程度、对相关业务的思考深度、对实际问题的分析解决能力和发展潜力，以便让干得好的考得好。

二是规范操作程序，提高选拔技术手段，完善德才测评机制。公开选拔和竞争上岗一般要经历六项主要程序：公布公告；组织报名与资格审查；组织统一考试，包括笔试和面试；组织考察，研究提出人选方案；党委（党组）讨论决定；办理任职手续，选拔结果要向社会公布。在六项程序中，基于选拔制度的技术手段最容易影响选用人才的素养。现在很多地方的公开选拔和竞争上岗工作都采用逐轮淘汰考试排名靠后的应试者的办法，在很大程度上助长"唯考是举"、"会考不会干"等"考试专业户"现象，形成"干得好不如考得好"等错误思想导向。再加上笔试内容指向性差、针对性不强，常简单化为公共科目单一内容的考查；面试方法简单化与考官素质结构不合理，极易使"考试专业户"钻空子，导致面试结果失真。同时，当前面试评委一般由专家、领导干部和人事干部组成，组织考察操作性差，难以避免个别评委完全凭个人主观印象和感觉打分，严重影响结果的公正性和权威性。为此，应科学合理地设定公开选拔和竞争上岗的遴选方式：在考试内容上，专业科目试题要在职位分类基础上侧重考察选拔岗位的工作职能，重点突出能力素质测试；在题意设置上，应使题目具有较大的开放性和启示性，充分启发应试者的思维，避免对书本知识的死记硬背；在考试方式上，应不断创新形式，增加考察"收集与处理信息、解决实际问题"的能力，试行社会调研式的实地现场考试方式；在面试方法上，积极探索结构化面试与情境模拟、实岗见证、心理测试等方式相结合的面试模式，尽可能全面、准确地测评应试者的人格特征、应变能力和社交等综合素质；在面试考官的组成上，应增大专家评委的比例，保证面试的专业权威性、评分公正性；在选用顺序方面，可以把民主测评和民主推荐放在笔试、面试之前进行，使过不了"德"这一关的竞争者就失去了笔试、面试的竞争资格。

另外针对公务员系列改革、事业单位改革和企业用人制度的具体情况，特别是对技术类和事务类干部还可以扩大考任制度和聘任制度，规范和推广公务员考试、司法考试、事业单位用人考试制度,并且加大考任聘任期内的考核,以确定是否续聘问题,从而增强干部的危机意识,从自身思想深处时时要求提升德才素养问题。

3. 推进干部的淘汰制度

在一定历史时期的干部总量是一定的,干部队伍要保持活力必须要及时更新,更新的过程实际上就是个有上有下、有进有出的过程。在干部入口方面的控制是为了确保选拔出德才兼备的人才,干部出口同样也是为了清退不合格的干部,确保在职干部是德才兼备的人才。从干部出口的视角看德才兼备用人标准实现机制,必须不断推进干部的淘汰制度建设。

一是完善干部的正常淘汰制度。在这里,所谓干部的正常淘汰制度主要指干部届满退出制度和干部适龄退休制度。干部届满退出制度是确保干部队伍富有生机与活力的重要措施,因为干部在同一职位上长期任职往往会出现精神懈怠,在建党90周年时胡锦涛同志也指出要防止精神懈怠的危险。为此,必须根据干部的类别和任职年限,根据法律规定予以适当调整。按规定,经选举产生的领导职务,连续任职一般不得超过两届;委任的政府组织成员,任职时间一般为一届,特别优秀的,连续任职一般不得超过两届;部门领导连续任职不得超过10年,到期不能晋升职务的,改任非领导职务,不再易地做官。在目前政治生活中,仍存在违背上述规定的情况。推进干部届满退出制度,要研究制定领导职务退岗的配套政策和制度,增强干部在领导岗位或不在领导岗位的适应性,鼓励、支持退出领导岗位的干部再就业,即从事其他非领导岗位的工作。干部退休制度是确保干部更新,让年龄大的老有所养,更让年轻人的才有所用的制度。邓小平曾明确指出建立退休制度的重要性:"不建立这个制度,我们的机构臃肿,人浮于事听状况,以及青年人上不来的问题,都无法解决。"① 实际上,我国宪法、劳动法等相关法律都对干部退休制度作了明确规定,但目前仍然存在的情况是"退而不休"。从积极意义上看,让老同志发挥余热,对事业的发展有利,但前提是不应影响更有精力、能力的年轻人的锻炼机会。实际上,有些退而不休的老干部不是着眼于继续发挥余光余热,而是留恋自己的权势和名位,说白了就是官本位思想作怪。为此,如何解放思想,

---

① 《邓小平文选》第2卷,人民出版社1994年版,第226页。

更新观念，完善干部退休后的工资待遇、福利保障和组织管理，如何减轻老干部退休后的失落感是推进干部退休制度的重要切入点。

二是推进干部的非正常淘汰制度。在这里，所谓干部的非正常淘汰制度主要指不是基于任期届满或年龄因素退出干部队伍的制度，尤其是指干部的基于任职有过、任职无绩或失职等原因构建的罢免制度。建立健全科学的行之有效的干部问责制度，是推进社会主义民主政治建设、深化政治体制改革的一项重要任务。邓小平曾强调过建立分工负责制的重要性，指出："必须把分工负责制度建立起来。集体领导解决重大问题；某一件事、某一方面的事归谁负责，必须由他承担责任，责任要专"，[①] 同时，应结合他们的责任，"根据工作成绩的大小、好坏、有赏有罚，有升有降"。[②] 当前，推进干部的问责制度要树立一种理念，不管什么样的人出现责任缺失都要问责，都要接受处理或处罚甚至罢免、追究刑事责任，不能存在所谓问责盲区，更不能存在所谓"倒宝塔问责"。"倒宝塔问责"就是职务越高、责任越大的人处分越轻；而职务最低、责任最轻的基层干部处分越重，呈现反比例关系。具体有两种情况：一是，只处分小官，不处分大官；二是，只处分执行者，不处分决策者。两种情况的本质，都是真正的、主要的责任人被"替罪羊"代替了。高职位的官员不因责任缺失受到追惩，会树立一个坏典型，进而影响到整个干部队伍的德才素养，也堵塞了优秀干部的入口。香港的问责制规定的处罚力度与职务高低成正比，这应当为我们大陆所借鉴。实际上，我国《关于实行党政领导干部问责的暂行规定》对于问责的处置已有相关罢免规定：引咎辞职、责令辞职、免职的党政领导干部，一年内不得重新担任与其原任职务相当的领导职务。但是，目前问责后的官员还存在一些不正常情况：其一是易地为官，其二是短期蛰伏，其三是明降暗长，其四是毫发无伤。以上四种情况，最终都是导致问责官员的快速复出，都会影响执政党的公信力，也都违背了问责制度的初衷，不利于德才兼备用人标准实现机制的落实。2011年11月14日，中国人民大学公共政策研究院反腐败与廉政政策研究中心主任毛昭晖指出，问责官员几乎100%复出，官员免职成了"带薪休假"，使人民很受

[①] 《邓小平文选》第2卷，人民出版社1994年版，第282页。
[②] 《邓小平文选》第2卷，人民出版社1994年版，第151页。

伤。杨雪冬认为，官员问责再复出缘于问责机制的漏洞："人们之所以对问责存在争议，被问责的官员又倍感委屈，就是因为现有体制在实际运行过程中没有理清不同层级、不同部门之间的权责关系，结果常常是实际决策者没有受到应有的处罚，具体实施者，甚至临时接手者成为问责对象。毫无疑问，问责制度的设计，根本目的是将局部风险控制在发生地。但是，如果不能首先理清权力关系、责任分属关系，那么即便问题一出，马上处罚几个官员以慰民众，也无法使问责制度的功效持久保持，更难以使问责制度成为改变官员行为的激励性制度。"[①] 为之，应在深化不同形式的分权，建立合理的官员退出机制的基础上，对问责官员复出的实体条件、复出程序的公开性、复出的时间和职务进行严格规定，真正置官员复出于阳光之下，才最终利于用好干部和赢得民众认可。

（三）完善干部的监督管理制度，让德才兼备的干部保持先进性

干部监督管理制度不仅要贯彻于干部的培养、选拔、使用的关键环节，还应当贯彻于干部使用的全过程。为了使选拔出来的德才兼备之人确实能有效地发挥其德才能力，既需要不断地对他们进行有效激励，也需要加大监管力度避免任职懈怠的情况。为了在干部使用过程中，始终让其保持先进性，不断提升自身的德才素养，尤其是防止德才素养的滑坡，需要完善如下制度。

1. 干部的考核制度

干部考核制度就是针对干部的岗位职责，对其德才状况的测评，通过政绩看德才，根据德才用干部。完善干部考核制度，首先要针对目前干部考核中存在的问题：如考核指标设置不合理，考核体系不完整不科学，考核指标单一性甚至唯一性，唯 GDP 现象；如考核的主体主要是上级官员，缺乏让广大群众参与评判与监督的渠道与机制；如考核结果的定位与运用不够合理，没有将考核结果与干部的升降奖惩相挂钩等。针对于此，改革和创新干部考核制度首先要改变唯 GDP 是从的做法，干部的升迁不只是以"政绩"作为唯一的标准，更重要的是透过政绩看德才。其次要扩大民众参与，强化上级巡视力度和加强专业审计力度，在要扩大民众在民主参与

---

① 杨雪冬：《官员问责机制最大的漏洞》，《人民论坛》2012 年第 1 期。

干部考核的同时加强党管干部工作,将党管干部与人民公认结合起来,逐步由"官考官"过渡到"民考官"。最后是系统地看待干部考核,把考核结果作为领导班子建设和领导干部选拔任用、培养教育、管理监督、激励约束的重要依据,将考核工作特别是审计工作贯彻于干部任前、任中与任后的全过程,要坚持任前审计,把好干部选用的入口关,以避免干部的失察、失误、失实和带病上岗;要坚持任中审计,对群众有强烈反映的更要认真对待,要有目的地、有重点地进行审计,发现问题及时解决,防止带病提拔;要坚持离任审计,通过审计可以使好干部轻松离岗,也可以使有问题的干部得到应有的处理。系统地看待干部的考核,还应当做好五个转变:由粗放型向精细化转变,由局部评议考核向全局的相关单位相关评议考核转变,由不知情不了解的参与向敌情的了解的参与者转变,由传统的考核方式向区域实名制的党政网络平台考核方式转变。[①] 通过思想转变,进而运用普遍联系的方法将干部考核与干部选拔制度挂钩,将坚持科学发展、善于领导科学发展,且实绩突出、群众公认的优秀干部选拔出来;将干部考核与干部交流制度挂钩,让适合于多种领导岗位的干部得到锻炼提高,也让适合于某种特定岗位的人才有更好的发展平台;将干部考核与干部退出机制挂钩,对群众意见较大、不能胜任现职岗位的干部要及时进行调整,切实解决干部能上不能下、能进不能出的问题。为了确保干部保持先进性,在考核过程中坚持贯彻德才兼备、以德为先的原则,尤其要做好德的考核,将立德、育德、察德、律德、考德结合起来,将德才考核、政绩考核、民众认可结合起来。

2. 干部的交流制度

我国干部交流制度,是指各级党委(党组)及其组织(人事)部门按照干部管理权限,以调任、轮换、转任、挂职等形式,对党政机关干部、企事业单位干部的工作岗位进行交流。干部交流的直接目标一是调配干部,二是锻炼干部,其最终目标就是要用人所长,使德才兼备的干部充分发挥自身的优势。但是,由于《党政领导干部选拔任用工作条例》、《党政领导干部交流工作暂行规定》对交流工作的政策规定都比较原则,有的地方在执行干部交流中有一定的随意性,再加上对交流干部的考核监督和管

[①] 卢瑞卿:《领导干部考核做好五个转变》,《学习时报》2012年8月27日。

理教育机制还不够健全，在一定程度上存在重选派交流轻管理教育的现象。比如，对挂职干部的管理比较薄弱，有的挂职干部原单位管不了，现单位很少管，放任自流。所以，交流中常出现这种现象：个别交流干部在原单位很优秀，但在交流后，组织上跟踪培养的措施没有跟上，其德才素养得不到充分发挥，影响了干部的成长和进步。推进干部交流制度，一要明确交流的对象及条件，推进规定性交流。针对同一单位岗位任职时间较长的中层干部，明确必须交流的任职期限，定期组织交流，消除干部思想上的惯性、工作上的惰性、人际交往中的近亲因素。二要树立正确的交流导向，推进结构性交流。要使有限的岗位资源和宝贵的人才资源实现最佳结合，同时既要保持保持领导班子相对稳定，又要以交流激活领导班子的活力，达到培养锻炼干部和改善领导班子结构的双重要求，确保交流干部自身德才素养的发挥和整个领导班子整体素养的提升。三要加大年轻干部交流力度，推进培养性交流。根据发展潜力、培养前途的后备干部的知识特点、岗位需要，通过转换腾出相应岗位的办法，进行多岗位锻炼横向交流，不断积累经验，提高能力，让广大年轻干部自觉到艰苦地区、复杂环境、关键岗位砥砺品质、锤炼作风、增长才干，经过艰苦复杂环境磨练、重大斗争考验、实践证明优秀、有培养前途的大批年轻干部才能够不断涌现出来。四要加大对交流干部跟踪考察力度，制定以实绩考核为主的干部考评指标体系，客观公正地评价交流干部的工作业绩，坚持以党性看干部，凭实绩用干部，靠德才树干部，用适当的待遇激励干部。五要解决交流干部基于两地分居、孩子上学等方面的后顾之忧，真正让其沉下心来从事现有工作，只有心静才能气专，才能充分发挥自身德才素养。

3. 干部的任期制度

前面谈及干部淘汰制度时提及，存在有些干部届满不退、退而不休的情况。实际上，这只是问题的一个方面，在现实政治生活中有些干部是届未满而身先退。其表现情况主要是届中调整过于频繁。干部的任期制度不仅包括最高任职时限，实际上也包括最低任职时限。按规定，没有特殊情况，领导干部必须任期届满，实现任期目标，才能调动或升迁。根据《地方人民政府组织法》规定，一届市长任期5年。一般地，经过人民代表选举产生的市长必须干完5年才能接受调整，这是对人民代表权利的尊重，也是实现民主政治的要义。然而在一些地方特别是基层单位，党政领导干部调动频繁，任期难以届满的问题较为普遍，有的地方甚至出现了"十年五任县长"的怪事。届中调整过于频繁，会增加干部短期任职的心理预期，让其感觉到的只是工作岗位的临时性，自然影响到其德才素养的发挥。目前，关于领导职务任期制的要求一般还缺乏可操作性的实施细则，有关任期制的制度有关表述也不严谨，"一般"、"应当"等模糊性规定较多，这就使领导干部经常被调动成为可能；任期制的适用范围缺乏统一、明确的规定，选任制干部的任期在法律、法规上都有规定，而委任制干部任期则无明确规定，领导班子成员有任期规定，而内设机构的领导职务则无任期规定，导致各地在制度的贯彻执行中缺乏依据。另外，任期制与岗位责任制密切联系在一起的，但目前从中央到地方，对党政领导干部岗位任期目标至今尚未做出明确统一的政策规定，岗位任期目标由谁提出、如何确定、由谁审批等，都缺乏可操作性的规定。再加上干部年轻化的推进，又增大了干部升迁的压力，助长了他们谋求频繁调动的心理动机，从而不仅影响了任期制的贯彻执行，也必将影响自身德才素养的实现。推进干部任期制，首先要规定领导职务任期制的实施范围，对各级干部的任期制作出明确规定，根据干部职务和专业性质，合理确定领导职务任期限制。其次要完善领导干部任期管理制度，建立任期目标责任制度，建立约束监督机制和实绩考核制度，健全任期届满退岗制度。

4. 干部的学习制度

推进德才兼备用人标准实现机制，离不开建立和完善干部的学习制度。因为理论创新每前进一步，理论武装就跟进一步。只有按照建设马克思主义学习型政党的要求，抓紧学习人类社会创造的一切科学的新思想新知识，将学习作为一种精神追求，深入学习和掌握马克思列宁主义、毛泽东思想，深入学习和掌握中国特色社会主义理论体系，牢固树立辩证唯物主义和历史唯物主义世界观和方法论，才能真正做到学以立德、学以增智、学以创业。从中央层面看，以胡锦涛为总书记的党的领导开展并贯彻了中央领导班子集体学习制度，为各地干部学习树立了良好的典范。当前，干部在学习制度方面存在的问题有：思想上不重视，说起来重要，干起来次要，忙起来不要，使学习的制度起不到应有的保证和制约作用；制定的学习制度不规范，操作性不强；学习内容针对性不强，与解决实际工作中的问题联系不紧；学习制度贯彻落实得不好，缺乏领导上、形式上和手段上的有效保证。本着学以立德、学以增智、学以创业的目标，遵行学习规律，创新学习制度：一要认清学习规律，从实践中学、从榜样中学、从成功经验中学、从失败教训中学，注重结合集中学习与分散学习，团队学习与个体学习，搞好学习后的测评工作，将学习态度、学习过程与学习成效结合起来进行考核，以确保学有所成、学有所用。二要创新学习理念，把学习与实践结合起来，以正在做的事业为中心，主动学习、互动学习、反思学习，真正做到学以致用，杜绝学习方面的形式主义，真正把学习落实到发挥自身素养和推进事业前提上来；把学习与创新联系起来，以开放的眼光看待学习、反复学习、终身学习，突破墨守成规和画地为牢的思维，注意包容和吸纳异质思维，真正让学习成为一种工作方式和生活方式。三要创新学习机制，既要发挥好上级带动作用，落实好一级抓一级、层层抓落实，又要发挥好本级党委中心组的组织和领导作用，明确学习目标和检验手段，有效开展团队学习，促进团队知识水平、能力水平和道德水平的提升。

第五篇

个案透视

第十章
临沂市德才兼备用人标准的主要做法

2007年以来，特别是2009年12月《2010—2020年深化干部人事制度改革规划纲要》（以下简称《纲要》）下发以来，临沂市对照《纲要》确定的目标和重点突破项目，坚持德才兼备、以德为先的用人标准，严格按《党政干部选拔任用工作条例》规定办事，树立了正确用人导向，提高了选人用人公信度。

一、优化选人用人环境

在选人用人方面，临沂市认真学习和贯彻了上级关于纪律和监督的要求，并将其渗透到各环节的精神，强化正面引导和全程记实，始终把正风肃纪摆在突出位置，坚持严明纪律、严格监督、严厉查处，坚持以好的作风选人，保证干部选任工作有序健康平稳开展；坚持教育在先、警示在先、预防在先，突出抓好"四项监督制度"及"5个严禁、17个不准和5个一律"换届纪律的宣传，把工作做在歪风泛起之前。同时，坚持对各单位学习"5个严禁、17个不准和5个一律"换届纪律的情况进行认真考核，对考核不合格的单位予以批评，并进行了及时约谈。另外，为了贯彻落实好德才兼备用人标准，临沂市还注重了政务公开工作，公开监督电话，发挥群众的监督作用。把组织监督、群众监督、舆论监督、严格监督贯穿干部选任工作全过程，从严、从早、从快查处违法违纪行为，形成对不正之风的强大威慑。为了优化选人和用人环境，临沂市对于经查属实或部分属实的选人用人举报进行了严肃处理，撤销违背干部任职决定的十几名相关干部。

二、把握正确的用人方向

坚持党管干部的原则。在推进干部人事制度改革的各个环节，始终注意围绕这一原则来展开。把干部选拔任用的实践，作为领导和组织群众按照党的干部标准和政策选拔、管理和监督干部的过程，努力实现党管干部与群众公认的有机统一。

坚持德才兼备、以德为先的选任标准。在选什么人、用什么人问题上，始终围绕推动科学发展来展开，着眼事业发展需要来选人，坚持把德摆在首位，既重才更重德，公道选人，重党性、重品行、重实绩、重基层、重口碑，充分听取各方面的意见和反映，深入考察，反复酝酿，确保把人选准。坚持德才兼备、以德为先用人标准，公道正派地选人用人，不让老实人吃亏，不让投机钻营者得利。坚持注重品行、科学发展、崇尚实干、重视基层、鼓励创新、群众公认"六个导向"，围绕推动科学发展、促进社会和谐选干部、配班子，选组织放心、群众满意的人，选实绩突出、善于推动科学发展的人，选熟悉基层情况、有实践经验的人。对综合素质好、业务能力强、表现突出、有发展潜力，能干事、会干事、干成事的优秀干部，不按排名，不唯资历，及时选拔到领导岗位上来。2011 年以来，共提拔重用县级干部 160 名，其中从县区提拔重用 40 名（具有乡镇工作经历的 27 名）。

始终立足优化领导班子结构、增强整体功能配干部，既考虑专业结构、能力结构上的合理性，又考虑个性特点、工作阅历上的互补性；既大胆选用优秀年轻干部，又合理使用其他年龄段的优秀干部，统筹考虑，不搞一刀切，防止任职年龄层层递减，充分发挥各个年龄段干部的优势和作用，努力做到人岗相适、才尽其用。目前，全市县处级干部 2044 人（市直 1517 人，县区 527 人）。其中，在职干部 1736 人，改任非领导职务干部 308 人；正县级干部 470 人，副县级干部 1574 人。研究生学历的 186 人，大学学历的 1507 人，大专学历的 327 人，中专及以下学历的 24 人；少数民族干部 12 人；女干部 252 人；党外干部 78 人；35 岁以下 34 人，36 岁至 40 岁 124 人，41 岁至 45 岁 317 人，46 岁至 50 岁 608 人，51 岁至 54 岁 516 人，55 岁及以上 445 人。

注重从基层一线培养、选拔干部，树立重视基层的鲜明导向。大力拓宽从县乡选拔干部的渠道。2007年以来，先后从县区提拔县级干部227名，包括正县级23名、副县级204名，其中具有乡镇工作经历的正县级干部16名、副县级干部155名，分别占69.6%、76%。2009年以来，有6名乡镇科级干部考选到市直部门担任副职。重视加强乡镇党委书记队伍建设，2008年以来，临沂市委先后印发了《关于县区委管理的党政正职干部选拔任用工作暂行规定》、《关于加强乡镇党委书记队伍建设的意见》等文件，明确"没有乡镇任职经历的，一般不直接任用为乡镇党委书记"，并从连续担任乡镇党政正职8年、其中任书记满5年的乡镇党委书记中，经民主推荐和考察，提拔了8名担任副县级干部。加大从农村社区优秀基层干部中考录公务员力度，畅通从优秀村干部中选拔乡镇领导干部渠道。近年来，面向村党组织书记、村委会主任考录了29名乡镇公务员。面向优秀村（社区）党组织书记、乡镇（街道）机关中层正职和所属事业站所主要负责人等；选拔了11名乡镇党政班子成员。

建立选聘高校毕业生到村任职长效工作机制，从大学生村官中考选一部分村级组织的负责人。为了克服一部分大学生村官和部分基层组织思想上存在的短期，临沂市建立了把优秀非党大学生村官培养成党员、把党员培养成支部成员、把支部成员培养成村党组织书记的递进培养链。现已从大学生村官中发展党员339名，预备党员转正179名。将政治素质好、工作能力强、发展潜力大的600名大学生村官列入村党组织书记后备人才库，进行重点培养。为进一步加大大学生村官培养使用力度，改善村级干部队伍年龄、知识结构，2009年下半年，从年度考核优秀等次的大学生村官中公开考选了100名村党组织书记、副书记。其中，4人担任村党组织书记，11人担任村党组织第一书记，85人担任村党组织副书记。2010年11月又从大学生村官中考选70名村党组织书记、副书记。为了使他们尽快进入工作角色、胜任新的岗位，临沂市委组织部制定下发了《关于加强到村任职高校毕业生村党组织书记后备人选管理和培养工作的通知》，就抓好公开考选后备人选的集中培训、合理安排拟任职务、建立乡镇党政负责同志直接帮带责任制、有针对性地加强培养、切实帮助解决工作中遇到的困难和问题等方面做出了明确规定。

三、创新干部选拔机制

坚持民主公开竞争择优的改革方向。保障党员干部群众的知情权、参与权、选择权、监督权，围绕增强竞争性、提高透明度、提升满意度，研究落实改革措施，干部选拔任用的民主公开程度明显增强，有序参与、有序竞争的局面不断巩固，树立了好的用人导向，干部选拔任用机制不断规范完善。

探索初始提名办法，实行分类提名的办法。提名是选任干部的首要环节，也是从源头上扩大干部选任工作的民主的开始。关于规范初始提名权的问题。在实际工作中，无论是制度层面还是操作层面尚缺乏一个统一的标准，无论是正职干部的初始提名还是副职干部的初始提名，以什么样的方式提名，既便于操作又能够保证质量，各地的做法也不尽一致，需要加以规范。临沂市抓住初始提名这个干部群众普遍关注的焦点环节，积极探索简便有效的操作办法，以正职干部的选拔任用为重点，从市县两个层面对初始提名办法进行了探索创新，初步实现了推荐提名主体的明晰化、程序的公开化。对于市委管理正职干部的初始提名，发挥市委全委会的作用，实行市委全委扩大会议无记名投票推荐提名。从2008年10月份到去年底，市委先后7次召开市委全委扩大会议，无记名投票产生了12名县区党政正职和市直综合部门正职，社会反响很好。在县区委管理正职干部的初始提名方面，临沂市委专门印发文件，对县区委提拔使用正职干部的提名程序作了规范，明确由县区领导干部会议无记名投票推荐产生，有效增强了干部群众对县区委选人用人的认同感。2008年以来，用新的提名办法先后选拔县区直部门和乡镇党政正职干部263人。临沂市正职干部任用初始提名的做法，被评为2008年度全省组织工作创新成果奖。

推行党委常委会无记名票决制度，扩大讨论决定环节的民主。在市、县两个层面全面落实常委会讨论决定干部任用票决制。2008年4月临沂市在全省率先出台《市、县区党委常委会对干部拟任人选和推荐人选票决办法》，对市、县区委常委会研究讨论干部的适用范围、票决程序、表决办法、纪律要求等具体问题作出明确规定。在程序上，要充分介绍拟任人选、推荐人选的推荐考察和任用理由等情况，让所有的常委对拟任人选、推荐人选的情况有充分的了解，在介绍拟任人选、推荐人选的情况后对人选进行充分讨论，对讨论决定环节的规范约束，实行决讨论环节的回避制度。在讨论的基础上进行无记名投票表决，从书记到其他常委一人一票，平等行使权利，有效避免了对干部任免少数人或个别人说了算的问题，票决结果当场公布。

实行全程记实制度，加强对干部选拔任用工作的监督。临沂市在山东省较早开展干部选拔任用全程记实工作，制定下发了《临沂市县区委管理干部选拔任用工作全程记实暂行办法》，在全市12个县区全面推开。全程记实主要记载初始提名、民主推荐、组织考察、酝酿、讨论决定、干部任职等干部选拔任用工作全过程的情况，重在程序记实和重要情况记实。程序记实，使责任主体更加明晰，每个环节更加清楚；重要情况记实，主要记载干部选拔任用工作中的特殊情况和重要情况。通过全程记实，强化了选人用人工作的责任意识，形成了事事有人负责、环环有人把关的监督机制，为强化选人用人责任提供了制度遵循。

加大竞争性选拔干部力度，为优秀人才脱颖而出创造有利条件。一是加大公开选拔力度。坚持公开、公平、公正，精心安排、周密组织公开选拔工作。2009年先后两批拿出20个县级领导职位公开选拔，其中正县级职位4个，副县级职位14个，女干部6名，党外干部4名。连续三年开展公开选拔乡镇科级干部工作，先后选拔443名乡镇科级干部。其中今年拿出29个乡镇班子成员职位和187个乡镇副科级职位进行公开选拔，共2631人参加笔试，725人进入面试，451人进入体检考察，公开选拔数量、应考人数是临沂市历史上人数最多、规模最大的一次。二是积极推进机关中层干部竞争上岗。在市、县区直机关和事业单位，全面推行了中层干部竞争上岗制度，市委组织部加强对竞争上岗工作的指导把关。同时着眼解决以往个别单位存在的一对一竞争、降格以求等问题，严格竞争比例，对不能形成有效竞争或缺少合适人选的职位，留有空缺，防止降低标准、搞平衡照顾，真正体现竞争择优，保证选拔质量。三是积极推行差额选任。在差额选任县乡党政正职的基础上，将差额选任范围扩大到市直部门正职和市直党政机关、县级事业单位其他县级职位。2010年差额选任市直综合部门正职1名，采取"民主推荐、差额遴选、全程监督"方式，先后2批从市直党政机关和县级事业单位差额选拔县级干部62名，其中正县级13

名、副县级49名，共有481人报名参加竞争，为推进差额选任积累了经验。针对乡镇党政班子成员30岁以下干部缺口较大的实际，采取"四差额"和公开选拔的方式选拔从全市部分乡镇领导班子成员。

四、科学配置人才

临沂市通过科学配置人才，把用人作为优化班子结构，提高班子综合素质，增强班子功能的途径。2011年初，根据年度考核结果，对县区领导班子作了调整配备，统筹考虑换届结构要求，既保留部分有经验的骨干，又注重对年轻干部、女干部和非中共党员干部的选拔配备，防止换届时大批量调整对工作带来的影响和冲击，保持干部队伍稳定和工作的连续性。超前分析测算班子状况。对照换届有关政策和县乡两级领导班子实际，进行深入调研，认真分析研究领导班子状况，为做好县乡班子换届提供参考依据。

着眼激发干部队伍活力，积极推进干部交流。坚持任职回避交流和培养性交流相结合，逐步扩大交流面和交流数量。12个县区的党政"一把手"、纪委书记、组织部长、公检法"三长"全部实行异地任职，180个乡镇（街道）党政正职任职回避率达99.4%。对新提拔的45岁以下县区党政领导班子成员，一律实行交流任职。在2007年以来的干部调整中，干部交流数量占到调整干部总数的33.08%。

进一步加大治庸治懒的力度。《规划纲要》明确：2012年前制定实施调整不适应担任现职干部的办法。对不胜任、不称职干部，调整一个，就能起到激励一片的作用。在这方面，态度一定要更鲜明、更坚决，不能拖、也不能等。现在优秀的干部很多，不怕没人干事。通过完善调整不适宜担任现职干部的制度办法，对经考察确不胜任、不称职的，果断及时调整、"腾位"，不能让事业等人。针对这方面，各地在运用经常性考察结果调整使用干部中做了一些实践探索，都有基础，建议上级组织部门总结经验，自上而下，尽快制定出相关措施。加大对不胜任现职干部的调整力度。对推进工作不够得力、不称职票较高或测评成绩较低、经考核认定不胜任现职或闹不团结的干部，坚决进行调整。

五、创新干部考核评价机制

当前，对干部标准的把握主要体现为考查干部的才，对"官德"考查缺乏制度性规定。因此，对干部的考查和考核机制应该实现双项制度并驾齐驱，既要考查干部的政绩，又要考查干部的官德。要全面地考核干部的德，既看政治思想觉悟，又看作风和品行；既从工作实绩看德，又防止用成绩代替对德的评价。把对干部德才的考核作为管理的经常性任务来抓。并把德才的表现作为干部选拔任用的首要依据。把政治上靠得住、工作上有本事、作风上过得硬、人民群众信得过的干部选拔到各级领导岗位上来。要真正树立注重品行、科学发展、崇尚实干、重视基层、鼓励创新、群众公认的正确用人导向，不让老实人吃亏，不让投机钻营者得利，提高选人用人的公信度。

建立干部双重管理体制，把领导干部置于上级主管部门管理的同时，并置于地方党委的监督之下，有利于加强干部的管理监督。但在具体运行过程中也出现了一些新情况、新问题。比如，双重管理的范围有扩大倾向。一些原本非垂直管理部门除业务管理外，要求参与下一级部门的干部任免、考核管理，对其干部任免要求下一级地方党委组织部门提前通气并报经同意，有的甚至单独安排对下一级业务部门的干部考核考察工作。这种做法严重违背党管干部原则，需要从政策上加以明确，坚决予以纠正。再比如，在干部管理方面，由于干部管理上的条块分离，垂直部门的干部大都只能在系统内部流动，交流渠道不畅，干部调配只能"闭路循环"、内部消化，干部队伍年龄老化、结构单一等问题比较突出。这些问题，需要通过规范和完善双重管理运行机制予以解决。

临沂市认真总结换届考察和以往经常性考察工作经验，着眼增强考核的科学性、激励性和导向性，于 2007 年下半年制定下发了《关于加强和改进县区与市直部门、单位领导班子和领导干部经常性考核工作的意见》，从考核指标设置、考核办法、结果运用三个方面作了规范完善。在考核内容上，实行"差异化考核"。根据部门单位的职能特点和领导干部的职责要求设置考核指标，做到既有共性又有区别，做到县区与市直、党委部门与政府部门、主要负责同志与班子成员各有侧重，增强考核的针对性。在考核方法上，引入民意调查和实绩分析的方法。领导班子的考核得分由民主测评、民意调查、实绩分析三部分构成，增强了考核结果构成的合理性。在评价方法上，实行"捆绑式"评价。将领导班子的考核成绩按一定比例折算，分别计入单位正职和班子成员的考核成绩。同时把领导班子考核与班子成员的考核相挂钩，把班子考核等次与单位主要负责人考核等次相挂钩，增强了班子与个人考核成绩的关联性，以此引导干部顾大局、讲团结、重合作。在考核等次的确定上，实行"纵向比较"和"总量控制"。对临沂市直单位领导班子和领导干部的考核，按照党政机关、直属事业单位和非直属事业单位，进行横向比较分析，每类根据考核得分由高到低进行排名。对"好"等次的领导班子控制在40%以内，对"优秀"等次的领导干部控制在20%以内，考核的激励作用显著增强。在考核结果的运用上，坚持激励引导和教育监督并重。实行考核结果向市委全委扩大会通报和向分管市领导、部门单位"一把手"、班子成员逐级反馈的制度，逐级督促抓整改。根据考核结果，有针对性地加强班子建设。

把德的监督作为干部监督的重要内容。当前广大人民群众对党员干部的品德有更高的要求和期待。现在干部出问题，多数不是出在"才"上，而是出在"德"上。人民群众对干部的意见，主要集中在"德"上。因此，应该进一步充实考德内容，明确考德标准，创新考德方法，提高考核结果的科学性和真实性。要加强制度建设，制定科学的"官"德评价体系，扩大监督主体和范围，既加强对干部工作时间内的监督，又加强工作时间外的监督，坚决纠正干部管理中对"官"德失之于宽、失之于软的现象，使无德之人在干部队伍中无立足之处。在"德"的评价上，要拿出科学、简便、管用的评价办法。这是实现组织认可与群众公认相统一的重要途径。一个职位选什么样的人，不选什么样的人，是影响党群干群关系、巩固党的执政基础的大问题。按照德才兼备、以德为先的标准要求。加强对"德"的评价势在必行，但对"德"的评价尚缺乏统一尺度，一直比较笼统、模糊。干部的"德"更适合定性评价，不便于量化，且对"德"的定性定量评价结果如何利用，也需要研究。这次换届，在"德"的考核上作了新的探索，确定运用正向测评与反向测评相互印证的办法考核干部的"德"。换届后，可总结经验，提炼完善。

六、完善人才的发展机制

打破壁垒促进人才合理流动的问题。这些年的干部工作，无论是初始提名、差额选任、竞争上岗、公开选拔、无记名票决、扩大民主等，多是在"体制内"选人，对于打破各领域间的人才壁垒，扩大选人范围，疏通社会新型组织的选人渠道探索不够。国家中长期人才发展《规划纲要》提出：拓宽党政人才来源渠道，完善从企事业单位和社会组织选拔人才制度。中央深化干部人事制度改革《规划纲要》提出，"要加强对干部人事制度改革中长期问题的研究，探索在完善社会主义市场经济体制条件下，如何推进党政机关干部、企事业单位人员和其他各类人才资源的合理流动和优化配置"。从这个意义上看，畅通社会优秀人才进入党政领导干部队伍渠道，也是今后在新的历史条件下，落实党管干部原则、深化干部人事制度改革的重要内容和关键环节。

统筹抓好各类人才队伍建设。抓好人才工作，是提高党的执政能力、保持和发展党的先进性的重要支撑，是推动经济社会又好又快发展的重要保证。市委高度重视人才工作，围绕建设一支规模宏大的人才队伍，深入推进人才强市建设。编制了全市《中长期人才发展规划纲要（2011—2020）》，对目标任务进行分解细化，落实责任，建立人才工作责任制。大力引进高层次人才，出台了《高层次创新创业人才引进培养"十百千"工程的意见》，加大财政投入力度，设立了2000万元的市级高层次人才专项资金。举办了"科技列车沂蒙行"活动，承办了"千人计划"国家特聘专家与省级以上高新技术产业开发区恳谈会。首批聘任10名院士和3名国内知名专家为市政府高级科技顾问。抓好农村实用人才队伍建设。开展"沂蒙乡村之星"评选活动，每人每月发放500元津贴。加快推进农村实用人才"115培养选拔工程"和"递进培养工程"，每年培养创业型农村实用人才3000人、骨干型农村实用人才50000人。

重视加强后备干部队伍建设。加强后备干部的教育和培训，建立一支素质优良、数量充足、结构合理的后备干部队伍，是确保干部队伍新老交替、后继有人、充满生机和活力的需要。制定了《临沂市后备干部队伍建设规划》，2010年结合年度考核，对县级后备干部进行了集中推荐考察，全市共确定县级后备干部735名，其中县级正职后备干部242名、副职后备干部493名。加强后备干部培养教育，有计划地安排后备干部到科学发展、维护稳定一线积累经验、接受考验。2009年以来，先后选两批派195名市直机关后备干部帮扶全市工业重点项目建设，选派12名县级后备干部到县区挂任信访局副局长，从市直综合部门选调15名县级后备干部挂任乡镇党委副书记。根据工作需要，及时将培养成熟的后备干部提拔到重要岗位上来。今年以来，有35名副县级后备干部、24名正县级后备干部被提拔重用。

七、加强对干部的教育培训

临沂在全市建起了主体突出、上下结合、互为补充的教育培训体系。突出党校在干部培训中的主体作用。临沂市投资3亿多元构建了涵盖党校、行政学院、社会主义学院职能的党校教育培训平台。

根据学员需求开展教育培训是临沂的一条经验。临沂市委党校在贴紧学员思想和工作实际。在入学通知中让学员准备好两份材料，一是当前干部群众最关心的热心问题，二是学员最希望解决的思想理论问题，在入学时交班主任。入学后让学员自主选择教学菜单，异地培训的课程设置也充分征求学员的意见，让学员对教师的教学质量和课题设置的合理性和科学性进行评价。教务处做好学员"两带来"材料的整理和利用工作，针对学员需求，突出能力的培养、实际问题和热点、难点的解决，开设了行政伦理、危机管理、媒体传播、领导艺术、群众工作、突发事件的处理等六大系列专题，及时总结与反馈教学情况，为改进课堂教学、提高教学的针对性与实效性服务。做到在培训前听取意见、培训中按需施教、培训后跟踪问效，建立健全了反映干部培训需求的动态反馈机制。

在培训方式上，坚持开放式培训，不断推进开放式办学。以研究式教学为切入点，大力实践案例式、互动式、研讨式、现场体验式等现代教学方式，创新和完善了基础理论学习、异地培训和社会调研与论文交流的"三段式"教学，"请进来"和"走出去"有了可喜进展。五年来，邀请外校高层次专家学者讲学授课59人次，领导干部做专题报告124场次，聘请兼职教师20人，仅今年以来就邀请市级领导做专题报告10余场，"请进来"的力度前所未有。与此同时,"走出去"的领域也逐步拓宽,我们市委党校在北大等知名高校建立了8处异地培训基地,在本市建立了6处现场教学点,与无锡等7所发达地区的党校建立了合作关系,与山东省内的济宁和威海两个市委党校进行异地教学。异地培训的认真实施,既学到了先进经验、提升了发展理念,又加深了理性认识、推动了工作,教学效果特别明显,受到了学员的普遍好评。

在学员管理上,不断完善学员百分制考核管理。积极推行专题讲座、现场教学、座谈交流、互动答疑、领导约谈、考试问效"六位一体"的培训模式,提出了确保应训必训、考核到位、训用结合、学风优良"四个确保"的要求,保证了参训人员到岗到位、学风严正、真学实学。2010年以来,全市重点打造精品示范班次17个,带动200余个主体班次,形成了"打造一批、引领一片、带动全面"的新局面。

在利用党校这个培训主体的同时,还充分利用网络、行业三个教育平台培训干部。临沂确定了"发挥整体优势、开放竞争择优、优质资源共享"的工作思路,积极探索"经费跟着项目走、跟着干部走"的干部专题培训运作方式,通过采取公开招标、委托、外包等形式,先后与北京大学、清华大学、浙江大学等25所知名高校和新加坡教育培训中心、兰德教育培训中心等多家社会培训机构合作办学。今年以来,全市共有30多个专题培训班通过网络或直接对接招标,涉及经费1400多万元,节约经费近20%。

利用现代网络手段对干部培训方式进行创新拓展是临沂的一个特点。依托"山东干部学习网"设立"临沂专区",开辟了党性教育、经济发展、社会创新管理等11个栏目,充实300多门精品培训课程。通过量化学习任务,实施学分制管理,搭建起融学习、考试、交流、管理、服务于一体的综合性、开放式干部自主选学新平台。目前,全市近2万名干部注册了在线学习,网络点击量达300多万次。

作为全国著名革命老区,临沂充分发挥红色资源优势,把党性教育贯穿始终,使基层干部教育培训工作在特色中体现了成效。2010年以来,依托孟良崮战役遗址、山东省政府旧址和八路军115师司令部旧址等多处革命历史遗址,建设了山东省党员领导干部党性教育基地。

八、加强干部的监督

加大拟提拔干部廉政报告制度的力度,强化对干部的廉政纪律约束。这是《规划纲要》确定的十一个重点突破项目之一。《规划纲要》下发以来,我们认真贯彻执行,在历次干部调整中,所有拟提拔重用干部全部安排填写廉政报告书、家庭成员信息采集表等,让干部如实向组织报告本人执行党风廉政建设规定情况、家庭成员和重要社会关系有关事项,并作出承诺,强化廉政提示,对新提拔重用干部起到了很好的纪律约束作用。

积极推进干部工作信息公开,加强对社会舆论的正面引导。按照中组部和省委组织部部署要求,适应发展党内民主和人民民主要求,扩大干部工作信息公开范围。积极探索实行干部任用提名情况和民主推荐、民主测评结果在领导班子内部公开制度。建立完善干部工作信息向社会公开制度,通过临沂日报、临沂党建网、电视台等新闻媒体,及时发布干部选拔公告、考察预告、任前公示及公开选拔各环节情况等,扩大知晓面,接受社会监督。开辟专栏,发布干部工作政策法规,组织县区委书记撰文谈干部选拔任用工作等,让广大干部群众了解干部工作,支持干部工作。在历次干部推荐考察工作中,都及时公布领导班子职位空缺情况及其岗位职责要求,明确标准和资格条件,让干部群众有所遵循,使干部推荐考察的过程成为熟悉干部选拔任用政策、程序步骤、严守组织人事纪律的过程。建立了新闻发言人制度,市委组织部每年定期举行新闻发布会,通报干部人事制度改革和市委选人用人情况。在每年的全市科学发展观综合考核会上,市委主要负责同志就上一年度干部选拔任用工作作专门报告,接受干部群众评议。

九、临沂市下一步推进干部人事制度改革的打算

临沂市下一步干部人事制度改革,主要是按照省委组织部部署要求,结合工作实际,深入落实中组部《规划纲要》和省《实施意见》精神,以务实创新的精神稳妥推进各项改革措施的落实。抓好已有改革成果的规范完善和巩固提升,抓住领导班子和干部队伍建设中的关键问题和干部群众

普遍关注的突出问题，积极探索实践，力求在破解难题、完善干部选任机制和树立正确导向、提高选人用人公信度方面取得新的进展。重点抓好以下几个方面。

（一）突出干部选拔任用提名这个重点环节，在实践中不断探索完善。继续探索完善党委全委会或全委（扩大）会议提名、党委（党组）提名、组织部门提名、领导干部个人提名、干部个人自荐等多种渠道提名推荐干部，推进完善县乡党政正职差额选任办法。对于市委管理的重要干部，坚持和完善市委全委会初始提名推荐制度。在换届工作中，坚持对新一届领导班子成员人选进行全额定向推荐提名。中央组织部和省委组织部规范党政领导干部选拔任用提名工作规定下发后，结合实际，研究制定具体的实施办法。

（二）加大竞争性选拔力度，形成选贤任能、竞争有序、充满活力的工作局面。着眼改善班子结构和班子长远建设，根据工作需要，适时拿出部分县级职位进行公开选拔。积极探索公开选拔选准、选好的方式方法，突出岗位特点，改进考试方式，提高考试测评的科学性。探索采取个人报名和组织推荐、考试和组织考察相结合的办法，提高公开选拔的质量。完善差额选拔干部制度，根据工作实际，适当扩大差额选拔干部的适用范围。重点规范市直单位竞争上岗。主要是解决以往个别单位存在的一对一竞争、降格以求等问题，对参与竞争比例作出限定，对不能形成有效竞争或缺少合适人选的职位，可暂时空缺，不得降低标准、搞平衡照顾，真正体现竞争择优，保证选拔质量。

（三）着眼激发干部队伍活力，积极推动干部交流。按照推动党政主要领导干部、关键岗位干部、优秀年轻干部和在本地任职时间较长干部交流的要求，在推动县级层面干部交流的同时，着力推动科级干部跨部门、跨系统交流。具体操作为：要求各单位在选任中层干部时，应拿出一定数量的科级领导职位面向其他部门单位搞竞争，扩大选人范围。一般掌握，拟配备职位5个以下的，拿出公开选拔的应不少于1个；拟配备职位6个以上的，拿出公开选拔的应不少于2个，以此促进科级干部在较大范围内实现优化配置。

（四）夯实基础，加强和规范科级干部选拔管理。市委最近下发了《关于进一步加强科级干部管理的试行办法》，着眼于理顺管理体制、拓宽选人渠道、建设高素质的科级干部队伍，本着突出重点、重在规范、务实创新、便于操作的原则，对科级干部选拔任用的程序、竞争上岗、公开选拔、交流轮岗、干部调任、备案管理、干部考核、纪律监督等作了明确和规范。其中在管理体制上，将科级干部管理原由组织人社分头管理，统一调整为市委组织部统一管理，努力实现在管理上一盘棋，管好、管活、管出积极性。

（注：今年指2011年，所有数据截至2011年8月）

主要参考文献

一、经典文献

[1]《马克思恩格斯选集》(1—4),人民出版社 1995 年版。

[2]《列宁选集》(1—4),人民出版社 1995 年版。

[3]《斯大林选集》(上、下),人民出版社 1979 年版。

[4]《毛泽东选集》(1—4),人民出版社 1991 年版。

[5]《毛泽东文集》(1—8),人民出版社 1999 年版。

[6]《建国以来毛泽东文稿》(1—11),中央文献出版社 1992 年版。

[7]《周恩来选集》(上、下),人民出版社 1980 年版。

[8]《刘少奇选集》(上、下),人民出版社 1981—1985 年版。

[9]《邓小平文选》(1—3),人民出版社 1993—1994 年版。

[10]《江泽民文选》(1—3),人民出版社 2006 年版。

二、文件选编

[1]《建党以来重要文献选编》(1921—1949)(1—26),中央文献出版社 2011 年版。

[2]《十一届三中全会以来党和国家重要文献选编》,中共中央党校出版社 2008 年版。

[3]《十二大以来重要文献选编》(上中下),中央文献出版社 2011 年版。

[4]《十三大以来重要文献选编》(上中下),中央文献出版社 2011 年版。

[5]《十四大以来重要文献选编》(上中下),人民出版社 1998 年版。

[6]《十五大以来重要文献选编》(上中下),人民出版社 2000—2003 年版。

[7]《十六大以来重要文献选编》(上中下),中央文献出版社 2005—2007 年版。

[8]《十七大以来重要文献选编》(上中),中央文献出版社2009—2011年版。
[9]《国外公务员从政道德法律法规选编》,中国方正出版社1997年版。
[10]《国外公务员惩戒规定精编》,中国方正出版社2007年版。
[11]《中共中央文件选集》(1—18),中共中央党校出版社1989—1992年版。

三、理论著作

[1] 王韶兴:《政党政治论》,山东人民出版2011年版。
[2] 柳建辉:《中国共产党史稿》,四川人民出版2011年版。
[3] 张静如、张树军、柳建辉:《中国共产党九十年历程:1921—2011》,吉林人民出版社2011年版。
[4] 范平、姚桓:《中国共产党党章教程》,中国方正出版社2010年版。
[5] 李安增:《中国共产党现代化理论研究》,陕西人民出版社2008年版。
[6] 田克勤:《中国共产党与二十世纪中国社会的变革》,中共党名出版社2004年版。
[7] 张蔚萍:《全国党建与组织工作实务全书》(中卷),人民日报出版社2003年版。
[8] 何隆德:《干部学》,湖南人民出版社2006年版。
[9] 石仲泉:《我观党史》,济南出版社2001年版。
[10] 黄苇町:《苏共亡党十年祭》(修订版),江西高校出版社2010年版。
[11] 王贵秀:《中国政治体制改革之路》,河南人民出版社2004年版。
[12] 王保庆:《传统文化与执政党建设研究》,湖南人民出版社2004年版。
[13] 王长江:《政党论》,人民出版社2009年版。
[14] 高骞、姜长斌:《苏联东欧改革理论比较》,黑龙江人民出版社1987年版。
[15] 李靖宇:《社会主义政治体制大辞典》,沈阳出版社1989年版。
[16] 沈志华:《一个大国的崛起与崩溃苏联历史专题研究1917—1991》(上),社会科学文献出版社2009年版。
[17] 张捷:《从赫鲁晓夫到普京》,社会科学文献出版社2010年版。
[18] 江流等:《苏联剧变研究》,社会科学文献出版社1994年版。
[19] 李真、顾乃忠:《比较与思考若干政治体制类型》,江苏人民出版社

1988 年版。

[20] 李晨荣、谭融：《外国政治制度》，南开大学出版社 1998 年版。

[21] 徐隆彬：《赫鲁晓夫执政史》，山东大学出版社 2002 年版。

[22] 陈之骅：《勃列日涅夫时期的苏联》，中国社会科学出版社 1998 年版。

[23] 李华：《苏联史新论》，中华学人论丛 2000 年版。

[24] 门里牟：《人才学基础》，内蒙古人民出版社 1986 年版。

[25] 王通讯：《人才学通论》，天津人民出版社 1985 年版。

[26] 潘晨光：《中国人才发展报告》，科学文献出版社 2004 年版。

[27] 商志晓：《党的先进性研究》，党建读物出版社 2004 年版。

[28] 李建华：《党政领导人才开发战略研究》，中共中央党校出 2003 年版。

[29] 刘秀芬：《政德实现论——领导干部政治道德失范及对策研究》，红旗出版社 2003 年版。

[30] 冯秋婷：《促进科学发展的干部考核评价机制建设》，中共中央党校出版社 2009 年版。

[31] 郝首栋：《论领导干部政治素质的提高》，中共中央党校出版社 1996 年版。

[32] 董连翔：《执政党建设理论与实践研究》，北京人民出版社 2003 年版。

[33] 陈凤楼：《中国共产党干部工作史纲》（1921—2002），党建读物出版社 2003 年版。

[34] ［英］大卫·休谟：《道德原理探究》，王淑芹译，中国社会科学出版社 1999 年版。

[35] ［英］斯密：《道德情操论》，蒋自强等译，商务印书馆 2003 年版。

[36] ［德］施密特：《全球化与道德重建》，柴方国译，社会科学文献出版社 2001 年版。

[37] ［英］边沁：《道德与立法原理导论》，时殷弘译，商务印书馆 2000 年版。

[38] ［苏］伊·伊·普罗林：《领导干部的选拔、配备和培养》，陈联璧、张森、赵海舰译，劳动人事出版社 1986 年版。

[39] ［美］大卫·科兹、弗雷德·威尔：《来自上层的革命——苏联体制的终结》，曹荣湘等译，中国人民大学出版社 2002 年版。

[40] ［美］加布里埃尔·A. 阿尔蒙德西德尼·维巴：《公民文化五个国家

的政治态度和民主制》，徐湘林等译，东方出版社 2008 年版。

[41] 寇健文：《中共精英政治的演变：制度化与权力转移》（1978—2004），五南图书公司 2005 年版。

[42] 中共中央党史研究室：《中国共产党历史》（第 1 卷），中共党史出版社 2010 年版。

[43] 中共中央党史研究室：《中国共产党历史》（第 2 卷），中共党史出版社 2011 年版。

[44] 吴仲炎、徐敏豪：《道德导向控制论》，武汉大学出版社 1993 年版。

[45] 庄国波：《领导干部政绩评价的理论与实践》，中国经济出版社 2007 年版。

[46] 刘炳香：《党的执政能力建设与测评》，中共中央党校出版社 2004 年版。

[47] 林勋建：《西方政党是如何执政的》，中共中央党校出版社 2001 年版。

[48] 李民：《跨世纪干部队伍建设》，中国经济出版社，1995 年版。

[49] 王树荫：《中国共产党执政经验研究》（卷三），北京出版社 2007 年版。

[50] 马建离：《毛泽东与国共关系》，武汉出版社 2003 年版。

[51] 杨永华：《中国共产党廉政法制史研究》，人民出版社 2005 年版。

[52] 李玉荣：《与时俱进的中国共产党的建设》，广东人民出版社 2002 年版。

[53] 徐喜林：《中国共产党制度建设新论》，河南人民出版社 2008 年版。

[54] 广东省公开选拔领导干部工作办公室、广东省竞争上岗办公室：《与时俱进创新干部选拔制度》，广东人民出版社 2002 年版。

[55] 程崇仁：《中华传统管理文化精神中西方管理思维方式比较论纲》，合肥工业大学出版社 2008 年版。

[56] 李艳丽：《政治亚文化影响当代中国政治发展的特殊因素分析》，武汉大学出版社 2008 年版。

[57] 涂文涛、方行明：《知识经济的人才战略》，中国时代经济出 2003 年版。

[58] 季正矩：《通往廉洁之路——中外反腐败的经验教训研究》，中央编译出版社 2005 年版。

[59] 李烈满：《健全干部选拔任用机制问题研究》，中国社会科学出版社 2004 年版。

[60] 张梦义、喻承久：《官德论》，武汉理工大学出版社 2006 年版。

[61] 刘道福：《新时期党员领导干部思想道德建设研究》，中国方正出版

社 1999 年版。

［62］姜海如：《中外公务员制度比较》，商务印书馆 2003 年版。

四、学位论文

［1］张丽娟：《我国党政领导干部道德评价标准研究》，博士学位论文，中共中央党校 2011 年。

［2］秦彪生：《中共党员领导干部思想道德教育研究》，博士学位论文，中共中央党校 2011 年。

［3］王鹏：《中国党政领导干部选拔作用制度变迁研究》，博士学位论文，中共中央党校 2011 年。

［4］董明发：《干部培训质量保障研究》，博士学位论文，中共中央党校 2011 年。

［5］冯佩成：《苏联干部制度的形成、发展与影响》，博士学位论文，华东师范大学 2006 年。

［6］吴晓亮：《新时期中国共产党的干部工作理论与实践研究》，博士学位论文，东北师范大学 2009 年。

［7］何隆德：《新时期干部成长环境与机制研究》，博士学位论文，湖南师范大学 2002 年。

［8］杨野平：《干部队伍素质系统理论与应用研究》，博士学位论文，华中师范大学 2003 年。

［9］杨光富：《国外领导人才培训模式比较研究》，博士学位论文，华东师范大学 2007 年。

［10］尹杰钦：《领导干部道德素质论中国共产党执政能力建设的一种视角》，博士学位论文，湖南师范大学 2005 年。

［11］张坊：《领导者德才素质及岗位匹配研究》，博士学位论文，南京师范大学 2005 年。

［12］李军：《党政领导干部选拔任用制度改革与创新研究》，博士学位论文，北京师范大学 2005 年。

［13］张伟：《建国后中国共产党人才思想研究》，硕士学位论文，西安交通大学 2008 年。

［14］向惠平：《新时期中国共产党干部标准研究》，硕士学位论文，中共

中央党校 2011 年。

[15] 张艳波：《中外人才思想研究》，硕士学位论文，哈尔滨工程大学 2004 年。

[16] 陈美霞：《政府领导人才素质测评指标体系实证研究——以山西省运城市为例》，硕士学位论文，中国地质大学 2007 年。

五、期刊文章

[1] 张静如：《中国共产党早期组织群体特征考察》，《史学月刊》2011 年第 7 期。

[2] 姚桓、孙宁：《新时期中国共产党的大人才观》，《中国特色社会主义研究》2011 年第 5 期。

[3] 王韶兴：《关于中国共产党治国理政与自身建设科学化的思考》，《理论探索》2010 年第 4 期。

[4] 李民：《干部选拔任用制度的历史考察》，《重庆社会科学》2011 年第 1 期。

[5] 梁妍慧：《干部考评的变革历程与基本遵循》，《中国党政干部论坛》2010 年第 7 期。

[6] 柳建辉：《风雨锤炼九十年——论中国共产党的历史经验与启示》，《史学集刊》2010 年第 3 期。

[7] 高新民：《更新干部工作理念》，《中国党政干部论坛》2010 年第 11 期。

[8] 李君如：《解读中国共产党的成功之谜》，《光明日报》2011 年 4 月 19 日。

[9] 李安增：《中国共产党现代化理论形成之历史考察》，《当代中国史研究》2004 年第 5 期。

[10] 李忠杰：《加强共产党员的人品建设》，《中国党政干部论坛》2006 年第 4 期。

[11] 许耀桐：《中国共产党领导人产生方式述略》，《上海行政学院学报》2011 年第 3 期。

[12] 叶笃初、肖楠：《如何看待党的代际继替》，《人民论坛》2011 年第 21 期。

[13] 蔡霞：《从省级主要领导调整看用人导向》，《人民论坛》2011 年第 9 期。

[14] 李民：《中共早期青年领袖的三大特征》，《人民论坛》2011 年第 19 期。

［15］张志明：《中国共产党与中国政治发展——为人民民主奋斗九十年的中国共产党》，《学术探索》2011年第3期。

［16］张希贤：《"第四时期"需要"四有"干部》，《时事报告》2010年第11期。

［17］谢春涛：《公推直选是推进党内民主的实质性举措》，《学习月刊》2010年第7期。

［18］姜怀忠、王保庆：《论传统文化的消极因素对执政党建设的不良影响》，《湖南社会科学》2006年第3期。

［19］刘祖云：《"德才兼备"与当前干部素质问题》，《中国党政干部论坛》2003年第10期。

［20］尹杰钦：《领导干部道德素质的现状及其成因解析》，《马克思主义与现实》2004年第5期。

［21］薛安泰：《中国当代官本位问题探微》，《中国共产党》2002年第2期。

［22］罗·麦尔根：《坚持以德为先选拔优秀干部》，《实践》（思想理论版）2010年第9期。

［23］任建明：《领导干部选拔制度模式研究》，《清华大学学报》（社会科学版）2003年第1期。

［24］王奇：《论竞争性选拔干部的科学内涵与基本理念》，《南京社会科学》2010年第12期。

［25］吴辉：《推进干部考评工作科学化的关键环节》，《中国党政干部论坛》2010年第7期。

［26］李友德：《从〈管子〉看中国古代的用人之道》，《求索》2010年第1期。

［27］李静：《古代中国选官制度检讨与启示》，《宁夏师范学院学报》2008年第5期。

［28］余玉花：《简论干部道德观教育》，《党建研究》2002年第6期。

［29］丁文选：《创新干部考核方法》，《领导科学》2006年第6期。

［30］中共中央组织部研究室：《中国共产党干部制度建设的回顾与思考》，《求是》2001年第15期。

［31］郭智强：《我国古代选人用人制度的变迁和启示》，《党建研究》2009年第6期。

［32］肖桂森：《苏联领导干部的培训工作》，《俄罗斯中亚东欧研究》

1982 年第 6 期。

[33] 国家森：《干部德才的关系与识别》，《发展论坛》1995 年第 12 期。

[34] 唐土红：《论权力的德性》，《探索》2010 年第 2 期。

[35] 何隆德：《科学把握干部选拔任用的标准》，《湖南社会科学》2005 年第 4 期。

[36] 马俊林：《党政干部选用标准和途径需要与时俱进——兼论党政优秀人才脱颖而出的"快车道"机制建设》，《党政干部学刊》2004 年第 5 期。

[37] 铸山：《英国公务员的职业道德准则》，《政治学研究》1986 年第 3 期。

[38] 祁光华：《美国高级公务员的能力架构及对我国公务员能力建设的启示》，《探索》2005 年第 3 期。

[39] 杨慧：《西方发达国家公务员培训经验对我国的启示》，《中共银川市委党校学报》2011 年第 8 期。

[40] 韩国明、刘玉泉：《西方国家公务员培训制度对我国的借鉴意义》，《行政与法》2005 年第 5 期。

[41] 于立生、徐国冲：《当前西方公务员绩效导向培训进展研究》，《中共福建省委党校学报》2011 年第 9 期。

[42] 陈尤文、王丹、聂元军：《国外公务员诚信体系建设及其启示》，《理论探讨》2006 年第 1 期。

[43] 磨玉峰：《新加坡公务员素质培养的启示与思考》，《东南亚纵横》2003 年第 9 期。

[44] 袁明旭：《论西方政治制度中的人性预》，《云南行政学院学报》2007 年第 1 期。

[45] 邓研华：《中西政治制度设计中的"人性假定"》，《南通大学学报》2011 年第 3 期。

[46] 丁鹏、张锐智：《东西方基于人性善恶选择治理制度的比较》，《辽宁大学学报》2011 年第 3 期。

[47] 沈海星：《试论西方宪政的人性观》，《云南行政学院学报》2007 年第 11 期。

[48] 朱成林：《谈"德才兼备、以德为先"的选人用人标准》，《江淮》2012 年第 6 期。

附 录

本项目的阶段性研究成果及引用情况一览表

序号	成果名称	成果形式	出版社及出版时间或发表刊物及刊物年期
1	德才兼备用人标准的误区及其实现机制的创新	论文	理论与改革，2010－9－15
2	完善"官德"评判机制的两个维度	论文	领导科学，2010－11－1
3	官德评判切勿剑走偏锋	论文	领导之友，2011－3－15
4	换届选举中要贯彻的两条干部年轻化原则	论文	领导科学，2011－6－1
5	执政为民的价值体现论析——基于马克思主义政党执政理念的思考	论文	桂海论丛，2011－07－05
6	中国古代德才兼备的用人标准的实现制度及其启示	论文	理论与改革，2011－7－15
7	新时期我们党干部标准的历史演进与启示	论文	聊城大学学报，2011－8－15
8	官德评判重点不清的原因与规避措施	论文	领导科学，2011－8－20
9	德才兼备的内涵解析	论文	阿坝师范高等专科学校学报，2011－9－20
10	领导干部精神懈怠的原因与治理思路	论文	领导科学，2011－10－01
11	关于党员干部"善于学习"的思考	论文	中共南昌市委党校学报，2011－10－25
12	德与才的认识困境及其原因	论文	中国井冈山干部学院学报，2011－11－25
13	贯彻德才兼备标准，推进人才选用机制	论文	福建社会主义学院学报，2011－12－20
14	地方政府"举债政绩"的病理机制及其防治	论文	领导科学，2012－2－10
15	规避干部选拔工作中腐败问题的对策思考	论文	理论探讨，2012－3－15
16	干部选拔民主化的历史进程与启示	论文	聊城大学学报，2012－4－15
17	刍议官德的认识困境	论文	探索，2012－2－15
18	推进德才兼备用人标准实现机制的重大意义	论文	江西理工大学学报，2012－4－30
19	影响德才兼备用人标准落实的制度困境及其归因	论文	理论与改革，2012－11－15
20	试论德才兼备用人标准的功能	论文	江西理工大学学报，2012－12－30

续表

序号	成果名称	成果形式	出版社及出版时间或发表刊物及刊物年期
21	权与责对等：为官发财应当两道	论文	领导科学，2013-5-1
22	干部培训亟须完善八大机制	论文	党政论坛，2013-5-15
23	刍议《论语》中的孝道思想及其道德教育意义	论文	济南大学学报，2013-5-10
24	论少数民族干部选用标准科学化的考量因素	论文	西北民族大学学报，2013-5-20
25	论苏共干部选用标准实现机制的主要教训	论文	中共南京市委党校学报，2013-8-15
26	邓小平对专业人才标准及其实现机制的探索	论文	江西理工大学学报，2013-8-15
27	中国共产党干部选拔民主化研究	著作	中国社会科学出版社，2012-8-30
28	党政干部"弱势感"问题及其应对策略	论文	求实，2012-4-10
29	关于干部考"德"问题的现实思考	论文	桂海论丛，2011-1-05
30	德才兼备用人标准实现机制研究（临沂市）	调研报告	临沂市2010年市级课题，2010年底结项
31	少数民族干部选用标准科学化问题研究	基金项目	2012年国家民委委托项目
32	中国共产党德才兼备用人标准实现机制研究	基金项目	2011年中国博士后科学基金
33	新时期德才兼备用人标准实现机制研究	硕士学位论文	由项目负责人指导的2013届硕士研究生

主要阶段性成果的重要转摘、引用和应用情况

序号	成果名称	原发期刊	转摘、转载或引用
1	德才兼备用人标准的误区及其实现机制的创新	理论与改革 2010-9-15	①全文转载：人大复印资料《中国共产党》2011年第1期 ②转摘：《新华文摘》2011年第3期论点摘编 ③转摘：清远日报（2011-2-21）论点摘编 ④转摘：《青海日报》（2011-2-28）论点摘编 ⑤转摘：《人民之声报》（2011-04-15）论点摘编 ⑥转摘：《求知》2011年第2期论点摘编 ⑦转摘：《中国监狱学刊》2012年第4期论点摘编 ⑧引用：崔德路，新时期提高党政领导干部选拔任用公信度研究［D］，曲阜师范大学2012

续表

序号	成果名称	原发期刊	转摘、转载或引用
2	完善"官德"评判的两个维度	领导科学 2010-11-01	①引用：李国良，李玮.加强对领导干部"德"的考察评价［J］.学习月刊.2012年第10期 ②引用：文亚荣.新时期官德考评研究［D］.广西民族大学2012 ③引用：梁春华.领导干部从政道德评价机制研究［D］.吉林大学2011
3	领导干部精神懈怠的原因与治理思路	领导科学 2011-10-01	①引用：陶璐.红色文化教育视域下消除"精神懈怠"的研究［D］.南昌大学2012 ②引用：宣城市委党校课题组，沈伟，王天云，李竟.乡镇党政"一把手"精神懈怠问题研究［J］.经济研究导刊.2013年第4期
4	中国古代德才兼备的用人标准的实现制度及其启示	理论与改革 2011-07-15	①引用：沈堰奇.论高等教育的身份层化及其价值回归［J］.江苏高教.2012年第4期
5	官德评判重点不清的原因及规避措施	领导科学 2011-8-20	①引用：李桂珍.浅谈干部德行的现实困境及破解路径［J］.甘肃科技纵横.2012年第4期
6	换届选举中要贯彻的两条干部年轻化原则	领导科学 2011-06-01	①引用：贺楠.党政领导干部年轻化问题研究［D］.黑龙江大学2012
7	论苏共干部选用标准实现机制的主要教训	中共南京市委党校学报 2013-8-15	全文转载：人大复印资料《世界社会主义运动》2014年第1期
8	中国共产党干部选拔民主化研究	中国社会科学出版社 2012年版	①《人民日报》（2013-11-22）新书评介 ②《当代世界与社会主义》2014年第1期书评 ③《中直党建》2013年第1期评述 ④《聊城大学学报》2012年第6期简介

后　记

本著述为笔者主持的国家社科规划青年项目"德才兼备用人标准实现机制研究"（10CDJ007）的最终研究成果。四年前，笔者受益于校院领导的鼓励与支持，以聊城大学廉政研究中心的名义申报并有幸获批了国家社科规划青年项目，并由此开启了对德才兼备用人标准实现机制研究的新征程。

经过三年的研究，2013年10月笔者提交了结项报告，2014年3月获得结项证书。结项证书的获得，标志着此项研究基本完结。但是，这并不意味着此项研究取得了满意的结果。一方面人才工作日新月异是个常谈常新的课题；另一方面受制于自身能力所限，研究成果还需进一步丰富。

在课题申报、开展研究与结项期间，许多老师和同学都给予理论指导与材料支持。我的博士生导师李民教授虽已退休，但一直保持着对干部人才研究的热情，在本书结项完稿之际，她不辞辛劳地为本书作序，用一个谢字恐怕难以表达自己的心情。山东大学王韶兴教授、山东师范大学张福记教授是我从事博士后研究的指导老师，从他们那里我也习得了做人与做学问的金玉良言，也获批了两项中国博士后科学基金。山东师范大学的李爱华教授、崔永杰教授，曲阜师范大学李安增教授，山东理工大学的张祥云教授，聊城大学王昭风教授、黄富峰教授、刘卫东教授、魏宪朝教授、李合亮教授、王玉珠教授、唐明贵教授等在治学求知方面也给了我莫大的帮助，使我受益匪浅。我的研究生同学李荣田教授负责临沂个案调研，并承担了临沂市的社科项目，已作为本课题的一个重要组成部分附在后面。

最后，感谢中国社会科学出版社郎丰君博士出色的组织和编辑工作，感谢聊城大学廉政研究中心诸位领导的帮助与支持。

在本课题研究过程中，笔者也吸收了学界诸多研究成果，有些成果已很难找到出处并予以明示,在此一并表示感谢。最后,怀着诚挚之心,肯请专家学者对书中的不足之处不吝赐教。

于学强
2014 年 7 月 25 日于龙湾陋室